한국현대사 2

경제성장과 민주주의, 그리고 통일의 과제

한국역사연구회시대사총서 10

한국현대사

2

경제성장과 민주주의, 그리고 통일의 과제

홍석률·박태균·정창현

푸른역사

한국역사연구회시대사총서를 발간하며

절망과 희망이 교차하던 격동의 1980년대, 그 끝자락인 1988년 가을, 300여 명의 소장 학자들이 '과학적·실천적 역사학'의 수립을 통해 한국 사회의 민주화와 자주화에 기여하기 위해 창립한 한국역사연구회는 이제 700여 명의 학자들이 참여하는, 명실상부하게 한국 역사학계를 대표하는 학회로 성장했다.

그동안 연구회는 공동연구라는 새로운 연구 방식을 통해 130여 회가 넘는 연구 발표회를 가졌으며 50여 권의 학술서와 대중 역사서를 간행했다. 《한국역사》, 《한국사강의》 등의 통사를 발간해 한국사를 체계화하고 《한국역사입문》 등의 연구입문서를 출간해 해방 이후 학계의 연구 성과들을 정리했으며, 《1894년 농민전쟁연구》, 《한국현대사》, 《역주 여말선초 금석문》 등 전문 연구서와 자료집을 발간해 한국사 연구에 기여했다.

또한 《조선시대 사람들은 어떻게 살았을까》를 시작으로 전 시대에 걸쳐 '어떻게 살았을까' 시리즈를 발간함으로써 생활사 연구와 역사 대중화에 기여했으며, 회지《역사와 현실》은 다양한 기획과 편집으로 인문학 분야 학술지의 새로운 전형을 만들어냈다.

이제 연구회가 창립된 지도 한 세대가 지났다. 그동안 세계뿐만 아니라 한국 사회도 크게 변화했으며 학계에도 적지 않은 변화가 있었다. 연구 경향도 이전의 운동사·사회경제사 중심에서 문화사·생활사·미시사로, 그리고 최근에는 생태환경사·개념사·관계사에 이르기까지 사고와 연구의 폭을 넓혀 나가고 있다. 아울러 연구 대상 시기와 학문 간의 벽을 허무는 학제 간 연구도 활발하게 이루어지고 있다.

역사는 '현재와 과거의 대화'라고 했다. 현재의 입장에서 과거를 고찰하고 그를 바탕으로 미래를 전망하는 것이다. 역사가는 이를 이루기 위해 역사를 부단히 새로 써야 한다. 이러한 취지에서 한국역사연구회는 새로운 시각에서 한국 역사를 고대부터 현대까지 시대별로 조망해 보는 '시대사'를 발간하고자 한다.

시대사를 편찬하자는 이야기는 통사인《한국역사》를 간행하고 나서부터 줄곧 나왔으나 구체적인 편찬 작업에 들어간 것은 2002년부터였다. 이후 '시대사 편찬위원회'를 구성하여 집필 원칙과 편찬 일정을 정하고 고대·고려·조선·근대·현대 등 각 시대별로 팀을 만들어 기획안을 마련하고 그에 맞는 필자를 선정하여 집필에 들어갔다. 또한 들어온 원고들은 팀별로 수차례의 검토와 수정 과정을 거쳤으며 그 과정에서 열띤 토론이 벌어지기도 했다.

60명에 가까운 필자들이 참가하여 공동 작업으로 열 권의 책을 만들어내는 일은 지난한 과정이었다. 다양한 필자들의 의견을 조율하고 모으는 작업부터 집필된 원고를 꼼꼼하게 검토하고 수정하는 작업과, 완성된 원고가 출판사에 넘어가 출판하는 작업에 이르기까지, 우여곡절이 없지 않았다.

　연구회 창립 이듬해인 1989년 '베를린 장벽의 붕괴'가 상징하듯이 세계는 동구 사회주의 국가들의 개혁과 개방으로 냉전이 종식되면서 체제와 이념의 대립보다는 화해와 교류의 방향으로 나아가며 21세기를 맞이했다. 한반도도 1998년 '현대 정주영회장의 소떼 방북'과 2000년 남북정상회담을 계기로 남과 북이 화해와 교류·협력의 방향으로 나아갔다.

　그러나 21세기도 15년이 지난 지금, 세계는 다시 대립으로 치닫고 있다. 이스라엘과 팔레스타인의 분쟁, 미국과 알카에다 등 이슬람 진영과의 대립, 시리아 내전과 이슬람국가IS의 등장 등 중동 내부의 갈등과 분쟁, 러시아와 우크라이나의 분쟁 등이 계속되고 있고, 동북아시아에서도 역사 갈등과 영토 분쟁이 치열하게 전개되고 있다. 이전과 차이가 있다면 이념 대립보다는 종교·문명 대립의 성격이 크다는 것이다.

　그렇다면 한국 사회는 어떠한가. 안타깝게도 한국 사회는 시대착오적인 이념과 지역 갈등이 여전한 가운데 신자유주의로 인한 경제적·사회적 양극화가 빠르게 진행되며 세대와 계층 갈등까지 심화되고 있다. 그리고 천박한 자본주의의 이윤 논리와 정치와 사회 간에 부정부패의 사슬에 의해 일상생활의 안전까지도 위협받고 있다.

인간에 대한 예의와 배려가 사라진 사회, 국가가 책임져야 할 안전과 복지도 국민 스스로 해결해야만 하는 사회, 정의는 실종되고 신뢰와 희망 대신 불신과 체념만이 가득 찬 사회에서 과연 역사학은 어떠한 역할을 할 수 있을 것인가? 책을 낸다는 기쁨보다는 역사학자로서의 책임감이 더 무겁게 다가온다. 이 '시대사' 시리즈가 한국 역사의 체계화에 기여하고 독자들에게는 험난한 세상을 헤쳐 나가는 데 조그마한 도움이 되었으면 하는 바람이 간절하다.

그동안 시대사를 기획하고 집필과 교열에 참여해 준 연구회원 여러분에게 진심으로 감사드린다. 아울러 책이 나오기까지 지원을 아끼지 않고 인내를 가지고 기다려 주신 푸른역사의 박혜숙 사장님, 규모와 격조 있는 책으로 만들어 주신 편집부 여러분에게 진심어린 감사의 말씀을 드린다.

2015년 5월
한국역사연구회

한반도에서 대전환의 역사가 전개되기 시작됐다. 대전환의 서막은 2016년 10월 점화된 '촛불항쟁'이었다. 2만 명에서 시작했던 촛불집회 참가자는 2017년 3월 10일 20차 집회까지 누적 기준으로 1600만 명을 돌파했다. 촛불집회는 장기간 이어진 대규모 집회임에도 단 한 건의 폭력사태도 일어나지 않는 등 유례없는 비폭력·평화집회로 우리나라 민주주의의 새로운 역사를 썼다. 마침내 헌법재판소는 2017년 3월 10일 오전 11시 21분 대통령 탄핵심판 선고에서 "피청구인 대통령 박근혜를 파면한다"는 주문을 확정했다. 현직 대통령 파면은 대한민국 헌정사에서 최초의 일대사건이었다.

그리고 촛불항쟁의 힘으로 문재인 정부가 등장했고, '촛불항쟁'의 거대한 파도는 곧바로 평화와 통일문제로 흐름이 이어졌다. 두 차례의 남북정상회담, 역사적인 첫 북미정상회담은 역사의 대전환이 새로운 단계에 들어섰다는 것을 보여줬다. 과거 1960년대 4월혁명 시기,

1970~80년대 민주화운동 시기의 역사적 경험에서 알 수 있듯이 민주화와 통일 문제가 함께 갈 수밖에 없는 것은 한국현대사에서 나타나는 가장 중요한 특징이었다.

현대사는 지금으로부터 가장 가까운 시기의 역사이며, 동시에 진행 중인 역사다. 일반적으로 학계에서는 1945년을 현대사의 기점으로 보고 있다. 일본의 식민지로부터 해방이 되면서 동시에 분단과 열전, 그리고 냉전이라는 새로운 시대를 열었기 때문이다. 이러한 1945년 이후의 역사는 그 이전의 역사와는 구분되는 성격을 갖고 있다. 1945년 이후 한반도는 냉전의 최전선이 되었고, 한국전쟁은 세계사적 차원에서 냉전의 시작을 알리는 시점이 되었다. 따라서 1945년을 현대사의 기점으로 하는 것은 세계사와 한국사를 서로 연결시키면서 한국현대사를 세계현대사의 보편적 흐름에 연결시키고자 하는 학계의 문제의식을 담고 있다.

북한의 역사학계도 처음에는 현대사의 시점을 1945년에 맞추었고, 이러한 흐름은 1960년대까지 계속되었다. 그러나 주체사관이 등장하면서 북한의 시대구분, 특히 현대사의 기점은 변하게 되었다. 주체사관에서는 '영도자'의 역할을 강조하면서 현대사의 시점을 김일성 주석이 독립운동을 시작한 1926년 '타도제국주의동맹'의 결성에 맞추었다. 북한의 역사학계는 현대사를 항일혁명투쟁사(1926~45), 민주건설사(1945~1950. 6), 조국해방전쟁사(1950. 6~1953) 및 사회주의건설사(1953~)로 시기구분하고 있다.

반면 남한 학계에서는 대략 10년 단위로 시기를 구분하고 있다. 이는 10년 단위로 정권의 교체와 사회적 변화가 일어나고 있기 때문이다. 단지 시기구분을 정부의 교체에 두느냐, 아니면 사회적 변화를 강조하는가에 따라 시기구분의 강조점이 달라지고 있다. 예컨대 이승만 정부에서부터 문재인 정부에 이르기까지 정부의 교체에 강조를 두는 경우도 있고, 민주주의의 발전 과정에 따라 각 시기마다 정권 교체를 불러온 혁명이나 항쟁을 중심으로 시기를 구분하기도 한다. 일반적으로는 항쟁과 정부 교체의 시기가 서로 맞물리는 경우가 많기 때문에 이를 섞어서 시기를 구분하고 있고, 이 책에서 그러한 일반적 사례에 따랐다.

한국현대사의 첫 시기는 광복(해방)부터 한국전쟁까지의 8년사로 현대사를 압도적으로 규정하는 분단이 형성되고 고착화된 때다. 이 시기는 해방된 후 미국과 소련이 38선을 사이에 두고 진주한 국제적 규정력 속에서 자주적으로 민족통일국가를 수립하려고 시도했으나 남북분단으로 귀결되고, 남북분단이 전쟁으로까지 치달은 희망과 좌절의 시기였다. 이러한 시기적 특성을 고려해 당시의 국제적 환경, 다양한 정치세력과 통일국가 수립을 위한 민중의 노력, 분단과 전쟁의 원인 등을 서술하려고 했다.

두 번째 시기는 남과 북으로 분단돼 자본주의와 사회주의체제로 변화돼 성장, 발전, 변화의 길을 걸은 때다. 전쟁을 거친 후 평화나 통일이 아닌 대결과 체제 경쟁이 지속되는 가운데 남과 북은 서로 다른 가치관과 사회구조를 형성했다. 남한에서는 1인 독재와 군사독재가 장기간 유지되는 가운데 1960년의 4월혁명, 1964년 6·3항쟁, 1970~80년대 반독재민주화운동으로 이어지는 대중운동을 통해 민주주의가 뿌리를 내렸고, 2017년의 촛불항쟁을 통해 한 단계 성숙한 민주주의로 나갈 수 있는 기반을 마련했다.

반면 북한에서는 김일성-김정일-김정은으로 이어지는 장기집권 체제가 이어지면서 국제정세의 변화에 제대로 대응하지 못하는 한계를 드러냈고, 1990년대에 들어와 '고난의 행군'이라는 최악의 경제난을 겪은 후 개발과 개방의 길을 모색하고 있다.

남과 북은 2000년 첫 남북정상회담에서 6·15공동선언을 발표하고, 2007년 두 번째 남북정상회담에서 10·4선언에 합의해 화해와 협력 단계로 들어섰고, 이후 다시 나타난 10여 년의 남북 간 대결 시대를 극복하면서 2018년 4월 '판문점선언'을 통해 새로운 시대를 열어가기 위한 초석을 다지고 있다.

남과 북의 현대사에 대한 연구는 10여 년 전에 비해 일취월장했다. 연구자나 연구 성과의 양과 질에서 모두 이전보다 많은 발전을 보였다. 특히 최근에는 사회사와 문화사, 그리고 생활사 분야에서 많은 성장을 이룩했다. 이 과정에서 역사 연구자뿐만 아니라 문학, 사회학, 인류학 연구자들의 역할이 중요했다. 이러한 연구 성과들을 모두 포괄하지 못했다는 점은 이 책의 한계가 될 수 있지만, 일부 중요한 내용들은 포괄하기 위해 노력했으며, 앞으로 지속적인 증보를 통해 독자들의 기대에 부응하려고 한다.

　이 책이 남과 북의 현대사 흐름을 민주주의 발전과 분단, 대결을 극복하는 과정으로 이해하고, 대전환이 진행되고 있는 현재와 미래를 진단하는 데 조금이나마 도움이 되었으면 하는 바람이다.

2018년 8월

저자 일동

차례

4월혁명은 이승만 정권을 무너뜨렸다. 하지만 이승만 대통령의 퇴진이 항쟁의 시작부터 주장된 것은 아니다. 학생과 시민의 민주항쟁 과정에서 "이승만 물러가라"는 구호가 처음 나온 것은 1960년 4월 11일 제2차 마산봉기 때부터였다. 그러나 이는 시위대 일부가 특정한 국면에서 외친 구호였지 대다수의 시위대가 반복적이고 지속적으로 외치는 구호는 아니었다. 대규모 시위 및 희생자가 발생한 1960년 4월 19일에도 상황은 마찬가지였다. 4·19 봉기의 과정에서 일부 시위대가 이승만 퇴진 구호를 외쳤지만 이러한 구호는 1987년 6월항쟁 때 외쳐진 "호헌철폐", "직선쟁취" 같이 대부분의 시위대가 공유하면서 반복적으로 외쳐지며 항쟁의 목표를 집약해주는 구호는 아니었다. 당시 학생들이 경무대로 간 것도 여러 정황을 볼 때 이승만 대통령을 몰아내기 위한 것이 아니라 그에게 항의하고 대화하기 위한 것이었다. 그러나 이승만 정부는 경무대 앞에서 시위대에 총을 쏘았고, 대규모 유혈사태가 발생했다. 이에 민주항쟁은 부정선거 문제보다는 시민들에게 무자비한 폭력을 행사한 정부와 집권자의 책임을 묻는 방향으로 전환되었다. 4월 25일부터 민주항쟁은 정권타도운동으로 전환되는 양상이 뚜렷해졌다. 25일 오후 서울에서는 교수단이 대통령의 퇴진 요구가 포함된 성명서를 발표하고, 시위를 전개했다. 마침내 4월 26일 오전 이승만 대통령은 물러가겠다는 성명서를 발표했다. 민주항쟁이 정권퇴진운동으로 본격적으로 시작되고 하루도 지나지 않아 이승만 퇴진이라는 결과가 발생한 것이다.

이승만 정권과
4월혁명

이승만 정권 하의 정치

한국전쟁과 국가통제력의 강화

일본 제국주의는 한국을 식민통치하기 위해 억압적인 제도와 방대한 경찰 및 헌병 등 억압 기구를 구축했다. 해방 직후 미군정기에도 이와 같은 억압적인 제도와 기구, 그 종사자들이 제대로 청산되지 못하고 유지되었으며, 이승만 정권은 실질적으로 이를 물려받았다. 그리고 전쟁을 거치면서 억압적 기구와 제도는 더욱 강화되고, 국가권력의 대민 통제 능력도 비약적으로 강화되었다.

이승만 정권의 대민 통제에 있어 가장 핵심적인 역할을 한 것은 경찰이었다. 한국전쟁이 발발하면서 경찰의 수는 급증할 수밖에 없었다. 일제 치하인 1943년 한반도에 있던 일제 경찰은 총 2만 2천여 명이었다. 그러나 한국전쟁이 발발한 직후인 1951년에는 남한에서만 6만 3천여 명의 경찰이 존재했다. 휴전 이후에는 경찰의 수가 점차 줄어들었지만 1958년에만도 경찰의 총 수는 3만 8천여 명에 달했다. 인구 540명당 1명의 경찰이 있었던 셈인데, 일제시대에도 인구 1,027명당 1명의 경찰이 있었던 것과 비교해 볼 때 국가의 대민 통제능력이 한국전쟁을 계기로 얼마만큼 강화되었는지 잘 보여 준다.

경찰은 각지에 파출소, 출장소, 지서를 설치해 대단히 세세한 부분까지 정보를 파악하고 사람들을 통제했다. 나아가 선거 등 정치 과정에 직·간접적으로 개입하면서 이승만 정권의 유지에 기여했다.

한국전쟁으로 징병제가 완전히 정착하면서 대부분의 젊은이들은 군대로 갔다. 1953년 7월 휴전 이후에도 미군 감축으로 발생하는 군사력의 공백을 메우기 위해 한국군의 규모는 20개 사단, 72만 병력으로 증가했다. 한국군은 유엔군 사령관의 작전통제 하에 있었을 뿐만 아니라 미국의 원조에 크게 의존하고 있었다. 이승만 정권은 군을 경찰처럼 자신의 정치적 목적을 위해 쉽게 동원할 수 없었다. 그러나 이승만 정권은 군 방첩대와 헌병대를 통해 군을 통제하고, 나아가 이를 자신의 정치적 목적을 위해 사용하기도 했다.

한국전쟁 기간 동안 대한청년단 조직을 근간으로 한 '청년방위대', '향토방위대', '방공단', '북진통일연대' 등 군과 경찰의 전투를 보조하고, 민간인을 통제하는 등 준군사적인 역할을 하는 청년단체들이 속출했다. 이들의 활동은 휴전 이후 현저히 줄어들었다. 그러나 여전히 각종 반공청년단체들이 존속되면서 실질적으로는 관변단체로 활동했다.

이승만 정권은 1953년 전쟁이 끝날 무렵부터 국민반 조직을 체계화했다. 국민반은 최말단 행정 조직인 리里와 동洞 밑에 있는 조직으로 국가권력이 시민들을 통제·감시하는 모세혈관 역할을 했다. 국민반 조직은 이승만 정권 말기인 1958년 말 법제화되었다.

자유당 창당과 부산정치파동

한국전쟁으로 이승만 정권의 대민 통제 능력은 크게 향상되었지만, 실제 제도정치적 공간에서 이승만 대통령의 힘은 크게 달라진 것이 없었다. 당시 국회는 대통령과 부통령 선출권을 갖는 등 상당한 권한을 보유하고 있었다. 제2대 국회가 구성된 1950년 5·30선거에서 당선된 의원들은 대부분 무소속이었고, 이승만을 지지하는 의원들의 숫자는 적었다.

한국전쟁 발발 이후 이승만 정권의 실정이 거듭되자 의원들은 정권에 대해 비판적인 태도를 보일 수밖에 없었다. 이승만 정부는 전쟁 발발 초기 시민들에게 국군이 서울을 사수할 것이니 안심하라고 방송을 해놓고, 아무런 대책도 없이 정부기관과 그 요원들을 철수시켰다. 나아가 철수 과정에서 피난민으로 가득 찬 한강다리를 폭파하여 다수의 사상자를 발생시켰다. 중국군의 참전으로 인한 1951년 초의 후퇴(1·4 후퇴) 과정에서도 여러 문제가 발생했다. 정부는 한국전쟁 발발 초기 다수의 장정들이 인민군에 자원하거나 끌려가는 것을 방지하고, 또한 빨치산 활동에 가담하는 것을 막기 위해 만 17세 이상 40세까지의 남성들을 소집하여 국민방위군으로 편성했다. 그리고 이들을 정부의 관리 하에 후퇴시켰다. 그런데 대부분 반공청년단체의 간부들로 구성된 국민방위군 간부들은 장병들에게 지급된 부식비와 의복비를 횡령했다. 국민방위군 장병들 중 9만 명 이상으로 추정되는 사람들이 추운 겨울에 굶어 죽거나 얼어 죽는 사건이 발생했다. 또한 1951년 2월 거창군 신원면에서 빨치산 토벌작전을 벌이던 군인들이 주민 719명을 집단 학살하는 사건이 발생했다. 거창 민간인 학살 사건은 이 지역 국회의원에 의해 폭로되었고, 국회에서 쟁점화되었다. 1951년 5월 이시영 부통령은 이승만 정권의 실정을 비난하며 사퇴했고, 국회는 야당인 민주국민당의 김성수를 부통령으로 선출했다.

이승만 대통령은 자신을 특정 정당의 지도자로 한정하기보다는 모든 정당 위에 위치하는 전 국가적 지도자로 자처했다. 때문에 집권 과정에서도, 또한 그 후에도 공식적으로 여당이라 할 수 있는 정당을 만들지 않았다. 그러나 국회에서 심각한 정치적 열세를 보이고 있는 상황에서, 특히 대통령 선거가 예비되어 있는 상황에서 더 이상 공식적인 여당의 창립을 미룰 수 없었다. 1951년 8월 이승만 대통령은 특별 담화를 통해 반공 이데올로기로 통합된 국가를 추구하는 '일민주의'를 바탕으로 하고, 노동자, 농민을 중심으로 지방 조직까지 갖춘 전국적 규모의 대중정당이 필요하다고 역설했다. 새로운 여당 조직은 정부 수립을 전후해 민족청년단을 조직했다. 이는 초대 국무총리 겸 국방부장관이었던 이범석李範奭(1900~1972)을 중심으로 진행되었다. 이범석은 민족청년단계 인물들을 총동원하고, 5대 관변단체인 국민회, 대한청년단, 대한노동조합총연맹, 대한농민조합총연맹, 대한부인회 등의 조직을 바탕으로 여당 조직을 만들어 갔다.

1951년 12월 23일 공화민정회 소속 국회의원 70여 명은 '자유당'이라는 이름으로 새로운 정당을 발족했다. 한편 5대 관변단체를 중심으로 여당 조직을 만들어 온 세력도 같은 날 똑같은 이름으로 '자유당'(원외 자유당)을 결성했다. 자유당이라는 같은 명칭을 갖는 2개의 정당이 따로 조직되었던 것이다. 그러나 원외 자유당은 이승만을 지지하는 정당이었던 반면, 원내 자유당의 주류는 장면을 지지했다.

이승만 정부는 1952년 1월 대통령 직선제와 양원제안을 골자로 하는 헌법 개정안을 국회에 상정했다. 한국전쟁으로 말미암아 국가권력의 대민 통제 능력이 극단적으로 강화되어 있던 상황에서 국회의원에 의한 간접선거보다는 직접선거가 이승만의 재집권을 훨씬 확실하게 보장해 줄 수 있었다. 그러나 국회의원들이 대통령 선출권이라는 막대한 권리를 스스로 포기할 리 없었다. 대통령 직선제 개헌안은 국회에서 143 대 19라는 압도적인 표차로 부결되었다.

이승만 정권은 개헌안이 부결되고 자유당이 원내외로 양립하는 정치적 위기 국면에서 이승만 자신이 갖고 있는 대민 통제 능력을 발휘해 국회를 압박하는 방법을 사용했다. 이승만 정권은 1952년 4월에 시·읍·면의회 의원 선거를, 5월에는 도의원 선거를 실시했다. 정부 수립 후 최초로 치른 지방자치제 선거였다. 국가가 강력한 대민 통제력을 발휘하는 상황에서 지방의회 선거는 여당의 승리로 귀착될 수밖에 없었다. 이에 맞서 야당 세력들은 1952년 4월 개헌안 통과가 가능한 숫자인 122명의 연서로 내각책임제 개헌안을 국회에 정식 제출했다. 이승만 정권은 원외 자유당과 관변단체, 지방의원들을 동원해 국회의원 소환운동을 벌이는 등 대중동원을 통해 국회를 압박했다.

마침내 이승만 정권은 1952년 5월 25일 계엄령을 선포하여 '부산정치파동'을 일으켰다. 이승만 정권은 견인차를 이용해 의사당에 출근하는 국회의원 통근용 버스를 헌병대 본부로 강제로 끌고갔다. 그리고 내각책임제 개헌안을 추진하던 의원 10여 명을 국제공산당과 공모했다는 혐의로 체포했다. 이와 함께 '백골단', '땃벌떼' 등의 단체들이 나타나 국회의원 소환운동 등을 벌이며 국회의원들을 압박했다. 전쟁

부산정치파동 당시 장택상 총리 1952년 5월 피난수도 부산에서
국회해산을 요구하는 시위의 해산을 종용하고 있다. 장택상 총리
옆에서 마이크를 잡고 있는 인물은 김영삼 전 대통령이다.

중에 전시 수도 부산에서 일어난 정치파동은 국내외적으로 큰 파장을 불러일으켰다.

유엔군 참전 16개국은 '민주주의 수호'를 참전의 명분으로 내세웠는데, 한국에서의 정치파동은 이러한 명분을 무색하게 만드는 것이었다. 유엔한국통일부흥위원단은 이승만에게 계엄령의 부당성을 비판하는 성명서를 전달했고, 미국 대사관과 군부 장성들 사이에서 사태에 대처하는 방식을 놓고 의견 차이가 나타나기도 했다. 이에 비상계획 차원에서 이승만 제거 계획이 논의되기도 했다. 이승만 대통령이 계엄령을 선포하고 군 병력 동원을 요청하자 당시 육군참모총장이었던 이종찬은 이를 거부하여 육군본부의 장성들과 정권 사이에도 갈등이 발생했고, 그 과정에서 일부 군 장성들이 쿠데타 계획을 세우기도 했다. 당시 미국 정부는 이러한 상황에서 결국 한국 정치권의 타협을 촉구하는 쪽으로 방향을 잡았다. 미국 정부는 이승만 대통령과 그 측근 인사들이 국회를 완전히 해산하는 등의 극단적인 조치를 취하는 것을 막아 내는 한편, 야당 의원들에게도 타협을 촉구했다.

경찰들은 은신 중인 의원들을 찾아내 국회로 등원시켰고, 경찰과 군이 국회를 포위하는 위압적인 분위기 속에서 1952년 7월 4일 개헌안이 기립 표결 끝에 통과되었다. 이 개헌안은 정부 측의 대통령 직선제 개헌안을 골자로 하고, 야당의원들이 제출한 내각책임제 개헌안을 일부 수용하여 절충한 것으로 이른바 '발췌개헌안'이라고 불렸다.

1952년 8월 제2대 정·부통령 선거가 실시되었고, 결과는 예측대로 자유당의 이승만 후보가 총 투표수의 74퍼센트인 520여 만 표를 얻어 대통령에 재선되었다. 자유당의 공식 부통령 후보는 이범석이었지만,

1952년 정부통령 직선제 선거 풍경 1952년 7월 4일 통과된 발췌개헌안에 따라 8월 제2대 정부통령 선거가 실시되었다. 자유당의 이승만 후보는 74퍼센트의 득표율로 대통령 재선에 성공했고, 부통령으로는 이승만 정권의 경찰력과 행정력의 도움을 받은 함태영이 당선되었다.

선거 직전 이승만은 이범석과 민족청년단 계열을 견제하기 위해 자유당 공식 후보가 아닌 무소속의 함태영을 지원했다. 함태영은 이승만 정권의 경찰력과 행정력의 도움을 받아 자유당이 공식 추대한 부통령 후보 이범석을 누르고 당선되었다. 이범석은 이후 자유당의 간부진을 자파自派 일색으로 만들어 당을 장악하려 했지만, 1953년 이승만 대통령이 민족청년단계 인물을 숙청하기 위한 특별담화를 발표하자 당에서 곧 제거되었다. 이후 자유당은 대통령에게 절대적인 충성을 보인 이기붕을 중심으로 운영되었다. 자유당은 창립 과정에서부터 결국 이승만의 개인 정당이라는 성격을 완전히 벗어나지 못했다.

북진통일운동과 사사오입 개헌

이승만은 1952년 정치파동을 통해 국가권력이 갖는 대민 통제 능력을 이용하여 정치권을 압박함으로써 독재 연장에 일단 성공했다. 정치파동 이후 야당 세력들의 기세는 현저히 수그러들었다. 그다음 해인 1953년에 접어들자 이승만 대통령은 휴전에 반대하면서 대대적인 군중 동원을 통해 북진통일운동을 벌였다. 이승만 정권의 북진통일운동은 포로 문제로 교착되었던 휴전회담이 1953년 4월 재개되자 본격화되었다. 이승만 대통령은 미국에 "현 상태에서 휴전이 되면 국군이 유엔군의 통제에서 벗어나 단독으로라도 북진하겠다"고 공식 통보하고, 각종 관변단체와 학생들을 동원하여 대대적인 휴전반대운동을 벌였다. 또한 휴전협정 타결 직전인 1953년 6월 18일 반공포로를 일방적으로 석방해 휴전협정 체결이 한 달가량 지연되기도 했다.

휴전 반대, 북진통일운동은 한미상호방위조약을 체결하고 미국으로부터 더 많은 군사적·경제적 지원을 얻어 내는 외교적 수단이 되기도 했다. 이승만은 이를 통해 강대국의 압력에도 굴하지 않고 통일을 추구하는 민족주의적 지도자로서 이미지를 구축했으며, 그가 휴전반대운동을 통해 미국으로부터 상호방위조약을 얻어 내는 과정은 "우리나라 독립 역사상 가장 귀중한 진전"이라 칭송되었다.

북진통일운동은 여야관계에도 영향을 미쳤다. 당시 민주국민당 등 야당 인사들도 북진통일운동에 적극 협력했다. 휴전반대운동은 이승만 대통령의 정치적 위상과 입지를 크게 높였다. 모든 정치세력은 북진통일운동에 묶여 갔으며, 거기서 조금이라도 벗어나는 세력은 매국노, 사대주의자라는 비난과 함께 백색테러의 제물로 던져졌다. 반공포로 석방 직후 민주국민당의 사무총장 조병옥趙炳玉(1894~1960)은 우방국과의 협조라는 차원에서 이를 비판하는 발언을 했다. 해방 직후 반공투사였으며 내무부장관까지 지냈던 조병옥은 곧바로 괴청년들의 습격을 받았고, 경찰은 신변보호를 이유로 그를 구속했다. 민주국민당 당사도 습격을 받았다. 민주국민당 간부들은 그 기세에 눌려 당 해체론을 운운하기까지 했다. 이승만은 북진통일운동을 통해 1952년 정치파동 과정에서 손상되었던 국부國父의 위상을 완전히 회복할 수 있었다.

한국전쟁을 통해 결국 이승만과 자유당의 집권 기반은 한층 강화되었고, 이는 1954년 5월 20일 제3대 국회의원 선거에 반영되었다. 이때까지도 전쟁의 분위기는 완전히 사라지지 않았다. 이승만 대통령은 한국 정부가 휴전을 수락한 것은 어디까지나 시한부라고 하면서 휴전협정 체결 이후에도 계속 휴전 반대, 북진통일을 주장했다. 때문에 한미상호방위조약 발효, 전후복구 원조의 실행 등도 1954년 11월까지 유보되었고, 한국전쟁을 통해 새로 유엔군과 국군이 점령한 북부 지역 영토의 행정관리권도 이때까지 유엔군사령관으로부터 대한민국 정부에 공식적으로 인계되지 않았다. 한편 전쟁기간 동안 실행되었던 각종 동원체제와 통제령도 일부 지속되고 있었다.

총선 기간 중 무려 77명의 후보가 중도에 사퇴했으며, 야당인 민주국민당 대표 신익희申翼熙(1892~1956)는 '자유 분위기'가 보장되지 않는다면 선거를 '보이코트'하겠다고 발언하여 파문을 일으키기도 했다. 선거 결과는 자유당이 개헌 가능 의석에 거의 육박하는 114석을 얻었고, 야당인 민주국민당은 15석을 얻는 데 그쳤다. 그 밖에 군소정당이 7석, 무소속이 67석을 얻었다. 1954년 3대 총선에서는 정당공천제가 처음 실시되고 1, 2대 총선과는 달리 무소속의 당선 비율이 현저히 하락하여 한국 정치에서 정당정치가 자리 잡는 중요한 계기가 되었다.

이승만 대통령은 1954년 총선 때부터 초대 대통령에 대해서는 3선 제한 규정을 철폐하는 개헌을 하겠다고 언급했다. 그리고 총선에서 자유당이 다수 의석을 차지하자 개헌 작업이 곧바로 이어졌다. 1954년 11월 27일 개헌안이 국회에서 표결에 부쳐졌다. 개헌을 위해서는 국회의원 2/3인 136표가 필요했지만 표결 결과 개헌안 찬성이 135표 나왔다. 자유당 소속 최순주 국회부의장은 부결을 선포했다. 그러나 이틀 후 국회부의장은 다시 국회의원 의석수 203명의 2/3를 정확하게 계산하면 135.33인데 이를 '사사오입'하면 135이므로 개헌안은 통과되었다고 번복하면서 가결을 선포했다. 수학이 정치적으로 이용된 매우 드문 사례였다.

사사오입 개헌 초대 대통령에 한한 중임금지 제한 철폐 개헌안이 1표 차이로 부결되자 자유당이 '사사
오입'을 주장하며 통과시켰다. 이에 민주당의 이철승이 의원이 단상에 뛰어올라가 최순주 부의장에게
항의하고 있다. 1954년 11월 29일.

사사오입 개헌에 대해 야당은 물론 여당 내부의 일부 소장파 의원들도 경악했다. 민관식, 김영삼, 김두한 등 자유당 소장파 의원 12명은 결국 자유당을 탈당했다. 야당 세력들과 자유당 탈당파 의원들은 호헌동지회를 결성하고 야권통합운동을 벌였다. 야권통합운동 과정에서 기존 보수정당의 정치인들은 조봉암 등 이른바 '제3세력'의 합류 여부를 두고 의견이 엇갈렸다. 김성수, 신익희 등 민주대동파는 이들을 야권통합운동에 포용하려 했지만 조병옥, 장면 등 자유민주파는 이들을 배제하려 했다. 결국 "반공 이데올로기와 자유자본주의 신념"을 내세웠던 자유민주파의 주도로 1955년 9월 새로운 보수야당 민주당이 창당되었다. 새로 창당된 민주당은 내부에 서로 연원과 개성을 달리하는 구파와 신파가 있었다. 구파는 한국민주당과 민주국민당으로 이어지는 정통 야당의 맥을 이은 세력으로 구 지주 집단이 주축이었고, 조병옥, 신익희, 윤보선 등이 대표적 인물이었다. 반면 신파는 원래 관료였거나 원내 자유당이었다가 이승만, 자유당 정권과 결별한 인사들로 기업가, 관료 집단이 주축을 이루었다. 장면, 오위영吳緯泳(1902~1978), 주요한朱曜翰(1900~1979) 등이 중요 인물이었다.

1956년 대통령 선거와 진보당의 평화통일론

민주당의 창당은 한국 정치가 극단적인 반공 이데올로기를 공유하는 양대 보수 정당이 경쟁하는 보수 양당제 구도로 가는 서막이었다. 민주당의 창당 과정에서 극단적인 반공 이데올로기를 기준으로 보았을 때 사상이 의심스러운 조봉암과 이른바 '제3세력'들은 배제되었다. 이들은 '혁신정당'을 표방하며 1955년 12월 '진보당 발기추진위원회'

를 구성했다. 진보당은 1956년 5월 정부통령 선거에 참여하여 대통령 후보로 조봉암을, 부통령 후보로 박기출(1909~1977)을 지명했다.

진보당은 선거운동 과정에서 이승만 정권의 북진통일론에 맞서 '평화통일'을 주장했고, 이것이 진보당의 가장 인상적인 구호가 되었다. 북진통일론의 기본 논리는 자유 진영과 공산 진영은 공존 자체가 불가능하고, 냉전이든 한국의 분단 문제이든 궁극적으로는 양 진영의 전쟁을 통해 결판이 날 수밖에 없다는 것이었다. 그러나 진보당은 원자폭탄과 수소폭탄의 발전으로 양 진영 모두가 상대방을 무력으로 완전히 제압하는 것이 불가능해졌으니 통일 문제도 평화적으로 해결해야 한다고 주장했다. 진보당은 엄중한 당시의 상황 때문에 직접적으로 평화통일의 구체적 방안을 제시하지는 못했다. 다만 양 진영 사이의 공존이 불가피하기 때문에 통일 문제는 평화적으로 해결할 수밖에 없다고 주장한 것이었다. 이러한 평화통일론은 4월혁명 이후 1960년대에 이르면 모든 보수 정당 세력도 공통으로 주장하는 통일 구상이된다.

당시 보수 정당이 독점하고 있는 정치 공간의 장벽은 높았다. 1956년 5월 대통령 선거는 기본적으로 자유당과 민주당의 대결 구도로 갔다. 자유당은 대통령 후보에 이승만, 부통령 후보에 이기붕을 추대했고, 민주당은 대통령 후보에 신익희, 부통령 후보에 장면을 추대했다. 민주당은 '못 살겠다 갈아보자'라는 구호를 내세우며, 이승만 독재정권에 대한 반발 세력을 효과적으로 결집해 갔다. 그러나 신익희는 선거를 앞두고 지방 유세 중에 갑자기 뇌일혈로 사망했다. 진보당은 이때 야권단일화를 위해 부통령 후보 박기출이 사퇴한다는 성명을 냈다. 그러나 민주당은 "대통령 후보로는 누구도 지지하지 않으며, 추모표는 국민의 자유의사에 맡긴다"는 성명을 발표하여, 진보당과의 연대를 거부했다.

선거 결과 대통령 후보 이승만은 약 504만 표를 얻어 전체 투표자수의 55퍼센트 정도를 얻어 당선되었고, 조봉암은 약 216여만 표(24퍼센트)를 얻었다. 또한 전례 없이 무효표가 약 185여만 표 가량 나왔는데 이는 신익희에 대한 추모표로 추정되고 있다. 부통령 선거에서 민주당 후보 장면은 자유당 후보 이기붕을 누르고 당선되었다. 당시 아시아 지역의 선거에서 여당이 패배한 대단히 드문 사례였다. 특히 서울의 경우 이승만이 20만 5,000여 표를 얻은 반면, 대부분 신익희의 추모표로 추정되는 무효표가 무려 28만 4,000표나 나왔다. 수도 서울에서는 죽은 신익희가 살아 있는 이승만을 압도했던 것이다.

당시 진보당의 조봉암이 얻은 216만 표 중에는 신익희의 갑작스러운 죽음으로 말미암아 민주당 지지자들이 던진 표도 일부 포함되어 있겠지만, 당시 정치적 분위기와 조봉암의 득표가 많았던 지역의 투표 성향을 비교해 볼 때 상당수는 민주당 지지자와는 성향을 달리하는 독자적인 진보당 지지 세력의 표로 분석되고 있다. 그런데 부통령으로 당선된 장면과 자유당 후보 이기붕의 표 차이는 20만 7,000여 표밖에 되지 않았다. 이는 진보당 박기출 후보의 사퇴가 민주당 장면 후보의 당선에 실질적으로 기여했음을 의미한다.

진보당은 1956년 11월 대통령 선거에서 얻은 지지를 기반으로 공식 창당했다. 그러나 진보당은 지방 지부 창당 과정에서 정치 깡패들이 난입하는 등 수많은 테러에 시달려야 했다. 또한 여당인 자유당은

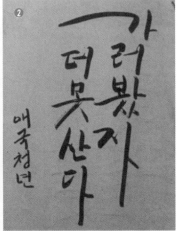

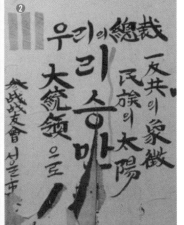

❶－❷ 1956년 대통령 선거 홍보 풍경. 신익희 민주당 대통령 후보는 "못살겠다 갈아보자"를 구호로 삼았고(❶),
이에 이승만 자유당 대통령 후보는 "갈아봤자 더 못 산다"라는 구호로 맞섰다(❷).
❸ 신익희의 장례식.
❹ 1956년 8월 15일, 신익희의 사망으로 3선에 성공한 이승만의 취임식.

조봉암 1958년 10월 25일 공판정에 나와 선고를 기다리는 진보당 대표 조봉암.

물론 야당인 민주당도 조봉암의 평화통일론을 용공으로 몰아가며 의구심을 피력했다. 마침내 1958년 1월 조봉암과 진보당 간부들이 검거되었다. 총선을 앞둔 시점이었지만, 진보당이 의회에 진출할 수 있는 기회는 주어지지 않았다. 대법원은 평화통일론에 대해서는 무죄를 선고했지만, 조봉암이 남한 정보기관이 주도하는 대북 교역에 종사했던 양명산의 자금을 받은 것을 문제 삼아 사형을 선고했다. 조봉암은 1959년 7월 사형에 처해졌다.

보안법 파동과 《경향신문》 폐간

자유당과 민주당은 반공 체제의 확립이나 진보당과 같은 혁신 세력에 대한 정치적 봉쇄에서는 공조하기도 했으나 기본적으로는 경쟁 관계였다. 양당의 정치적 경쟁은 1950년대 후반에 접어들면서 더욱 가열되었다. 1958년 5월 2일 국회의원 선거 결과를 보면 자유당은 126석을, 민주당은 79석을 얻어 양대 정당 구도가 자리 잡아 가고 있음을 확인할 수 있다. 이 선거에서는 농촌에서는 여당이 지지를 받고, 도시에서는 야당이 지지를 받는 이른바 '여촌야도' 현상이 두드러졌다. 서울의 경우 16개 선거구 중 2곳을 제외하고는 모두 민주당 후보가 당선되었다. 정보 유통과 여론 형성 측면에서 국가권력이 통제하기 어려운 도시 지역일수록 이승만, 자유당 통치에 대한 반발이 강하게 나타났던 것이다.

1950년대 후반 자유당은 이승만의 개인 정당이라는 성격을 완전히 탈피하지 못했으며, 이기붕과 그 주위에 형성된 일부 당 핵심 관료들이 전에 비해 훨씬 강하게 당과 정책을 장악했다. 이들 내부에는 야당에 대한 태도에서 강온 대립이 있었지만 결국 강경파가 득세하고 자유당은 후기로 갈수록 국가권력을 동원해 야당을 탄압하는 방향으로 나아갔다. 이승만 정권과 자유당은 해방 직후 극우 반공세력을 뿌리로 하는 민주당도 반공 이데올로기를 이용해 탄압하려 했다. 이들은 야당의 대정부 비판과 언론 보도를 훨씬 강하게 제약할 수 있는 국가보안법 개정안을 국회에 제출했다. 또한 이와 함께 당시 민주당이 주장하던 유엔 감시 하 남북한총선거안을 용공 논리라고 문제 삼기도 했다. 이승만 정권과 자유당은 1958년 12월 24일 국회 경위를 동원하여 야당 의원들을 지하실에 감금한 채 국가보안법 개정안을 통과시켰다. 그리고 1959년 4월 야당지인 《경향신문》을 폐간시켰다.

　1960년 정부통령 선거는 자유당과 민주당의 각축을 판가름하는 일대 격돌의 장으로 예상되었다. 민주당의 대통령 후보로 선출된 조병옥은 선거를 앞두고 미국에 가 치료를 받던 중 갑자기 사망했다. 이에 따라 대통령 선거에서는 경쟁 없이 이승만의 당선이 확실시되었지만 자유당의 이기붕과 민주당의 장면이 재격돌하는 부통령 선거가 문제였다. 당시 이승만 대통령은 이미 80대 중반에 접어들고 있었기 때문에 대통령이 갑자기 사망할 경우 권력 승계권자였던 부통령의 자리는 권력의 향배와 직결된 문제였다. 이승만 정권과 여당은 대대적인 부정선거 계획을 이미 짜 놓은 상태였고, 때문에 1960년대 초부터 야당 세력들은 정부와 여당의 부정선거 음모를 폭로, 규탄하고 있었다. 때문에 1960년 정부통령 선거에서는 선거도 실행되기 전에 부정선거 시비가 일어나고, 부정선거에 대해 항의하는 기이한 현상이 나타나기도 했다.

국가보안법 개정안 통과 1958년 12월 24일, 보안법 통과 저지를 위해 농성 중인 위원들과 이를 강제로
끌어내고 국가보안법 개정안과 지방자치법 개정안을 통과시키는 광경.

이승만 정권의 정치행태는 '배제의 정치'라 할 수 있다. 이승만은 권력을 잡는 과정에서나 그것을 장기적으로 유지하는 과정에서 자신의 경쟁자들을 하나하나 배제해 갔다. 분단과 한국전쟁을 거치면서 남한에 존재하던 좌파 및 중도파 정치세력을 배제했으며, 휴전 이후 일부 남아 있던 자유주의적 세력들과 중도우파 세력들도 진보당 사건으로 정계에서 배제되었다. 그리고 마침내 1950년대 후반에 이르면 극우 반공 세력의 쌍생아였던 보수야당 민주당 정치세력에게도 탄압을 행사하며 정계에서 무력화시키려 했다. 마침내 1960년 3월 15일 선거에서는 대대적인 투개표 부정을 단행하여 모든 유권자마저 정치적 참여로부터 배제하는 길로 갔다. 그럴수록 이승만 정권은 섬처럼 고립되어 갔으며, 마침내 붕괴의 나락으로 떨어졌다.

1950년대 한국경제와 미국의 대한 원조

미국의 대한 원조의 도입과 운영

한국전쟁으로 산업시설과 생산, 유통 기반이 파괴된 한국 사회는 미국의 원조에 크게 의존하지 않을 수 없었다. 미국의 대한 원조는 미군정기 군사 점령에 따르는 행정 지원과 민생 구호를 위한 행정구호 원조GARIOA로부터 시작되었다. 이후 정부 수립 후 한미경제원조협정에 따라 미국 경제협조처ECA의 원조가 이어졌다. ECA원조는 한국

경제구조를 개편하고 산업을 육성한다는 목적을 가진 것으로 한국전쟁 이후 군사적 목적을 앞세운 원조와는 다른 성격을 갖고 있었다.

한국전쟁이 발발하자 유엔과 미국 정부의 원조가 본격적으로 실행되었다. 유엔은 구호용 물자 원조CRIK를 실시하고 유엔한국재건단 UNKRA을 조직하는 등 한국경제를 전쟁 전 수준으로 회복하기 위한 원조를 진행했다. UNKRA 원조는 한국전쟁 이후 도입된 원조 중에 경제부흥의 성격이 가장 강한 원조였다. 원조 내용을 보면 시설재가 70퍼센트를 차지했으며, 이 자금을 바탕으로 1953년 인천 판유리 공장, 충주 비료 공장의 건설과 삼척 시멘트 공장의 복구 사업이 시작되었다. 유엔의 대한 원조는 세계 30여 개국이 낸 물자와 기금을 바탕으로 운영되었는데, 대부분의 물자와 기금은 미국 정부로부터 나왔다.

가장 큰 비중을 차지한 원조는 상호안전보장법Mutual Security Act에 의해 미국 정부가 한국 정부에 직접 제공한 지원이었다. 이 원조는 휴전 이후부터 실행되었는데 처음에는 대외활동국FOA이 원조 업무를 담당하다가 1956년 7월 조직이 발전적으로 해체되면서 국제협조처 ICA로 대체되었다. 이를 흔히 FOA/ICA원조라 하며 한국에 들어온 원조 중에 압도적으로 많은 액수를 차지한다. 한편 미국 공법 480호에 근거하여 미국 정부가 한국에 잉여농산물을 무상으로 제공하는 원조가 있었다(PL480 원조). 이렇게 해서 미국 또는 유엔 기관이 해방 이후부터 1961년까지 한국에 원조해 준 규모는 총 31억 달러에 달한다. 반면 이와 별도로 미국 정부가 한국군의 무기, 장비, 탄약 등을 무상으로 제공하는 직접 군사원조도 있었다. 이승만 정권 기간 동안 미국이 해 준 직접 군사원조의 총액은 15억 9000만 달러 정도로 추정된다.

충주 비료 공장 3300만 달러의 외국차관으로 1961년 4월에 준공된 충주 비료 공장. 한국전쟁
으로 산업시설과 생산, 유통 기반이 파괴된 한국 사회는 외국, 특히 미국의 원조에 크게 의존
하지 않을 수 없는 상황이었다.

미국의 대한 원조, 특히 FOA/ICA 원조는 이 원조의 근거가 된 법률의 명칭인 '상호안전보장법'에서 나타나듯 경제적 목적보다는 군사적 목적을 강하게 갖는 일종의 방위지원원조였다. FOA/ICA 원조 물자 자금은 미국과 한국 정부 차원에서는 무상으로 공여되지만, 이를 받아 사용하는 한국 기업이나 업자들에게도 무상으로 제공된 것은 아니었다. 기업과 업자들은 시장가격에 비해 훨씬 싸기는 하지만 돈을 지불하고 원조 물자 및 자금을 불하받았다. PL480 원조로 도입된 미국 잉여농산물도 이와 같은 방식으로 민간에 불하되었다. 이렇게 해서 형성된 돈은 대충자금Counterpart Fund이라고 불렸다. 대충자금은 일단 한국은행에 마련된 특별계정에 예치되고 한국 정부의 소유가 되지만 한국 정부가 마음대로 사용할 수 있는 것이 아니라 실질적으로 미국이 주도하는 원조기관에 의해 그 용도와 사용처가 규정되었다.

원조기관으로는 1952년 5월 24일 '대한민국과 유엔군사령부 사이의 한국경제 문제에 관한 조정을 위한 협정'(일명 마이어Meyer협정)에 의해 창출된 한미 공동의 합동경제위원회CEB가 있었다. 이 기관은 대충자금의 사용 등 원조 운영에 대한 사안들을 심의 가결했다. 또한 휴전 이후 한국전쟁 중 유엔을 통해 제공된 CRIK, UNKRA원조와 함께 미국 정부가 직접 FOA/ICA원조를 시작하면서 두 갈래의 원조 업무를 통합적으로 조정하기 위해 유엔군사령부 휘하에 경제조정관실 OEC이 만들어졌다. 경제조정관실은 원조자금을 관리하는 부서로 300명의 미국인과 1,500명 정도의 한국인 직원이 근무하고 있었다. 이 기구는 유엔군사령관 휘하에 있었으므로 실질적인 원조의 집행은 미군 장성들이 주도했다고 할 수 있다. 이후 1955년부터 경제조정관실은 워싱턴에 있는 ICA 본부로부터 직접 정책, 계획, 관리에 대한 지시를 받았고, 1959년 7월 미국경제협조처USOM가 만들어짐에 따라 미국 대사관 등 외교 관리들이 원조 업무에 더 많이 관여하게 되었다.

PL480 원조로 조성된 대충자금은 전액 방위 지원을 위해 군사적 목적으로 사용되었고, FOA/ICA원조로 발생한 대충자금도 상당부분 국방비에 충당되었다. 1954년부터 1960년까지 지출된 대충자금 7,569억 환 중에 국방비에 충당된 대충자금의 비율은 연도별로 기복이 있지만 대체로 26퍼센트에서 44퍼센트 수준에 달하고 있다. 나머지 자금들은 도로, 항만 등 사회간접시설의 확충과 경제 재건, 원조 운영 비용을 충당하는 데 사용되었다.

휴전 이후 2개 사단을 제외한 미군 및 대부분의 유엔군 참전 국가의 병력이 자국으로 돌아갔기 때문에 한국군은 그 공백을 메우기 위해 전쟁 때보다 더 팽창할 수밖에 없었다. 휴전 이후 한국군의 병력은 무려 72만 명으로 증강되었다. 이 병력이 1958년 63만 정도로 감축될 때까지 유지되었다. 한국 정부의 예산 중 국방비 지출 비율은 전쟁 기간 중에는 50퍼센트 정도였고, 1954년에서 1960년까지는 31~42퍼센트 수준이었다. 정부 예산에서 지출되는 국방비는 국세와 대충자금으로 충당되었다. 그런데 한국 정부 예산안에 편성된 국방비 지출은 72만 국군을 유지하는 데 필요한 국방비의 일부밖에 되지 못했다. 여기에는 미국으로부터 받은 직접 군사원조도 사용되었다. 전체 국방비에서 미국의 직접 군사원조와 한국 정부의 예산상의 국방비가 차지하는 비율은 해마다 차이가 있는데, 1960~61년 회계연도를 놓고 보면 총 군사비 지출이 5억 2,000만 달러였고, 그 중 60퍼센트에 해당하는 3

억 1000만 달러가 미국의 직접 군사원조였으며, 40퍼센트 정도인 2억 1,000만 달러가 한국 정부 예산 안에 편성된 국방비로 충당되었다. 미국의 원조는 이렇듯 한국의 방위 지원, 즉 군사비 지출을 보조하는 성격을 강하게 갖고 있었다.

1957년을 기점으로 미국의 대한 원조 정책은 커다란 변화를 맞이했다. 아이젠하워 미국 대통령은 과도한 군사비와 대외원조로 인한 재정 손실을 줄이기 위해 핵무기 중심으로 방어전략을 짜고, 미국의 무상원조를 줄여 나가는 대신 개발차관DLF을 제공하는 방식의 새로운 정책을 실시했다. 한국에서는 1958년 국군의 숫자가 72만 명에서 63만 명으로 감소했고, 이에 따라 원조의 양도 1958년부터 급속히 감축되었다. 미국의 대한 경제원조는 1957년 3억 8,200만 달러로 정점에 이르렀지만, 1958년에는 3억 2,100만 달러로, 1959년에는 2억 2,200만 달러로 급감했다.

원조 감소로 인해 경제 위기가 일어나면서 한국경제가 원조에 의존하지 않고, 활로를 모색할 수 있는 다양한 차원의 경제건설론이 등장했다. 한국의 보수 지배층과 주류 지식인들은 이때부터 외국으로부터 차관을 도입하고, 장기 경제개발계획의 수립 등을 모색해야 한다고 주장했다. 1959년 부흥부는 경제개발 3개년계획을 마련했지만, 이승만 대통령을 비롯한 당시의 집권층이 이러한 일에 큰 관심을 보이지 않아 사업 실행은 계속 지체되었다. 부흥부의 3개년계획은 1960년 4월혁명 직전에야 국무회의에서 통과되었다.

그런데 원조의 감소에도 불구하고 원조물자의 군사적 이용은 줄어들지 않았다. 1958년 국군 감축 이후 미국 정부 내에서 또다시 추가적인 감군 논의가 있었지만, 미국 군부세력이 반발했다. 특히 1957년 소련의 인공위성 스푸티니크 발사 성공 이후 미국의 군사전략이 재조정되면서 해외 미군기지와 현지 병력 유지의 필요성이 대두되었다. 1957년과 1958년의 경우 대충자금의 군사비 지출은 각기 31퍼센트와 26퍼센트로 줄어들었지만, 1959년과 1960년의 경우 그 지출 비중이 37퍼센트와 44퍼센트로 오히려 상승되었다. 이와 같은 상황은 한국경제에 커다란 압박을 줄 수밖에 없었다.

1950년대 산업화와 삼백三白산업

원조로 도입된 물자는 대부분 원료, 소비재, 잉여농산물 등이었고, 생산시설의 복구 및 경제 건설에 필수적인 시설재의 도입은 대단히 제한적이었다. 따라서 1950년대에는 원조로 도입된 원료를 가공해 파는 이른바 삼백산업(면화, 설탕, 밀가루)을 중심으로 공업화가 진행되었다. 원조물자는 이른바 '실수요자 배정 원칙'에 따라 시설을 보유한 업자에게 불하되었다. 원조물자 불하에 적용된 공정 환율과 실제 시장에서의 환율은 2배 정도나 차이가 났기 때문에 원조물자를 불하받은 기업의 경우 상당한 폭리를 보장받을 수 있었다. 이때 원조물자를 불하받을 수 있는 기업가들은 국가권력과 결탁하여 귀속사업체를 불하받거나, 전쟁으로 말미암은 극심한 인플레이션 하에서 급격히 부를 축적한 사람들이었다.

해방 전 일본인들이 소유하고 있다가 미군정에 귀속된 재산(귀속재산)은 한국전쟁 이후 본격적으로 민간에 불하되었다. 1950년대에 활동했던 50대 기업 중 귀속재산을 불하받은 기업은 13개에 달했다. 이들은 귀속재산 불하와 전후 인플레이션으로 축적한 부를 이용해서 시설을 확보하고, 그 시설을 바탕으로 다시 원조물자를 불하받아 부를 축적해 나갔다. 이들 기업가 집단들의 자본 축적 과정은 국가권력과의 유착관계, 원조 등 대외의존적인 경제구조와 밀접한 연관이 있다. 이러한 측면에서 1950년대 형성된 기업과 기업가 집단은 1960년대 이후 군사독재정권기 본격적으로 진행된 경제개발 과정에서 형성된 재벌기업의 모태가 된다고 할 수 있다.

원조경제와 관련하여 삼백산업으로 대표되는 소비재가공산업이 발전하기는 했지만, 원조경제가 갖는 군사적 성격과 소비재 중심의 원조 도입으로 말미암아 1950년대 산업화는 그리 진척되지 못했다. 1960년 현재 산업 구성을 봐도 농림어업이 38.2퍼센트, 광공업이 16퍼센트, 서비스 산업이 45.8퍼센트로 광공업의 발달보다는 서비스 산업이 비정상적으로 비대해지는 결과를 낳았다. 취업률을 보더라도 1951년에 1차산업에 취업한 사람의 비율이 77퍼센트였고, 2차산업은 4퍼센트, 3차산업은 18.4퍼센트였는데, 1961년에 이르러서도 산업별 취업률은 1차산업이 65퍼센트, 2차산업 9.5퍼센트, 3차산업 25.2퍼센트였다. 당시 광공업 등 산업화에 핵심적인 2차산업이 흡수할 수 있는 취업자의 비율은 10퍼센트도 넘지 못했던 것이다.

이승만 정권은 거듭 국내산업 발달을 위해서 미국에 소비재보다는 시설재를 원조해 줄 것을 요청했다. 또한 미국의 대일 편중 정책을 이른바 '2달러 정책'이라 비판하며, 한국에 실질적인 경제 원조를 해 줄 것을 요구했다. 2달러 정책은 1달러로 일본에 시설재를 원조해서 상품을 생산하고 그 상품을 한국에 원조해서 군사비로 충당하면 미국의 입장에서는 1달러를 사용해도 2달러를 쓰는 효과를 보게 된다는 것이었다.

1949년부터 시작되어 한국전쟁으로 고착된 미국 주도의 동북아 지역동맹 질서는 결국 일본이 아시아의 경제발전을 선도하는 견인차 역할을 하고, 한국은 이를 보호하는 군사적 전초기지의 역할을 하는 방식이었다. 미국의 대한 원조는 방위 지원이라는 군사적 목적이 우선되고, 이와 같은 차원의 한·미·일 동북아 지역동맹 구조 하에 작동되는 형태였다. 그렇기 때문에 양적으로는 엄청난 규모의 원조가 투여되었음에도 불구하고, 한국의 산업화에 기여하는 바는 대단히 제한적일 수밖에 없었다. 산업화가 제대로 진척되지 못함으로써 방대한 실업자군이 양산되었고, 이는 4월혁명으로 이승만 정권이 붕괴되는 중요한 요인으로 작용했다.

1950년대의 농업

한국전쟁 기간 중 농지개혁이 실시되었지만 진행 상황이 너무 지체되었고, 전쟁이라는 특수한 상황으로 소기의 성과를 거두지도 못했다. 농민들은 상당히 싼 가격으로 토지를 받았지만 토지대금 상환의 부담을 져야 했다. 특히 전쟁 중에는 이승만 정권이 군량미를 확보하기 위해 임시토지수득세라는 현물세제를 실시해 농민들의 부담은 더욱 커졌다. 농지개혁으로 소작농의 수는 급격히 감소했지만 이것이 부농이나 안정적인 자영농의 창출로 이어지지는 못했다. 대부분의 농민들은 영세한 자작농에 머무르거나 아니면 도시의 빈민으로 흡수되었다.

농지개혁은 또한 지주들의 산업자본가로의 전환이라는 측면에서도 큰 성과를 거두지 못했다. 농지개혁의 보상으로 지주들은 지가증권을 받았다. 지가증권이란 지주가 보상받아야 할 총액을 기입하고 그것을 5년 분할하여 각 연도의 공정미가로 환산해서 현금으로 보상받는 형태의 증권이었다. 제도상으로 지주들은 이 지가증권을 이용해 귀속사업체를 불하받을 수 있었다. 그런데 당시 정부의 공정미가는 시중미가의 30~40퍼센트에 불과했다. 그나마 보상도 제때 이루어지지 않아서 1955년 5월 말까지 지가 보상이 완료되어야 했지만 보상되어야 할 액수의 28퍼센트만이 지급되었다. 때문에 중소 지주들은 전쟁의 와중에서 자신들의 생활 유지를 위해 지가증권을 액면가치보다 훨씬 낮게 투매할 수밖에 없었고, 이들 지가증권은 대지주 또는 관료, 기업가들에게 흘러들어갔다. 결국 일부 대지주를 제외하고 대부분의 지주들은 몰락해 산업자본가로 전환되지 못했다.

특히 원조경제는 농촌에 치명타를 안겼다. 원조로 값싼 농산물이 다량 도입되는 상황에서 곡가는 계속 하락했다. 미곡지수는 1956년을 100으로 기준 삼을 때 1958년에는 93.4로 떨어졌고, 1959년에는 82.5로 폭락했다. 삼백산업 등 농산물을 가공하는 산업이 발전했지만 이는 한국의 농업과 아무런 연계가 없었다. 면화의 경우 일제가 강행한 이른바 남면북양南棉北羊 정책으로 일제시대에는 85퍼센트의 자급도를 보였다. 그러나 당시 한국 면방직 공업의 원료로 쓰던 면화는 원조경제로 말미암아 99.9퍼센트 미국에서 온 원조물자로 충당되었다. 한국의 농촌에는 목화밭이 거의 사라졌다. 밀의 경우도 1955년에는 수요량 가운데 70퍼센트가 국내 생산으로 충당되었지만, 1958년에는 겨우 25퍼센트를 충당하는 데 그쳤다.

1950년대 농촌경제는 원조 도입의 여파로 전반적으로 황폐화되는 양상을 보였다. 1957년도 춘궁기에 양식이 끊어진 절량농가가 50퍼센트에 달했으며, 농가부채도 쌓여 갔다. 1956년도 조사에 의하면 전체 농가 중 86.7퍼센트가 부채를 지고 있었고, 농가 1호당 부채 추계액은 3만 9,970환에 달했다. 1956년 한국의 1인당 국민소득이 41달러였음을 감안하면 4만 환에 가까운 부채 추계액은 당시 한국 1인당 국민소득의 두 배에 달하는 액수였다.

4월혁명과 장면 정권

3·15부정선거와 학생 시위

1960년 정부통령 선거는 5월에 시행하던 관행을 깨고 3월 15일에 치러졌다. 이승만 정권과 자유당은 내무부장관 최인규崔仁圭(1919~1961)를 중심으로 모든 행정력과 자금력을 동원하여 일찍부터 부정선거를 획책했다. 부정선거에 항의하는 학생들의 시위는 1960년 2월 28일 대구에서부터 시작되었다. 이날은 일요일이었고, 대구에서 민주당 부통령 후보 장면의 유세가 예정되어 있었다. 이승만 정부는 학생들이 야당 유세에 참가하지 못하도록 하기 위해 일요일임에도 불구하고 졸업식 예행연습, 토끼사냥, 뜨개질 실습 등 각종 명목으로 학생들을 등교하도록 했다. 나아가 노동자들까지 출근시켰다. 분노한 대구지역 고등학생들은 학교를 뛰쳐나와 "학원의 자유를 달라" 등의 구호를 외치며 경북도청 앞까지 진출했다. 이 일을 계기로 중·고등학생들의 시위가 전국 도시에 확산되었다. 학생들은 "학원의 정치도구화를 반대한다", "공정선거 사수하여 민주국가 이룩하자" 등의 구호를 외치며 시위를 벌였다.

1960년 3월 15일 예정대로 정부통령 선거가 실시되었지만 온갖 종류의 선거 부정으로 얼룩졌다. 이승만 정권과 자유당이 선거 부정에 주로 사용한 방법은 이른바 '4할 사전투표'였다. 이는 사전에 투표 용지를 빼돌려 자유당 후보에 기표를 하고, 투표 시작 직전에 투표소에 잠입하여 선거함에 40퍼센트 가량 이미 기표된 투표 용지를 투입해 넣는 것이었다. 또한 3인조, 9인조 투표와 같은 부정 방법도 있었다. 이는 3인이 한 조가 되어 기표소에 동시에 들어가서 양 옆에 있는 사람들이 자유당 후보에 기표한 투표 용지를 슬며시 들어 가운데 있는 조장에게 보여 주는 방식으로 공개투표를 하는 것이었다. 3인조가 기초 단위이고, 3인조 셋을 모아 한 그룹을 이룬 것이 9인조였다. 선거 당일 번호표를 찾지 못해 투표할 수 없는 사람들이 속출했고, 각종 위협과 협박 속에 야당 참관인들이 투표소에 들어가지조차 못한 곳도 많았다.

선거날 투표소에 나간 사람들은 노골적으로 자행되고 있는 부정선거의 실상을 목격할 수 있었다. 민주당은 이날 오후 4시 30분경 선거가 불법, 무효임을 선언했다. 이날 민주당 마산시 당부는 중앙당보다 먼저 오전에 선거 포기 선언을 했고, 당 관계자들을 중심으로 오후부터 시위를 벌였다. 저녁에는 학생과 시민들의 시위가 이어졌다. 시위대는 저지하는 경찰에 돌을 던지며 저항했다. 이 과정에서 경찰은 실탄을 발포했다. 이날 경찰의 총격에 의해 사망자 8명, 중·경상자 72명이 발생했다. 이승만 정권과 경찰은 시위를 공산주의자들의 책동으로 호도하고, 용공조작의 올가미를 씌우려 했다. 그러나 3·15마산봉기를 계기로 부정선거에 반대하고 이승만 정권과 자유당을 규탄하는 중·고등학생들의 시위는 더욱 확산되었다.

김주열은 전라남도 남원 출신으로 당시 17세 청소년이었다. 남원에서 중학교를 마치고 고교 진학차 마산에 들렀다가 3월 15일 제1차 마산봉기에 참여했는데 그 후 행방이 묘연해졌다. 실종된 그를 찾아 그의 어머니는 마산거리를 헤맸고, 이에 마산 시민들도 관심을 가지고 함께 김주열을 찾았다. 경찰서 연못에 김주열의 시신이 유기되었다는 제보가 있어 가족과 시민이 항의해 연못물을 모두 퍼내어 보았지만 시신은 나오지 않았다. 김주열은 참혹한 모습의 주검으로 4월 11일 마산 앞바다에서 발견되었다. 김주열의 행방에 관심을 가지고 그의 어머니에 동정적이었던 마산 시민들은 김주열의 사망 소식을 듣고 봉기해 오후 6시부터 "이승만은 물러가라", "살인선거 물리쳐라", "시체를 인도하라"고 외치며 마산경찰서를 비롯한 마산시내 파출소를 습격하는 등의 시위를 전개했다. 마산에서는 이를 계기로 13일까지 3일 연속으로 시위가 전개되었다. 권력의 부당한 폭력에 의한 한 사람의 죽음이 시민들의 연대의식을 형성하는 데 중요한 계기가 된 것이다.

'피의 화요일'과 이승만 정권의 붕괴

3월과 4월에 거쳐 1, 2차 마산봉기가 일어나고, 전국 각지에서 중·고등학생들의 시위가 이어졌다. 중·고등학생들의 시위는 대학가에도 파급되었다. 4월 18일 고려대학교 학생들이 대규모 시위를 전개했다. 이날 학생들은 "기성세대는 자성하라", "마산 사건의 책임자들 즉시 처단하라"라는 구호를 외치며 가두로 진출하여, 당시 광화문에 있던 국회의사당 건물 앞까지 진출했다. 학생들은 의사당 건물 앞에서 농성을 벌였는데, 고대 총장과 교수, 고대 동문 국회의원들이 설득하자 대부분의 학생들은 농성을 거두고 학교로 가기 위해 행진에 나섰다. 하지만 정치 깡패들이 학교로 돌아가는 고대생을 습격해서 다수의 학생들이 부상을 입었다.

4월 19일 아침 조간신문을 집어든 대학생들은 깡패들의 습격을 받아 쓰러져 있는 고대생들의 사진을 보게 되었다. 이날 이른 아침부터 중·고등학생들은 대학교 앞으로 달려가 대학생들의 참여와 저항을 촉구하고 있었다. 서울시내 10여 개 대학의 학생들도 일제히 거리로 몰려나왔다. 학생시위대는 "데모가 이적이냐 폭정이 이적이냐", "3·15 선거를 다시 하라", "기성층은 각성하라"는 구호를 외치며 국회의사당 앞에 도달했고, 다시 경찰의 저지선을 돌파하며 대통령의 관저인 경무대로 향했다. 이때 시민들도 함께 참여하여 시위대는 10만 명 정도로 불어났다. 강력하게 저지하는 경찰의 방어선을 돌파할 때에는 학생들과 더불어 구두닦이 등 도시 빈민층의 참여가 두드러졌다. 경찰의 저지선이 하나하나 무너지고 시위대가 경무대 바로 앞까지 도달하자, 경찰은 시위대를 향해 총탄을 발사했다. 이후 서울 시내 곳곳에서 시위

1960년 4월혁명 1960년 3월 15일 실시된 정부통령 선거는 온갖 종류의 선거 부정으로 얼룩졌다. 마산
에서 학생과 시민들의 시위가 이어지자 경찰은 실탄을 발포했다. 사망자 8명, 중·경상자 72명이 발생

4월 11일 마산 중앙부두 앞바다에서 발견된 김주열의 시신.

4월 11일 실종되었던 김주열이 참담한 시신으로 발견되자 거리로 나선 마산 시민들. 격분한 마산 시민들은 도립병원 앞에서 김주열의 시체를 메고 다시 경찰서로 가야 한다고 격렬하게 항의했다.

한 3·15마산봉기를 계기로 이승만 정권과 자유당을 규탄하는 중·고등학생들의 시위는 확산되었다. 시위 도중 실종된 김주열 학생이 마산 앞바다에서 발견되자 학생과 시민들은 격분하여 다시 궐기했다.

대와 경찰이 충돌했고, 그 과정에서 경찰은 시위대에 총을 발사했다. 한편 부산, 대구, 광주, 대전 등 대도시에도 이날 대규모 시위가 발생했는데, 여기서도 사상자가 속출했다. 4월 19일 하루 동안 5대 도시에서 100명이 넘는 사망자가 발생했다. '피의 화요일'이었다.

이승만 정권은 시위대를 총격으로 저지하며 서울을 비롯한 전국 5대 도시에 계엄령을 선포하고 군대를 동원하여 도시에 진입시켰다. 서울 지역의 경우 일부 도시 빈민층을 중심으로 한 시위대가 밤늦게까지 시위를 하며 의정부 지역까지 진출했으나 군의 진입으로 대도시의 시위는 일단 진정되었다. 계엄령 하에서 이승만과 자유당은 시위로 표출된 학생과 시민의 불만을 무마하고, 권력을 유지하기 위해 나름대로 조치를 취했다. 4월 23일에 이기붕은 부통령 당선 사퇴를 '고려'한다고 선언했다. 여기서 '고려'라는 말이 시민을 더욱 자극하기는 했지만 이후 이기붕은 사퇴 의사를 보다 명확히 했고, 정부 고위 관료와 자유당 간부들은 민주당과 내각책임제 개헌을 논의할 수 있다면서 야당과의 타협으로 사태를 마무리하려 했다. 한편 이승만 대통령은 4월 24일 자유당 총재직을 사퇴한다는 담화를 발표했고, 경찰의 발포로 부상당한 학생들이 입원한 병원에 찾아가기도 했다. 이승만과 자유당은 부정선거에 항의하는 전국적인 저항과 4월 19일의 유혈사태에도 불구하고, 계엄령과 민심 수습책으로 권력 연장을 기도했다.

4월 25일 계엄령 하에서 대학교수들은 서울대학교 교정에서 시국선언문을 발표했다. 이 선언문에서 교수단은 대통령을 비롯한 책임자들의 사퇴와 구금된 학생들의 석방을 요구했다. 나아가 교수단은 "학생의 피에 보답하라"라는 내용의 플래카드를 앞세우고 가두로 진출했다. 여기에 학생과 시민이 가담하면서 서울 시내에서 다시 대규모 시위가 발생했다. 시위대는 이날 저녁 서대문에 있는 이기붕의 집을 습격했다. 다음날인 4월 26일 아침, 서울 시내는 시위대로 메워졌다. 이날 오전 이승만 대통령은 "국민이 원하면 대통령직을 사임하겠다"는 성명을 발표했다. 한국 역사상 처음으로 민중의 저항으로 집권자가 권좌에서 내려오는 일이 발생한 것이다.

　이승만 대통령이 학생과 시민의 저항에 굴복하여 스스로 권좌에서 내려오는 데에는 미국의 압력도 중요한 요소로 작용했다. 당시 주한 미국대사였던 매카나기Walter P. McConaughy(1908~2000)는 4월 19일 유혈사태가 발생하자 당국이 폭력을 자제하고 법과 질서를 되찾아 "정당한 울분의 표출이 해결되기 바란다"는 내용의 성명을 발표했다. 이러한 미국의 입장 표명은 대단히 이례적인 일이었다. 한편 미국 국무부장관 허터는 21일 매카나기를 통해 이승만 대통령에게 보낸 각서에서 "미국 정부는 데모가 민중의 분노의 반영"이라고 믿는다고 밝혔으며, 부정선거에 대한 조사 및 관련자 처벌 등의 조치를 취할 것을 권고했다. 4월 26일 아침에도 매카나기는 "지금은 미봉책을 쓸 때가 아니다"라는 성명을 발표했다. 당시 미국 대사관이 이러한 태도를 취한 데에는 부정선거를 계기로 표출된 강력한 저항을 이승만 대통령의 사퇴로 일단 진정시키고, 이것이 더욱 급진적인 방향으로 고양되는 것을 차단하려는 의도가 작용했다. 한국의 경제개발을 촉진하고 이를 위해 한일관계를 개선시켜야 했던 미국의 입장에서는 이승만 같은 구세대 반공지도자에 더 이상 집착할 이유가 없었다.

4월 18일 정치 깡패들이 부정
선거에 항의하는 고대생들을
습격.

4월 19일 경무대로 향하는 학
생 시위대의 모습.

1960년 4월혁명 시위대가 경무대 바로 앞까지 도달하자, 경찰은 시위대를 향해 총탄을 발사했다.
4월 19일 하루 동안 5대 도시에서 100명이 넘는 사망자가 발생했다. '피의 화요일'이었다.

4월 25일 "학생의 피에 보답하라", 서울대에서 시국선언문을 발표하고 시위에 나선 대학교수들.

4월 28일 경무대를 떠나 이화장으로 향하는 이승만 대통령.

교수단을 중심으로 지식인들까지 이승만 퇴거 시위에 동참하고 미국이 이승만 정권에 대한 지지를 철회하면서 이승만은 물러날 수밖에 없게 되었다.

허정 과도정부와 장면 정권의 수립

이승만 대통령이 사임함에 따라 허정許政(1896~1988)을 수반으로 하는 과도정부가 행정부를 맡게 되었다. 허정은 이승만이 대통령에 사임하기 직전 민심 수습 차원에서 외무부장관에 임명한 사람이었다. 대통령은 물론 장면의 부통령직 사퇴로 부통령까지 공석인 상황에서 당시 법률에 따라 외무부장관 허정이 행정부의 수반이 되었다. 허정 과도정부로의 권력 승계는 기존의 정치체제와 법률의 연장선 속에서 이루어졌다.

허정 과도정부는 4월혁명으로 분출된 민중의 불만을 반영하여 각종 개혁 조치를 취하고, 새로운 민주적 정권의 창출을 과도기적으로 준비하는 역할을 맡았다. 허정 과도수반의 기본적인 입장은 "혁명을 비혁명적인 방식으로 수행한다"는 것이었다. 이승만의 사퇴 직후 일부 시민과 학생들은 4월혁명이 진정한 의미에서 구 독재체제의 청산이 되기 위해서는 기존 국회를 즉시 해산하고 새로운 국회를 구성해 헌법을 개정해야 한다고 주장했다. 부산 등의 도시에서는 국회 해산을 촉구하는 시위가 발생하기도 했다. 그러나 허정 과도정부와 민주당은 기존 국회에서 자유당 의원들과 타협하여 1960년 6월 15일 내각책임제와 참의원과 민의원 양원제를 골자로 하는 개헌안을 통과시켰다. 이로써 민주당 인사들이 1952년 정치파동 때부터 바라왔던 내각책임제로의 권력구조 개편이 이루어졌다. 4월혁명 이후 권력의 개편은 '혁명적'인 방식이 아니라 기득권을 갖고 있는 보수 정치인들의 타협의 결과였다.

개헌안을 통과시킨 국회는 자진 해산했고, 1960년 7월 29일 내각책임제 헌법 하에서 국회의원 총선이 이루어졌다. 7·29총선 과정에서 민주당은 물론 구 자유당 세력들도 무소속으로 출마했고, 진보당 탄압 이후 잠복해 있던 혁신정치세력도 혁신정당을 만들고 여기에 참여했다. 혁신정치세력 대부분을 망라한 사회대중당은 전국적으로 121명의 후보를 냈고, 이밖에 혁신동지총연맹, 한국사회당 등의 혁신정당이 선거에 참여했다. 혁신정당들은 선거를 준비할 시간도 별로 없었고, 자금력과 조직력이 보수 정당에 비해 열세였을 뿐만 아니라 보수 정당과 명확하게 차별성을 가진 정책을 제시하지도 못했다. 일부 혁신계 정치인들은 '남북교류' 등의 정책을 내걸었지만, 보수 정당과 언론의 용공성 시비에 휘말리자 이를 개인적인 견해로 치부하는 등 혼선을 보였다.

7·29총선은 민주당의 압승으로 끝났다. 민주당은 전체 의석 중 3분의 2가 넘는 175석을 차지했다. 일부 선거구에서는 무소속 등으로 입후보한 구 자유당 인사가 당선될 기미를 보이자 학생들과 시민들이 투표함을 탈취하거나 불태우는 등의 사태가 벌어지기도 했다. 대부분의 혁신정치인을 결집했던 사회대중당은 4명의 당선자를 내는 데 그쳤고, 득표율도 6퍼센트에 불과했다. 혁신정당은 의회 진출에는 성공했지만, 선거 직전 혁신정당이 최소 20명 이상의 당선자를 낼 것이라는 대다수 언론들의 예측에 비추어 볼 때 선거에서 참패했다고 할 수 있다. 보수 야당인 민주당이 4월혁명을 이끌고, 상황을 전변시킨 것은 아니었지만 결국 여타의 정치세력들이 기존 보수 야당을 대체할 만한 대안세력으로 등장하지 못했기 때문에 결국 민주당이 권력을 잡았던 것이다.

선거에서 승리한 민주당 내부에서는 이전부터 잠재해 오던 신·구파 세력의 대립이 표면화되었다. 구파 세력들은 7·29총선 직후부터 신파와의 결별과 분리를 선언하면서 독자행동을 보였다. 내각책임제 헌법 하에서 실질적 권한이 없는 대통령직에는 구파인 윤보선尹潽善(1897~1990)이 추대되었다. 내각책임제 하에서 실질적인 행정수반이자 집권자가 되는 국무총리의 선출 문제를 둘러싸고 신·구파는 갈등을 보였다. 윤보선이 지명한 구파 김도연金度演(1894~1967)의 총리 인준안은 국회 표결 끝에 근소한 차로 부결되었다. 이에 윤보선은 신파인 장면을 다시 지명하여 1960년 8월 19일 국회에서 대단히 근소한 표차로 인준을 받는 데 성공했다. 8월 23일 장면이 민주당 신파 인물들을 중심으로 내각을 구성·발표하면서 마침내 장면 정권이 출범했다. 권력에서 배제된 민주당 구파세력들은 1960년 10월 민주당에서 완전히 분당하여 신민당을 발족했고, 다음해 2월 정식으로 결성했다.

7·29총선 후 민주당의 분당과 보수 정당의 분열은 보수 정치인들 사이의 정쟁을 격화시키고 정국을 불안정하게 만들었으며, 결국 쿠데타로 보수 정치인들이 권력을 상실하는 결과를 가져온 원인으로 평가되고 있다. 그러나 신·구파의 분당 그 자체는 한편으로는 보수 정치인들이 기득권을 유지하기 위한 조치이기도 했다. 만약 민주당이 분당되지 않았다면 당시의 정치 구도는 민주당이라는 보수 정당과 혁신 정당의 경쟁 구도로 갔을 것이다. 비록 당시 양자 간에는 현격한 역량 차이가 존재했지만 이와 같은 정치 구도 자체는 혁신정당이 보수 정당에 대한 대안세력으로 자리 잡을 수 있는 기회를 열어 주었을 것이다. 그러나 이후 민주당이 분당됨에 따라 정치 구도는 1950년대와 마

8월 24일 허정 과도정부 수반.

10월 1일 제2공화국 출범식 당시 윤보선.

장면 정부는 4월혁명의 힘으로 수립되었지만 곧바로 윤보선 대통령 중심의 구파와 장면 총리 중심의 신파로 나뉘었다.

찬가지로 민주당과 신민당의 보수 양당 체제로 재편성되었다. 혁신
정당들은 비록 존재하기는 했지만 보수 양당 구조라는 정치적 틀 안
에서 주변화된 세력으로 존재할 수밖에 없었다.

장면 정권의 정책

장면 정권기에는 과거 이승만 정권기에 비해 비약적으로 정치활동
과 표현의 자유가 확장되었다. 이미 허정 과도정부 하에서 국가보안
법을 비롯한 언론, 집회, 출판에 관련된 법률들이 시민의 민주적 권리
를 보다 확대하고 보장하는 방향으로 개정되었다. 이에 4월혁명 이후
언론 매체가 비약적으로 증가하고, 각종 사회운동 조직들이 생겨나
활동했다. 혁신정당들도 큰 제약을 받지 않고 활동할 수 있었다.

장면 정권은 4월혁명으로 인해 집권한 만큼, 민주항쟁을 불러일으
킨 부정선거를 자행하고 항쟁 과정에서 많은 인명을 살상한 세력들을
처리할 책임을 맡게 되었다. 허정 과도정부는 이들의 처리 문제를 기
존의 법률과 제도 하에서 하겠다고 밝혔고, 장면 또한 마찬가지 정책
을 취했다. 그런데 1960년 10월 8일 사법부는 부정선거 관련 책임자
와 발포 책임자들에게 경미한 처벌이나 무죄를 선고했다. 이에 4월혁
명 당시 부상을 입은 학생들이 국회에 난입하여 항의하는 소동이 벌
어졌다.

장면 정권은 뒤늦게 이들을 처벌할 수 있는 특별법을 만들기 위해
개헌을 했다. 부정선거 원흉과 발포 책임자, 독재정권의 협력자 등을
처벌하는 특별법은 불가피하게 소급입법이 될 수밖에 없었고, 개헌
등 절차상의 복잡한 측면이 있었지만 당시 《한국일보》가 행한 여론조

4월혁명 부상자 국회 점거 1960년 10월 8일, 3·15부정선거 주범
들에 대한 경미한 처벌에 격분한 4월혁명 부상자들이 목발을 짚고
국회 의장석을 점거했다.

사에 따르면 66퍼센트의 응답자가 이러한 개헌에 찬성했다. 이에 1960년 11월 23일 개헌안이 통과되고, 3·15부정선거와 발포 책임자를 단죄하는 〈부정선거관련자 처벌법〉, 이승만 독재정권에 협력한 핵심요인들을 처리하는 〈반민주행위자 공민권 제한법〉과 이를 실행할 기구의 편성과 기능을 규정한 〈특별재판소 및 특별검찰부 조직법〉이 통과되었다. 이 중 〈반민주행위자 공민권 제한법〉은 이승만 정부 요인과 자유당 핵심 간부 등 권력 핵심인사의 공무담임권과 선거권 및 피선거권을 제약하는 규정을 담고 있었다. 이 법률에 따르면 고위 공직자나 자유당 간부는 자동적으로 공민권을 제한하게 되고, 그 하부의 공직자나 자유당 간부들 또한 심사를 받아 공민권 제한 여부를 결정하기도 했다. 이에 따라 658명이 자동적으로 공민권 제한을 받았고, 전국적으로 1만 4,000명이 심사 대상자로 분류되어 특별검찰부의 심사를 받았다. 이렇게 해서 이승만 정권과 자유당에 동조해서 비민주적인 통치를 해 왔던 책임자들이 징벌을 받게 되었다.

장면 정권은 일반 시민의 열망과 요구에 부응하여 과거사 청산에 나서기는 했지만 이를 철저하게 실행하는 모습을 보여주며 선도하는 것이 아니라, 불철저하고 미온적인 태도로 일관했다. 특별검찰부의 활동 결과 총 입건자 886명 중 오직 31명만이 기소되었으며, 입건자 중 무려 185명이 도주했다. 또한 당시 많은 사람들이 이승만 정권 하에서 권력과 결탁하여 부정으로 축재한 사람들에 대한 징벌도 필요하다고 주장했지만, 장면 정권은 여기에 미온적이었다. 〈부정축재자 처벌법〉은 1961년 4월 10일에야 민의원에서 통과되었지만 5·16쿠데타로 말미암아 실제로 실행되지 못했다.

장면 정권은 수립 초기부터 '경제제일주의'를 내세우고, 경제 건설을 국정의 최우선 목표로 삼았다. 이에 1962년 1월부터 실행할 것을 목표로 '경제개발 5개년계획'을 수립했다. 그러나 경제 개발을 위한 재원을 마련하는 것이 문제였다. 장면 정권은 국군을 감축하여 가급적 외국 원조를 경제 개발을 위해 사용하려 했다. 7·29총선 당시 민주당은 10만 정도의 국군 감축을 이야기했다. 당시로서는 대단히 획기적인 정책이었다. 그러나 미국의 군부 관리들은 이러한 감군 정책에 대해 반발했다. 당시 미국의 군사전략은 재래식 무기와 병력의 유지에도 중점을 두는 방향으로 나아가고 있었는데, 반공의 전초기지였던 한국에서 대폭적인 감군이 이루어지면 이는 다른 동맹국들에게도 파급을 미칠 것이기 때문이었다. 결국 3만 정도의 국군을 감축하기로 한·미 간에 합의가 이루어졌다.

경제 개발의 재원을 마련하기 위해 장면 정권은 물론 당시 전문가 그룹들은 외국자본 도입의 필요성을 역설했다. 당시 한국에 자본을 투자해 줄 수 있는 나라는 일본이었기 때문에 외국자본의 도입을 위해서는 한일관계의 정상화가 필수적이었다. 이에 따라 1960년 9월 고사카 젠타로小板善太郎(1912~2000) 일본 외상이 방한하는 등 일본 관리 및 의원, 정계 요인의 방한이 잦아지고, 오랫동안 교착되었던 한일회담이 재개되었다. 그러나 현저한 한·일 간의 입장 차이로 관계정상화가 이루어지기까지는 많은 시간이 필요했다.

1961년 2월 장면 정권은 어려운 경제난과 실업난을 일단 가시적으로 해소할 수 있는 조치로 국토건설사업을 발표했다. 도로, 항만, 제방 구축 등 사회간접자본을 건설하는 공공사업을 일으켜 경제를 활성화하고 실업자를 구제한다는 것이 목표였다. 장면 정권은 소양댐, 춘천댐, 섬진강댐 등의 전원 개발과 서울 지하철 사업에 이르기까지 일련의 사업계획을 발표했다. 또한 사회불안의 요인이 되고 있는 대학생 및 지식인층의 실업난 해소를 위해 대학 졸업자 2,000여 명을 국토건설 요원으로 선발하고, 국토건설본부의 간부로 당시 지식인층에서 영향력이 있는 정론지였던《사상계》(사장 장준하) 인사들을 임명했다. 그러나 이 사업도 역시 재원 조달이 문제였다. 장면 정권은 긴급예산을 편성하고, 미국으로부터 추가적인 잉여농산물 원조를 받아 재원을 마련하려고 했지만 원조 농산물 도입이 늦어짐에 따라 차질이 발생했다.

당시 혁신정당과 각종 통일운동 단체가 통일운동을 벌이고 있는 상태에서 북진통일론 이후의 정부의 통일정책을 수립하는 것도 장면 정권에게 주어진 큰 책무였다. 민주당은 이미 7·29총선 때부터 무력 북진통일론의 폐기를 명확히 하고, 유엔감시 하의 남북한 총선거안을 새로운 통일방안으로 내세웠다. 그러나 당시 극우 보수세력이 이러한 통일방안에도 불만을 피력했고, 실현 가능성도 높지 않았기 때문에 민간 차원의 통일 논의와 운동을 체제 내로 흡수하기도 어려웠다. 장면 정권은 일단 경제 건설에 집중하고, 통일 문제는 추후 생각해 보아야 한다는 '선건설 후통일론'을 내세웠다. 그러나 이 역시 통일유보론이라는 비판에 직면해야 했고, 통일정책을 연구하는 기구의 수립도 계획은 있었지만 집권 기간 동안 구체화되지 못했다. 특히 장면 정권은 당시 민간 차원에서 제기되었던 북한 당국과의 협상과 접촉, 남북교류 문제에 대해 반공 이데올로기를 잣대로 모두 거부했다. 극우적 반공 이데올로기라는 측면에서 장면 정권은 기본적으로 이승만 정권과 큰 차별성을 보여 주지 못했다.

장면 정권은 이승만 정권이나 이후 등장한 군사 정권과 비교해 볼 때 상대적으로 민주주의적인 정권이었고, 4월혁명으로 표출된 민주화의 요구에 나름대로 부응하려고 노력한 정권이었다. 그러나 4월혁명 이후 요구된 민주화를 선도하고 주도해 나가기보다는 이를 일정 부분 수용하면서도 정권 주도층이 갖고 있는 극우 반공 이데올로기와 보수적 정책의 틀 안에 가두어두려고 했다. 장면 정권은 이를 위해 민주화의 흐름에 역행하는 조처도 불사했다.

1961년 3월 장면 정권은 반공임시특별법과 데모규제법을 제정하겠다고 발표했다. 반공임시특별법은 극우 반공 이데올로기를 벗어난 통일 논의를 탄압하기 위한 것이었고, 데모규제법은 각종 명목으로 시위와 집회, 결사의 자유를 제약하기 위한 것이었다. 여기에 맞서 혁신 정당과 학생운동 세력은 이를 2대악법二大惡法이라 규정하고, 각기 공동투쟁위원회를 구성하여 3월과 4월에 걸쳐 전국적으로 항의 집회 및 시위를 벌였다. 이에 1961년에 접어들면서 잠잠해지던 대중 시위가 다시 대규모로 분출되는 양상을 보였다. 2대악법의 제정에 대해 혁신 정당과 학생운동 세력만 반발한 것이 아니라 많은 보수적인 지식인과 언론인들도 반대했다. 심지어 당시 장면 정권과 밀접한 관계가 있던 《경향신문》도 비판적인 입장을 보였다. 결국 이와 같은 법률의 제정은 시민사회의 반발로 유보되었다. 장면 정권은 2대악법 반대 시위가 격렬해지자 유사시에 군부대를 투입해서 이를 저지한다는 '비둘기 계획'을 수립하기도 했다. 실질적으로 5·16쿠데타 당시 동원되었던 부대들은 대부분 이 계획 하에서 데모 진압 훈련을 받았던 부대들이었다. 스스로 무덤을 파는 결과를 자초했던 것이다.

민중운동의 분출

4월혁명은 한국 역사상 최초로 민중들의 저항에 의해 권력이 교체되는 상황을 창출했다. 항쟁 직후부터 그동안 억압되었던 민중운동이 급속한 속도로 분출되었다.

해방 직후 좌익 노동운동에 맞서기 위해 조직된 대한독립촉성노동총연맹(대한노총)은 1948년 정부 수립 후 명칭은 수차례 바뀌었지만 기본 성격은 유지된 채 노동운동을 독점하는 유일한 합법노동단체가 되었다. 이승만 정권 하에서 대한노총은 노동자 계급의 이해관계를 대변하기보다는 일종의 관제 반공단체로 기능했다. 휴전 반대 시위, 이승만 대통령의 출마를 촉구하는 시위에 조합원들이 빈번히 동원되었다. 또한 대한노총의 간부직은 국회의원 등 공직에 접근할 수 있는 발판으로도 이용되었기 때문에 내부의 파벌 대립과 주도권 싸움도 심각했다. 1959년 8월 대한노총 지도부에 반기를 든 일부 세력들은 별도로 '전국노동조합협의회'(전국노협)를 결성하면서 "자유로우며 민주적인 노동조합운동의 발전을 위해 악덕기업주와 노동 브로커들과의 가차 없는 투쟁을 통해 조국의 민주화와 반공통일에 이바지할 것을 주장"했다.

대한노총에 의해 독점된 관제 노동운동의 틀을 깨고 노동자의 이해관계와 요구를 담으려는 노동운동은 4월혁명 이후 더욱 힘을 얻어 갔다. 1959년에는 노동조합 수가 588개, 노동쟁의 발생건수가 95건에 불과했으나, 4월혁명을 계기로 1960년에는 노동조합 수 914개, 노동쟁의 수는 227건으로 비약적으로 증가했다. 이와 같은 노동운동의 양적인 성장으로 말미암아 대한노총의 관제 노동운동은 더욱 흔들리기 시작해서 1960년 11월 전국노동조합 대의원 733명이 참석한 가운데 한국노동조합연맹(한국노련)이 새로 발족했다. 이 단체도 내부의 주도권 싸움으로 얼룩지기는 했지만 적어도 1950년대 관제 반공단체 차원의 대한노총식 노동운동은 일단 종말을 보게 되었다. 4월혁명 직후 벌어진 노동쟁의 내용은 임금인상이 49퍼센트, 해고 반대가 13퍼센트, 감독자 배척이 4.1퍼센트 등이었다. 당시 노동운동은 전반적으로 노동자들의 경제적 지위 향상을 위한 활동에 국한되었다. 노동자들의 권익에 문제가 되는 법률의 개선 및 폐지 문제나 노동자의 정치적 결집을 위한 활동들은 거의 진행되지 못했다. 다만 '교원노조운동'은 예외적인 경우라 할 수 있었다.

4월혁명의 희생자들은 대부분 어린 학생들이었다. 교사들은 어린 제자들의 죽음에 가장 크게 자극받을 수밖에 없는 사람들이었다. 1950년대 학원의 운영과 교육은 정권의 철저한 감시와 통제 하에 종속되고 도구화되었다. 4월혁명에 학생들이 주도적으로 나서게 된 데에는 학원과 교육을 도구화시킨 이승만 독재권력에 대한 반감이 크게 작용했다. 이승만 정권 붕괴 직후인 1960년 5월 대구에서 최초로 교원노동조합이 결성된 것을 필두로 교원노조 조직이 전국적으로 확산되었다. 마침내 1960년 7월 '한국교원노동조합총연합회'라는 전국연합체 조직도 이루어졌다. 교사들은 교원노조의 결성을 통해 교원의 경제적·사회적 지위를 향상시킴과 아울러 학원의 정치적 중립과 민주화를 추구하고자 했다. 그러나 허정 과도정부는 교사들의 노조 설립을 인정하지 않았을 뿐만 아니라 해체할 것을 지시했다. 한편 새로 수립된 장면 정권은 교직단체법을 만들어 교원들이 노동조합과는 다른 형태의 교사단체를 결성하도록 유도하려 했다. 교원노조는 여기에 반발하여 소송과 대중 집회, 성명전을 통해 합법성 쟁취운동을 벌였다. 대구, 경북 지역의 일부 교원노조원들은 2대악법 반대운동에도 적극 참여했다.

농민운동은 한국전쟁 이래 침체 상태를 거듭했다. 전쟁 이후 농민운동단체로 '대한농민조합총연맹'(농총)이 존재했지만, 농민운동단체라기보다는 주로 농사기술 보급 등 농촌계몽단체로서의 역할을 수행했다. 4월혁명 이후에도 농민운동 자체는 커다란 변화가 없었다. '4H구락부', '전국농업기술자협회' 등 계몽운동 차원의 농촌운동만 여전히 지속되었다.

4월혁명 직후 농촌사회에서 나타난 주목할 만한 움직임은 한국전쟁기 민간인 학살 문제에 대한 진상규명을 촉구하는 운동이 전개되었다는 것이다. 이승만 대통령 하야 직후였던 1960년 5월 11일 경상남도 거창군 신원면에서 주민들이 면장을 살해해 불태운 사건이 발생했다. 살해된 면장은 한국전쟁 중 거창에서 발생한 민간인 학살 과정에 협조한 바 있어 주민들로부터 지탄을 받던 사람이었다. 이 사건은 민간인 학살 문제가 사회적으로 쟁점화되는 계기로 작용했다. 《부산일보》, 《영남일보》 등 지역 신문들은 한국전쟁 당시 민간인 학살문제에 대해 보도했고, 허정 과도정부 하의 국회는 '양민학살 진상조사반'을 구성하여 현장조사를 하고 보고서를 제출하는 한편, 〈양민학살사건 처리특별조치 제정〉을 건의하기도 했다.

1960년 6월부터는 피학살자유족회가 결성되기 시작했다. 피학살자유족회는 대구·경북 지역과 경남 지역, 즉 대부분 한국전쟁 때 북한군에 의해 점령되지 않은 지역에서 주로 군 단위로 만들어졌다. 유족회는 "무덤도 없는 원혼이여, 천년을 두고 울어 주리라", "조국 산천도 고발하고 푸른 별도 증언한다"는 구호를 내걸고 합동위령제를 개최하고 일부 유골을 발굴했으며, 정부에 진상규명과 관계자 처벌을 촉구하는 운동을 전개했다. 유족회의 민간인 학살 진상규명운동은 5·16쿠데타 이후 철저히 탄압을 받았다. 이들을 학살한 가해자들 대부분이 군인이었기 때문이다. 군사 정권은 쿠데타 이후 유족회 활동을 벌인 간부들을 대거 검거하고, 유족회와 주민들이 만든 비석 등 기념물들을 파손하기도 했다.

통일운동의 분출과 민족자주통일중앙협의회

4월혁명 직후 한국 사회에서 벌어진 특징적인 현상의 하나가 통일 논의와 통일운동의 분출이었다. 1950년대에도 북진통일론을 둘러싼 정당 사이의 무력·평화통일 논쟁이 있었지만, 4월혁명 이후 보다 민주적이고 자유로운 분위기가 조성되면서 민간 차원의 다양한 통일 논의가 분출되었다. 나아가 민간 차원의 통일운동이 시작되면서 진보적 정치·사회단체들이 통일운동을 통해 역량을 모아 가는 현상이 등장했다.

4·19의 주역이었던 학생들의 경우 이승만 하야 직후 기존의 관제 학도호국단을 폐지하고 자치학생회를 구성했다. 7·29총선 국면에서 학생들은 문맹 퇴치, 성인 교육, 선거 계몽을 하는 국민계몽대 활동을 했고, 도시 지역에서는 양담배 퇴치, 커피 안 마시기 등 신생활운동을

벌였다. 그리고 운동이 전개되면서 학생들의 움직임은 점차 이와 같은 계몽운동 차원이 아니라 한국 사회의 보다 근본적인 문제를 제기하는 방향으로 나아갔다. 1960년 서울대학교 민족통일연맹(민통련)의 발족을 시작으로 전국 각지의 대학에서 이와 비슷한 조직들이 생겨나기 시작했다. 학생 민통련의 회원 규모는 얼마 되지 않았지만 '2·8경제협정 반대운동', '2대악법 반대운동' 등에 참여하면서 당시 학생운동을 실질적으로 주도해 가는 단체로 성장했다.

7·29총선에서 참패한 후 지리멸렬 상태에 있는 혁신정당도 재정비를 모색했다. 혁신 정치세력은 그 내부에 기본 이념과 정책면에서 상당한 차이가 존재하고 있었다. 이러한 편차에 따라 1960년 11월부터 이듬해 1월까지 혁신정당은 통일사회당, 혁신당, 사회대중당, 사회당 등 4개 정당으로 분립되었다. 이 중 통일사회당이 혁신정당 중 가장 우파에 가까운 정당이었고, 반면 사회당은 가장 급진적인 성향의 정당이었다. 혁신정당은 선거 참패로 말미암아 일상적인 정치적 영역에서의 의회 활동보다는 일반 사회단체와의 연계 하에 통일운동에 주력하는 모습을 보였다.

아울러 경북 민족통일연맹, 마산 영세중립화통일추진위원회 등 통일운동 관련 사회단체들도 생겨났다. 민주민족청년동맹, 통일민주청년동맹 등 진보적 청년단체들도 통일운동에 중요한 역할을 했다. 이에 1961년 2월 통일사회당을 제외한 혁신정당과 통일운동단체, 기타 진보적 사회단체의 연합체로 민족자주통일중앙협의회(민자통)가 만들어졌다. 민자통은 전국적으로 5만 명 가량의 회원을 확보했는데, 한국전쟁 이후 사회운동 조직으로는 최대 규모라 할 수 있었다.

1960년 3월 15일	1960년 4월 19일	1960년 4월 26일
정부통령선거	서울의 각 대학생 시위 (경찰과 대치 속 유혈사태) 및 전국 확산	이승만 대통령 하야성명

1960년 7월 29일	1961년 2월 25일	1961년 5월 3일
총선거 실시(민의원, 참의원)	민자통 결성(3월 1일 등록)	서울대 민통련, 남북학생회담 제의

4월혁명 직후의 통일운동 4·19 혁신세력이 주도한 통일운동의 구호 "가자, 북으로! 오라, 남으로!".

당시 민간의 통일 논의는 중립화 통일론과 남북협상론으로 나뉘어져 있었다. 중립화 통일론은 한국을 스위스 방식처럼 강대국이 협정을 맺어 영세중립화하는 방식으로 통일하자는 주장이었다. 중립화 통일론은 온건·개혁 성향의 인사들이 주로 주장했다. 남북협상론은 일체 외세의 간섭을 배격하고 남북협상으로 모든 것을 결정지어 통일을 하자는 것으로, 주로 급진적인 인사들이 지지했다. 민자통에는 중립화 통일론자와 남북협상론자 모두가 포괄되었지만, 핵심 간부진들은 남북협상론을 지지했다. 당시 통일 논의는 "실업자의 일터는 통일에 있다", "이북 전기, 이남 쌀" 구호에서 나타나는 바대로 경제 발전의 방향과 민중 생존권 문제와도 직접 연결되면서 진행되었다.

민간 통일운동은 1961년 5월 3일 서울대 민통련이 남북 학생회담을 제안함으로써 새로운 국면을 맞이했다. 이 제안은 이틀 후인 5월 5일 열린 민족통일전국학생연맹 결성준비대회에서 전국 민통련 학생들의 결의로 재확인되었다. 남북학생회담 제안은 남북교류의 물꼬를 튼다는 측면에서 제안된 것이었다. 당시 통일 논의 과정에서 통일방안 문제도 주목을 받았지만, 보다 현실적인 측면에서는 남북 교류 문제가 중요한 쟁점이 되었다. 남북 교류, 특히 이산가족들이 소식이라도 주고받는 서신 교환에 대해서는 장면 정권의 여론조사에서도 찬성하는 사람들이 많았고, 일부 보수정치인들도 이러한 제한적인 차원의 남북 교류에 찬성했다. 이에 장면 정권도 전반적으로 남북 교류에 반대하는 입장이었지만 내부적으로는 국제적십자사를 통한 남북 이산가족 서신 교류 문제를 검토해 보기도 했다.

남북학생회담은 남북 교류 및 접촉의 선례를 만들어 남북 교류가 확대되는 것을 의도한 운동이었다. 그러나 남북학생회담이라는 틀 자체가 남북의 정치 협상을 직접적으로 연상시키는 측면이 있었다. 특히 북한 당국이 학생회담 제안에 적극 찬동하고 나서자 반발이 심각해졌다. 보수정치인 및 언론의 용공성 시비가 거세가 분출되자 학생 통일운동 세력들은 주춤하는 기세가 역력했다. 그러나 민자통은 1961년 5월 13일 서울운동장에서 남북학생회담 개최를 지지하고, 촉구하는 대규모 집회를 개최했다. 그리고 며칠 후 5·16쿠데타가 발생하여 모든 것이 중단되었다.

-홍석률

1961년 5월 16일 박정희 소장과 육군사관학교 5기 졸업생, 8기 졸업생들이 중심이 된 군사 쿠데타가 일어났다. 이들은 이미 4·19혁명을 전후한 시기부터 쿠데타를 모의하기 시작했으며, 1961년에 들어서 사회단체, 학생단체들의 민주당 정부에 대한 항의와 통일을 주장하는 움직임이 거세게 전개되던 시기, 사회혼란을 수습한다는 명분으로 쿠데타를 일으켰다. 이후 군복을 벗고 선거를 통해 집권한 박정희 정권은 근대화와 경제 건설을 국가의 목표로 설정하고 산업화 정책을 적극적으로 펼쳤다. 박정희 정권은 경제 개발에 필요한 재원 조달을 위해 일본과 국교를 정상화하고 베트남전쟁에 파병하는 등 경제 개발과 안보 협력을 동시에 추진했다.

그러나 3선개헌과 유신체제 수립을 통해 장기집권을 시도한 박정희 정권은 학생과 교수, 언론인과 종교인, 노동자와 농민 등 각계각층의 민주화운동에 부딪혔다. 결국 박정희 대통령 저격이라는 10·26사건을 통해 유신체제는 종말을 고했다.

박정희 정부 수립과
유신체제

5·16군사정변과
군정

5·16군사정변과 국가재건최고회의의 수립

1961년 5월 16일 새벽, 한국군의 일부가 한강을 건너 서울로 진입했다. 이들은 한강 다리에서 약간의 총격전이 있었을 뿐, 무방비 상태인 서울 시내로 진격하여 중앙청과 육군본부, 그리고 방송국을 장악했다. 한국군 전체의 5퍼센트에도 미치지 못하는 3,400여 명을 동원한 쿠데타는 이렇게 싱겁게 끝나고 말았다. 쿠데타의 중심에는 박정희朴正熙(1917~1979)와 육군사관학교 5기 졸업생과 8기 졸업생들이 있었다. 이들은 이미 4·19혁명을 전후한 시기부터 쿠데타를 모의하기 시작했으며, 사회단체, 학생단체들의 무능하고 부패한 민주당 정부에 대한 항의와 통일을 주장하는 움직임이 거세게 전개되던 1961년에 결국 사회혼란을 수습한다는 명분으로 쿠데타를 일으켰다.

쿠데타가 일어난 직후 한국군의 작전권을 장악하고 있었던 유엔군 사령관과 주한미국대사관 관계자들은 쿠데타를 진압할 의사를 밝혔다. 이들은 쿠데타를 불법이라고 규정하고 헌법에 따라 수립된 민주당 정부를 지지한다는 성명을 발표했다. 그러나 윤보선 대통령은 쿠

쿠데타군 1961년 5월 16일 새벽, 남대문을 지나 서울 시내로 진주하는 쿠데타군.

데타에 대한 진압을 반대한다는 입장을 밝혔고, 민주당 정부의 각료들이 모두 자취를 감추었기 때문에 주한유엔군사령관은 진압명령을 내리지 않았다. 이러한 국내 정치인들의 입장은 1955년 창당 이후부터 계속되어 온 민주당 내 신·구파 간의 갈등으로 인해 장면을 중심으로 한 신파 정권에 대한 윤보선 중심의 구파 세력이 가지고 있던 불만을 보여 주는 것이었다.

쿠데타로 집권한 군부세력은 곧 혁명공약을 발표했다. 전체 6개 항으로 이루어진 혁명공약은 다음과 같다.

첫째, 반공을 국시의 제1의 의義로 삼고 지금까지 형식적이고 구호에만 그친 반공체제를 재정비·강화할 것입니다.

둘째, '유엔' 헌장을 준수하고 국제협약을 충실히 이행할 것이며, 미국을 위시한 자유우방과의 유대를 더욱 견고히 할 것입니다.

셋째, 이 나라 사회의 모든 부패와 구악을 일소하고 퇴폐한 국민도의와 민족정기를 다시 바로잡기 위하여 청신한 기풍을 진작할 것입니다.

넷째, 절망과 기아선상에서 허덕이는 민생고를 시급히 해결하고 국가 자주경제 재건에 총력을 경주할 것입니다.

다섯째, 민족적 숙원인 국토통일을 위하여 공산주의와 대결할 수 있는 실력의 배양에 전력을 집중할 것입니다.

여섯째, 이와 같은 우리의 과업이 성취되면 참신하고도 양심적인 정치인들에게 언제든지 정권을 이양하고 우리들 본연의 임무에 복귀할 준비를 갖추겠습니다.

혁명공약 쿠데타 직후 국가재건최고회의에서 발표 중인 박정희.
좌측에 혁명공약이 보인다.

혁명공약은 세 가지 점에서 군사정부의 정책을 가늠할 수 있게 했다. 첫째로 반공을 내세우면서 경제 재건을 강조함으로써 통일보다는 경제 건설에 주력하겠다는 뜻을 밝혔다. 이러한 혁명공약의 성격에는 훗날 곧 '선건설 후통일'로 대표되는 박정희 정부의 1960~70년대 정책이 선명하게 드러나 있다. 둘째로 유엔 및 미국과의 협력을 강조함으로써 미국의 지원 하에 안정적으로 집권하고자 했다. 셋째로 정권을 이양하겠다고 했지만, '참신하고 양심적인 정치인들'이 없을 경우에는 이양하지 않을 가능성도 배제하지 않았다.

당시 지식인들에게 가장 많은 주목을 받았던 《사상계》는 5·16쿠데타 직후 쿠데타를 "부패와 무능과 무질서와 공산주의의 책동을 타파하고 국가의 진로를 바로 잡으려는 민족주의적 군사혁명"이라고 규정했다. 당시 일부 대학교의 학생회 역시 5·16쿠데타를 긍정적으로 평가하는 성명서를 발표하기도 했다. 이러한 현상은 당시 민심의 한 단면을 보여준다. 4·19혁명이 일어났음에도 불구하고 그 이후 집권한 민주당 세력은 사회악을 일소하지 못했고 오히려 부정축재자 처리 과정에서 스스로 부패에 연루되었다는 의혹이 제기되었다. 또한 연일 계속되는 시위는 국민들로 하여금 안정된 사회의 필요성을 느끼도록 했고, 많은 국민들은 경제 성장을 통해 가난에서 벗어나기를 원했다.

다른 한편으로 일부 지식인들은 5·16쿠데타가 1950년대 중반에 있었던 이집트의 나세르Gamal Abdel Nasser(1918~1970)에 의한 쿠데타나 인도의 네루Jawaharlal Nehru(1889~1964)가 표방한 정치 노선에서 나타나는 것과 같은 민족주의적이며 비동맹주의적인 입장을 가지고 있는 군인들에 의해 일어난 것으로 생각했다. 따라서 이러한 입장을 가진 군인들이라면 이전과는 다른 새로운 사회 개혁을 실행할 수 있다고 기대했다.

쿠데타를 주도한 세력들은 곧 국가재건최고회의를 조직했다. 국가재건최고회의는 삼권을 모두 장악한 최고의 권력기관으로 입법, 사법, 행정의 모든 권한을 행사했다. 초기에는 민주당 정부 하에서 참모총장이었던 장도영張都暎이 의장에 임명되었지만, 곧 뚜렷한 증거도 없이 군사정부를 반대하고 뒤엎으려 했다는 혐의로 물러나면서 박정희가 의장에 취임했다.

국가재건최고회의는 이렇게 라이벌 세력을 제거하면서, 동시에 국민의 여망과 기대에 부응하는 듯한 조치들을 취했다. 한편으로는 농촌의 고질적인 병폐였던 고리채를 정리하기 위한 특별법을 제정했고, 다른 한편으로는 정치세력과 결탁한 재벌을 구속하고 이들로 인해 성장하기 어려웠던 중소기업을 양성하기 위한 조치를 취했다.

그러나 이러한 조치들은 계속되지 못했다. 특히 구속시킨 재벌들과 타협하면서 부정축재자를 처벌한다는 명분은 유야무야 되었다. 군사정부는 이들의 부정축재 재산을 경제개발계획을 위한 전략적 산업 분야에 투자한다는 조건으로 면죄부를 주었다. 이로써 부정부패를 일소하겠다고 했던 세 번째 공약은 더 이상 유효하지 않게 되었다.

또한 국가재건최고회의는 4·19혁명 이후의 사회혼란을 일소한다는 명분 하에 깡패와 3·15부정선거 관련 세력을 구속하는 한편, 4·19혁명 시기 민주주의와 민족통일을 주장했던 혁신세력과 학생운동 세력을 구속했다. 이들 중 3·15부정선거 당시 내무부장관 최인규, 사회당 간부였던 최백근, 《민족일보》 사장이었던 조용수(1930~1961)는 형

"나는 깡패입니다." 자유당 시절 정치깡패였던 이들의 서울 시내 행진은 국가재건최고회의가 보여 준 상징적인 이벤트였다.

장의 이슬로 사라졌다.

아울러 국가재건최고회의는 중앙정보부를 신설하여 국가적인 정보
뿐만 아니라 개인의 정보까지도 독점할 수 있는 기반을 갖춤으로써
장기적으로 통치할 수 있는 기틀을 만들었다. 중앙정보부는 비밀리에
군사정부의 여당인 민주공화당을 만드는 데 중요한 역할을 했으며,
1960년대 중반 이후의 야당에 대한 공작에서 잘 나타나듯이 대외적
으로 국가의 정보를 보호하고 국가 안보에 보탬이 되는 역할보다는
정권 유지를 위한 수단으로 이용되었다.

4대 의혹 사건과 민주공화당의 창당

국가재건최고회의는 삼권을 모두 장악했지만, 불법적인 쿠데타로
집권한 정부를 계속 유지할 수는 없었다. 빠른 시간 내에 민간정부로
권력을 이양해야 한다는 국민들의 바람을 무시할 수 없었던 것이다.
미국 역시 헌법에 의해 수립되지 않은 정부를 계속 지원한다는 국제
사회의 비난을 염려하면서 군사정부가 민간정부로 이양하기 위한 합
법적인 과정으로서 빠른 시간 내에 선거를 실시해야 한다고 주장했
다. 쿠데타 직후부터 10여 개월 동안은 민주당 정부 하에서 대통령이
었던 윤보선이 대통령직을 유지하고 있었기 때문에 불완전하게나마
헌법을 완전히 부정하지는 않은 것처럼 보일 수 있었지만, 1962년 초
그가 대통령직에서 사퇴한 이후에는 새로운 정부를 헌법상 절차에 따
라 수립해야만 했다.

군사정부는 시간이 지날수록 혁명공약 6항에서 제기한 군인으로서
의 본연의 임무로 돌아가지 않으려고 했다. 이른바 '군사혁명의 정신'

을 계속해야 한다는 것을 명분으로 삼아 쉽게 권력을 내놓지 않으려고 했다. 그러나 군사정부는 민정이양을 원하는 국민들과 미국의 요구를 무시할 수 없었다. 따라서 쿠데타 세력들에게는 새로운 정치활동을 위한 조직이 필요했다.

새로운 정치조직을 만들기 위해 군사정부는 두 방향으로 작업을 시작했다. 하나는 정치조직을 만들기 위한 돈을 마련하는 것이었고, 다른 하나는 정치조직에 참여할 구성원들을 확대하는 것이었다. 돈을 마련하는 과정에서 몇 가지 부정부패 사건이 발생했다. 첫째로 산업자본을 만든다는 명분 아래 주식시장을 조작해서 정치자금을 만들었다(증권파동). 둘째로 일본으로부터 도박 기구, 속칭 '빠찡코'를 도입하는 과정에서 탈세, 특혜 판매 등을 통해 자금을 조성했다(빠찡코 사건). 셋째로 일본으로부터 자동차를 수입하는 과정에서 정치자금을 만들었다(새나라자동차 사건). 그리고 마지막으로 워커힐 호텔을 건축하는 과정에서 부정에 개입했다(워커힐 사건). 이러한 네 가지 사건을 이른바 '4대 의혹 사건'이라고 한다. 4대 의혹 사건은 당시 경제제일주의를 주장하면서 경제 건설에 매진하겠다고 주장하던 군사정부에게 치명상을 안겼으며, 이 사건을 배후에서 조종한 혐의로 당시 중앙정보부장이던 김종필이 외유를 떠나는 계기가 되었다.

자금을 마련한 군사정부는 이제 정치조직에 참여할 구성원들을 모으기 시작했다. 이들의 작업은 5·16쿠데타 이전에 정치에 관여하지 않았던 인물을 찾는 데 집중되었다. 대체로 군사정부와의 접촉을 통해 새로운 정치조직에 참여하게 된 인물들은 지식인들과 함께 지역의 활동가들이었고, 1950년대 자유당 활동을 하면서 많은 돈을 축적했

민주공화당 창당대회 1963년 2월 26일 민주공화당 창당 이후 제3공화국이 시작된다.

던 구舊 정치인들도 일부 참여했다.

이러한 과정을 통해 군사정부는 비밀리에 민주공화당 창당 작업을 진행했으며, 1962년 12월 민주공화당이라는 조직을 전격 공개했다. 세간에서는 민주공화당이 비밀리에 작업을 진행하여 마치 공산당과 같은 조직이라는 비난이 있었고, 군사정부 내에서도 김종필이 주도한 정치조직에 반감을 갖고 있던 다른 쿠데타 세력들이 강력하게 반발하고 나섰다. 미국 역시 김종필을 중심으로 한 육군사관학교 8기생들이 미국식 민주주의 원칙과는 다른 정치 노선을 갖고 있다고 판단하고, 이들이 주도하는 정당과 정치 과정에 대해 강력하게 항의했다.

이에 국가재건최고회의 의장이었던 박정희는 민주공화당의 창당을 주도했던 김종필을 해외에 내보내는 한편, 민주공화당 조직에 반대했던 세력들을 이른바 '반혁명'을 주도한 혐의로 체포함으로써 사건을 무마하고자 했다. 아울러 그는 1963년 중반에 실시하겠다고 했던 민정이양을 번복하고 군사정부의 권력을 연장함으로써 보다 안정된 정치적 조직을 만든 이후에 민정이양을 실시할 계획을 세웠다. 그러나 이에 대해 야당과 학생들이 강력하게 반발했다. 서울대학과 고려대학의 학생들은 5·16쿠데타 이후 처음으로 시위를 벌였다. 미국 역시 군사정부의 이러한 조치에 강력하게 항의하면서 한국에 대한 미국의 원조를 삭감 또는 중지할 의사까지 표명했다. 결국 박정희는 이러한 요구를 받아들여 1963년 말에 대통령 선거를 실시하겠다고 선언했다.

군사정부의 경제 정책 실패와 1963년 대통령 선거

민주당 정부는 1961년 4월 경제개발계획을 입안하고, 그 계획에 대한 미국의 지원 여부를 논의하기 위해 경제 관료들을 미국에 파견했다. 당시 한국의 상황에서 미국의 자본 지원 없이 경제개발계획을 실행할 수는 없었기 때문에 계획에 대한 미국의 동의 및 자본 지원이 절실했다. 1961년 5월 15일, 건설부의 차균희, 이기홍 등의 관리들은 경제개발계획 문서를 가지고 미국에 머무르고 있었다.

이 시점에서 5·16쿠데타가 발발하자 군사정부는 민주당의 경제개발계획을 적극적으로 이용하기 시작했다. 쿠데타 후 두 달이 채 되지 않아 군사정부는 경제개발계획을 발표하기 시작했다. 군사정부 시기 박정희가 썼던 《국가와 혁명과 나》,《우리 민족의 나아갈 길》 등을 보면 쿠데타를 이끌었던 세력들이 경제 개발을 해야겠다는 의욕을 가지고 있었던 것도 사실이다. 하지만 민주당에서 입안했던 계획이 없었더라면 그토록 빨리 계획을 발표할 수는 없었을 것이다. 군사정부의 최종 계획안이 발표된 것은 1962년 1월이었다. 군사정부는 경제 개발계획을 입안하고 그 실행을 총체적으로 관장할 기관으로서 경제기획원을 설치해 계획의 수립을 서둘렀다.

군사정부가 발표한 계획안은 다음과 같은 몇 가지 특징을 가지고 있었다. 첫째로 국가가 주도하는 '지도받는 자본주의'를 주창했다. 이것은 자본주의 방식으로 경제 개발을 하지만, 모든 경제 분야에 정부가 주도적으로 개입하겠다는 것을 의미했다.

둘째로 국내의 자본을 최대한 동원하여 기간산업(중공업)을 건설하겠다는 특징을 가지고 있었다. 이는 1950년대 이래로 전 세계의 후진국들이 추진하던 방식으로, 외국의 원조에 지나치게 의존하지 않고 균형감 있는 경제 개발을 통해 경제적인 자립을 이룩하겠다는 것이었다. 식민지의 경험을 가지고 있는 후진국들에게 경제적 자립은 정치적 독립 못지않게 중요한 과제였다. 군사정부는 이러한 계획을 실행하기 위해 우선 통화개혁을 실시했다. 물론 1950년대를 통한 엄청난 인플레이션 때문에 당시 통화 단위였던 '환'이 제대로 기능할 수 없었기 때문에 새로운 통화 단위를 만들 필요가 있었다. 하지만 통화개혁을 실시하는 보다 근본적인 이유는 통화개혁 이후 은행구좌에서 당분간 예금을 인출하지 못하도록 함으로써 경제개발계획에 필요한 국내의 자본을 만드는 데 있었다. 그러나 통화개혁은 실패했다. 예금 인출을 못하게 하자 은행에 돈을 예금해 둔 국민과 기업들의 불만이 커졌고, 시중에 통화개혁으로 나온 새로운 화폐가 유통되지 않았기 때문에 소비시장은 급격하게 얼어붙었다. 또한 미국은 군사정부가 주도하는 경제 정책이 정부의 경제에 대한 개입과 계획의 입안이라는 내용을 포함한 사회주의적인 성격을 갖고 있다고 판단하고, 정책을 수정할 것을 요구했다. 미국의 원조 없이 경제개발계획을 실행하기 힘든 상황에서 이러한 미국의 요구는 군사정부로 하여금 통화개혁과 관련된 조치들을 실행할 수 없도록 만들었다.

결국 군사정부는 은행구좌의 봉쇄를 모두 해제했고, 1963년 한 해 동안 경제개발계획을 수정, 1964년 새로운 계획을 발표했다. 새롭게 발표된 수정 계획은 국내자본보다는 해외의 원조에 보다 의존하도록 만들어졌으며, 중공업의 발전을 통한 균형적인 발전보다는 노동집약적 공업을 발전시키는 방안이 강조되었다. 미국의 차관을 적절한 규모에서 이용할 경우 미국에 대한 의존도가 높아질 것이며, 다른 한편으로 중공업 발전을 추진할 경우 외부로부터 기계를 수입해 와야 하고, 이로 인해 무역수지 적자가 더 커지면서 미국의 한국에 대한 원조가 더 늘어날 것을 걱정했기 때문이다. 결국 1960년대에 섬유산업과 가발, 이쑤시개 같은 노동집약적 공업을 통한 수출에 역점을 둔 것은 이러한 수정 계획 때문이었다.

한편 1962년은 극심한 가뭄이 있었던 해였다. 이 때문에 쌀의 생산량이 급감하면서 1963년 내내 농민들은 보릿고개에 시달려야 했고, 도시에서는 쌀값 폭등으로 인한 인플레이션에 시달려야 했다. 결국 군사정부는 미국뿐만 아니라 타이완으로부터도 쌀을 수입해야만 했고, 박정희는 《국가와 혁명과 나》를 통해 스스로 군사정부 시기의 경제 정책이 실패했음을 자인할 수밖에 없었다.

이러한 상황에서 민정이양을 위한 선거가 1963년 10월에 치러졌다. "정통적 의미의 민주주의 국가에서 군의 혁명이 그 얼마나 불행한 것이며, 또 그 혁명의 악순환이 종국적으로 국가를 쇠망으로 이끌 것"이라고 하면서 "다시는 이 나라에 본인과 같은 불운한 군인이 없도록" 하자고 했던 박정희는 군복에서 민간복으로 갈아입고 민주공화당의 대통령 후보로 나섰다. 민주당 정부의 대통령이었던 윤보선은 야당의 대통령 후보로 출마했다.

이 선거에서 주목해야 할 점은 색깔 논쟁이 본격적으로 나타나기 시작했다는 것이다. 윤보선 후보 진영에서는 박정희가 여순 사건에 관련되었으며 이로 인해 사형선고를 받았다가 사면되었다는 점, 그리고 군사정부가 수립된 이후 북한에서 문화상(장관급)을 지냈던 황태성이 박정희를 만나기 위해 남한에 왔다가 체포되어 감옥에 있다는 사실 등을 폭로했다. 경제 정책 실패에 이러한 색깔 논쟁까지 제기되면

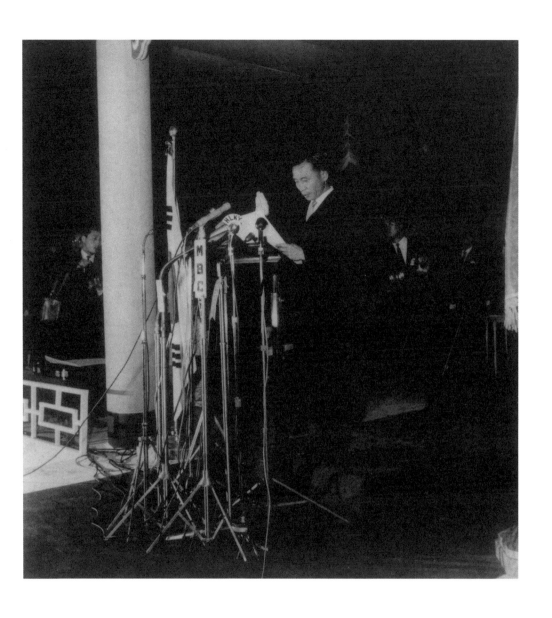

제3공화국 출범 1963년 12월 17일, 취임 선서를 하고 있는 박정희 대통령.

서 박정희는 위기에 몰렸다. 하지만 선거 결과는 10만 표 차이의 승리였다. 군사정부가 존재하는 상황에서 치러진 선거라는 점도 박정희에게 유리한 결과를 낳는 중요한 조건이었다. 그러나 이는 신·구파 간의 갈등에만 매달려 있던 과거 민주당 계열의 인물보다는 새로운 인물을 찾고 있었던 국민들의 여망을 나타내는 결과이기도 했다. 1963년의 대통령 선거는 이후 지속적으로 나타나는 색깔 논쟁의 단초를 마련했으며, 대통령 선거 직후 치러진 총선에서 나타난 바와 같이 이후의 모든 선거가 정부여당의 엄청난 관권 속에서 국민들의 여론을 제대로 대변할 수 없도록 하는 구조적인 틀을 만들어 놓았다.

한일 국교 정상화와 근대화론

한일회담의 전개 과정

박정희 정부가 출범 직후 가장 먼저 맞이한 문제는 한일 국교 정상화였다. 1945년 이후 한국과 일본은 정식 외교 관계가 단절되어 있었지만, 지리적으로 가까웠을 뿐만 아니라 전통적으로 중국과 함께 일본은 한국의 주요 교역국이었다. 특히 식민지 시기에는 한국의 경제 구조가 일본 경제 구조의 하위 구조로 재편되었기 때문에 일본과의 경제적인 단절은 곧 한국의 경제적 어려움을 의미했다.

또한 정치·사회적인 차원에서도 한국과 일본의 국교 정상화는 중요한 의미를 가지고 있었다. 냉전이 시작되면서 한국은 자본주의 체제에 속하게 되었고 미국과의 군사동맹 하에 일본과 가까운 관계를 유지하면서 중국, 소련, 북한의 공산주의권에 대항해야만 했다. 또한 일본과는 지리적으로 가까운 위치에 있었기 때문에 해상에서의 어업권을 두고 한국과 일본의 어선이 자주 충돌했다. 아울러 식민지 시기 이래로 일본에 끌려가 머물고 있던 한국인들의 국적 문제 역시 한국과 일본 사이에 정식 외교관계가 수립되지 않는다면 해결되기 어려운 것이었다.

이러한 문제들이 산적해 있었음에도 불구하고 1950년대까지는 한국과 일본의 관계가 개선되지 않았다. 1948년 국교 수립 이후 한국의 외교대표부가 일본에 설치되었고, 한국은행의 일본 지부가 설치되었으며, 한국 정부와 맥아더 사령부 사이의 교섭에 의해 정식 교역이 시작되었다. 그러나 일본의 대표부는 한국에 설치되지 않았고, 이승만은 국제법을 무시하고 '이승만 라인'이라는 것을 설치해 이 라인 안으로 들어오는 일본의 배들을 모두 불법어업으로 규정하고 강제로 나포했다. 이승만은 특히 일본에 대한 적대적인 감정을 공개적으로 표출했으며, 반일은 반공과 마찬가지로 하나의 이데올로기로서 작용했다. 물론 이러한 감정은 식민지를 경험했던 전 국민이 공통적으로 느끼고 있었던 것이었지만, 이승만은 이것을 정치적으로 이용했던 것이다.

한국과 일본의 관계 개선이 어려웠던 데에는 미국의 정책도 중요하게 작용했다. 우선 미국은 2차 세계대전 이후 일본이 부담하는 책임 문제의 결론을 내리기 위한 샌프란시스코 회담에 한국 측이 참여하지 못하도록 했다. 이러한 조치는 한국과 일본의 문제가 두 나라 간의 감정적인 싸움으로 전개될 수밖에 없도록 하는 출발점이 되었다. 식민지 시기 많은 한국인들이 국내외에서 독립운동을 벌였음에도 불구하고 한국은 공식적으로 일본에 대한 승전국이 되지 못했던 것이다. 이것은 또한 일본이 한국에 공식적으로 배상금을 주어야 할 의무에서 벗어났음을 의미했다. 동시에 식민지와 제국주의 국가 사이의 배상금에 대한 국제적인 관례가 없었기 때문에 한국의 입장에서도 국제사회의 지지를 받으면서 자신의 입장을 적극적으로 제시하기 어려운 상황이었다.

가장 먼저 제기된 문제는 한국과 일본 사이의 배상금 문제였다. 한국 정부는 일본이 식민지 시기에 저질렀던 여러 가지 과오에 대해 배상을 하는 의미에서 배상금을 줄 것을 요구했다. 그러나 일본은 1945년 이후 미군정이 수립되면서 한국에 있었던 모든 일본인들의 개인 재산이 동결되었고, 그 재산이 1948년 한국 정부로 이양되었다는 점을 감안할 때 배상금을 고려한다 하더라도 오히려 한국으로부터 돈을 받아야 한다고 주장했다. 일본의 주장은 패전국의 공적 재산만을 몰수한다는 국제법에 근거해서 볼 때 옳은 측면이 있었지만, 1951년 샌프란시스코 평화조약이 체결될 때 그 부록에 1951년 이전에 미국의 점령 지역에서 이루어진 모든 사항에 대해 일본이 무조건 수용한다는 조항이 있었기 때문에 일본은 이러한 주장을 할 수 없었다. 그러나 미국은 배상금 문제에 대해 명확한 입장 표명을 하지 않았고, 일본의 극우 정치인들은 한국이 오히려 식민지 시기 일본이 개발한 부분과 일본인 개인 재산에 대한 배상을 해야 한다고 주장했다.

아울러 1950년대에 또 하나 문제가 되었던 것은 원조 구매지의 문제였다. 즉 미국은 한국에 원조를 하면서 원조 물품을 구입할 때 입찰을 통해 가장 싼 값의 물자를 구매했는데, 거의 대부분의 한국에 대한 원조는 일본에서 구매했다. 이것은 당시 일본의 물자가 쌌던 이유도 있지만, 운송비를 절약할 수 있다는 이점이 있었기 때문이었다. 또한 일본은 한국 전쟁을 통해 군수물자를 생산하는 기지로서의 이점을 얻을 수 있었고, 덕분에 1950년대에 엄청난 경제적 성장을 이룩했다. 이러한 사실이 한국 측의 일본에 대한 부정적인 감정을 더욱 부채질했으며, 1959년부터 일본에서 시작된 이른바 '북송' 사업은 한국 정부와 일본 정부의 관계를 한층 악화시켰다. 이때 이승만은 일본과의 교역을 일체 중단시킴으로써 한국 경제의 위기감을 부채질하기도 했다.

결국 이러한 여건들로 인해 1950년대에는 한일관계 정상화를 위한 회담이 별다른 성과를 거두지 못했다. 1952년 2월의 제1차 회담에서부터 1958년 4월의 제4차 회담에 이르기까지 수많은 예비회담과 본회담을 거쳤지만, 양쪽은 서로의 주장만을 내놓았을 뿐 큰 진전을 이루지 못했다. 오히려 일본 측 대표였던 구보타 간이치로久保田貫一郎의 "일본의 식민 통치는 한국의 발전에 도움이 되었다"는 발언으로 인해 한일관계가 더 악화되었을 뿐이었다.

이러한 1950년대의 한일관계는 4·19혁명 이후 민주당 정부 하에서 호전되는 듯하다가 5·16쿠데타로 중단되었고, 쿠데타 이후에는 본격적인 국교 정상화를 위한 논의로 진전되었다. 쿠데타 세력은 경제 재건을 제1의 목표로 내세우고 있었던 만큼 일본과의 국교 정상화를 통해 일본의 자본이 하루라도 빨리 국내에 들어오는 것이 필요했다. 특히 군사정부 시기 미국의 압력에 의해 제철소 건설을 비롯한 일부 계획이 실행되지 못하자, 계획 실행을 위해 일본으로부터의 자본 유입이 더욱 시급해졌다.

이에 군사정부는 민정이양 이전부터 김종필을 앞세워 한일 국교 정 상화를 위한 본격적인 작업에 들어갔다. 박정희가 케네디의 초청으로 미국으로 가는 길에 일본을 방문해 이케다池田 수상과 의견을 교환했 으며, 1962년 2월에는 중앙정보부장 김종필이 이케다 수상과 만나 현 안 타결을 위한 대책을 논의했다. 당시 가장 문제가 되었던 것은 독도 영유권과 함께 이승만 라인, 그리고 배상금 문제였다.

논란이 거듭되는 가운데 김종필은 1962년 9월 일본을 방문하여 오 히라大平 외무상을 만나서 비밀리에 협상을 위한 기본적인 내용들을 합의했다. 이 합의를 통해서 군사정부 측은 독도 문제를 제외한 다른 모든 사항에 대해 일본의 요구를 받아들였다. 특히 이 합의에서 '배상 금' 대신에 '청구권'이라는 용어를 사용했다. 합의된 내용은 일본이 무 상으로 3억 달러를 10년간에 걸쳐 지불하고 경제협력 명목으로 정부 간의 차관 2억 달러를 연리 3.5퍼센트, 7년 거치 20년 상환이라는 조 건으로 10년간 제공하며, 민간 상업차관으로 1억 달러 이상을 제공한 다는 것이었다. 이러한 내용으로 김종필과 오히라 외상 간의 합의가 이루어진 후 2년 동안 어업에 관련된 논의가 중심적으로 이루어졌다.

1964년에 들어서면서 한일 국교 정상화를 위한 발길이 더욱 바빠 졌다. 박정희 정부는 한일회담을 조속히 타결하기 위해 특명전권위원 을 비롯한 대표단을 일본에 파견했다. 그러나 동년 3월 7일에 열린 고 위급 어업회담에서 벌어진 한일 간의 논쟁, 6·3사태 등으로 인해 1년 여의 기간을 더 끌다가 1965년 6월 22일 한일 국교 정상화가 조인되 었고, 8월 14일 민주공화당 의원들만이 참석한 가운데 국회에서 비준 되었다.

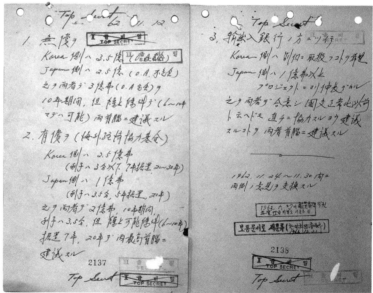

김종필과 오히라 1962년 9월, 김종필은 일본을 방문하여 오히라 외무상과 한일협상을 위한 기본적인 내용들을 합의했다.

한일협정의 조인과 그 내용

한국의 외무부장관 이동원과 일본 외상 시나 에쓰사부로椎名悅三郎 사이에 조인된 한일협정은 '대한민국과 일본국 간의 기본관계에 관한 조약'(일반적으로 '기본조약'으로 약칭)과 이에 부속된 4개의 협정 및 25개의 문서로 이루어졌다. 이 중에서 한일 기본조약은 한국과 일본 사이의 기본적인 관계를 규정한 문서로 다음과 같다.

대한민국과 일본국은 양국 국민관계의 역사적 배경을 고려하며, 선린관계 및 주권 상호존중의 원칙에 입각한 양국 간의 관계의 정상화를 상호 희망함을 고려하고, 양국의 공통의 복지 및 공동의 이익을 증진하고 국제평화 및 안전을 유지하는 데 양국이 국제연합헌장의 원칙에 합당하게 긴밀히 협력함이 중요하다는 것을 인식하고, 1951년 9월 8일 샌프란시스코시에서 서명된 일본국과의 평화조약의 관계규정 및 1948년 12월 12일 국제연합 총회에서 채택된 제195(III)호를 상기하며 본 기본관계에 관한 조약을 체결하기로 결정하고 전권위원을 따라서 그 다음과 같이 임명했다.

대한민국: 이동원, 김동조

일본국 정부: 시나, 다카스기高杉晉一

이들 전권위원은 그 전권위임장을 상호 제시하고 그것이 양호 타당하다고 인정한 후 다음의 제 조항에 합의했다.

제1조: 양 체약당사국간에 외교 및 영사관계를 수립한다.

양 체약당사국은 대사급 외교사절을 지체 없이 교환한다.

또한 양 체약당사국은 양국 정부에 의하여 합의되는 장소에 영사관을 설치한다.

제2조: 1910년 8월 22일 및 그 이전에 대한제국과 일본 제국 간에 체결된 모든 조약 및 협정이 이미 무효임을 확인한다.

제3조: 대한민국 정부가 국제연합 총회의 결의 제195(III)호에 명시된 바와 같이 한반도에 있어서의 유일한 합법정부임을 확인한다.

제4조: (가) 양 체약당사국은 양국 상호관계에 있어서 국제연합헌장의 원칙을 지침으로 한다.

(나) 양 체약당사국은 양국의 공동의 복지 및 공동의 이익을 증진함에 있어 국제연합헌장의 원칙에 합당하게 협력한다.

제5조: 양 체약당사국은 양국의 무역해운 및 기타 통상 상의 관계를 안정되고 우호적인 기초 위에 두기 위한 조약 또는 협정을 체결하기 위해 실행 가능한 한 조속히 교섭을 시작한다.

제6조: 양 체약당사국은 민간항공 운수에 관한 협정을 체결하기 위한 교섭을 실행 가능한 한 조속히 시작한다.

제7조: 본 조약은 비준되어야 한다. 비준서는 가능한 한 조속히 서울에서 이를 교환한다. 본 조약은 비준서가 교환된 날로부터 효력을 발생한다.

이상의 증거로서 각 전권위원은 본 조에 서명날인했다.

1965년 6월 20일 서울에서 동등히 정본인 한국어, 일본어 및 영어로 본서 2통을 작성했다. 해석에 상위가 있을 경우에는 영어본에 따른다.

이 조약은 다음과 같은 몇 가지 특징을 갖고 있다. 첫째, 1945년 이전의 한일 관계에 대해 명확하게 규정하지 않고 있다. 조약 내용을 보면 1910년 이전에 맺었던 조약에 대해 단지 "이미 무효"라고만 규정

한일협정 조인 1965년 6월 22일, 한일 국교 정상화가 조인되었다.

하고 있다. 영어로는 "already"로 표현되는 이 조항에 대해 한국 측에서는 1910년 이전에 조선 정부와 일본 사이에 맺어진 모든 조약을 무효로 한다고 해석한 반면, 일본은 1910년 이전의 조약들이 그 자체로서 무효가 아니었으며, 1945년 일본이 패망하는 시점에서 무효가 된 것으로 해석했다. 이처럼 기본조약의 내용은 한국과 일본이 모두 자의적으로 해석할 수 있도록 만들어졌다.

둘째, 이 협정을 통해 한국은 일본으로부터 '배상금'이 아닌 '청구권 자금'을 받았다는 점이다. '청구권'이라는 말 자체는 한국이 일본에 경제적인 원조를 청구한다는 의미다. 그러나 무엇 때문에 한국이 자금을 청구하고, 그 청구한 자금을 왜 일본이 줘야 하는가에 대해서는 전혀 언급되어 있지 않다. 이것은 곧 식민지 시기의 문제에 대해 한국이 일본에게 책임을 더 이상 묻지 않는다는 것을 의미했다. 이는 5년 남짓한 점령 기간에 일본에 대한 저항이 한국보다 심하지 않았던 다른 동남아시아 국가에 대해 일본이 배상금이나 '독립축하금'의 명목으로 돈을 지불했던 사례와는 비교되는 것이었다.

셋째, 부속된 4개의 문서들이 모두 문제의 불씨를 안고 있다는 점이다. 어업 문제의 경우 일본의 발전된 시설에 대한 견제가 이루어지지 않았기 때문에 한국의 어업에 절대적으로 불리하게 합의가 이루어졌고, 재일교포 문제와 문화재 반환 문제 역시 정확한 결론을 내리지 못한 채 애매하게 처리되었다.

결국 이러한 성격의 한일협정으로 인해 현재까지도 한국과 일본 사이에는 해결해야 할 많은 현안들이 존재하고 있다. 우선 위안부와 강제징용자 등 개인 피해자에 대한 보상이 청구권 자금에 포함되어 있는가의 문제다. 한국 정부와 일본 정부는 이와 관련해 때에 따라 서로 다른 해석을 내림으로써 개인 피해자들의 입장을 곤란하게 하고 있다. 또한 재일교포의 국적 문제는 1990년대 이후에 와서 어느 정도 해결되었지만, 현재까지도 사회적 차별과 함께 남한에 국적을 두고 있지 않은 재일교포에 대한 제도적 문제가 해결되지 않고 있다.

가장 중요하게는 앞으로 일본과 북한 사이에 국교 정상화가 이루어질 경우 한일협정의 내용이 그 선례가 되어야 하는가, 아니면 수정되어야 하는가의 문제가 남아 있다. 일본이 한국 정부를 한반도 전체에서 유일한 합법정부로 인정해 달라는 요구를 받아들이지 않고, 협정문에서 1948년 유엔 결의에 의해 선거가 이루어진 지역에서만 관할권을 갖는 정부로 인정함에 따라 일본이 북한과 수교 협상을 할 수 있는 여지가 생겼다. 하지만 그렇다고 해서 일본과 북한이 국교를 맺는 시점에서 새롭게 내용을 개정하는 것 역시 쉬운 문제는 아니다. 결국 한일협정은 국제적인 조약의 중요성을 잘 보여 주는 사례가 된다. 한번 잘못된 또는 애매한 규정을 만들어 놓으면 그것이 지속적으로 문제가 될 수 있다는 것이다.

6·3항쟁

한일협정은 한국과 일본에서 모두 거대한 반대의 물결을 불러일으켰다. 일본에서는 한일협정이 극우 인사들의 견해만을 수용한 것이라고 비판했던 반면, 한국에서는 한일협정의 내용이 일본에게 면죄부를 주는 굴욕적인 내용이었다는 비판이 제기되었다. 일본의 경우 한일협정보다는 1960년 1월에 체결된 미일안전보장조약이 더 중요한 사안이었지만, 한국에서는 한일협정에 대한 반대 움직임이 적극적으로 대두되었다.

한국에서 한일협정에 대한 반대는 김종필과 오히라 사이의 합의가 알려지고, 한일 국교 정상화 회담이 본격화된 1964년 3월부터 시작되었다. 한국 정부가 1964년 들어 3월 타결, 4월 조인, 5월 비준의 방침을 세우자 야당은 즉각 이에 반발하여 '대일굴욕외교반대 범국민투쟁위원회'를 결성했다. 이들은 전국을 순회하면서 강연회를 개최했으며, 이러한 움직임은 1964년 3월 24일의 3·24시위로 확대되었다. 3·24시위는 서울대 문리대생들이 '제국주의자 및 민족반역자의 화형식'이라는 이름으로 일본의 수상 이케다와 친일파의 상징이었던 이완용의 인형을 불태우고 '민족반역적 한일회담의 즉각 중지'를 외치면서 시작되었다. 이 가두 시위는 곧 전국적으로 확산되었다. 고등학생들이 주한미대사관 앞에서 시위를 하는 초유의 사태가 발생하기도 했다.

3·24시위에 이어 동년 5월 20일에는 서울대 문리대에서 '민족적 민주주의 장례식'이 개최되었다. 서울대 문리대에 모인 서울 시내 대학생들은 "5월 군사쿠데타는 4월의 민족, 민주이념에 대한 전면적인 도전이었으며 노골적인 대중탄압의 시작이었다"고 주장하면서 한일협정에 대한 반대뿐만 아니라 박정희에 대한 반대를 전면에 내세웠다. 이날의 시위로 100명이 넘는 학생들이 부상당하고 많은 학생들이 체포되자, 5월 30일에는 이에 항의하는 단식농성이 시작되었다.

학생들이 주도한 한일협정 반대 시위는 6월 3일 절정에 이르렀다. 6월 3일 학생을 중심으로 한 시위대 1만여 명은 광화문까지 진출했다.

1964년 3월 24일, 한일 회담에
반대하는 시위 도중 연행되고
있는 서울대 문리대 학생들.

3월에 시작된 한일협정 반대운
동은 6월 3일 1만 여명이 운집
한 대규모 시위로 확대되었다.
한일협정 반대 시위는 1964년
6월 3일을 정점으로 했기 때문
에 6·3항쟁(또는 6·3사태)이라고
불리며, 6·3항쟁에 적극적으로
참여했던 대학생들을 6·3세대
라고 부른다.

주한미대사관 앞에서 한일협정 비준 무효화를 주장하는 경기 고등학교 학생들.

한일협정 반대 시위 1965년 다시 한일협정에 반대하는 시위가 발생했다. 당시 야당이던 민중당의 일부 의원들은 의원직을 사퇴하면서 한일협정에 대한 반대 의사를 표명했지만, 결국 한일협정은 국회에서 비준되었다.

이들은 군사쿠데타, 부정부패, 정보정치, 매판독점자본, 외세의존 등 현 정권의 문제들을 지적하면서 정권퇴진까지 요구하게 되었다. 5·16 쿠데타 이후 정권을 잡은 박정희에게는 가장 큰 위협이 아닐 수 없었다. 일각에서는 박정희 정부가 실각할 것이라는 소문마저 나돌았다.

그러나 박정희 정부는 6월 3일 밤 8시를 기해 서울시 일원에 비상계엄을 선포하고 대대적인 탄압을 개시했다. 이로 인해 1,200여 명의 학생과 시민들이 체포되었으며, 이 중에서 384명이 구속되었다. 비상계엄은 당시 한국군의 작전권을 가지고 있었던 유엔군 사령관과의 협의를 통해 이루어졌으며, 주한미국대사관은 절체절명의 위기라고 파악하고 비상계엄에 동의했다. 서울 시내의 야간통행금지령 및 휴교령을 포함한 계엄포고령으로 옥내외 집회와 시위가 금지되었고, 언론, 출판, 보도는 계엄사령부의 사전 검열을 받게 되었다.

박정희 정부는 한일협정에 반대하는 6·3항쟁 등의 시위가 재발하지 않도록 하기 위해 공안 사건을 조작하기도 했다. 1964년 8월 14일 중앙정보부는 도예종, 박현채 등 41명의 혁신계 인사와 교수, 학생들이 인민혁명당을 결성하여 정부를 전복하고자 했다고 발표했다.

이른바 제1차 인민혁명당 사건으로 불리는 이 사건은 담당 검사들이 20일간의 수사 끝에 불기소 방침을 세웠다는 점, 그리고 검찰 고위층의 압력에 의해 구속영장이 신청되었으나 법원이 기각했고 그러자 다시 구속영장을 신청했다는 점, 그리고 이 사건의 관계자들에 의해 고문 사실이 폭로되었다는 점 등 때문에 한국현대사에서 발생한 대표적인 공안 조작 사건의 하나로 기록되고 있다. 또한 재판 과정에서 사건 관련자들 중 14명에 대해서는 공소가 취하되었으며, 12명에 대해서는 공소장을 변경하여 국가보안법 대신 반공법이 적용되었다. 1965년 1월 20일에 열린 1심 선고공판에서 2명만이 유죄판결을 받고 나머지는 모두 무죄판결을 받았으나 5월 29일의 항소심에서는 원심을 깨고 피고 전원이 유죄판결을 받았다.

제1차 인민혁명당 사건으로 한일협정 반대운동 분위기는 한풀 꺾였지만, 1965년에 이르러 다시 한일협정에 반대하는 시위가 발생했다. 당시 야당이었던 민중당의 일부 의원들은 의원직을 사퇴하면서 한일협정에 대한 반대 의사를 표명했지만, 결국 한일협정은 국회에서 비준되었다. 이상과 같은 한일협정 반대시위는 1964년 6월 3일을 정점으로 했기 때문에 6·3항쟁(또는 6·3사태)이라고 불리며, 6·3항쟁에 적극적으로 참여했던 대학생들을 6·3세대라고 부르고 있다. 6·3세대의 일부는 이후 정치활동에 적극적으로 참여하여 현재에 이르기까지 한국 정치의 중요한 인맥으로 작용하고 있다.

미국의 대한 정책과 근대화론

1960년대 대내적으로 벌어진 군사정부 및 박정희 정부의 출범과 경제개발계획의 실행, 그리고 대외적으로 추진된 한일협정과 한국군의 베트남전 참전 등을 제대로 파악하기 위해서는 미국의 대외 정책과 그 변화를 이해하는 것이 중요하다. 특히 '왜 미국이 박정희 정부의 경제개발계획을 지원했을까', '미국은 왜 1950년대의 군사원조에서 1960년대의 경제개발원조로 바꾸었을까', '미국은 왜 한국과 일본 사이의 국교 정상화에 깊숙이 개입했을까', '미국은 왜 6·3항쟁에 대한 박정희 정부의 비상계엄령을 묵인했을까' 등의 의문점을 해결하기 위해서는 당시 미국의 대외 정책, 그리고 대한 정책의 변화를 이해하는 것이 중요하다.

1961년 케네디 행정부가 들어서면서 미국의 대외 정책은 몇 가지 사항이 수정되었다. 첫째로 미국의 대외원조가 군사원조 중심에서 경제개발원조로 전환되었다. 당시 케네디 행정부는 미국의 군사원조가 공산주의 국가들의 팽창을 막기 위한 수단으로서 한국과 같은 나라의 군사비를 도와준다는 것이었지만, 그다지 효율적인 수단이 될 수 없다고 판단했다. 특히 아시아에서 미국의 군사원조는 미국에 대한 이미지를 부정적으로 만들 뿐이라고 보았다. 따라서 이에 대한 대안으로서 경제개발원조가 실행되었다.

미국은 경제개발원조를 통해 후진국이 경제 개발에 성공할 경우 전 세계 사람들이 자본주의 체제에 기반한 경제성장에 자신감을 갖게 될 것이며, 공산주의를 봉쇄하는 데 있어서 군사적인 수단보다도 더 효율적인 수단이 될 것이라고 판단했다. 그리고 경제개발원조를 실행하기 위해서 새롭게 미국국제개발처USAID를 조직했다. 미국은 국제개발처를 중심으로 하여 제3세계의 경제개발계획 입안 및 실행을 적극적으로 도와주며, 계획을 입안하지 않거나 계획의 내용이 미국의 정책에 조응되지 않을 경우 지원을 철회할 정도로 적극적인 정책을 실행했다. 미국 정부는 1960년대를 '개발의 연대'로 규정할 만큼 제3세계의 경제개발계획에 적극적인 입장을 갖고 있었다.

둘째로 보다 많은 선진국들이 이러한 경제개발원조에 참여해야 한다고 보았다. 1950년대 공산주의권을 봉쇄하기 위한 원조는 주로 미국에 의해서만 이루어졌다. 그러나 군사원조보다는 규모가 큰 경제개발원조를 실행하기 위해서는 미국 혼자만의 힘으로는 불가능하다고 봤다. 만약 더 많은 대외원조가 미국 단독으로 이루어진다면 미국 국민들은 더 많은 세금을 내야 하며 이것은 곧 정치적으로 위험할 수 있다고 판단했던 것이다.

따라서 1950년대를 통해 부흥에 성공한 유럽과 일본이 세계적 차원에서 경제개발원조에 동참해야 한다고 주장했다. 이를 위해 유럽의 발전을 위한 기구를 경제협력개발기구OECD로 개편하고, 이 기구를 중심으로 후진국에 대한 경제개발원조를 실행하려 했다. 특히 미국은 아시아에서 일본의 역할을 강조했다. 일본은 1950년대에 경제부흥에 성공했고, 1964년에는 올림픽을 도쿄에서 개최하는 등 신흥 선진국으로 도약하고 있었다. 일본을 중심으로 아시아 지역의 경제를 재편하려고 했던 1960년대 미국의 노력은 이러한 배경 하에서 이루어진 것이다.

셋째로 도미노 이론에 근거해 공산주의 이념에 노출되어 있는 제3세계에 적극적으로 개입하자는 정책이 마련되었다. 도미노 이론은 한 지역이 공산화될 경우 인접지역들이 연속적으로 공산화될 위험이 있다는 것이다. 즉 제3세계의 후진적인 상황은 공산주의 이념이 확산되기에 좋은 조건이기 때문에 미국이 이에 적극적으로 개입하여 공산주의 이념이 확산되는 위험을 차단해야 한다는 정책이었다.

경제개발원조 역시 이러한 적극적인 개입 정책의 일환으로서 가난한 상태를 극복하지 않고서는 공산주의 세력의 확산을 막을 수 없다고 생각했던 것이다. 또한 미국이 베트남전쟁에 적극적으로 개입하게 된 것 역시 베트남이 공산화될 경우 다른 아시아 국가들로 그 영향이 미치는 것을 막기 위해서였다. 미국은 군사적으로 베트남전쟁에 개입하면서 다른 한편으로는 메콩강 계획으로 대표되는 경제개발계획을 실행하고자 했다.

이러한 특징을 가지고 있는 새로운 정책은 미국의 대한 정책에도 그대로 적용되었다. 미국은 한국의 경제개발계획을 적극적으로 지원했으며, 미국이 단독으로 지원하기보다는 일본과 함께 지원하거나 한국에 대한 지원을 일본에게 떠넘기려고 했다. 따라서 미국은 한일 국교 정상화에 매우 적극적인 의지를 보였다. 5·16쿠데타가 성공한 후 6개월이 지난 시점에서 아직 정식 선거를 통해 국가원수에 선출되지도 않았던 박정희를 미국에 초대한 배경에는 한일 국교 정상화의 조속한 타결을 원하던 미국 정부의 희망이 깔려 있었던 것이다. 6·3항쟁 당시 박정희 정부의 비상계엄령에 대한 묵인 또한 한편으로는 경제개발계획을 최우선 과제로 삼고 있는 박정희 정부에 대한 지원이면서 다른 한편으로는 한일회담이 연기되는 것을 막고자 하는 의도에서 이루어진 것이었다.

이러한 미국의 정책은 한국의 경제개발계획에도 그대로 반영되었다. 한국은 경제개발계획을 실행하는 과정에서 미국의 도움을 적지 않게 받았다. 그러나 그 도움은 자본 조달에만 그치는 것이 아니라 계획의 수정과 입안에도 해당되는 것이었다. 미국의 압력에 의해 1964년 1차적으로 계획의 성격을 수정했던 한국 정부는 1967년의 제2차 경제개발 5개년계획을 세울 때 미국이 파견한 전문가들의 도움을 받았다.

특히 미국의 전문가들은 한국 내부의 자본보다는 외부의 자본을 많

경제개발 5개년계획 선전탑 박정희 정부의 경제개발계획은 외자와 수출을 통한 고속 발전을 기조로 한 정책이었다.

이 이용하고 수출을 강조하는 불균형 성장론의 중요성을 강조했다. 불균형 성장론은 1960년대와 1970년대 한국인들 사이에서 유명했던 도약 이론take-off theory을 만들어 낸 로스토Walt W. Rostow에 의해 주창되었다. 로스토는 경제발전 5단계설로 유명한 경제사학자였지만, 1960년대에는 미국의 대외 정책 입안에 적극적으로 개입했다. 그는 후진국이 외부의 자본을 많이 이용하고 무역에 의존하면 할수록 선진국과의 관계를 긴밀하게 유지할 수 있다는 점 때문에 외자와 무역을 강조했다.

이러한 로스토의 이론은 1960년대를 대표하는 '근대화론'으로서 미국의 입장에서는 대외 정책의 변화에 기여했고, 후진국의 입장에서는 경제개발계획을 입안·실행하는 데 많은 영향을 미쳤다. 또한 로스토의 이론이 경제적인 부분에서 중요한 역할을 했다면, 헌팅턴Samuel Huntington의 이론은 정치적인 측면에서 중요한 역할을 했다. 즉 그는 후진국이 효과적으로 경제성장을 하기 위해서는 일부 정치세력에 의한 독재가 불가피할 수도 있다는 이론을 내세워 개발독재 체제를 뒷받침하는 정치적 이데올로기를 제공했다. 이러한 로스토와 헌팅턴의 이론은 1960년대 이후 한국에서 경제개발계획을 수행하는 데 있어서 중요한 근대화 이론으로서의 역할을 수행했다.

수출입국론과
3선개헌

한국군의 베트남전 참전

베트남은 1954년 제네바회담[협정] 이후 베트남민주공화국(북베트남)과 베트남공화국(남베트남)으로 분단되었다. 베트남은 제네바협정에 의거해서 1956년 남북 통일선거를 실시하기로 합의했지만, 남베트남 정부는 제네바협정을 무시하고 통일선거를 거부했다. 남베트남에서는 이에 반대하는 민족해방전선이 결성되어 게릴라 전술로 정부군과의 교전을 계속했다. 미국이 군사원조, 특수부대 파병, 경제원조를 실시했지만, 민족해방전선의 활동은 더욱 적극적으로 전개되었다.

베트남의 공산화를 두려워했던 미국은 1963년 남베트남 정부가 쿠데타에 의해서 교체되자, 베트남전쟁에 적극적으로 개입하기 시작했다. 쿠데타는 미국의 지원으로 이루어졌다. 미국은 1964년 통킹만 사건을 계기로 베트남에 직접 군대를 파병하기 시작했으며 이듬해에는 북베트남에 대한 폭격을 시작했다. 이후 미국은 '보다 많은 국기more flags' 정책*을 실시했다. 미국 단독으로 베트남전쟁에 개입하는 것은 마치 프랑스가 1954년까지 베트남을 식민지로 지배했던 것과 같은 이미지를 줄 수 있기 때문이었다. 또한 미국의 단독 참가는 마치 황인종과 백인종 간의 인종 전쟁으로 해석될 여지도 있었다.

미국은 동맹국들에게 베트남전쟁 참여를 독려했다. 그러나 대부분의 국가들이 베트남전 참전을 반대하는 가운데 한국과 태국, 필리핀,

국기more flags' 정책
유엔 동원에 실패하면서 미국의 다른 동맹국들을 동원하기 위한 정책.

베트남 파병 1966년 7월 22일, 맹호부대와 교대하는 청룡부대원들을 환송하는 모습.

그리고 호주와 뉴질랜드만이 미국의 동맹국으로서 참전을 결정했다. 그 중에서도 한국은 가장 많은 수의 병력을 파병했다. 1963년 말 미국은 한국 정부에 한국군의 파병을 공식적으로 요청했고, 1965년 2월 후방지원부대 2,000명을 파병한 것을 시초로 동년 7월에는 2만 명 규모의 맹호부대와 해병 청룡부대가, 1966년에는 미국의 요청에 따라 '브라운 각서'를 조건으로 2만 명 규모의 백마부대가 추가 파병되었다. 한국이 베트남에 파병한 총인원은 연 5만여 명, 약 10년간 총 35만 명 이상이었으며, 이것은 나머지 태국, 필리핀, 호주, 뉴질랜드 등의 동맹국이 파병한 수를 합친 것보다도 많은 인원이었다.

한국 정부의 베트남전 파병은 예견된 것이었다. 이미 1950년대를 통해 이승만 대통령이 인도네시아와 베트남에 한국군을 파병할 것을 미국에 요청했었다. 또한 1961년 11월 미국을 방문한 박정희 국가재건최고회의 의장은 당시 케네디 대통령에게 베트남에 파병할 의사가 있음을 밝혔다. 당시에는 미국이 공식적으로 군대를 파병한 상태가 아니었기 때문에 박정희의 요청이 곧바로 받아들여지지는 않았다. 하지만 미국은 1950년대부터 한국전쟁을 통해 전투경험이 풍부한 한국군을 언제든지 아시아의 안보에 참여시킬 수 있다는 생각을 갖고 있었다.

이승만과 박정희의 한국군 파병 요청은 두 가지 목적 때문에 이루어졌다. 하나는 미국이 추진하고 있었던 한국군의 규모 감축과 주한미군의 감축을 막기 위한 것이었다. 미국은 대외원조를 감축하기 위해 한국에 대한 원조를 줄이고자 했다. 한국은 1950년대를 통해 단일국가로는 미국의 원조를 가장 많이 받고 있던 국가였다. 한국에서 미국 원조의 대부분이 60만이 넘는 군인들을 유지하는 데 사용된다는 사실을 감안한다면, 한국군의 감축은 미국의 원조를 감축할 수 있는 가장 중요한 방안이 될 수 있었다. 또한 주한미군의 감축은 미국의 국방비 감축으로 이어질 수 있었다. 그러나 만약 한국군의 파병이 이루어진다면 더 이상 주한미군과 한국군을 감축하기 어려웠기 때문이다.

한국 정부가 해외 파병을 추진한 또 다른 목적은 정치적 위기로부터 벗어나기 위한 것이었다. 한국군과 주한미군의 감축은 미국의 원조 감소로 이어질 것이며, 이것은 한국 정부에게 위기감을 줄 수 있다는 점이었다. 한국전쟁을 경험한 한국 국민들은 미국과의 관계를 통해 안전을 보장받을 수 있다고 생각했기 때문에 한미동맹을 중요하게 여겼다. 이 때문에 한국 정부는 미국으로부터 전적으로 신뢰를 받고 있으며 한미동맹을 통해 많은 원조와 지원을 받는다는 것을 중요하게 고려할 수밖에 없었다. 민주주의적인 체제나 합법적인 과정을 통해 보장받을 수 없는 정권의 안정성을 외부로부터 보장받고자 한 것이었다.

박정희는 한국군을 베트남에 파병하면서 '우리가 파병하지 않으면 주한미군이 베트남으로 갈 것'이라는 명분을 내세웠다. 공개적으로 발표하지는 않았지만, 베트남전쟁 특수를 통해 경제개발계획을 실행할 수 있는 자본을 얻는 것 역시 중요한 목적의 하나였다. 1960년대 이후 미국의 원조가 무상원조에서 차관원조로 바뀌어 원금을 상환해야 할 부담이 생겼다는 점을 고려한다면 후자는 매우 중요한 목적이 될 수밖에 없었다.

이러한 의미에서 볼 때 '브라운 각서'는 매우 중요한 의미를 갖는다.

이 각서는 1966년 한국군의 베트남 파병을 조건으로 주한미국대사였던 브라운이 한국 정부에 전달한 14개 항으로 이루어진 문서였다. 이 문서의 주요 내용은 다음과 같다.

1. 추가파병에 따른 비용은 미국 정부가 부담한다.
2. 한국군 육군 17개 사단과 해병대 1개 사단의 장비를 현대화한다.
3. 베트남 주둔 한국군을 위한 물자와 용역은 가급적 한국에서 조달한다.
4. 베트남에서 실시되는 각종 건설, 구호 등 제반 사업에 한국인 업자들을 참여시킨다.
5. 미국은 한국에 추가로 AID 차관과 군사원조를 제공한다.
6. 베트남과 동남아시아로의 수출증대를 가능케 할 차관을 추가로 대여한다.
7. 경제개발계획의 목적에 사용하기 위한 신규차관을 제공한다.
8. 한국이 탄약 생산을 늘리는 데 필요한 자재를 제공한다.

브라운 각서에는 한국군의 전투수당을 미국이 지불한다는 조항도 있었지만, 1966년에는 이 조항이 공개되지 않았다. 한국군이 미국의 용병이라는 인상을 줄 수 있었기 때문이었다. 그러나 1970년 미국 의회에서 브라운 각서에 대한 조사에 들어가면서 이 조항이 공개되어 국제적으로 문제가 되기도 했다.

베트남 특수와 경제개발계획의 방향 전환

베트남 특수는 한국군의 베트남 파병에 따라 얻어진 특별한 전쟁수요를 말한다. 전쟁은 평시에는 필요하지 않았던 여러 가지 물품들의 수요를 만들어 내며, 이를 통해 경제적인 생산력과 생산량이 늘어나는 상황을 조성한다. 이 과정에서 전쟁에 관여한 나라들은 전쟁으로 인한 경제적인 혜택을 입게 되는데 이것을 전쟁 특수라고 한다. 즉 인접 지역에서의 전쟁은 그 지역에서 발생한 수요로 인해 다른 인접 지역으로부터 공급이 늘어나게 되는데 이것이 곧 그 지역의 수출 증대, 외화 획득으로 연결되는 것이다. 일본이 지리적인 위치로 인해 한국전쟁 특수로 혜택을 입은 것과 마찬가지로 한국은 베트남전쟁에 많은 군대를 파병함으로써 특수를 누리게 된다.

베트남 특수는 먼저 한국군의 파병을 통해 이루어졌다. 한국군 파병 비용의 대부분은 미국에서 지불했다. 비용에는 군인뿐만 아니라 군인들의 파병을 지원하기 위해 동행한 민간인들에 대한 비용도 포함한다. 1966년에 한정해서 볼 때 베트남에서 국내로 송금된 외화는 총 6,949만 달러에 이르렀다. 1967년의 수출액이 3억 2,000만 달러였다는 점을 감안한다면, 1966년의 국내 송금액은 전체 수출액의 25퍼센트를 넘는 엄청난 규모였다. 1966년부터 1970년대 초까지의 송금 총액은 6억 2,502만 달러에 달했다. 1967년부터 1970년까지의 수출 총액은 22억 달러였다.

그러나 이러한 현금 수입보다 더 중요한 점은 베트남 참전이 한국 경제개발계획의 방향 수정에 중요한 역할을 했다는 사실이다. 1962년 제1차 경제개발계획이 시작되는 시점에서 계획의 성격은 중요한 시설재산업을 개발함으로써 자립적 경제체제를 확립한다는 것이었다. 수출이 중요하다는 점을 언급하고 있지만, 그것은 국제수지의 개선을 위해 제시된 것에 불과했다. 그러나 베트남전 참전 이후 수출은 국제수지 개선 수단의 차원을 넘어서 경제개발계획의 핵심적인 축으로 자리 잡게 되었다.

위에서 인용한 브라운 각서는 이러한 전환에 중요한 역할을 했다. 브라운 각서의 주요 내용은 한국군의 현대화 및 탄약 생산의 증강 등 군사적인 지원과 함께 한국의 경제개발계획을 지원하기 위해 추가적인 경제 지원을 한다는 것이었다. 특히 베트남에 대한 한국의 수출이 증가될 수 있다는 조항과 함께 베트남과 동남아시아에 대한 수출을 늘릴 수 있는 차관을 제공한다는 조항이 포함되어 있었다.

물론 이러한 수출 증대에는 1965년부터 시작된 정부의 조치들이 중요한 역할을 했다. 정부는 1965년부터 수출 진흥 확대회의를 개최했으며, 수출업자들에 대한 특혜 지원을 확대했다. 이러한 조치들은 베트남 특수와 맞물리면서 수출의 증가에 기여했다. 1966년까지도 수출이 증대된 것은 사실이었지만, 베트남전쟁에 본격적으로 참여하기 시작한 1967년부터 1970년까지의 수출은 매년 40퍼센트 이상의 초고속 성장을 거듭했다.

이제 이러한 성장은 '수출입국'이라는 새로운 단어를 만들어 냈다. 한국의 경제를 성장시키기 위한 동력으로서 '수출'이 가장 중요하며, 수출만이 살 길이라는 신화가 창조된 것이다. 국가의 모든 경제 시스템은 수출 증대에 초점이 모아졌고, 정부는 '10억 불 수출'에 이어 '100억 불 수출'에 모든 관심의 초점을 맞추고 그것만은 한국의 경제 성장을 보여 주는 지표로 상정했다. 마치 2000년을 전후한 시점에서 '주가 1,000포인트'가 경제 성장의 지표로 제기되었던 것처럼, 수출입국론은 합리적인 근거가 뒷받침되지 않은 상태에서 국민 전체에게 강요된 수출 중심의 성장 이론이었다.

　또 하나 중요한 점은 베트남전쟁 참전이 노동집약적 공업제품의 수출에서 중화학, 건설산업으로 나아가는 전환점을 만들어 주었다는 것이다. 위의 브라운 각서에 나타난 바와 같이 베트남전쟁을 통해서 한국은 군수산업에 진출할 수 있는 계기를 만들었다. 또한 베트남 지역의 건설산업에 참여함으로써 해당 분야의 노하우를 축적할 수 있었다. 한국은 1970년대 초부터 소총을 생산하기 시작했고, 이후 군수산업의 진흥을 중화학공업화 정책으로 발전시켰다. 1970년 주한미군 1개 사단 철수는 군수산업 진흥에 또 다른 계기가 되었으며, 박정희 정부는 군수산업 진흥을 위한 제2수석비서실을 청와대에 설치한 후 1973년 중화학공업화 정책을 공식적으로 천명했다.

　물론 여기에는 1960년대의 산업 정책에 대한 비판도 중요한 역할을 했다. 1960년대의 수출 정책은 주로 외국의 차관과 원자재 수입에 입각한 보세가공산업 생산품의 수출에 의존했다. 그러나 이러한 상황은 1960년대 말 지나치게 외국의 차관에 의존한 기업들의 부실화 현상과 함께 외자 위기 상황을 몰고 왔다. 이에 일부 지식인들은 '자립경제'의 목표를 다시 한번 추구해야 하며 이를 위해 중화학공업과 같은 기간산업을 발전시켜야 한다고 주장했고, 기업가들은 닉슨 행정부의 섬유쿼터제로 막힌 수출 길을 새로운 상품으로 뚫어야 한다는 점을 제기하기도 했다.

　이러한 주장은 베트남 특수를 통해 얻은 노하우와 결합하면서 중화학공업 중심 정책으로 전환할 수 있는 계기를 마련했다. 아울러 건설산업은 베트남전쟁이 끝난 이후 별다른 활로를 찾지 못하다가 1970

년대에 두 차례에 걸친 오일쇼크로 인해 다시금 전성기를 맞게 됐다. 오일쇼크는 국내적으로 유류제품의 상승과 함께 엄청난 인플레이션을 가져왔지만, 건설산업이 중동에 진출하는 데 결정적인 공헌을 했다. 오일쇼크를 통해 막대한 달러를 벌었던 중동 국가들이 건설산업에 투자하기 시작한 것이다.

베트남전쟁의 그림자

경제성장이라는 측면에서 보았을 때 베트남전쟁은 분명 한국에 많은 경제적 이익을 가져다 주었다. 외화 획득에서뿐만 아니라 새로운 산업 분야의 개척, 해외로의 적극적인 진출의 계기가 이를 통해서 가능했기 때문이다. 아울러 문화적으로 볼 때에도 서구, 특히 미국의 문화가 한국에 직접 들어올 수 있는 계기가 되었다. 주로 군을 통해 들어온 미국의 문화가 어떠한 성격인가에 대해서는 논란의 여지가 있지만, 세계적으로 유행하고 있는 문화가 곧바로 한국에 들어올 수 있는 통로가 마련되었다는 점에서 보면 의의가 있다고 할 수 있다.

그러나 과연 베트남전쟁이 우리에게 빛과 희망만을 가져다 준 것일까? 무엇보다도 먼저 고려해야 할 것은 국가의 위신 문제다. 전통적으로 배부른 것보다도 명예와 위신을 더 중요시했던 한국 사람들에게 베트남전쟁 참전은 곧 '미국의 용병 국가'라는 오명을 전 세계 사람들에게 심어 주는 계기가 되었다. 미국과 함께 참전한 국가들이 얼마 되지 않는 데다가 한국군의 파병비를 미국에서 모두 부담했다는 점은 이러한 오명으로부터 자유로울 수 없는 상황을 초래했다.

또한 베트남전쟁 수행 과정에서 빚어진 양민학살 문제 역시 한국의 위신과 관련해 심각한 문제가 되고 있다. 전쟁 과정에서 가장 많은 피해를 입는 사람들은 민간인이라는 점은 이미 잘 알려진 사실이다. 한국전쟁이 그랬고, 최근의 이라크전쟁이 그랬던 것처럼 베트남전쟁 역시 예외가 아니었다. 베트남전쟁에서 일어난 양민학살 과정에 한국군이 불가피하게 관여하게 되었고, 이 과정에서 한국에 대한 베트남인들의 이미지는 악화될 수밖에 없었다. 그러한 문제를 일으킨 한국 군인들 역시 자신들의 행동에 대해 정신적인 고통을 받았다. 결국 국가의 권력이 개인들에게 심각한 피해를 준 것이다. 이런 의미에서 볼 때 베트남의 무고한 양민들과 함께 한국군 역시 또 다른 피해자라고 할 수 있다.

또한 고엽제로 인한 피해는 다음 세대에까지 유전되어 심각한 육체적 고통을 주고 있다. 고엽제는 미군이 정글에서의 전투를 용이하게 하기 위해 살포한 화학약품으로, 살포된 지역의 나무 잎이 모두 말라 죽을 뿐만 아니라 함께 노출된 사람의 신체에도 심각한 피해를 주었다. 베트남전쟁에 참전했던 미국인들의 경우에는 미국의 고엽제 제조 회사로부터 고엽제로 인한 피해에 대해 보상을 받았지만, 한국인의 경우에는 현재까지도 피해보상이 제대로 이루어지지 않고 있다. 미국 측에서는 이미 참전 비용을 미국이 지불했기 때문에 더 이상 보상할 의무를 갖지 않는다고 주장하고 있는데, 이에 대해 한국 정부가 적절히 대응하지 못하고 있는 상황이다.

베트남에 진출한 대기업에게서도 문제가 발생했다. 대표적인 예가 한진빌딩 노동자 난입 사건이다. 한진해운은 베트남에 진출하여 운송을 담당했다. 그런데 한진해운이 노동자들에게 임금을 제대로 지불하지 않자, 1971년 9월 15일 이들은 임금 지불을 요구하면서 한진 빌딩에 난입했고, 이들에 의한 방화 사건이 발생했다. 노동자들의 난입과 방화는 1966년 5월 이후 149억 원에 달하는 임금이 체불된 사실에 항의하기 위해서였지만, 66명의 노동자들이 구속되는 초유의 사태가 발생했다.

베트남전쟁은 남북관계에도 영향을 미쳤다. 미국이 베트남전쟁에 적극적으로 개입하면서 북한은 위기감을 느끼게 되었다. 이에 따라 북한은 국방·경제 병진 노선으로 정책을 변경했고, 경제개발계획의 목표 달성 일정을 연기했다. 또한 북베트남을 돕는다는 명분으로 한반도에서 긴장을 고조시키는 일련의 정책을 실시했다. 한반도에서 긴장이 고조될 경우 남한이 더 많은 전투부대를 파병할 수 없기 때문이었다. 박정희 정부 역시 북한에 대해 강경한 입장을 견지했다. 이로 인해 1967년부터 한반도에서는 위기가 고조되기 시작했다.

이러한 위기는 1968년에 이르러 연쇄적으로 표출되기 시작했다. 1월 21일 북한이 특수부대를 보내 청와대를 습격하려 한 사건이 발생했고, 다음 날 북한은 미국의 정보함 푸에블로호를 동해상에서 억류했다. 또 같은 해 10월 30일부터 11월 2일까지 북한이 울진·삼척 지역에 무장한 군인들을 파견하는 사건까지 발생했다. 북한은 세 차례에 걸쳐 울진·삼척지구에 무장 게릴라 120명을 15명씩 조를 편성, 침투시켜 군복·신사복·등산복 등으로 위장하여 게릴라전을 펴게 했다. 이듬해에는 미국의 정찰기인 EC 121기가 북한에 의해 추락되기도 했다. 한국 정부 역시 이러한 북한의 침투에 대응하기 위해 적극적으로 대응했다. 영화 〈실미도〉는 1968년 안보위기의 상황을 잘 보여 주고 있다.

푸에블로호 1968년 1월 23일 원산 앞바다에서 나포된
미국의 최신 정보함 푸에블로호의 모습.

이렇게 베트남전쟁과 한국군의 베트남전쟁 파병은 한국에 중요한 영향을 미쳤다. 경제성장과 맞물리면서 긍정적인 역할을 하기도 했지만, 한국의 국가 이미지, 국가 안보의 측면에서 부정적인 영향을 미치기도 했다. 지금까지는 경제성장이 가장 중요한 가치관으로 제기되고 있는 만큼 베트남전 참전은 긍정적인 효과만이 부각되어 왔다. 그러나 새로운 가치관과 기준이 등장하는 미래의 어느 시기에 가서 베트남전 참전이라는 역사는 새로운 평가를 요구할 것이다.

3선개헌

1967년 5월 3일에 실시된 제6대 대통령 선거에는 공화당의 박정희, 신한당의 윤보선, 민중당의 유진오, 민주사회당의 서민호 등 8명의 후보가 입후보했다. 그러나 대통령 선거는 새로운 야당인 신민당이 창당되고 후보 단일화가 진행되면서 5대 대통령 선거와 마찬가지로 박정희와 윤보선의 대결로 압축되었다. 이 선거에서는 별다른 쟁점이 부각되지 않은 채 박정희 정부의 경제개발계획에 대한 평가만이 부각되었다. 연평균 7.1퍼센트의 성장을 목표로 했다가 7.9퍼센트로 초과 달성이 이루어진 덕택에 박정희는 총 투표의 50.4퍼센트를 획득해 41퍼센트를 얻는 데 그친 윤보선 후보를 무난하게 제칠 수 있었다.

그러나 이 선거에서 처음으로 지역에 따른 투표 성향이 나타나기 시작했다. 이것은 박정희 정부가 경제개발계획을 실행하는 과정에서 울산, 부산 등 영남 지역에 집중 투자했기 때문에 나타난 현상이었다. 결국 1963년 선거에서 박정희는 남부에서 승리하고 북부에서 패배한 데 반해, 1967년 선거에서는 동쪽에서 승리하고 서쪽에서 패배하는 현상이 나타났다. 현대 한국정치의 가장 큰 병폐인 지역주의가 등장하는 순간이었다.

대통령 선거가 비교적 무난하게 치러졌던 반면 같은 해에 있었던 국회의원 총선거는 관권이 개입한 부정선거로 얼룩졌다. 총선 과정에서는 군소 정당을 포함한 11개 정당이 난립했지만, 1967년 6월 8일에 치러진 선거 결과 공화당이 129석, 신민당이 45석, 그리고 군소정당이 1석을 얻었다. 이 선거에서 공화당은 관권을 동원하여 무더기표, 매표, 위협투표 등 광범위한 부정을 자행했다. 이러한 부정선거는 전체 국회의석 중 개헌 가능선인 3분의 2 의석을 확보하기 위한 것이었다.

곧 6·8부정선거를 규탄하는 시위가 이어졌다. 6월 9일 연세대의 부정선거 규탄시위를 시작으로 13일에는 고려대 등 시내 8개 대학, 15일에는 전국 21개 고교와 5개 대학이 시위에 참여했다. 이에 정부는 14일 시내 11개 대학에 휴교령을 내린 데 이어 16일에는 전국 28개 대학과 219개 고교로 휴교령을 확대했다. 또한 7월 3일에는 서울 시내 모든 고교가 무기한 휴교에 들어가고 4일부터는 각 대학이 조기방학에 들어감으로써 시위는 진정되었다.

그렇다면 왜 공화당은 개헌이 가능한 3분의 2 의석을 확보하려고 했을까? 공화당의 6·8부정선거는 1954년 총선거에서 개헌 가능 의석을 확보하기 위해 모든 수단을 동원했던 자유당의 행태와 유사해 보인다. 공화당이 1968년 벽두부터 3선을 금지하고 있는 헌법을 개정하려고 하는 것이 아닌가 하는 의문이 제기된 것은 이런 점 때문이다. 공화당에서는 1968년 내내 그러한 뜻이 전혀 없다고 거듭 밝혔다. 하지만 1969년 1월 당시 국회의장이었던 이효상李孝祥(1906~1989)은 3

6·8부정선거 규탄 시위 6월 9일 연세대를 시작으로 대학가에서는 6·8부정선거를 규탄하는 시위가 이어졌다. 사진은 6·8부정선거에 항의하는 현수막들이 걸린 신민당사.

선개헌이 가능할 것이라는 뜻을 밝혀 이른바 '3선개헌' 사태가 본격적으로 전개되기 시작했다. 1967년부터 시작된 일련의 안보 위기 사건도 3선개헌이 가능할 수 있도록 하는 하나의 배경이 되었다. 안보를 볼모로 하여 민주주의를 요구하는 국민들의 요구를 억누를 수 있었기 때문이다.

우선 공화당은 개헌안을 국회에 제출했다. 헌법 개정안의 주요 내용은 첫째로 대통령의 세 번 연임을 가능하도록 했고, 둘째로 야당 의원의 집단사퇴로 인해 국회의원 수가 법정 최소인원 이하로 되는 사태를 미리 막기 위해 국회 의결 시 법정 최소인원 규정을 삭제했다. 셋째로 대통령에 대한 탄핵소추 발의를 의원 30인 이상에서 50인 이상으로 상향 조정했으며, 마지막으로 국회의원이 각료 기타 직위를 겸직하도록 허용하는 것이었다.

이 개헌안을 통과시키기 위해 중앙정보부는 정치 공작을 통해 야당인 신민당의 의원 3명을 개헌 찬성으로 돌아서도록 만들었고, 이를 통해 개헌이 가능한 122명의 지지 서명을 받아 냈다. 그리고 이들은 일요일인 1969년 9월 14일 새벽 2시 국회 제3별관에 몰래 모여 국회의장의 사회로 찬성 122, 반대 0으로 2분 만에 개헌안을 통과시켰다. 이에 대한 야당의 항의에도 불구하고 개헌안은 동년 10월 17일 국민투표에 부쳐져, 총유권자의 77.1퍼센트 참여에 65.1퍼센트의 찬성을 얻어 가결되었다.

이제 박정희는 3선개헌을 통해 세 번의 대통령직 연임, 그리고 영구 집권 시나리오의 밑바탕을 마련할 수 있었다. 차기 집권을 노리고 있었던 김종필을 중심으로 한 여당 내 세력들의 반발이 있기는 했지만

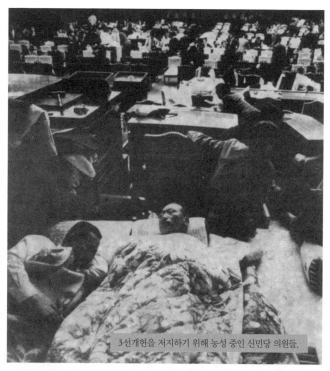

3선개헌을 저지하기 위해 농성 중인 신민당 의원들.

3선개헌안 통과 후 회의장을 빠져나가는 공화당 의원들.

3선개헌 일요일인 1969년 9월 14일 새벽 2시
국회 제3별관에 몰래 모인 공화당 의원들은 국
회의장의 사회로 찬성 122, 반대 0으로 2분 만
에 개헌안을 통과시켰다. 박정희는 3선개헌을
통해 세 번의 대통령직 연임, 그리고 영구집권
시나리오의 밑바탕을 마련할 수 있었다.

곧 봉합되었고 권력은 더욱 더 박정희에게 집중되기 시작했다.

3선개헌 이후에 치러진 제7대 대통령 선거는 공화당의 박정희와 신민당 김대중의 대결이었다. 40대 기수론을 통해 혜성과 같이 등장한 김대중은 선풍적인 바람을 일으켰다. 김대중은 균형과 분배를 강조하는 경제 정책과 함께 예비군 폐지 등 혁신적인 안보공약으로 바람을 일으켰다. 박정희는 '이번이 마지막'이라고 호소하면서 경제성장의 성과를 부각시키려고 했다. 선거 결과 박정희는 총투표의 51.2퍼센트를 획득, 43.6퍼센트를 얻은 김대중 후보에게 승리했다.

이 선거에서는 6대 대통령 선거에서 나타나기 시작한 지역주의가 좀 더 심화되는 현상이 나타났다. 김대중 후보는 도시에서 51.5퍼센트, 서울에서 58퍼센트의 지지율을 보여 우위를 점했지만, 경상북도에서 68.6퍼센트, 경상남도에서 70.8퍼센트의 압도적인 지지를 받은 박정희 후보를 이길 수는 없었다. 김대중 후보는 전라북도에서 58.8퍼센트, 전라남도에서 58.4퍼센트를 얻었다. 또한 이 선거에서는 1963년 박정희를 몰아붙였던 색깔 논쟁과는 정반대로 김대중에 대한 색깔 논쟁이 야기되었다. 이후 모든 선거에서 지역주의와 색깔 논쟁은 가장 중요한 이슈로 등장하게 되었다.

수출입국론과 1960년대 말의 경제위기

1960년대를 통해 한국의 경제는 눈부신 성장을 거듭했다. 1962년에 시작된 경제개발계획은 1964년의 보완계획, 1967년의 제2차 계획을 거치면서 고도성장의 궤도에 올라서게 되었다. 1967년부터 1971년까지는 연평균 9.7퍼센트의 높은 경제성장률을 기록했다. 이러한 경제성장은 특히 수출에 힘입은 바가 컸다. 수출액은 1967년 3억 2,000만 달러에서 1968년 4억 5,000만 달러, 1969년 6억 2,000만 달러, 1970년 8억 3,000만 달러, 그리고 1971년에는 10억 달러를 넘어서게 되었다.

이렇게 고도성장을 이루게 되자 정부는 '수출입국론'을 내세우게 되었다. 수출산업을 중심으로 경제성장을 추진해야 한다는 것이었다. 실제로 1950년대 이후 수출산업보다는 내수산업의 균형에 초점을 두어 성장을 추진했던 인도나 라틴아메리카의 여러 국가들은 한국에 비해 낮은 성장률을 기록하거나 경제정체 현상을 경험했던 반면, 한국과 함께 수출산업에 주력했던 타이완은 높은 성장률을 기록했다. 마침내 '수출만이 살 길'이라는 구호가 나타나게 된 것이다. 이러한 현상은 한국의 주 생산품이 쌀이기 때문에 쌀 수출을 통해 살 길을 찾아야 한다고 주장했던 1950년대의 상황이나 수출은 단지 무역수지 적자를 메우기 위한 것이라고 주장했던 1960년대 초와는 전혀 다른 것이었다.

그러나 내적으로 자원이 부족한 상태에서 수출을 중심으로 한 산업 성장 전략은 수입의 급증을 가져왔다. 1967년 9억 9,000만 달러에 달했던 수입량은 1968년 14억 6,000만 달러, 1969년에 18억 2,000만 달러, 1970년 19억 8,000만 달러로 치솟았다. 매년 수입은 수출의 두 배를 웃도는 규모였다. 비율로 보면 1960년대 중반에 비해 1970년에 더 줄어든 것이었지만, 절대액수에 있어서는 수입과 수출의 격차가 1967년 6억 6,000만에서 1970년 10억 1,000만 달러로 증가했다.

이러한 상황은 1960년대 말 제1차 경제위기를 불러왔다. 수출산업을 성장시키기 위해 무분별하게 외자가 도입되었으며, 이로 인해 부실기업들이 발생하기 시작했다. 정부의 지원을 받는 시중 은행들이 일반 기업의 외자를 보증하는 형태를 취했지만, 역금리로 인해 부실화되어 있던 시중 은행들이 자기 자본이 부족한 기업들을 무한정으로 지원할 수는 없었던 것이다. 국내 저축의 증가를 위해 도입했던 역금리 제도[●]는 관치 은행의 부실을 낳고, 은행의 부실은 기업 지원 약화를 낳고 은행의 기업 자원 약화는 기업의 약화를 낳고, 기업의 약화는 세수의 부실화를 낳고, 세수의 부실화는 정부 재정의 부실을 낳고, 정부 재정의 부실은 은행의 부실을 낳는 악순환이 계속되었다.

역금리 제도
대출 이자보다 예금 이자가
더 높은 제도

게다가 은행이 부실화되자 개인들이 돈을 빌려 주는 사채의 역할이 커졌다. 은행이 제 역할을 하지 못하고 인플레이션이 높은 상황에서는 아무리 높은 이자를 주더라도 개인들이 은행에 예금을 하지 않았다. 오히려 돈을 많이 가지고 있는 사람들은 개인적으로 돈 장사를 했다. 개인이나 기업에 돈을 빌려 주고 은행보다 높은 이자를 받는 것이다. 은행의 이자가 1년에 15퍼센트 정도였다면, 개인이 빌려 주는 돈은 연 이자가 50퍼센트가 넘었고, 심한 경우에는 100퍼센트에 이르는 경우도 있었다. 이러한 높은 이율의 사채 이용은 기업의 부실화를 촉진했다.

이러한 현상이 나타난 근본적인 이유는 은행의 문턱이 높았기 때문이었다. 은행의 운영을 정부가 장악하고 있던 터라 정부의 허가를 받지 않고서는 돈을 빌릴 수가 없었다. 기업이 은행으로부터 자금을 대출받기 위해서는 정부의 고위 공직자에게 청탁을 할 수밖에 없었다. 이 과정에서 은행의 관리, 고위 공직자, 기업가 사이에 먹이사슬이 형성되었다. 돈을 빌리면 그에 대한 대가를 지불해야 했고, 이러한 시스템이 부패를 양산했다. 1970년대까지 가장 인기 있던 남성들의 직업이 은행 직원이었던 것도 은행의 높은 문턱 때문에 나타난 현상이었다.

정부와 끈을 가지고 있거나 재정이 튼튼한 기업의 경우에는 이러한 부패의 사슬에서 별다른 어려움이 없었지만, 중소기업이나 자금 사정이 어려운 대기업의 경우에는 은행으로부터 대출받는 것이 쉬운 일이 아니었다. 따라서 이들은 울며 겨자먹기로 사채를 쓰지 않을 수 없었다. 특히 '급한 돈'의 경우 여러 단계의 절차를 거쳐야 하는 은행 대출보다는 사채를 쓰는 비율이 점차 늘어갔다. 또한 은행 대출에 정부 고위 관료들의 입김이 작용하기 시작하면서 은행의 부실은 더욱 심해졌다. 기업의 상환 능력에 대해 평가하지 않은 상태에서 정부의 방침이나 고위 관료의 압력에 의해 대출이 이루어지는 경우가 나타났기 때문이다.

한국의 경우 경제 개발 과정에서 충분하지 않은 자본을 효율적으로 이용하기 위해 은행을 비롯한 금융 시스템을 정부가 통제하는 체제를 갖추고 있었다. 금융 시스템의 통제는 전략적인 산업 분야에 대한 집중적인 투자를 위해 불가피한 측면이 있었다. 그러나 이러한 체계가 투명성과 공정성이 결여된 가운데 운영되면서 부정부패를 만들어 내는 가장 중요한 수단으로 작용했던 것이다. 시장의 논리에 맡겨 놓지 않은 채 은행을 정부가 직접 운영하는 방식은 한국 경제 개발의 주요한 특징 중 하나였다. 그리고 이것은 곧 금융산업이 취약하게 되는 중요한 원인이 되었으며, 후에 금융위기를 맞게 되는 직접적인 배경이 된다.

제2경제론과 8·3조치

1960년대 말의 경제위기로 인해 박정희 정부는 새로운 경제 정책을 입안했다. 그 첫 번째 정책이 '제2경제'를 강조하는 것이었다. 즉 국민들을 동원할 수 있는 정부 시스템을 갖추는 작업이 어느 정도 이루어졌으니, 다음으로 정신 훈련을 통해 국민들의 동원이 가능하도록 하는 시스템을 구축하고자 한 것이다. 국민 동원을 위한 시스템 구축에는 쿠데타 직후부터 시작된 주민등록제도가 중요한 역할을 했다. 특히 박정희 정부는 1967년부터 주민등록제도를 강화하기 시작했다. 1968년에는 주민등록을 신고하지 않을 경우 처벌을 강화하는 것을 골자로 하는 주민등록법 개정이 이루어졌다. 1968년 안보위기 당시 개편, 조직된 향토 예비군도 한편으로는 국민 동원을 위한 체제의 일환이었다.

'제2경제론'은 주민등록법이 강화되는 시점에서 등장했다. 1968년 1월 15일 신년 기자회견에서 박정희는 제2경제론을 발표하며 경제 개발을 위한 '정신적인 자세'를 가다듬어서 새로운 근대화의 사상으로 무장해야 한다고 주장했다. 또한 그는 국민들이 정신면에서도 합리화·과학화되어야 하며, 이것이 이루어지지 않는다면 '참된 근대화'라고 할 수 없다고 강조했다. 이러한 그의 주장은 식민지 시기 이광수가 내세웠던 '민족개조, 인간개조'와 비슷한 논리였다.

박정희의 제2경제론은 곧이어 정부의 정책으로 연결되었다. 우선 1968년 12월 정부는 〈국민교육헌장〉을 발표했다. 이를 통해 정부는 국민 개개인의 창의성을 사회적 발전의 바탕으로 삼는 것이 아니라 국민이 국가의 발전에 헌신할 수 있도록 하는 애국주의, 국가주의를

주민등록증 1968년 11월, 자신에게
부여된 제1호 주민등록증을 들여다
보고 있는 박정희.

주입하려고 했다. 이는 파시즘 국가에서 국민을 국가의 이름 아래 동원하는 것과 유사했다. 모든 교과서에는 〈국민교육헌장〉이 삽입되었으며, 모든 국민이 〈국민교육헌장〉을 외워야 했다. 학교에서는 〈국민교육헌장〉 암기 시험을 보기도 했다.

국민교육헌장

우리는 민족 중흥의 역사적 사명을 띠고 이 땅에 태어났다. 조상의 빛난 얼을 오늘에 되살려, 안으로 자주독립의 자세를 확립하고, 밖으로 인류 공영에 이바지할 때다. 이에, 우리의 나아갈 바를 밝혀 교육의 지표로 삼는다. 성실한 마음과 튼튼한 몸으로, 학문과 기술을 배우고 익히며, 타고난 저마다의 소질을 개발하고, 우리의 처지를 약진의 발판으로 삼아, 창조의 힘과 개척의 정신을 기른다. 공익과 질서를 앞세우며 능률과 실질을 숭상하고, 경애와 신의에 뿌리박은 상부상조의 전통을 이어받아, 명랑하고 따뜻한 협동 정신을 북돋운다. 우리의 창의와 협력을 바탕으로 나라가 발전하며, 나라의 융성이 나의 발전의 근본임을 깨달아, 자유와 권리에 따르는 책임과 의무를 다하며, 스스로 국가 건설에 참여하고 봉사하는 국민정신을 드높인다. 반공 민주 정신에 투철한 애국 애족이 우리의 삶의 길이며, 자유세계의 이상을 실현하는 기반이다. 길이 후손에 물려줄 영광된 통일 조국의 앞날을 내다보며, 신념과 긍지를 지닌 근면한 국민으로서, 민족의 슬기를 모아 줄기찬 노력으로, 새 역사를 창조하자.

〈국민교육헌장〉으로 교육 부문의 이념을 정립한 박정희 정부는 역사 쪽으로 눈길을 돌렸다. 가장 먼저 시작된 것은 역사유물 복원 사업과 함께 이순신 장군의 영웅화 작업이었다. 국가와 민족을 위해 자신을 희생한 이순신 장군의 동상을 광화문 네거리에 세우고, 현충사에 대한 성역화 작업을 진행했다. 이순신 장군을 소재로 한 영화들이 제작되었고, '성웅 이순신'을 주제로 한 영웅전은 초등학교 학생들의 필독서가 되었다. 《난중일기》는 국가의 보물이 되었고, 《난중일기》 도난 사건은 1968년 초 세간의 가장 중요한 관심사가 되었다.

이러한 정신개조 사업과 함께 1960년대 말의 경제위기를 극복하기 위한 작업에도 착수했다. 먼저 부실기업 문제를 해결하기 위해 1969년 4월 대통령 비서실에 제3경제 비서실을 신설하고 부실기업 정리반을 가동했다. 부실기업 문제가 지속될 경우 수출은 물론 그동안 실시해 온 경제개발계획의 모든 성과가 물거품이 될 수 있기 때문이었다.

아울러 박정희 정부는 사채를 정리하기 위해 이른바 '8·3조치'를 실시했다. 1972년 8월 3일에 선포된 8·3조치는 기업에서 사용하고 있는 모든 사채의 반환을 동결함으로써 기업들로 하여금 부채의 짐을 덜도록 한 것이었다. 그러나 실상 8·3조치에서 문제가 되었던 것은 현금이 많은 개인들의 문제보다 기업주들에 의한 '위장 사채' 문제였다. 위장 사채는 기업주들이 회사에 직접 투자하기보다는 자신의 기업에 돈을 빌려 주어 고율의 이자를 받는 것을 말했다. 이로 인해 회사는 기업주에게 많은 이자를 주어야만 했고, 이를 통해 기업주들은 개인의 부를 늘려 갔던 반면 기업은 부실화가 심화되었다.

8·3조치는 이러한 위장 사채를 해결하기 위한 것이기도 했는데, 박정희 정부는 위장 사채를 가지고 있는 기업주들을 처벌하기보다는 위

광화문의 이순신 동상 제막식 박정희가 역사를 통한
국민의식 개조 작업으로 심혈을 기울여 추진한 것이 바
로 이순신 성역화 작업이었다. 1968년 4월 27일.

장 사채를 회사의 자본금으로 전환하는 정책을 취했다. 이는 재벌이나 대기업들과의 일대 타협을 의미하는 것이었다. 즉 위장 사채가 회사의 자본금으로 투자되는 것을 전제로 하여 이들을 처벌하지 않았던 것이다. 1962년 부정축재자의 처벌과 벌금 문제를 특정 분야의 산업에 대한 투자로 전환하는 것으로 타협을 보았던 박정희 정부는 8·3조치를 통해 제2의 타협을 이루어 냈던 것이다.

사채를 자본금으로 전환할 수 있게 되면서 한국 경제는 재벌과 대기업이 주도하는 경제 구조로 전환되어 간다. 중화학공업화를 추진하는 과정에서 8·3조치로 사면을 받은 대기업들이 주도적으로 참여했다. 이들은 또한 중화학공업에 투자할 경우 정부의 보조금을 받았으며, 8·3조치로 회생하지 못한 기업들을 인수하면서 기업의 규모를 키울 수 있었다. 이러한 혜택은 재벌이 형성되면서 정부와의 불건전한 관계를 만들어 내는 요인이 되었다.

대중문화의 시대

1950년 주한미군의 AFKN(American Forces in Korea Network) 방송이 시작되면서 미국의 팝 음악이 미국 본토로부터 직수입되기 시작했지만, 보다 대중화되기 시작한 시기는 베트남전에 한국군이 참전한 이후부터였다. 또한 1960년대에는 한편에서는 미국의 팝송이 젊은 층을 사로잡기도 했지만, 한국식으로 소화된 대중가요들이 처음으로 나타나기도 했다.

1950년대에 〈슈샤인 보이〉, 〈페르샤 왕자〉, 〈아메리카 차이나타운〉 등 서구 지향적인 노래들이 인기를 끌었다면, 1960년대에는 서구식 음악을 나름대로 한국식으로 소화하려 한 키 보이스와 신중현 등이 등장했다. 1961년 KBS방송과 문화라디오, 1963년 동아라디오, 1964년 동양라디오와 TBC, 1970년 문화방송이 개국했고, 충무로와 명동에는 '세시봉'과 '동경음악실' 같은 음악감상실이 나타나기 시작했다.

팝송과 가요의 대중화를 위한 기반이 만들어지면서 젊은이들은 대중가요에 빠져들기 시작했다. '세시봉'은 당대의 유명한 가수들이 서는 무대로 인기를 끌었으며, 입장권을 사기 힘들 정도로 많은 인기를 누렸다. 베트남을 다녀온 젊은이들은 그곳에서 직접 접한 미국의 문화를 전파하기 시작했고, 이들이 가져온 일본제 라디오는 젊은이들 사이에서 하나의 문화코드가 되었다. 라디오들은 앞 다투어 유명한 디스크자키들을 만들어 냈고, 이들이 진행하는 프로그램은 젊은이들 사이에서 화제가 되었다.

당시 유행한 포크 가요들은 미국 문화를 접한 젊은이들의 감성을 대표했다. 1968년 미국에서 건너온 '히피' 청년 한대수는 특유의 외모와 음악으로 세간의 관심을 집중시켰고, 송창식과 윤형주의 트윈폴리오의 등장은 청바지, 통기타, 생맥주, 그리고 장발로 대변되는 1970년대 통기타 문화를 여는 밑바탕이 되었다. 다른 한편에서는 〈꽃집의 아가씨〉나 〈키다리 미스터 김〉과 같은 도시풍의 노래가 유행하여 당시의 급속한 도시화 물결을 보여주기도 했다.

그러나 1960년대 대중음악의 중심에 자리 잡고 있던 것은 이른바 '트로트'였다. 1964년 발표되어 10만 장의 판매 기록을 세운 이미자의 〈동백아가씨〉는 당대를 대표하는 인기곡이었다. 그러나 '트로트'

가요들은 근대화의 물결 속에서 '왜색'이라는 이유로 금지곡이 되었다. 1965년 말 방송윤리위원회는 〈동백아가씨〉를 비롯한 37곡이 왜색가요라면서 금지곡으로 지정했다. 1966년에는 김상국의 〈껌 씹는 아가씨〉 등 64곡이, 1967년에는 〈방앗간 집 둘째 딸〉 등 95곡이 금지곡이 되었다. 친일 경력이나 한일협정 당시의 문제로 인해 일본과 관련된 문제에서 늘 콤플렉스를 느끼고 있던 박정희 정부의 과도한 조치였다.

이러한 금지곡을 대체했던 것이 정부가 주도하여 발표했던 〈새마을 노래〉와 〈예비군가〉 그리고 〈잘 살아 보세〉 같은 이른바 건전가요였다. 극장에서 영화가 시작되기 전에 국민의례와 애국가 제창, 그리고 〈대한뉴스〉가 방영되었다면, 모든 대중가요의 음반과 테이프 맨 마지막에는 건전가요가 한 곡씩 반드시 삽입되어야 했다.

한국의 영화산업은 1960년대에 들어서 전성기를 맞이했다. 1962년 처음으로 한 해 제작된 영화가 100편을 넘기 시작했고, 1969년에는 200편을 웃돌았다. 이에 따라 스타 배우들도 양산됐다. 신성일, 신영균을 비롯한 남자배우들은 물론 문희, 남정임, 윤정희가 '여배우 트로이카'로 큰 사랑을 받았다. 또 〈사랑방 손님과 어머니〉, 〈연산군〉, 〈상록수〉(이상 1961년)의 신상옥, 〈하녀〉(1961), 〈고려장〉(1963)의 김기영, 〈오발탄〉(1961), 〈잉여인간〉(1964)의 유현목 등은 감독을 넘어서 '작가'의 길을 걷기도 했다.

이렇게 문화의 측면에서 본 1960년대는 하나의 획기적인 전환기였다. 먹고 살기에 급급했던 1950년대까지 한국 사회에서 문화는 하나의 사치품이었고, 있는 자들이 여유를 과시하는 수단이었다. 그러나

1960년대 이후 문화에 '대중'이라는 수식어가 붙기 시작하면서 서양식 고전음악과는 대비되는 하나의 문화 현상이 나타났다.

유신체제

닉슨 독트린

1969년 대통령에 취임한 닉슨은 동년 7월 25일 미군 기지가 위치해 있는 태평양 위의 섬 괌에서 닉슨 독트린을 발표했다. 닉슨 독트린은 베트남전쟁으로 인해 위기에 처해 있던 미국이 대외 정책의 전환을 선언한 것으로 ① 베트남전쟁과 같은 미국의 직접적인 정치·군사 개입 자제, ② 해외 주둔 미군의 단계적 철수, ③ 강대국의 핵위협을 제외한 내란이나 침략에 대한 아시아 각국의 협력 대처, ④ 동맹국의 자주국방 노력 강화와 미국의 측면 지원 등을 주요한 내용으로 하고 있다. 닉슨 독트린 발표 직후 미국 의회에 보고한 대통령의 보고서에서는 특히 아시아 및 태평양 지역에 대한 정책에 대해 다음과 같이 보고했다.

우리는 아시아에서의 우리의 이해관계와 그로부터 연유된 공약을 유지하게 될 것이지만 한편 그 지역에서 일어나고 있는 변화들은 우리로 하여금 개입의 성격을 바꿀 수 있게 해 주고 있다. 미국이 한때 그처럼 큰 대가를 치르고 짊어져야 했던 책임은 이제 분담할 수 있게 되었다. 미국은 아시아의 제 국민이 변화의 힘을 평화적인 발전으로 이용하도록 돕고 또 그러한 과정을 전이시켜 아시아를 다시 투쟁 속으로 처넣으려는 자들에 대해 그들이 스스로 방위할 수 있게 지원해 주는 데 효과적일 수 있게 되었다.

닉슨 독트린은 박정희 정부에 직접적인 충격을 주었다. 베트남전쟁에 한국군을 파병하고 미군이 한국 방위의 일부를 분담하고 있는 상황에서 위의 대의회 보고 내용과 같은 새로운 정책은 한국 정부에게 엄청난 충격으로 다가올 수밖에 없었다. 닉슨 독트린은 미국이 베트남에서 철수할 수 있다는 것을 명백히 했을 뿐만 아니라 한국에 주둔하고 있는 주한미군과 관련해서도 그 규모나 정책에서 변화를 가져올 수 있다는 점을 분명히 한 것이었다.

이러한 닉슨 독트린은 당시의 두 가지 서로 모순된 세계 정세와 깊은 연관을 갖고 있었다. 하나는 미국 자체의 달러 위기였으며, 다른 하나는 1963년 이후 지속되어 온 데탕트detente의 분위기였다. 미국은 2차 세계대전 이후 브레튼우즈 조약을 통해 금본위제에 바탕을 둔 달러 중심의 세계 통화체제를 구축했고, 이를 통해 세계경제를 이끌어 나갔다. 모든 국가의 통화는 달러를 기준으로 통화가치가 결정되었고, 달러와 금의 보유량에 따라 경제가 좌우되었다. 그러나 1950년대와 1960년대를 통해 독일을 중심으로 한 서유럽과 일본이 급성장하면서 미국은 만성적인 국제수지 적자를 기록하게 되었고, 이에 따라 상당량의 금이 미국으로부터 유출되기 시작했다. 여기에 더해 베트남전쟁으로 인한 미국의 막대한 군사비 지출은 달러의 금본위제를 뿌리부터 흔들어 놓았다. 이러한 달러 지위의 동요를 막기 위해 닉슨 대통령은 1971년 8월 15일 달러의 금태환 정지를 선언했다. 이것은 곧 달러 중심의 국제적인 고정환율의 붕괴를 의미했다.

달러 위기로 인해 고정환율이 붕괴되자 국제 경제는 엄청난 쇼크에 빠져들었다. 환율의 기준이 되는 달러가 흔들리면서 국제적인 환율이 흔들렸고, 이것은 곧 국제무역 체제의 동요를 가져왔다. 이러한 국제무역의 동요는 곧이어 1973년의 제1차 오일쇼크로 연결되면서 세계 경제의 위기로 이어졌다.

달러 위기는 1950년대와 1960년대 미국 경제의 호황이 한계에 부딪혔음을 의미하는 것이었다. 이로 인해 미국은 더 이상 적극적인 대외정책을 펼 수 없었다. 미국 정부는 긴축재정을 실시해야만 했고, 재정균형을 위해서는 재정지출의 막대한 부분을 차지하고 있던 대외원조와 해외 주둔 미군을 축소시킬 수밖에 없었던 것이다. 이것이 곧 닉슨 독트린이 발표될 수밖에 없었던 미국 내의 경제적 요인이었다.

데탕트 역시 닉슨 독트린의 중요한 배경이 되었다. 1960년대에는 베트남전쟁을 계기로 냉전체제가 지속되었지만, 다른 한편으로 1963년 쿠바 미사일 위기를 계기로 강대국 사이의 긴장 완화를 위한 접촉이 계속되었다. 닉슨 행정부는 소련, 중국과의 협조 정책을 통해 냉전으로 인한 군사비용을 절감해야 했고 적극적인 의지도 가지고 있었다. 1970년 동서독 정상회담에 이은 1972년 기본조약 체결, 1972년 '핑퐁외교'로 일컬어지는 닉슨의 중국 방문, 1972년 닉슨의 모스크바 방문과 핵무기 감축을 위한 합의 등은 데탕트가 본격적으로 자리 잡는 과정이었다고 할 수 있다. 또한 데탕트 체제는 미국의 재정, 경제적 위기로 인한 불가피한 정책이었기 때문에 닉슨 정부는 동맹국에

박정희와 닉슨 닉슨 독트린 전인 1969년 8월 22일
샌프란시스코에서 열린 박정희와 닉슨 미 대통령
간의 회담.

대한 적극적 개입을 통해 또다시 재정적 부담을 주는 결과를 가져오는 것을 꺼릴 수밖에 없었다.

닉슨 독트린에 의해 미국은 1971년 주한미군 7사단 2만여 명을 철수시켰고, 베트남의 미군도 철수시켰다. 이에 따라 베트남에 파병된 한국군도 1973년 초 모두 철수했다. 이러한 조치는 한국에는 안보위기로 다가왔으며 박정희 정부가 유신체제를 수립하는 데 중요한 명분을 제공했다.

이러한 안보 문제에 상응하는 조치로서 한국과 미국은 공동으로 1969년 포커스 레티나 훈련을 실시했다. 한미 합동군사훈련은 1971년 프리덤 볼트 훈련을 거쳐 1976년 이후부터는 팀스피리트 훈련으로 시행되었다. 팀스피리트 훈련은 1976년 이후 1993년까지 1992년을 제외하고 매년 실시되었으며, 미국의 육·해·공군 부대의 신속한 전략 이동을 비롯, 지상작전을 지원하기 위한 각종 공군작전, 한국 해역에서의 한미연합해상작전, 야전기동훈련, 연합상륙작전, 기동부대에 대한 지원작전 등 거의 모든 군사훈련 영역을 포함하고 있다. 팀스피리트 훈련은 1980년대 이후 북한 측으로부터 이른바 '전쟁도발' 훈련이라는 비난을 받으면서 남북관계 개선에 장애물이 되기도 했다. 이러한 한미 합동군사훈련은 2008년 이후 키리졸브 훈련으로 실시되었고, 2018년 북미정상회담 이후 중단된 상태다.

전태일 분신

1960년대를 통해 급속한 발전을 거듭한 한국 경제는 1960년대 말 외환위기를 거치면서 하나의 전환점을 맞는다. 특히 노동집약적 경공업 제품의 수출을 통해 이룩한 경제성장은 노동자층의 급속한 증가로 인한 심각한 노동 문제에 직면했다. 노동자들의 숫자는 급속하게 늘었지만 이들의 저임금 문제와 함께 생활, 작업환경을 비롯한 사회복지 문제는 계속 외면되었기 때문이다.

이러한 상황에서 1970년 11월 13일 서울 평화시장 재단사 전태일(당시 22세)이 분신자살하는 사건이 발생했다. 17세의 나이로 평화시장 피복공장 노동자가 된 전태일은 채광, 통풍시설이 없는 비좁은 작업장 속에서 최저생계비의 20퍼센트도 안 되는 저임금으로 하루 15시간 이상 중노동에 시달리는 동료 노동자들의 참상을 목격하고 평화시장의 노동조건 개선을 위해 자신의 몸을 불태웠다.

전태일은 근로기준법을 연구하는 한편, 친목회를 조직해 청계천 근처에 있는 평화시장의 노동 실태를 철저하게 조사했다. 이후 그는 노동시간 단축, 주휴제 실시, 다락방 철폐, 환풍기 설치, 임금인상, 건강진단 실시 등을 내용으로 하는 요구조건을 노동청에 제출했다. 그러나 근로조건이 개선될 기미가 보이지 않자 '근로기준법을 준수하라', '우리는 기계가 아니다'라고 절규하며 분신焚身했다. 분신 직후 그는 병원으로 옮겨졌으나 "내 죽음을 헛되이 말라"는 유언을 남기고 사망했다.

이 사건을 계기로 하여 1970년 11월 27일 청계피복노조가 결성되었다. 전태일의 어머니와 12명의 노동자들이 중심이 되어 결성된 청계피복노조는 1973년 5월 노동교실을 설립, 인근 노동자들의 배움터로 활용했다. 이 노동교실은 1977년 유신 정권의 강압적인 정책에 의해 해산되었지만, 긴급조치 9호로 인해 침체 상태에 빠져 있던 민주

전태일 봉제공장 재단사로 일하던 시절의 전태일의 모습.

화운동에 중요한 활력소가 되었다.

한편 전태일의 분신은 1970년대 노동운동의 신호탄이 되었다. 1970년대 전반기의 노동운동은 주로 회사 측이 지원하는 어용노조에 반대하는 민주노조 결성에 초점이 맞추어졌다. 동일방직, 삼원산업, 반도상사, 한국모방, YH무역노조 등이 대표적인 사례였다. 대부분의 노동운동이 노동집약적 섬유 산업에서 일어났던 것은 미국의 닉슨 정부가 한국의 섬유 제품 수입을 제한했고, 한국 정부도 중화학공업화 정책에 집중하면서 노동집약적 산업이 타격을 입은 상태에서 기업주들이 무리하게 회사를 이끌어 가려고 했기 때문이었다.

또한 전태일의 분신은 전반적인 사회운동에도 많은 영향을 미쳤다. 특히 당시 사회운동을 이끌고 있었던 대학생들이 민족 문제나 민주화의 문제와 함께 기층 민중들의 생존권 문제에 관심을 돌리는 계기가 되었다. 이후 많은 대학생들이 노동운동과 농민운동에 참여하기 시작했으며, 계급운동에 기반한 사회운동이 활성화되기 시작했다.

7·4남북공동성명

1970년 8월 15일 광복 25주년 경축사를 통해 박정희 대통령은 북한에 새로운 제안을 했다. 이 제안의 핵심적인 내용은 남한 측의 요구를 일정정도 수용할 경우 "인도적 견지와 통일기반 조성에 기여할 수 있는, 인위적 장벽을 단계적으로 제거해 나갈 수 있는 방안을 제시할 용의가 있다"는 것이었다. 당시로서는 이러한 제안의 실현 가능성에 대해 부정적인 견해가 지배적이었지만, 닉슨 독트린과 중·일 수교, 미·중 수교 등으로 인해 데탕트가 본격화하면서 남북관계에서 획기적인 진전이 이루어진다. 불과 1년 전까지만 해도 북한과의 군사적 충돌이 있던 상황에서 국민들은 어리둥절할 수밖에 없었다.

이듬해인 1971년 8월 12일 대한적십자사 총재 최두선은 이산가족을 찾기 위한 남북 간의 적십자 회담을 제의했다. 이틀 후 북한 적십자사에서 이를 수락했고, 9월 20일 판문점에서 제1차 예비회담이 개최되어 상설회담 연락사무소의 설치와 직통전화 가설 등이 합의되었다. 그러나 이산가족 찾기는 가족, 친척, 친우 등 모든 사람들이 어떠한 제약 조건도 없이 자유롭게 왕래할 수 있도록 보장해야 한다는 북측의 주장과 정부의 알선에 의해 허가받은 이산가족에 한해 상호 접촉을 허용해야 한다는 남측의 주장이 대립하면서 난관에 부딪힌다.

이 과정에서 남과 북은 비밀리에 정부 고위급 인사들의 상호 교환 방문을 통해 남북관계를 급진전시킨다. 그 결과 1972년 5월 남측의 중앙정보부장 이후락李厚洛(1924~2009)과 북측의 제2부수상 박성철朴成哲(1913~2008)이 평양과 서울을 교차 방문하여 최고 권력자들을 만났다. 이러한 접촉을 통해 남과 북의 정부는 자주, 평화통일, 민족대단결의 3대 원칙을 바탕으로 상호 중상비방 및 무력도발의 중지, 다방면에 걸친 교류의 실현 등에 합의했다. 또한 남북 간의 제반 문제를 개선하고 합의된 통일 원칙에 기초하여 통일 문제를 해결할 목적으로 남한의 이후락과 북한의 김영주 노동당 조직지도부장을 공동위원장으로 하는 '남북조절위원회'를 구성, 운영하는 것에 합의했다.

이러한 합의는 1972년 7월 4일 7·4남북공동성명으로 전격 발표되어 남과 북, 그리고 전 세계를 놀라게 했다. 당시 7·4남북공동성명을 접한 사람들은 마치 통일이 눈앞에 다가온 것처럼 느꼈다. TV를 통해

7·4남북공동성명을 발표하고 있는 이후락 중앙정보부장 7·4남북공동성명은 이후락 중앙정보부장의
평양 방문과 박성철 북한 제2부수상의 서울 방문을 거쳐 합의되었다.

중계되었고, 북한에는 머리에 뿔 달린 늑대들만이 살고 있다고 배웠던 남한 사람들, 남한에는 거지들만 살고 있다고 배웠던 북한 사람들 모두에게 거대한 충격으로 다가왔다.

7·4남북공동성명에 의해 설치된 남북조절위원회는 1972년 11월 30일 합의서에 서명하고 12월 1일 제1차 회의를 시작했다. 남북조절위원회 회의는 처음에는 순조롭게 진행되었지만, 남과 북의 제안이 서로 합의를 이루지 못하면서 난항을 거듭했다. 즉 남측은 경제, 사회, 문화 등의 분과위원회를 우선 설치하며 체육, 학술, 통신 등 실현 가능한 분야부터 교류를 시작하자고 제의한 반면, 북한은 쌍방 군비 축소, 주한미군 철수, 무력증강과 군비경쟁 지양, 무기 및 군사물자 반입 중지, 평화협정 체결 등을 제안했다. 이러한 이견이 계속되면서 1973년 6월의 제3차 회의를 끝으로 더 이상 남북조절위원회는 개최되지 않았다.

이후 박정희 대통령은 1973년 6·23선언을 발표해 실질적으로 7·4남북공동성명을 부정했다. 6·23선언은 남과 북이 두 개의 국가로서 국제기구와 유엔에 가입할 수 있고, 적대적인 국가들과도 외교관계를 수립하겠다는 선언으로 당시로서는 획기적인 제안이었다. 이 제안은 1988년의 7·7선언 이후 북방 정책, 1991년 남북기본합의서와 남북한 유엔 동시 가입의 기원이 되는 선언이었다. 6·23선언은 통일 이전에 남과 북이 각각의 체제를 인정하고 평화 공존할 가능성을 열어 두었다는 점에서 중요한 의미를 가지며, 미국이 당시에 추진했던 교차승인, 즉 미국과 일본이 북한을 승인하고, 중국과 소련이 남한을 승인하는 정책의 연장선상에서 이해할 때 정전체제를 평화체제로 바꿀 수 있는 하나의 전제가 될 수도 있는 선언이었다.

그러나 7·4남북공동성명 이후 조성된 남북 간의 화해 분위기가 중단된 데에는 유신체제의 수립과 북한의 사회주의 헌법 제정이 가장 중요한 역할을 했다. 남과 북의 정권은 7·4남북공동성명을 통해 한반도에서의 화해와 통일의 분위기를 조성하기보다는 각각의 정권이 보다 안정적인 집권 기반을 마련하는 데 더 초점을 맞추었던 것이다. 게다가 북한은 6·23선언이 통일을 반대하는 '두 개의 한국' 정책이라고 비난하면서, 이 제안을 받아들이지 않았다.

그럼에도 불구하고 7·4남북공동성명은 남과 북이 평화적인 통일을 위한 대원칙에 처음으로 합의했다는 점에서 중요한 의미를 갖는다. 물론 공동성명이 나오게 된 과정, 그리고 그 이후 남북조절위원회가 무력화되는 과정에서 잘 나타나듯이 폐쇄적이고 국민의 합의에 기반하지 않은 남북관계의 진전은 지속적일 수 없었다. 1990년대 이후 다시 재개된 남북 간의 관계 역시 여러 가지 의미에서 중요한 진전을 이룩했지만, 그 과정상의 투명성 문제로 인해 다시 한번 7·4남북공동성명과 같은 전철을 밟기도 했다.

1971년 대통령 선거와 유신체제 성립

1970년대 초는 사회적으로 불미한 사건들이 계속해서 발생했다. 우선 1970년 4월 서울 마포구 창전동의 와우지구 시민아파트 15동 건물 전체가 붕괴하는 사건이 발생했다. 이 사건으로 33명이 사망하고 39명이 중경상을 입었다. 1969년 12월 준공한 지 불과 4개월 만에 일어난 이 사고는 밀어붙이기 식으로 진행되던 경제 개발과 건설이 불러 온 불행한 사건이었다.

1970년 6월에는 야당인 신민당의 기관지 《민주전선》에 실린 〈오적〉이라는 시가 문제가 되어 김지하 시인이 구속되는 사건이 발생했다. 1971년 7월에는 판사들이 집단으로 사표를 제출하는 사법파동 사태가 발생했다. 또한 1971년 8월에는 서울 도심 개발을 이유로 도시 빈민들을 거주를 위한 시설 준비가 제대로 되지 않은 경기도 광주(지금의 성남 지역)로 강제 이주시키면서 이에 반발한 폭동이 발생하기도 했다.

이러한 분위기 속에서 치러진 1971년의 제7대 대통령 선거는 박정희 대통령과 여당인 민주공화당에게 정권 재창출이 어려울 수도 있다는 위기의식을 가져다 주었다. 불안정한 사회 분위기, 1969년의 외환위기, 그리고 부정선거와 3선개헌을 통한 박정희 대통령의 장기 집권에 대한 염증 등으로 인해 선거에서 질 수도 있다는 위기감이 커졌던 것이다.

여기에 더해 40대 기수론을 앞세운 야당의 기세는 국민들의 마음을 움직이기 시작했다. 신민당의 대통령 지명전에서 당시 40대였던 김대중, 김영삼, 이철승 등이 후보 지명전에 나섰고, 그 결과 김대중이 후보로 선출되었다. 후보로 선출된 김대중은 예비군 폐지, 노자공동위원회 구성, 비정치적 남북교류, 주변 4대국에 의한 한반도 안전 보장안 등을 공약으로 내세우면서 야당 바람을 일으켰고, 특히 호남 지역의 압도적인 지지를 받았다. 이에 박정희 대통령과 여당은 "이번이 마지막"이라고 거듭 강조하면서 경제 개발의 지속적인 추진을 공약으로 내세웠다.

40대 기수들 유신 직전 한자리에 모인 40대 기수들. 왼쪽부터 이철승, 김영삼, 김대중.

선거 결과 박정희는 총투표의 51.2퍼센트를 획득하여 46.3퍼센트를 획득한 김대중 후보를 95만 표 차이로 제치고 당선되었다. 하지만 부정불법 관권 선거라는 비난을 받았다. 또한 이 선거에서는 지역감정이 이전보다 더 강하게 나타나기 시작했다. 김대중 후보는 전라북도에서 58.8퍼센트, 전라남도에서 58.4퍼센트를 획득한 반면, 박정희 후보는 경상북도에서 68.6퍼센트, 경상남도에서 70.8퍼센트를 획득했다.

비록 이 선거에서 승리를 거두기는 했지만, 몇 가지 점에서 박정희와 민주공화당은 안정적인 집권에 불안을 느끼기 시작했다. 우선 대통령 선거 당시 도시에서의 야당 후보에 대한 압도적인 지지율 때문이었다. 김대중 후보는 전체 도시표의 51.5퍼센트를, 서울에서 58퍼센트의 득표율을 기록해 박정희 후보를 앞섰다. 둘째로 대통령 선거 직후에 치러진 제8대 국회의원 선거(5·25총선)에서 야당이 약진한 것이었다. 야당인 신민당은 공화당의 113석(지역구 86, 전국구 27)에는 못 미치지만, 89석(지역구 65, 전국구 24)을 차지했다. 이는 4년 전과 달리 민주공화당이 개헌 정족수인 3분의 2 의석에 크게 못 미치는 것이었고, 야당은 정부 여당의 독주를 막을 수 있을 정도로 약진했다.

이에 박정희 정부는 대학생들의 교련철폐 시위를 명분으로 내세워 위수령을 발동하고, 1971년 12월 6일에는 국가비상사태를 선포하고 동월 27일에는 법률 2312호로 국가보위에 관한 특별조치법을 제정했다. 국가비상사태는 외적의 침략이나 내란, 대규모 천재지변의 발생으로 국가의 치안질서가 중대한 위협을 받아 정상적인 방법으로는 공공의 안녕질서를 유지하기가 불가능한 상태를 의미하는 것이었고, 국가보위에 관한 특별조치법은 비상사태 하에서 대통령이 국가동원령 선포, 국민의 기본권 제한, 군사상의 목적을 위한 세출액 조정 등을 신속하게 실시할 수 있도록 규정한 것이다. 1971년의 상황이 주한미군 감축 문제와 외채위기를 제외하고는 별다른 안보상의 문제가 없었음에도 이러한 조치를 취한 까닭은 불안정한 집권기반을 안정화하기 위해서였다.

곧이어 박정희 정부는 이른바 '풍년사업'으로 명명된 비밀 작업에 들어갔다. 풍년사업은 박정희 정부가 영구 집권의 기반을 마련하기 위해 진행한 조사 작업으로서 해외의 사례를 수집하고 새로운 헌법을 만들기 위한 기초 작업이었다. 비밀리에 진행된 이 작업은 1972년 10월 17일을 기해 〈대통령 특별선언문〉(이른바 '유신체제' 선포)으로 발표되었다. 박정희는 선언문을 통해 "열강의 세력균형의 변화와 남북한 간의 사태진전에 따른 평화통일과 남북대화를 추진할 주체가 필요한데, 현행 법령과 체제는 냉전시대의 산물로서 오늘날의 상황에 적응할 수 없으며, 대의기구는 파쟁과 정략의 희생이 되어 통일과 남북대화를 뒷받침할 수 없으므로 부득이 비상조치로써 체제 개혁을 단행한다"고 선언했다.

이 선언에 따라 전국에 비상계엄을 선포하고 국회 해산, 정당 및 정치활동 중지, 그리고 비상국무회의 설치 등의 비상조치를 단행했다. 10월 27일에는 후속조치로서 〈조국의 평화통일을 지향하는 헌법개정안〉(이른바 '유신헌법')을 공고했고 11월 21일 국민투표로 확정했다. 이후 박정희는 동년 12월 23일 통일주체국민회의의 대통령 선거에 단독 출마, 제8대 대통령에 당선됨으로써 유신체제가 출범했다.

유신체제 1972년 10월 17일 김성진 당시 청와대 대변인이 이른바 '10월유신'인 〈조국의 평화통일을 지향하는 헌법개정안〉을 발표하고 있다. 이어서 11월 21일 유신헌법을 통과시켰다.

박정희의 취임 선서 유신헌법이 공포된 1972년 12월 27일, 장충체육관에서 취임 선서를 하고 있는 박정희. 박정희는 제8대 대통령 선거에 단독출마, 99.99퍼센트의 지지율로 당선되었다.

유신헌법에는 1인 독재체제를 구축할 수 있는 제반 제도적 장치들이 마련되어 있었다. 그 구체적인 내용은 다음과 같다.

1. 대통령 선거 제도를 직선제에서 통일주체국민회의의 대의원에 의한 간선제로 개정. 통일주체국민회의의 대의원은 정당에 소속될 수 없음.
2. 대통령에게 긴급조치권, 국회해산권 등 초헌법적 권한을 부여.
3. 대통령이 국회의원 정수의 1/3에 해당하는 국회의원 및 법관을 임명함. 국회의원의 경우 통일주체국민회의에서 선출하는 것으로 되어 있지만, 개개인의 선출이 아니라 대통령에 의해 지명된 국회의원 전체에 대한 동의 투표였기 때문에 요식행위에 지나지 않았음. 대통령에 의해 임명된 국회의원들은 '유정회'라는 조직에 소속되며, 임기는 2년으로 함.
4. 국회의원 선거 제도를 소선거구제에서 2인 선출구제로 바꿔 여야의원이 동시에 당선되도록 함. 이에 따라 여당의원은 각 선거구에서 자동적으로 선출될 수 있도록 했으며, 유정회 국회의원을 포함할 때 여당의 국회의원이 전체의 2/3 정도를 차지할 수 있도록 함.

중화학공업화를 통한 고도 성장, 그러나 오일쇼크

박정희 정부는 1969년의 외환위기 이후 두 가지 중요한 시책을 마련하기 시작했다. 하나는 부실기업의 정리였으며, 다른 하나는 산업정책의 전환이었다. 특히 1970년대 박정희 정부의 가장 중요한 화두가 된 것은 후자로서 '중화학공업화'로 특징지어진다. 1960년대의 경제성장이 노동집약적 경공업의 수출을 통해 이루어진 것이라면, 1970년대의 중화학공업화는 불균형한 경제구조를 개편하고 자립경제를 건설한다는 명분 위에서 강도 높게 추진되었다.

1971년 말에 정책을 구상하기 시작해 1972년도에 마스터플랜과 목표가 확정되었고, 이에 따라 구체적인 실시 계획이 수립되었다. 이 마스터플랜은 1972년 12월에 성안된 '공업 구조 개편론'이며, 여기에 근거해 1973년 1월 30일 '중화학공업화 정책 선언에 따른 공업 구조 개편론'이 확정되었다. 공업 구조 개편론은 '수출 100억불, 1인당 GNP 1,000불'을 목표로 10년에 걸쳐 추진한다는 장기 계획으로 구상되었다.

유신 정부는 중화학공업화 정책을 통해 우선 중점적으로 육성해야 할 업종을 선정했다. 이것을 주도업종이라고 불렀는데 바로 ① 철강공업, ② 비철금속공업, ③ 조선공업, ④ 기계공업, ⑤ 전자공업, ⑥ 화학공업의 6개 업종이다. 정부는 1973년 2월에 국무총리를 위원장으로 하고 관계 장관 및 각계 전문가로 구성된 '중화학공업추진위원회'를 설립하고 그 산하에 실무 작업을 위한 상설기구로서 '중화학공업추진위원회기획단'을 설치했다. 그리고 8·3조치 이후 회생한 대기업들에게 중화학공업에의 집중 투자를 종용하는 한편, 이들에게 특혜 금융을 비롯한 많은 혜택을 주었다.

중화학공업화 정책은 한국 경제에 큰 변화를 가져왔다. 먼저 중화학공업화율을 보면 1960년대 초에 20퍼센트 미만, 1970년대 초에 40퍼센트도 안 되던 중공업의 비율이 1979년도 말에는 경공업을 앞질러 50퍼센트 이상을 차지하게 되었다. 또한 1970년대 말이 되면 한국의 상품 수출에서 공산품 수출이 90퍼센트 이상을 차지하게 되었고, 공산품의 수출에서도 1960년대와는 달리 중화학공업 제품이 42.6퍼센트를 차지하게 되었다.

또한 기계공업과 전자공업 등 기술집약공업 발전이 촉진되었으며, 업종별로 특정 지역을 기지화하는 데 성공했다. 포항(제철), 창원(기계), 울산, 거제(조선) 간에 철의 삼각을 형성해 업종 상호 간에도 원료와 제품의 상호 공급을 원활히 하도록 했다. 창원기지를 예로 들면 대단위 기능단지, 소재단지, 요소부품단지, 방산단지, 중소기업형단문단지, 자동차부품단지 등을 구비하게 했고, 지원시설 지역, 교육연구시설 지역, 후생복지시설 지역, 거주 지역 등을 모두 갖추게 했다.

그러나 이러한 급속한 중화학공업화로 인해 몇 가지 문제가 나타나기 시작했다. 첫째로 무역 의존도가 지나치게 높아졌다. 다음의 〈표〉에서 볼 수 있는 바와 같이 1970년대를 통해 수출과 수입은 비약적으로 증가했지만, 이에 따라 무역 의존도 역시 1962년의 21퍼센트에서 1977년의 55.7퍼센트, 그리고 1980년에는 65.9퍼센트로 높아졌다. 이와 같은 무역 의존도의 증가는 한국 경제가 국제 경제의 변동에 민감하게 반응할 수밖에 없는 구조를 만들었다.

● 1960~1980년대 수출입 액수와 무역 의존도

(단위: 100만 달러, 퍼센트)

구분 연도	수출 금액	의존도	수입 금액	의존도	무역 의존도
1962	55	2.4	422	18.2	21.0
1967	320	7.5	996	23.3	30.8
1972	1,624	15.1	2,522	23.9	38.6
1977	10,046	26.8	10,811	28.9	55.7
1980	17,505	29.0	22,292	36.9	65.9
1982	20,993	31.2	24,251	35.0	66.1
1985	30,283	36.4	31,136	37.5	73.9

* 출처: 강경원 외, 《어제의 한국, 오늘의 한국》, 한국조사기자회, 1990, 402쪽.

무역 의존도와 함께 외자 역시 엄청나게 증가했다. 1965년 2억 3,300만 달러였던 외자유입액은 1970년 23억 5,000달러, 1975년 91억 2,000달러로 증가했고, 1978년에는 157억 달러로 증가했다. 157억 달러는 당시 전체 수출액을 능가하는 액수였다. 특히 문제가 된 것은 장기차관에서 상업차관이 1978년에 이르러 1965년 대비 1,000배 가까이 증가했고, 이율이 높은 상업차관과 단기 채무가 차지하는 비율이 점차 증가되었다는 점이다. 결국 이러한 외채의 부담은 1980년대 초반 제2차 외환위기에 이어 1998년 제3차 외환위기로 연결되었다.

둘째로 중화학공업 설비투자 과잉은 한국 경제에 큰 부담으로 작용하는 부작용을 초래했다. 그 결과 정부는 산업합리화라는 이름으로 중화학 분야 투자에 대한 축소조정을 단행했다. 정부는 발전설비 부문에 있어서는 현대양행과 현대중공업, 그리고 대우중공업 및 삼성중공업으로 4원화했다. 이어서 이듬해에는 이를 축소·조정하여 현대양행과 현대중공업에 의한 제1그룹과 대우중공업과 삼성중공업은 발전설비 부문에서 서로 합자 또는 통합하여 제2그룹을 형성토록 하는 것으로 이원화했지만 실패로 끝나고 말았다.

1980년 이후 또 한 차례 구조조정 과정에서 현대양행을 한국중공업으로 변경해 공기업화했고, 여기에 대우그룹이 참여했다. 그러나 대우그룹은 자본참여 없이 경영에만 관여하다가 많은 문제를 불러일으켰고, 한국중공업의 정상화를 위해 또 다른 공기업인 한국전력이 자본 참여를 하도록 하는 등 무리수를 두게 된다. 이외에도 중전기 분야에서 구조조정이 이루어졌지만, 1970년대 무리한 특혜로 인한 대기업들의 과잉투자는 1990년대 이후까지 한국 경제에 커다란 부담으로 남게 되었다.

셋째로 재벌의 성장이 두드러지게 되었다. 8·3조치로 인해 회생하게 된 재벌들은 중화학공업화 기간 동안 정부의 특혜 금융을 받는다. 이를 통해서 중화학공업에 투자한 재벌들은 투자 영역을 넓혀 나갔고, 점차 거대한 공룡이 되어 갔다. 이에 반해 중소기업은 쇠락의 길을 걷게 된다. 예를 들어 출하액을 기준으로 볼 때 광공업 분야에서 상위 30개 사의 점유율은 1979년 35퍼센트에 이르게 되었다.

이와 같이 한국 경제가 한편에서는 양적으로 급속하게 팽창한 반면, 다른 한편으로 구조적인 취약성과 함께 대외의존도가 높아져 가는 상황에서 세계적인 오일쇼크가 발생했다. 1973년 10월 16일 석유수출국기구OPEC는 원유 고시 가격을 17퍼센트 인상, 종전의 1배럴당 3달러 2센트에서 3달러 65센트로 인상한다고 발표한 데 이어, 17일 이스라엘이 아랍 점령 지역에서 철수하고 팔레스타인의 권리가 회복될 때까지 매월 원유 생산을 전월에 비해 5퍼센트씩 감산하기로 결정했다고 발표했다. 이로 인해 원유 값은 이듬해 1월 1일을 기해 배럴당 5.119달러에서 11.651달러로 2배나 인상되었다.

1978년 12월에는 제2차 오일쇼크가 일어났다. 배럴당 12.7달러였던 석유 값이 이란의 석유 수출 중단으로 20달러 선을 돌파했고, 현물 시장에서는 40달러에 육박했다. 이로 인해 선진국들의 경제성장률이 1978년의 4.0퍼센트에서 2.9퍼센트로 낮아졌고, 전 세계의 소비자 물가상승률은 10.3퍼센트를 기록했다.

두 차례에 걸친 오일쇼크는 한국에도 경제적 시련을 가져왔다. 특히 오일쇼크로 인한 물가인상은 경제 개발 기간 인플레이션에 시달리고 있던 한국 경제에 거대한 충격을 주었다. 한국 정부는 1974년 물가 안정 대책을 마련하고 물가를 통제했지만, 이것은 미봉책에 불과한 것으로 대부분의 생필품에서 정부 가격과 시장 가격에 차이가 발생하는 이중가격 현상이 나타나게 되었다. 이러한 현상으로 인해 정부에서는 1978년부터 물가안정을 위한 대책을 마련하기 시작했다. 이 시기의 물가안정 대책은 정부가 가격을 통제하던 이전의 정책과는 달리 자유화 정책을 통해 가격을 현실화시키는 정책으로 전환됐다. 이를 위해 1979년 4월 '경제안정화 종합시책'이 마련되었으며, 수입자유화, 독점의 폐지, 수출 특혜금융의 축소 등 1960년대와 1970년대 수출드라이브를 통해 실시되던 경제 정책들에 대한 수정이 이루어졌다. 이는 박정희 시대에 경제 개발을 위해 무리하게 추진되던 정책들이 수정되었음을 의미했다.

서울은 한국의 반, 그리고 강남 부동산 투기

해방 직후 서울의 인구는 80만 명 정도였으나, 1960년 서울의 인구는 240만 명을 넘어섰다. 1955~60년 사이에 서울은 피난민의 귀환 등으로 급속한 성장을 이룩했다. 서울은 이농인구의 총 94퍼센트를 흡수했다. 이에 따라 1955년 150만 명에 불과하던 서울 인구는 1970년 500만 명을 넘어섰고, 1980년이 되면 800만을 넘어서는 급성장세를 보였다. 인구만으로 볼 때 서울시는 1960년에 비해 1980년 4배의 성장을 보인 것이다.

이러한 도시화는 산업화와 근대화의 과정에서 일반적으로 나타나는 현상이다. 그러나 한국에서 나타나는 것처럼 특정 지역에만 대단히 많

● 서울시 인구증가 추세(1955~1980)

연도	센서스 인구 수	증가 수	증가율(퍼센트)
1955	1,568,746		
1960	2,445,402	876,656	55.9
1965	3,793,289	1,347,876	55.1
1970	5,433,198	1,639,918	43.2
1975	6,899,502	1,455,304	26.3
1980	8,364,379	1,474,877	21.4

* 출처: 각 연도분 센서스 보고서.

은 인구가 집중되는 것은 보기 드문 현상이다. 일반적으로 한 국가 안에서 여러 도시에 인구가 분산, 집중되는 현상이 나타나는 데 비해 한국의 경우에는 인구뿐만 아니라 산업 생산의 측면에서도 서울이 전체의 절반을 차지할 정도로 급속도의 성장을 거듭한다. 이것은 한국의 국토면적이 작기 때문에 나타나는 현상이기도 하지만, 서울과 그 주변의 경기도가 교통과 행정, 그리고 교육과 상업의 중심지로서의 역할을 했기 때문에 나타난 현상이기도 하다.

따라서 1960년대와 1970년대 서울의 성장 과정을 보면 산업화가 먼저 이루어진 다음에 농촌의 과잉인구를 흡수했다기보다는 과잉인구를 먼저 흡수한 다음에 산업화가 진행되는 과정을 밟았다. 수출산업이 발전하여 보다 많은 노동인구를 필요로 했던 1960년대 후반 이후 서울의 인구 성장이 이전에 비해 그다지 높지 않았다는 점은 이러한 특징을 잘 보여 준다.

정부는 서울로의 인구 집중을 해결하기 위해 서울 인근의 도시를 발전시키는 정책을 실시했다. 이를 통해 서울과 인천 사이의 도시들,

예컨대 부천, 부평 지역이 발전했고, 한강 이남 지역의 개발이 시작되었다. 그러나 이러한 정책도 서울의 비대화를 막지는 못했다. 무엇보다도 서울 근교의 개발이 그 지역으로 산업 시설, 행정 시설, 교육 시설의 이전을 동반하지 못했기 때문에 주거지를 옮기더라도 생활공간은 계속 서울이 되는 현상이 나타났다. 결국 이것은 서울의 교통난을 가중시키는 중요한 원인으로 작용했다.

서울로 인구가 집중되면서 나타나기 시작한 것이 강남 개발과 부동산 투기 현상이었다. 현재의 강남구와 서초구 지역이 도시 지역으로 개발된 것은 1966년 도시기본계획 당시 이 지역을 부도심으로 계획했던 데에서 비롯되었다. 이 지역의 개발을 촉진한 것은 1966년 1월에 착공되어 1969년 2월에 준공된 제3한강교*의 건설과 1968년 2월에 착공되어 1970년 7월에 개통된 경부고속도로의 건설이었다. 이때 서울시는 사업비를 충당하기 위해 강남 지역의 토지를 저가로 매수해 일반 시민들에게 매각하기 시작했다. 그리고 일차적으로 1968년 2월 1일 영동 제1지구 510만 평의 구획정리사업을 시행했다.

이후 서울시는 1970년 6월 16일 한수이남계획을 발표하고 본격적인 강남 신시가지 개발을 시작했다. 한수이남계획은 영동 제2지구 365만 평과 잠실지구 176만 평에 새로운 계획도시의 개발을 추진하기 위해 마련되었다. 한수이남계획은 고속도로 용지의 확보 내지는 주변 지역의 개발을 위한 것이었는데, 용지 매각의 수익을 높이기 위해 지가가 상승하면서 부동산 투기 붐이 나타나기 시작했다. 이주를 촉진하고 지가를 상승시키는 과정에서 서울시는 1972년 12월 30일 법률 제2436호로 '특정지구 개발촉진에 관한 임시조치법'을 제정하여

현재의 한남대교.

1970년대 강남의 두 풍경 **고층 아파트가 건설되는 한편에서는 시민이 소와 함께 밭을 갈고 있다.**

강남지구를 특정지구로 고시하고, 1975년까지 영업세, 등록세, 취득세, 재산세, 면허세 등을 면제하는 세제상의 혜택을 주기도 했다.

이러한 과정을 통해 급등한 지가는 개발지구 주변뿐만 아니라 강북지역에까지 영향을 미쳐 전체적인 부동산 가격의 상승으로 이어졌다. 또한 1972년에 시작된 공무원아파트와 시영주택단지 개발, 1973년의 반포주택단지 형성, 그리고 1976년의 아파트 지구에 대한 도시계획법상의 시행령 실시 등으로 아파트가 건설되기 시작하면서 대지만이 아닌 아파트를 중심으로 한 부동산 투기 현상이 나타날 수 있는 단초를 마련했다. 이러한 투기 현상은 1970년대 말 압구정동 현대아파트에 대한 특혜 분양과 투기 현상이라는 사건으로 이어졌다.

서울이 거대도시화하면서 사회적인 문제도 대두되기 시작했다. 우선 주거에 필요한 기본시설들의 노후화 및 확장사업 결여 등으로 인해 주거환경이 급속히 악화되었다. 1970년과 1971년의 신문에는 상수도 문제로 인한 시간별 급수, 격일 급수, '물을 달라'는 주부들의 데모 기사가 계속 지면을 메웠다. 교통 문제도 갈수록 악화되었다. 1973년경부터 늘어나기 시작한 교통량을 해결하기 위해 1974년 지하철이 개통되었지만 이것만으로 서울의 교통 문제를 해결할 수는 없었다. 또한 쓰레기 처리도 중요한 문제가 되었다. 1970년대까지 가장 주요한 쓰레기였던 연탄재의 경우 소각처리가 불가능했고, 서울이 바다에 연해 있지 않기 때문에 대규모 쓰레기 매립장을 만들 수 없었다. 아울러 전체적으로 보았을 때 서울로의 과도한 경제력의 집중으로 인해 지역 격차, 도농 간의 격차가 심화되었다.

새마을운동

　박정희 정부는 근면, 자조, 협동의 기치 아래 생활태도 혁신, 환경 개선, 소득 증대를 통해 낙후된 농촌을 근대화시킨다는 것을 명분으로 삼아 1971년부터 새마을운동을 실시했다. 새마을운동은 전국적인 범위에서 전개되었으며, 1950년대 후반부터 계속되어 온 지역 개발 운동의 맥을 잇는 것이었다.

　1970년 4월 22일 박정희는 전국 지방장관회의에서 새마을가꾸기운 동을 제창했다. 동년 5월 6일에는 새마을운동 추진방안이 본격적으로 마련되었다. 1971년부터 새마을운동은 전국적인 차원으로 확대되기 시작했다. 새마을운동을 추진할 수 있는 기반을 만들기 위해 1972년 에는 주민지도자를 발굴, 훈련시킴으로써 새로운 농촌의 지도세력을 만들기 위한 정책을 실시했다.

　1970년대의 새마을운동은 다음과 같이 3단계에 걸쳐 추진되었다. 1971~73년까지는 '기반조성단계'로 자율실천의 기반 구축과 새마을 정신의 점화·확산이 주된 과제였다. 그리고 1974~76년까지는 '자조 발전단계'로 경제난국 극복에 중점을 두었으며, 전 국민 참여로 저변 을 확대하고 도시와 농촌 간 소득격차 해소, 새마을사업과 소득증대 의 연계 추진 등이 마련되었고, 도시새마을운동이 전개되었다. 1977 ~80년까지는 '자립완성단계'로 국력 신장의 기층 확대, 농어촌 복지 기반사업 확대 등을 추진했다.

　새마을운동은 먼저 농어촌에서 시작했다. 지붕 개량, 주택 개량, 농 로 개설, 마을도로 확충, 하천 정비사업, 전기화사업 등이 시작되었 다. 주로 겨울의 농한기에 각 마을에서 환경개선사업을 추진하도록 시멘트를 무상 지급하고, 볏짚 지붕의 슬레이트 대체, 담장 보수, 마을 진입로 정비 등의 사업이 추진되었다. 1974년에 시작된 도시새마을운동은 10대 구심 사업을 중심으로 전개되었는데, 법질서의 준수, 건전소비풍토 조성, 도시 녹화, 뒷골목과 가로 정비, 시민의식의 계발, 새마을청소, 생활오물 분리수거, 시장새마을운동 전개, 도시환경 개선, 낙후지역 개발 등을 진행했다.

정부는 새마을운동을 추진하기 위해 1971~84년까지 총 7조 2,000억 원을 투입했다. 연평균 5,177억 원이었으며, 총액의 57퍼센트가 정부 투자, 11퍼센트가 주민 부담, 나머지 32퍼센트는 민간단체의 기부로 이루어졌다. 또 용도별 투자 내역을 보면, 생산기반 22.2퍼센트, 소득증대 42.8퍼센트, 복지환경 27.5퍼센트, 정신계발 2.8퍼센트, 도시 및 공장새마을운동 4.7퍼센트 등으로 나타났다. 이러한 투자에 의해 농촌의 수리시설이 확충되고 농경지가 확장되는 등 농업 생산력을 높이기 위한 일련의 사업이 실시되었다. 또한 농가 부업의 육성과 농산물 가격 보장 등을 통해 농가소득 증대를 추진했고, 새마을금고를 통해 농촌 고리채 문제를 해결하고자 했다.

새마을운동은 가시적 성과를 내면서 유신체제를 지탱하는 버팀목 역할을 했다. 새마을운동은 마을의 모습을 바꾸어 놓았고, 경지 정리를 통해 농토를 보기 좋게 만들었으며, 전기, 전화, 수도 시설 등 농촌의 사회간접자본 시설 확충에 커다란 기여를 했다. 많은 후진국 전문가들이 성과를 배우기 위해 한국으로 달려왔을 정도로 새마을운동은 유신체제의 상징 가운데 하나였다.

그러나 새마을운동은 많은 부작용 또한 양산했다. 우선 정부의 정

새마을운동 도랑보수작업에 동원된 시민들. 전라북도 전주.

책 변화는 농민들의 삶을 더욱 어렵게 만들었다. 1978년 이후 농축산물에 대한 수입자유화 조치가 이루어지면서 농가 부업을 위해 돈을 융자해서 축산물을 기르던 농민들이 몰락하기 시작했다. 여기에 더해 오일쇼크로 인한 물가상승을 막기 위해 쌀 수매가를 동결하면서 농민들의 생활은 더욱 어려워졌다. 농축산물 가격의 하락으로 인해 경제적인 압박에 시달려 자살하는 농촌 지도자들이 나타나기도 했다.

또한 새마을운동은 내실을 기하기보다는 외관에 치중하는 경향이 농후했다. 따라서 새마을운동은 경제구조적으로 나타나고 있었던 문제점들을 해결하지 못했다. 농지 소유 구조의 문제나 농업 경영 방식의 문제 등 장기적인 관점에서 계획을 실행하기보다는 눈에 띄는 마을의 외관을 바꾸는 문제에 급급했던 것이다. 대체로 새마을운동의 성과로 보도된 것은 초가집이 양옥집으로 바뀐 것과 마을 도로에 시멘트 포장이 이루어진 것이었다.

또한 새마을운동은 미곡 생산력 증대를 위해 1971년에 통일벼를 육성하는 데 성공하고, 이것을 전국적으로 보급하기도 했다. 통일벼는 기존의 자포니카 품종보다 20퍼센트 이상 수확이 많은 종이었다. 정부는 통일벼의 전국적 보급을 통해 쌀의 자급자족을 이루게 되었다고 선전했다. 하지만 통일벼 정책은 결국 실패로 끝나고 말았다. 통일벼는 밥맛이 일반미보다 떨어졌고 1978년에는 병균이 돌면서 폐농하는 사태가 발생하기도 했다. 이에 따라 통일벼가 수확량은 많지만 면역성이 강하지 않기 때문에 안정성이 약하다는 우려가 나타났고, 결국 통일벼는 더 이상 재배하지 않는 품종이 되었다.

이렇듯 농촌 정책이 실패하고, 도시에서의 산업화는 더욱 진전되면서 이농 현상이 심화되기 시작했다. 1960년대와 1970년대를 통해 매년 50만 명이 농촌을 떠나 도시로 이주했다. 농가 수와 농가 인구는 유신체제 하에서 새마을운동이 성공적으로 시행되었다고 주장하던 시기에 급격히 감소했다. 이러한 감소는 총가구 대비 비율 및 총인구 대비 비율을 보면 잘 알 수 있다. 1970년 총가구 대비 농가의 비율이 42.4퍼센트에서 1980년 27퍼센트로, 1970년 총인구 대비 농가 인구가 44.7퍼센트에서 1980년 28.4퍼센트로 감소했던 것이다.

● 연도별 농가 및 농가 인구

(단위: 천 가구, 천 명, 퍼센트)

	농가	총가구 대비	연평균 증감률	농가 인구	총인구 대비	연평균 증감률
1960	2,329			14,242	56.9	
1970	2,483	42.4	0.6	14,422	44.7	0.1
1980	2,155	27.0	-1.4	10,827	28.4	-2.8
1990	1,767	15.6	-2.0	6,661	15.5	-4.7
1995	1,501	11.6	-3.2	4,851	10.8	-6.1
2000	1,384	9.7	-1.6	4,032	8.7	-3.6

* 출처: 한국농촌경제연구원 http://www.krei.re.kr/KREI/outlook/user/oq/q200134/6-3.htm

도시로 간 여공들, 그리고 도시 빈민들

이농 현상은 취업의 기회를 찾아 도시로 간 젊은이들로 인해 발생했다. 특히 수출산업 분야에서 여성 직공의 필요성은 농촌 인구의 급감에 큰 영향을 끼쳤다. 1960년대 농촌 여성들의 이농이 도시 부잣집의 '식모살이'를 위한 것이었다면, 1970년대는 자조적인 표현으로 '공순이'가 되기 위한 것이었다. 이러한 현상은 반대로 명절마다 도시에서 고향을 찾아가는 사람들로 붐비는 현상을 만들어 냈다. 매년 설날과 추석 때는 귀성 인파가 기차역을 가득 메웠다. 기차표 예약과 탑승 과정에서 사고가 발생하기도 했다.

귀성하는 여공들의 손에는 항상 시골 친지들을 위한 선물이 들려 있었다. 겨울을 따뜻하게 나기 위한 빨간 내복은 1970년대 서울로 간 여공들의 효도선물의 상징이었다. 서울에 온 여공들은 주로 시골집의 생활비와 오빠나 남동생의 학비를 보태기 위해 작은 봉급에도 열심히 일할 수밖에 없었다. 그러나 이들은 열악한 작업환경과 사업주들의 농간에 시달려야 했다. 사업주들은 임금을 체불하기 다반사였고, 공장 운영이 안 될 때에는 갑자기 공장 문을 닫고 도망가기도 했다.

1970년대 말에 있었던 동일방직 사건과 YH 사건은 이러한 여공들의 실태를 잘 보여 주는 대표적인 사례였다. 유신체제가 수출입국론을 밀어붙일 수 있었던 데에는 여공들의 저임금 노동에 의한 저가품 수출이 큰 몫을 했다. 하지만, 정부도, 기업도 이들의 노동환경이나 생활에 대해서는 관심을 기울이지 않았다. 동일방직 사건은 여공들의 노동조합 결성 시도를 탄압하는 과정에서 일어난 사건이었으며, YH 사건은 회사 폐업으로 피해를 입은 여공들이 부도덕한 기업주들에게 항의하는 과정에서 일어난 사건이었다.

여기에 더해 1970년대 도시의 팽창은 유흥산업의 발달을 가져왔는데, 공장에서 많은 돈을 벌지 못하던 여공들이 하나둘 유흥업소로 빠져들기 시작했다. 유신체제는 '새마을운동'과 건전한 사회문화를 외쳤지만 유흥업소는 날로 번창해 갔고, 가공 수출산업의 쇠퇴와 남성

신민당사에서 전경들에게 강제
해산되어 끌려 나가는 YH 여공
들 1979년 8월 11일, 경찰의 진
압에 의해 농성 중이던 노동자 김
경숙이 사망했다.

노동자를 필요로 하는 중화학공업의 발전은 여공들이 유흥산업으로 유입되는 계기가 되었다. 전국의 모든 도시들이 유흥업소로 가득 차게 된 가운데, 특히 1960년대와 1970년대는 '다방'이 차를 마시는 공간이 아니라 유흥공간의 중심으로 자리 잡게 된다.

한편 농촌을 떠나 도시로 온 농민들의 경우 일부는 공장에 취직했지만, 일자리를 구하지 못한 사람들은 도시에서 일용직 노동자로 생활하게 된다. 이들은 하루하루 벌어서 생계를 유지했으며, 그날 일자리를 구하지 못한 사람은 그나마 적은 돈조차 쥘 수 없었다. 1970년대 말의 강남 신도시 개발과 건축 붐은 일용직 노동자들에게 많은 일자리를 제공했지만, 이들의 임금은 제대로 된 의식주를 유지하기에는 턱없이 모자라는 수준이었다.

결국 이들은 대도시에서 산동네를 형성하기 시작했다. 이로 인해 서울 시내의 일부 지역은 도시 빈민들의 주거지로 바뀌게 되었다. 원래 청계천 주변에 모여 있던 이들은 1961년 복계공사가 완공되면서 다른 곳으로 흩어지기 시작했다. 이들은 주로 충무로에 모여 살다가 양동, 사당동, 염창동, 서부이촌동, 상계동, 봉천동 등에 10평씩 땅을 분배받고 이주민증을 발급받았다.

1971년 당시 이 지역을 조사한 한 보고서에 따르면, 집의 건축 재료는 루핑지붕에 판자벽 혹은 천막을 이용한 가건축 상태였으며, 방 하나에 조그만 부엌이 있는 정도였다. 상수도나 하수도 시설이 없기 때문에 식수의 해결이 큰 고통이었다. 펌프 시설이 설치되어 있거나 수도가 있는 허가된 주택까지 가서 물을 사다 먹거나, 왕복 30분 정도 걸리는 근처의 신학대학까지 가서 물을 길어다 먹는 형편이었다.

그리고 집집마다 화장실도 설치되지 않아 용변을 해결하기 위해서는 산중턱에 있는 공동 화장실을 이용해야 했다. 여유가 있는 집들은 작은 공터를 파고 얼기설기 울타리를 만들어 자물쇠를 채워 놓고 가족끼리만 사용하는 경우도 있었다. 또한 전기도 들어오지 않았다. 집에 창문이 따로 있지도 않아서 낮에도 어두울 때가 많았고, 밤에는 석유램프를 사용하는 집이 많았으나 그나마 자주 켜지 않았다. 이 지역에서 생활하는 데 가장 큰 불편은 이와 같은 식수, 전력, 화장실 등 가장 기본적인 생활시설들이었다. 도시 빈민들은 이곳을 다른 곳으로 옮기기 전에 잠시 머무는 임시거처라고 생각하는 경우가 많았다.

실제로 1971년 도시 빈민들에 대한 이주 정책이 시작되었고, 이 과정에서 '광주대단지 사건'이 발생했다. 1969년 5월부터 1970년까지 서울시는 도시 재개발을 명분으로 도시빈민 12만 명을 지금의 성남시인 경기도 광주대단지로 이주시켰다. 서울시는 이들에게 땅을 불하하여 정상적인 생계를 유지할 수 있는 조건을 만들어 주겠다고 했지만, 1971년에 들어서 입장을 바꿔 광주대단지의 토지 유상불하 및 가옥 취득세 부과를 발표했다. 이미 일부 빈민들이 이주 전매권을 불법으로 팔고 이주한 상태에서 광주대단지에 거주하고 있었던 사람들은 서울시의 처사에 반발하여 폭동을 일으켰다. 이 사건은 1971년 8월 10일 서울시장이 주민들과 협의하겠다는 약속을 어기고 나타나지 않자 주민들이 경찰서, 관용차 등에 불을 지르면서 발생했다.

이러한 사회 문제가 발생했음에도 불구하고 1971년 1월 서울시는 도시 재개발 규정인 도시계획법을 제정하고, 1973년 12월에는 도시 빈민들이 거주하고 있는 지역을 재개발 구역으로 고시했다. 도시 빈

광주대단지 사건 1971년 8월, 도심 재개발로 지금의 성남시인 경기도 광주로 밀려난 도
시 빈민들은 정부의 무관심에 항의하며 격렬한 시위를 전개했다. 버스 앞에는 "배고프다
직장 달라"는 구호가 적혀 있다.

민들은 언제 이주할지 모르는 불안한 상태에서 생활할 수밖에 없었다. 그러나 실제로 이 지역의 재개발이 시작된 것은 15년이 지난 1988년이었다.

민주화운동의 성장과
유신체제의 붕괴

긴급조치의 시대

긴급조치는 천재지변 또는 중대한 재정·경제상의 위기에 처하거나 국가의 안전보장 또는 공공의 안녕질서가 중대한 위협을 받거나 받을 우려가 있어 신속한 조치를 취할 필요가 있다고 판단되는 경우에 대통령이 내정, 외교, 국방, 경제, 재정, 사법 등 국정 전반에 걸쳐서 내리는 특별한 조치를 말한다. 이 조치는 유신헌법 제53조에 규정되어 있다. 여기에 근거하여 대통령은 긴급조치권 하나만으로도 국민의 자유와 권리에 대해 무제한의 제약을 가할 수 있었으며, 유신체제는 이 긴급조치 조항을 통해 유신체제에 반대하는 인사들을 탄압하면서 국민의 인권을 유린했다.

제4공화국 헌법 긴급조치 조항(제53조)

1. 대통령은 천재·지변 또는 중대한 재정·경제상의 위기에 처하거나 국가의 안전보장 또는 공공의 안녕질서가 중대한 위협을 받거나 받을 우려가 있어

신속한 조치를 할 필요가 있다고 판단할 때에는 내정·외교·국방·경제·재정·사법司法 등 국정 전반에 걸쳐 필요한 긴급조치를 할 수 있다.

2. 대통령은 제1항의 경우에 필요하다고 인정할 때에는 헌법에 규정되어 있는 국민의 자유와 권리를 잠정적으로 정지하는 긴급조치를 할 수 있고, 정부나 법원의 권한에 관하여 긴급조치를 할 수 있다.

3. 제1항과 제2항의 긴급조치를 한 때에는 지체 없이 국회에 통고하여야 한다.

4. 제1항과 제2항의 긴급조치는 사법적司法的 심사의 대상이 되지 아니한다.

5. 긴급조치의 원인이 소멸한 때에는 대통령은 지체 없이 이를 해제하여야 한다.

6. 국회는 재적의원 과반수의 찬성으로 긴급조치의 해제를 대통령에게 건의할 수 있으며, 대통령은 특별한 사유가 없는 한 이에 응하여야 한다.

위의 조항에서 볼 수 있듯이 긴급조치의 선포와 해제는 전적으로 대통령의 판단에 의해 결정되는 것이었다. 6항에서 국회가 재적의원 과반수의 찬성으로 긴급조치의 해제를 건의할 수 있도록 한다고 규정했으나, 당시 국회는 다수당인 여당과 함께 대통령이 임명하는 전체 3분의 1이 유신정우회維新政友會(이하 유정회) 의원들이었기 때문에 과반수로 해제를 건의하는 것은 거의 불가능했다.

유신체제가 선포된 직후 유신헌법에 반대하는 움직임이 대두되자 박정희 정부는 1974년 1월 8일 일체의 헌법 개정 논의를 금지하는 내용의 긴급조치 1호와 2호를 선포했다. 1974년 4월에는 이른바 '민청학련' 사건을 빌미로 긴급조치 4호가 선포되었으며, 1975년 가속화되고 있었던 유신철폐운동에 대처하여 고려대학교 휴교령 및 군대 투입

유신 반대 시위 1973년 10월 서울대 시위를 계기로
전개된 반유신운동에 박정희는 긴급조치로 맞섰다.

을 내용으로 하는 긴급조치 7호를 선포했다.

긴급조치 선포는 1975년 5월에 발표된 9호로 극에 달했다. 긴급조치 9호는 유신헌법의 부정, 반대, 왜곡, 비방, 개정 및 폐기의 주장이나 청원, 선동 또는 이를 보도하는 행위를 일체 금지하고 위반자는 영장 없이 체포한다는 내용을 담고 있었다. 이 긴급조치 9호는 박정희 대통령이 암살되는 1979년 10월 26일까지 4년 이상 계속되면서 국민의 기본권을 짓밟고 연인원 800여 명에 달하는 지식인, 학생이 구속되는 상황을 만들었다.

반독재민주화운동

유신 시기의 반독재민주화운동은 주로 재야 정치인과 학생들에 의해 주도되었다. '재야'는 당시 한국에만 있었던 독특한 정치문화로서 유신 정권의 탄압으로 인해 공개적인 정치공간에 나가는 것이 어려웠던 정치인들과 양심적인 지식인 그룹 그리고 사회 참여에 적극적인 종교인 그룹이 주로 참여했다.

3선개헌 반대운동으로 시작된 민주화운동은 유신체제 선포 이후 김대중 납치 사건을 거치면서 본격화되기 시작했다. 1971년 대통령 후보로 출마했던 김대중은 유신체제가 선포되자 미국과 일본에서 반유신 활동을 전개했다. 이에 박정희 정부는 1973년 8월 8일 도쿄 시내 한복판에서 김대중을 납치했다. 다행히 김대중은 미국과 일본 정부의 압력으로 살아날 수 있었지만, 김대중 납치 사건은 외교적으로 박정희 정부에게 치명타가 되었고 사회적으로 재야를 중심으로 한 민주화운동이 본격화되는 계기가 되었다.

김대중 납치 사건 직후인 1973년 10월 2일 서울대학교 문리대에서 처음으로 반유신 시위가 일어났다. 시위에 참여한 학생들 중 20명이 구속, 23명이 제명, 18명이 자퇴, 56명이 무기정학 처분을 받았고, 이와 관련된 일체의 보도가 금지되었다. 사태가 이렇게 되자 11월 5일 계훈제, 김재준, 김지하, 지학순, 함석헌, 홍남순 등 종교인, 지식인들이 서울 YMCA 회관에서 시국 선언을 했고, 곧이어 11월 15일에 고려대생 2,000여 명이 유신 반대 시위를 전개했다. 또한 동년 12월 24일에는 재야세력이 중심이 되어 개헌청원운동본부를 발족하고 열흘 만에 30만 명의 서명을 받는다. 이에 정부는 긴급조치 1호를 선포하고 모든 개헌과 관련된 활동, 보도를 금지했고, 장준하張俊河(1918~1975)와 백기완을 긴급조치 위반 혐의로 처음으로 구속했다.

그러나 민주화를 위한 움직임은 1974년에 들어 학생들 사이에서 더욱 활발하게 전개되었다. 3월 이후 각 대학에서 유신철폐를 위한 시위가 지속적으로 일어났고, 4월 3일에는 주요 대학에서 시위와 함께 '전국민주청년학생총연맹'(이하 민청학련) 명의로 〈민중·민족·민주선언〉이라는 유인물이 일제히 뿌려졌다. 같은 날 오후 정부는 민청학련을 공산주의자의 배후 조종을 받는 반정부단체로 규정하고 긴급조치 4호를 선포한 후 윤보선 전 대통령, 지학순 주교, 박형규 목사, 김동길 교수, 김지하 시인 등을 그 배후로 체포했다.

이후 민청학련 사건은 제2차 인민혁명당 사건으로 이어졌다. 제2차 인민혁명당 사건은 1964년에 조작되었던 제1차 인민혁명당 사건을 또다시 조작해 당시의 반정부 시위에 찬물을 끼얹기 위한 것으로 21명의 관계자와 함께 일본인 두 명이 체포되었다. 당시 민청학련 사건

인민혁명당 사건 1975년 4월 8일 대법원에서 인혁당 재건위 사건 피고인들에게 사형과 무기징역이 확
정되었다. 판결 소식을 듣고 통곡하는 인혁당 관련자 가족들.

과 제2차 인민혁명당 사건으로 구속된 사람은 모두 253명이었고, 최하 5년에서 사형까지의 형량이 구형되는 초유의 사태가 발생했다.

이러한 사태에 대해 국내외의 비난이 거세게 일어나자 유신정부는 사건 발생 10여 개월 만에 인민혁명당 사건 관련자와 반공법 위반자 일부를 제외한 사건 관련자 전원을 석방했다. 그러나 사건 관련자 9명을 이듬해 4월 9일 전격 사형에 처함으로써 인민혁명당 사건은 유신체제 하에 벌어진 최대의 인권탄압 사건으로 기록되었다.

민주화운동은 비단 학생과 재야에 의해서만 이루어진 것이 아니라 다양한 계층에서 지속적으로 이어졌다. 특히 언론 자유를 위한 기자들의 활동이 활발하게 전개되었다. 1971년 4월 《동아일보》 기자들을 필두로 한 14개 언론사의 기자들은 '언론자유 수호'를 선언했다. 이들은 정부의 강압에 의한 언론의 협조를 거부하고 대학생들의 시위를 보도할 수 있도록 할 것을 주장했다. 일선 기자들의 언론 자유를 위한 투쟁은 1974년 1월의 개헌운동 및 그 보도를 금지한 긴급조치 1호 공포를 계기로 더욱 활성화되었다. 1974년 10월에는 학생들의 시위와 베트남 사태에 대한 기사로 《동아일보》와 《한국일보》 관련자들이 중앙정보부에 연행되어 조사를 받았으며, 이를 계기로 언론 자유를 위한 움직임이 더욱 본격화되었다.

이에 유신 정부는 《동아일보》에 탄압의 화살을 집중했으며, 1974년 12월 16일부터 7개월간 《동아일보》에 광고를 싣지 못하도록 기업들에게 압력을 가했다. 그 결과 동년 12월 26일자 《동아일보》 3면은 백지 상태로 발행되었다. 그러나 이러한 사태는 언론자유수호운동과 민주화투쟁을 범국민적으로 확산시키는 결과를 초래했다. 시민들은 자비를 털어 격려 광고를 실었으며, 세계적 언론단체들이 정부의 탄압 조치에 항의, 탄압 중지를 촉구하는 조치를 취했다. 그러나 이처럼 범국민적으로 전개된 언론 자유를 위한 투쟁에도 불구하고 사태는 《동아일보》 사주가 정부의 압력에 굴복하여 114명의 기자를 무더기로 해고함으로써 일단락되었다. 이 사건은 경영주에 대한 압박을 통해 언론을 지배하는 수단으로 광고 탄압이 활용되는 선례를 남기면서 언론의 자유를 묵살하는 출발점이 되었다. 다른 한편으로는 신문의 경영주들이 권력과 밀착하여 그 보수성을 강화해 나가는 기점이 되기도 했다.

노동·농민운동

1960년대 이후 노동자들의 수가 급증했지만, 이들의 생활환경과 작업조건은 전혀 개선되지 않았다. 전태일의 분신은 이러한 상황을 상징적으로 보여 주는 사건이었다. 이 같은 문제로 인해 1970년대 이후에는 민주적인 노동조합을 건설하는 운동이 활발하게 전개되었다.

유신체제 하에서 청계피복, 동일방직, 삼원산업, 반도상사, 한국모방, YH무역 등이 민주적인 노동조합을 만들어서 회사 측에 대항하여 보다 나은 작업조건과 임금의 확보를 위해 노력했다. 이들 회사들은 대체로 1960년대 노동집약적인 경공업 제품의 수출을 통해 성장했지만, 1970년대 이후 중화학공업화 정책이 진행되면서 사양길을 걷게 된 기업들이었다.

이들 민주적인 노동조합은 지식인들 및 종교인들과 결합해 활발하게 노조 활동을 전개했다. 도시산업선교회와 가톨릭 노동청년회 등의 종교단체는 노동조합 활동을 적극적으로 지원했으며, 크리스찬 아카데미는 노동운동과 농민운동에 종사하는 활동가들을 교육, 양성하는 기관으로서의 역할을 했다.

노동조합운동은 유신체제 말기 정치·경제적 위기가 심화되면서 더욱 치열하게 전개되었다. 그 중에서도 특히 동일방직 사건은 세계적인 관심을 끌었다. 동일방직은 1977년 7월 민주적인 노동조합을 탄압하기 위해 회사에 협조하는 어용 노동조합을 설립했다. 이에 항의하는 여공들은 농성에 돌입했다. 정부가 농성 현장에 경찰력을 투입하자 여공들은 작업복을 벗어던지고 알몸으로 저항했다. 그러나 경찰은 곤봉과 주먹을 휘두르며 여성 노동자들을 무차별 연행, 40여 명이 기절하고 14명이 부상하는 사태가 발생했다.

이듬해 2월 21일 동일방직의 여성 노동자들은 새로운 노조를 결정하고자 했다. 그러나 회사 측이 고용한 남성 노동자 4명이 투표장을 기습해 부근에 있던 여성 노동자들에게 닥치는 대로 똥물을 퍼붓는 만행을 저지르며 노조 결성에 훼방을 놓았다. 이어서 그들은 노조 사무실을 습격해 조합원들을 집단 폭행했다. 동일방직 사건은 전국섬유노조에 의한 노조원들의 제명, 회사 측의 124명 해고 등으로 일단락되었지만, 알몸과 인분으로 상징되는 1970년대 노동운동의 대표적인 사건이 되었다.

한편, 산업화가 가속화되면서 농촌은 점차 피폐화되었다. 유신체제는 새마을운동을 실시하면서 농촌에 활력을 불어 넣고자 했다. 이를 위해 농촌 구조를 바꾸기보다는 농민들로 하여금 소득을 증대할 수 있는 방안을 찾게 했다. 그러나 위로부터 일방적으로 하달된 농업 경

평화시장 다락방 작업장　당시 노동자들은 열악한
작업장에서 14~15시간씩 격무에 시달렸다.

영 방식은 많은 부작용을 가져왔으며, 1970년대 후반에 인플레이션을 극복하기 위해 본격화된 수입자유화는 농민들의 시름을 더욱 깊게 했다.

1976년부터 1978년까지 진행된 함평 고구마 사건은 당시 정부의 농촌 정책과 농촌의 실상을 보여 주는 상징적인 사건이었다. 농업협동조합 전남지부는 1976년산 고구마를 전량 수매하겠다고 공약해 놓고 이를 이행하지 않아 생산 농가가 엄청난 피해를 입게 되었다. 이에 함평군의 농민들은 피해액을 조사해 농협에 피해 보상을 요구했다. 그러나 농협은 피해를 해결하기는커녕 오히려 농민들을 회유하는 방법을 통해 문제를 해결하고자 했다. 또한 도청을 항의 방문한 농민들은 곤봉세례를 받고 강제 해산되었다.

이에 1978년 4월 24일부터 광주시 북동 천주교회에서 60여 명이 무기한 단식 투쟁에 돌입했다. 가톨릭 농민회 전국 지도 신부단이 농성에 합류하자, 당국은 4월 28일부터 대화를 제의, 5월 2일 정부로부터 보상을 받았다. 이 과정에서 정부는 농협이 11개 국정회사와 짜고 고구마 수매자금 415억 원 중 80억 원을 부정 유출시킨 사실을 밝혀냈다.

1979년 5월에 있었던 오원춘 사건 또한 당시 농민들의 상황을 잘 보여 준다. 경북 안동의 농민운동 지도자 오원춘은 농협에서 알선한 감자 씨를 심었으나 싹이 나지 않아 감자 농사를 망치자 당국으로부터 피해액 전액을 보상받았다. 그러나 피해보상운동에 앞장섰던 오원춘은 정보기관에 의해 울릉도까지 납치되는 사건이 발생했다. 가톨릭 농민회는 이 사건이 당국에 의한 납치, 탄압임을 폭로했지만, 정부는 농민회 관련자와 오원춘을 긴급조치 9호 위반으로 구속했다.

이상과 같이 1970년대 노동, 농민운동은 당국의 탄압으로 인해 구체적인 결실을 맺지 못하고 관련자들이 해고되거나 구속되는 사태로 끝을 맺었다. 그러나 이러한 경험은 1980년대 이후 노동, 농민운동이 더욱 활성화되는 밑바탕이 되었다.

통제된 대중문화

1968년 박정희는 경제성장에 걸맞은 정신·문화적인 발전을 위해 제2경제의 창출을 주장했다. 그러나 그가 추진한 정책은 자유로운 문화 발전을 의미하는 것이 아니라 엄숙성과 청빈성을 바탕에 둔 것이었다. 이러한 문화적 가치는 식민지 시기 사범학교와 일본육군사관학교에서 엄격히 통제된 교육을 받았던 그의 정신적 기저로부터 나온 것이었다.

1973년 3월 10일 미니스커트와 장발을 단속하는 개정 경범죄처벌법이 발효되었다. 그 이전부터도 미니스커트와 장발에 대한 단속이 있었지만, 본격적인 단속은 이때부터 시작되었다. 길거리에서 경찰이 장발에 단속된 청년들의 머리를 깎고, 미니스커트의 길이를 재는 이상한 풍속이 등장한 것이다. 미니스커트의 경우 무릎 위 20센티미터 이상이면 경범죄로 처벌되었고, 장발의 경우 머리가 귀를 덮는가의 여부와 함께 와이셔츠 깃에 머리카락이 닿는가가 그 기준이 되었다.

박정희는 특히 '장발' 문화를 적극적으로 규제하고자 했다. 10월유신에 따른 방송사 자율규제 속에 '장발자의 출연 등을 극력 피할 것'이라는 조항이 들어 있었고, 긴급조치 9호 선포 이후에는 두 차례에 걸쳐 방송사에 장발자를 브라운관에서 제거하라는 지시가 내려졌다.

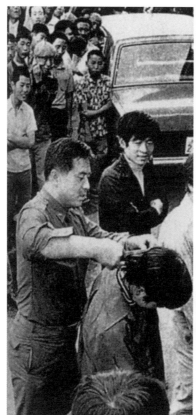

통제된 사회 1970년대 길거리에서 장발과 미니스커트를 단속하는 풍경은 일상적인 모습이었다.

심지어 텔레비전 외화에 나오는 외국인 장발 출연자까지 삭제해야
했다.

유신체제 하에서 대중문화에 대한 통제의 극치는 금지곡의 양산이
었다. 1960년대의 금지곡이 왜색을 띤 트로트 곡에 집중되었다면,
1970년대의 금지곡은 젊은이들이 사상적·문화적 자유를 추구하는
것을 가로막는 데 집중되었다. 〈국민교육헌장〉으로 대표되는 일원화
된 국가주의 추구에서 자유주의는 사회적 악으로 치부되었다.

1960년대 후반 이후 통기타와 청바지가 유행하고 생맥주 문화가
보급되면서 나타난 대중문화 가수들의 활동이 금지되기 시작했으며,
이들의 음악 역시 금지되었다. 서구의 대중문화를 적극적으로 소화하
고자 했던 한대수는 활동이 금지되었으며, 정부에 협조하는 것을 거
부했던 기타리스트 신중현 역시 활동하는 데 어려움을 겪었다. 통기
타 가수를 대표하는 김민기와 양희은, 송창식의 노래도 금지곡 목록
에 올라 젊은 청년들은 새로운 문화에 목말라할 수밖에 없었다. 그러
나 금지곡들은 대학가에서 가장 유행하는 노래로 부상했다. 1980년
대에 이르기까지 당시 금지곡이었던 〈아침이슬〉, 〈친구〉 등은 대학가
최고의 대중가요로 각광을 받았으며 민주화를 위한 저항의 상징적인
역할을 했다.

다른 한편으로 1970년대 문화의 어두운 터널 속에서 지식인들의 양
심적 문화운동이 시작되었다. 1966년에 창간된 《창작과 비평》은 1950
년대와 1960년대를 풍미한 《사상계》와는 또 다른 의미에서 1970년대
의 문학을 비롯한 민중, 민족문화에 중요한 영향을 미쳤다. 황석영의
〈객지〉와 같은 노동소설, 김춘복의 〈쌈짓골〉, 방영웅의 〈분례기〉와 같

청년저항문화 1970년대 청년문화를 상징하는 가수들인 한대수와 신중현, 양희은, 김민기의 당시 앨범들.

은 농촌소설이 이때 등장했다. 1970년 창간된 《씨올의 소리》 역시 함석헌 선생이 중심이 되어 정부에 비판적인 입장에서 당시 지성인들의 논쟁을 이끌어 나갔다.

부마항쟁과 박정희의 죽음

1970년대 후반 사회적으로 유신체제에 반대하는 국민들의 흐름이 점차 거세지기 시작했다. 1975년 선포된 긴급조치 9호가 4년 가까이 되면서 입에 재갈이 물린 채 지내던 국민들이 서서히 일어나기 시작했다. 또한 사회경제적으로도 1970년대 후반은 암울한 시기였다. 두 차례의 오일쇼크로 인해 국민들은 고물가에 시달릴 수밖에 없었고, 물가 안정을 위해 실시한 수입자유화 정책은 새마을운동 차원의 소득 증대운동에 따라 빚을 지면서까지 비닐하우스와 축산을 했던 농민들에게 깊은 시름을 안겨 주었다.

유신체제의 몰락은 1978년 총선거에서 징후가 드러나기 시작했다. 1978년 7월 6일에 있었던 통일주체국민회의에 의한 대통령 선거에서 99퍼센트라는 경이적인 지지율(재적 대의원 2,581명 중 2,578명 참석, 찬성 2,577표)로 박정희 대통령이 재선되었지만, 동년 12월 12일에 있었던 제10대 총선거에서는 야당인 신민당이 정당별 지역구 선거에서 여당의 득표율을 앞선 32.8퍼센트를 획득했다. 유신체제에 대한 국민들의 반감이 표출된 것이다. 민주공화당은 유정회 77인을 포함하여 총 145인의 의원이 당선되었지만, 득표율은 야당에 뒤졌고, 지역구 당선자의 과반수에도 못 미치는 것이었다.

이러한 유신체제의 위기는 1979년에 더욱 가속화되었다. 재야와 민주화운동 인사들은 1979년 3월 1일 '민주주의와 민족통일을 위한 국민연합'을 결성했다. 여기에서 '3·1운동 60주년에 즈음한 민주구국선언'을 발표하고 민주화운동을 더욱 강화해 나가기 시작했다.

또 다른 유신체제 위기의 출발점은 카터 미국 대통령의 방한이었다. 인권외교를 추진하면서 주한미군 철수를 추진했던 카터James Earl Carter, Jr.와 박정희의 관계는 1970년대 후반의 불편한 한미관계를 상징적으로 보여 주었다. 카터는 1979년 일본에서 7개국 정상회담을 마치고, 6월 29일부터 2박 3일간의 일정으로 한국을 방문했다. 회담 기간 동안 박정희는 주한미군 철수를 주요 이슈로 다루기를 원했고, 카터는 한국의 인권 상황에 대해 문제를 제기했다.

카터의 방한에 뒤이어 YH 사건이 일어났다. 1979년 4월 회사 측의 횡포를 견디다 못한 YH무역회사의 여공들이 농성을 시작해 같은 해 8월에는 신민당 당사를 점거했다. 정부는 이들을 강제로 해산했는데 이 과정에서 농성에 참여했던 노동자 김경숙이 사망하는 사건이 발생했다. 이에 신민당은 강력하게 항의했고, 동년 9월 정부와 여당에서는 김영삼 신민당 총재가 《뉴욕타임스》와의 기자회견에서 국가의 기강을 문란하게 하는 발언을 했다는 이유로 국회의원 자격을 박탈했다.

이 사건에 항의해 신민당 의원은 전원 사퇴했고, 10월 16일부터 경상남도의 부산과 마산에서 유신체제에 반대하는 대규모 시위(부마항쟁)가 전개되었다. 대학생들과 시민이 참여한 대규모 시위인 부마항쟁은 17개 공공기관 건물이 시위 과정에서 파손될 정도로 격렬하게 진행되었다. 이에 정부는 10월 20일부터 부산에 계엄령을 선포하며 시위에 강력하게 대처했다.

카터 대통령 방한 1979년 6월 29일, 여의도광장에서 열린 시민환
영식에서 박정희와 함께 손을 흔드는 카터.

결국 부마항쟁은 10·26사건으로 이어진다. 유신체제의 2인자였던 중앙정보부장 김재규는 1979년 10월 26일 밤 중앙정보부 궁정동 안가에서 열린 술자리에서 박정희를 총으로 살해했다. 표면적으로 이 사건은 부마항쟁의 처리를 둘러싼 중앙정보부장과 대통령 경호실장 간의 갈등이 중요한 이유였다고 밝혀져 있다.

10·26사건으로 박정희가 사망하자, 유신체제는 곧 붕괴되었다. 1인 독재체제에서 정점에 있던 최고 지도자가 사라지자 시스템의 작동이 중지된 것이다. 이후 박정희의 신임을 받으며 성장한 전두환을 중심으로 하는 신군부가 12·12쿠데타를 일으키면서 정국의 주도권을 장악했고, 다른 한편에서는 민주화운동 세력이 중심이 되어 '서울의 봄'을 주도했다.

－박태균

1979년 10·26사건으로 유신정권은 무너졌으나, 12·12를 통해 군권을 장악한 전두환의 신군부는 1980년 서울의 봄과 5월 광주시민의 민주화 요구를 무력으로 짓밟고 권력을 장악했다. 그러나 5공 정권은 정당성과 도덕성의 부재로 집권기간 내내 민주세력의 격렬한 저항에 시달렸다. 1987년 6월 항쟁으로 전두환 정권은 벼랑 끝으로 내몰렸고 직선제 개헌을 수용했다. 12월 대선에서 양김의 분열로 정권 교체는 실패했고, 민주주의를 획기적으로 진전시킬 기회를 놓치고 말았다.

전두환·노태우 정부와
6월 민주항쟁

군부의 재집권과
5·18광주민주항쟁

12·12군사쿠데타

1979년 10월 26일 박정희 대통령이 중앙정보부장 김재규에 의해 암살당하고 비상계엄령이 선포된 상태에서 국무총리 최규하가 대통령직을 승계했다. 최규하 대통령 권한대행은 1979년 11월 10일 특별담화를 통해 기존 유신헌법의 절차에 따라 대통령 선거를 일단 실시해 공백 상태의 대통령직을 채우겠지만 차기 대통령의 잔여 임기를 채우지 않고, 빠른 시일 내에 헌법을 개정해 새로운 정부를 구성하겠다고 약속했다. 최규하는 같은 해 12월 유신헌법 절차에 따라 통일주체국민회의에서 대통령으로 선출되었다. 최규하는 12월 7일 긴급조치 9호를 해제했고, 나아가 야당 지도자 김대중에 대한 가택 연금도 해제했다. 비록 계엄령이 지속되는 상태였지만 표면적으로는 계엄령이 곧 해제되고, 새로운 헌법과 민주적인 정부가 만들어져 민주화가 이루어질 것으로 기대되었다.

그러나 박정희의 죽음 그 자체가 자동적으로 군사독재정권의 붕괴로 이어지는 것은 아니었다. 장기간 지속된 군사독재정권에서 일부

정치화된 군 장교 집단이 성장했고, 이들은 박정희가 사망한 이후 발생한 정치적 공백 상태에서 권력 장악을 음모할 개연성이 다분히 존재했다. 김재규를 체포한 보안사령관 전두환은 10·26사건을 조사하는 합동수사본부의 책임자가 되어 군 실세로 부각되기 시작했다. 마침내 1979년 12월 12일 전두환 합동수사본부장과 그를 추종하는 장교 집단은 당시 육군참모총장이자 계엄사령관이었던 정승화를 10·26사건과 관련이 있다는 명목으로 대통령의 사전 재가 없이 연행하는 하극상 사건을 연출했다. 전두환과 그 추종세력들은 대대적으로 군 병력을 불법 동원하여 반대파 장성들을 제압하는 쿠데타를 일으켰다. 12·12쿠데타 직후 전두환과 당시 '신군부'로 불렸던 추종 장교 집단은 군 인사를 개편해 요직에 자신들에게 우호적인 인물을 앉혔고, 군의 실권을 완전히 장악했다.

　12·12쿠데타를 주도한 장교 집단은 전두환, 노태우 등 육사 11기생들이 주로 경상도 출신 육사 후배들과 함께 만든 사조직 '하나회'를 근간으로 하고 있었다. 육사 11기생은 한국전쟁 당시 육군사관학교가 4년제로 개편될 때 입학한 기수였다. 이들은 4년제 육사생도로서 장교집단 내에서 독특한 정체성을 형성했다. 1961년 5·16쿠데타 직후 주한미국대사관 문화참사이던 그레고리 핸더슨은 한국군 파벌 문제를 분석하며 정부 수립 이후 처음으로 들어간 육사 8기 집단과 4년제 육군사관학교 첫 기수인 11기 집단을 주목해 보아야 한다고 지적한 바 있었다. 결국 육사 8기 출신 장교 중 김종필 등 일부 정치화된 군인들이 5·16쿠데타를 일으켰고, 11기 중 전두환, 노태우 등이 12·12쿠데타를 주도했다. 비밀 사조직 '하나회'의 존재는 1973년 이른바 '윤

1955년 육군사관학교 11기생들의 졸업 도열 이들 중 일부는 12·12쿠데타, 5·18광주민주화운동 진압의 주역으로 등장해 전두환에서 노태우로 이어지는 군사정권을 만든다.

12·12쿠데타 주요 인물들이 보안사에서 촬영한 기념사진 앞줄 왼쪽에서 네 번째가 노태우, 다섯 번째가 전두환이다.

필용 사건' 수사 과정에서도 드러난 바 있었다. 일부 하나회 장교들은 이 사건으로 예편당했지만 전두환, 노태우 등은 무사히 장교직을 유지할 수 있었다.

전두환과 '하나회' 장교 집단은 12·12쿠데타로 군권을 장악한 후 곧바로 국가권력 전체를 장악하기 위한 음모에 들어갔다. 이들은 1980년 초부터 'K-plan'으로 알려진 권력 장악 계획을 수립하고 추진해 갔다. 1980년 4월 14일 전두환 보안사령관은 중앙정보부장 서리를 겸직하게 되었다. 이에 따라 그는 국무회의에 참여할 수 있는 권한을 얻을 수 있었고, 중앙정보부의 풍부한 정보 및 인력, 그리고 비밀리에 사용이 가능한 예산을 얻게 되었다. 전두환의 중앙정보부장 서리 겸직은 그와 신군부 세력의 실체 및 권력 장악 기도가 표면화하는 계기가 되었다. 표면적으로는 유신체제의 철폐와 민주화가 약속되고 있었지만, 그 이면에는 이를 뒤집고 다시 군사독재를 연장하려는 세력들이 강력하게 발호하고 있었던 것이다.

서울의 봄

1980년에 접어들면서 민주화를 추구하는 흐름들이 본격적으로 나타났다. 그러나 당시는 여전히 계엄령이 내려져 있는 상태였고, 이면에서는 전두환과 신군부세력들이 권력을 장악할 음모를 꾸미고 있었다. 이처럼 "봄은 왔지만 봄 같지 않은" 어정쩡한 1980년 초반의 국면을 흔히 '서울의 봄'이라 한다.

박정희 정권에 억눌려 왔던 야당 정치인들은 기지개를 펴기 시작했고, 민주화와 자신들의 집권을 기대했다. 박 대통령 암살 직후 김영삼은 곧바로 신민당에 복귀해 당을 재정비했다. 반면 같은 야당 인사 김대중은 신민당 입당을 미룬 채 재야세력을 규합하면서 독자적인 정치 행보를 보였다. 한편 박 대통령으로부터 항상 견제를 받아 왔던 여권 인사 김종필은 자신을 중심으로 공화당을 개편했다. 김영삼, 김대중, 김종필 이른바 '3김'의 정치적 경쟁이 시작되었던 것이다.

유신체제 하에서 기본적인 노동자의 권리도 무시당해 왔던 노동자들은 '서울의 봄'을 맞이해 활발한 움직임을 보였다. 청계피복노조 등 억눌려 왔던 민주노조들은 일제히 파업, 농성, 시위 등 다양한 형태로 임금 인상 및 근로조건 개선운동을 전개했다. 박정희 정권 하에서, 특히 유신체제 하에서 노동자들은 극단적으로 억눌려 왔기 때문에 이들의 저항은 폭발적이었다. 이른바 '사북 사건'은 이러한 양상을 잘 보여 준다.

1980년 4월 사북 동원탄좌 노동자들이 경찰과 일부 노조 간부진과 충돌했다. 광부들은 서북지서 등 중요 건물을 습격하여 장악했는데, 이 과정에서 유혈 사태를 동반한 일대 봉기 사태가 발생했다. 1960~70년대 경제개발 과정에서 광부들은 서민들이 연료로 쓰는 석탄을 생산하면서 경제 발전에 지대한 공헌을 했다. 당시 광부들은 하루 3교대로 8시간씩, 한 달 평균 28일씩의 중노동을 했다. 이 사건을 계기로 일신제강, 인천제철, 부산파이프 등 규모가 큰 중화학공업 공장에서도 노동자들의 생존권 투쟁이 격렬하게 전개되었다. 그러나 이와 같은 노동운동은 5·18비상계엄령 확대 조치로 말미암아 민주노조 간부들이 체포되는 등 일대 탄압을 받게 되었다. 신군부 세력들은 '서울의 봄' 당시에 노동운동을 주도한 일부 민주노조 간부들을 '삼청교육대'

에 연행하기도 했다.

10·26 직후 휴교령으로 문을 닫았던 대학이 1980년 3월부터 다시 개강함에 따라 박정희 정권 하의 민주화운동에서 주요한 역할을 담당했던 대학생들의 움직임도 시작되었다. 학생들은 일단 군사정권의 유산인 학도호국단 조직을 철폐하고, 선거를 통해 자율적인 학생회를 구성했다. 당시 학생운동 세력은 계엄령의 철폐와 개헌 등 민주화 조치의 조속한 실행을 원했지만 군이 정치적으로 개입하는 빌미를 주지 않기 위해 학교 밖에서의 시위를 처음에는 자제했다. 3월과 4월 동안에는 군사독재정권에 협력하고 학생운동을 탄압한 '어용교수'를 퇴진시키고, 사립학교 재단의 비리를 규탄하는 운동을 했다. 그러나 민주화 일정의 명확한 공표가 늦어지고, 외신보도 등을 통해 전두환을 비롯한 신군부 세력의 권력 장악 기도가 알려지자 5월 초부터 정치적 문제를 쟁점화했다.

1980년 5월 13일 학생들은 학교 밖으로 나와 비상계엄령 폐지와 조속한 민주화 이행을 촉구하는 시위를 벌였다. 5월 15일에는 학생 시위가 전국적으로 확대되어 서울의 35개 대학, 지방의 24개 대학의 학생들이 가두로 진출했다. 이날 서울역 광장에는 무려 10만으로 추정되는 시위대가 모였다. 학생들은 비상계엄 해제, 언론자유 보장, 노동삼권 쟁취 등의 구호를 외쳤다. 학생들이 대거 가두로 진출했음에도 불구하고 시민들의 참여는 저조했다. 전두환과 신군부 세력은 이미 서울 근교 부대 및 공수부대원들에게 이른바 '충정작전'이라는 명목으로 시위 진압 훈련을 시켜 놓고, 대도시 근교로 일부 병력을 이동해 놓은 상태였다. 서울역 광장에서 학생 시위 주도자들 사이에는 시위

1980년 5월 15일 서울역에 모인 학생들 5월 18일 비상계엄령이
선포되면서 '5월의 봄'은 너무나 짧게 끝났다.

를 보다 적극적으로 확산시켜 광화문과 청와대 앞으로 진격하자는 주장과 군이 개입하는 빌미를 주지 않기 위해 일단 학교로 돌아가 상황을 관망하자는 주장이 엇갈렸다. 학생들은 결국 학교로 돌아갔다. 서울 지역의 학생들은 이후 5월 18일 0시를 기해 비상계엄 확대 조치가 이루어지고 학생회 간부 등 학생운동 지도부들이 일제히 검거되자 대규모 저항을 할 수 없었다.

5·18광주민주항쟁

전두환과 신군부 세력의 주도 하에 1980년 5월 18일 0시부터 비상계엄령을 제주도를 포함한 전국으로 확대하는 조치가 이루어졌다. 비상계엄령의 해제와 조속한 민주화 이행을 촉구했던 민주화운동 세력의 요구와 정면으로 배치되는 조치였다. 5월 17일부터 김대중을 비롯한 야당 정치인과 민주화운동가, 학생운동 지도자에 대한 대대적인 검거가 시작되었다. 국회는 문을 닫고, 대학교에는 휴교령이 내려짐과 동시에 공수부대원들이 학교 안으로 들어와 캠퍼스를 장악했다. 신군부 세력이 본격적으로 권력 장악에 나선 것이다. 기습적인 계엄령과 군대의 캠퍼스 점령으로 말미암아 다른 지역에서는 대규모 항쟁이 벌어지지 못했지만 광주에서는 계엄령에 항의하는 학생들의 저항이 발생했다.

1980년 5월 18일 전남대학교 정문 앞에서 학생 200여 명과 학교를 점령한 공수부대원 사이에 충돌이 발생했다. 학생들은 광주 시내로 진출하여 "비상계엄 해제하라", "김대중을 석방하라", "휴교령을 철회하라", "전두환은 물러가라" 등의 구호를 외치며 시위를 벌였다. 시위 학생은 수백 명 수준이고, 아직 시민들이 광범위하게 참여하지 않는 상태였다. 신군부는 계엄령 확대 조치를 취하면서 대학생을 비롯한 민주화운동 세력의 반발을 예상했고, 여기에 대한 저항이 있을 경우 초기 단계에서부터 강력하게 진압해 저항의지 자체를 분쇄한다는 방침을 세워 놓고 있었다.

시위는 경찰력만으로도 진압이 가능한 수준이었지만, 신군부가 장악하고 있는 계엄사령부는 5월 18일 당일 공수부대를 시내에 투입해 시위를 진압하고, 동시에 공수부대 병력을 추가로 광주로 이동시켰다. 공수부대가 투입되면서 광주의 상황은 심각하게 악화되었다. 최정예부대인 공수부대원들이 민간인 시위를 진압하는 상황은 경찰이 시위를 진압하는 것과 차원이 다를 수밖에 없었다. 공수부대원들은 곤봉과 소총 개머리판을 휘두르며 치명적인 손상을 줄 수 있는 머리 부분까지 시위대를 무차별적으로 구타했다. 직접 시위에 참여하지 않은 일반시민이라도 반항의 기색이 있으면 그 자리에서 폭행했다.

공수부대원들의 과격한 시위 진압에도 광주 시민들은 저항을 멈추지 않았다. 5월 19일 시위는 광주 시내 전역으로 확산되었고, 일반 시민들의 참여도 더 광범위해졌다. 공수부대의 무차별적이고 잔인한 진압도 계속되었다. 시민들이 완전히 무력화될 때까지 구타하고, 부상자들을 질질 끌고 가 트럭에 던져 올렸으며, 체포된 사람들은 전장에서 포로들을 대하듯 팬티만 입힌 채 연행했다. 5월 20일 공수부대원들의 과격한 시위 진압을 누구보다도 생생히 현장에서 목격했던 택시기사를 비롯해 버스, 트럭 운전자들이 차량을 앞세우고 도청 앞으로 진출하는 등 시위는 더욱 격화되었다. 광주에서 사흘 동안 난리가 났

1980년 5월 광주

1 5월 18일 시위대를 무자비하게 진압하는 계엄군.

2 헤드라이트를 켜고 시위 중인 버스와 택시 운전자들.

3 5월 21일 13시경, 집단 발포 직전의 금남로.

4 무장하는 광주 시민들.

5 시신들과 엉킨 채 체포당하고 있는 시민들.

6 5월 27일 교련복을 입은 고등학생에 총을 겨누고 있는 계엄군.

5·18광주민주항쟁 사건일지

5월 18일	전남대 정문 앞에서 학생들이 시위 전개
5월 19일	11공수부대 투입, 강경 진압에 항의시위 확산
5월 20일	금남로에서 차량시위 전개
5월 21일	공수부대, 집단 발포
5월 22일	목포, 나주, 화순, 해남 등 인접 지역으로 시위 확대
5월 23일	위컴 한미연합군사령관, 광주시위진압동원에 동의
5월 25일	계엄군, 광주 완진 봉쇄
5월 27일	5시경 계엄군, 진압작전 종료

음에도 불구하고, 계엄사령부에 의해 통제당하고 있던 언론은 이 사태에 대해 조금도 보도하지 못했다. 분노한 시민들에 의해 20일 저녁부터 21일 새벽까지 광주 시내에 있는 MBC와 KBS 지국이 불에 탔다.

5월 21일 시민들의 대대적 참여와 저항으로 말미암아 공수부대원들은 대부분 광주 외곽으로 밀려나고, 일부 부대만이 도청에 고립되어 있었다. 시민들이 도청을 에워싸고, 공수부대의 철수를 요구하며 압박하고 있던 상황에서 공수부대원들이 오후 1시경부터 10분간 시위대에 일제 사격을 가하여 대규모 유혈 사태가 발생했다. 여기에 대항해 시민들도 무장했고, 사태는 걷잡을 수 없는 상태로 흘러갔다. 공수부대원들은 마침내 광주 시내에서 모두 철수하고, 시민군이 도시를 장악했다.

시민군은 광주 시내를 순찰하며 자치적으로 치안을 유지하면서 사태를 수습하기 위해 노력했다. 21일부터 전국 언론들은 광주에서 발생한 항쟁을 일제히 보도했다. 하지만 사전검열로 인해 이 사태를 불순분자가 일으킨 '폭동'으로 규정하고, 광주가 폭동으로 무법천지가 되었다는 내용으로 보도했다. 그러나 계엄군과 경찰이 물러간 광주의 상황은 무법천지와는 거리가 멀었다. 시민들은 나름대로 자치적 공동체를 형성하면서 부족한 물자의 매점매석을 방지했다. 광주 시내에 은행 및 금융기관들도 많았지만 금고 등이 약탈당하는 사건은 발생하지 않았다. 시민들은 '수습위원회'를 만들고 사태를 평화적으로 해결하기 위해 노력했다. 그러나 평화적 사태 해결은 지연되고, 5월 27일 20사단을 주력으로 하는 계엄군이 광주로 들어와 시민군을 진압함으로써 사태는 종결되었다. 2006년 광주시가 5·18항쟁 관련 희생자를 보상하며 집계한 통계에 따르면 5·18항쟁으로 사망한 사람은 166명, 행방불명자는 64명, 부상자는 3,139명이었다.

5·18광주민주항쟁은 전두환과 신군부 세력의 정권 장악을 위해 내려진 계엄령 확대 조치와 민주인사 구속에 항의하는 시민의 저항이었다. 그런데 당시 계엄군의 무자비한 탄압으로 말미암아 사실이 왜곡·통제되어 항쟁은 확산되지 못했고 광주는 고립되었다. 여기에 호응하려는 시도가 존재하기는 했지만 결국 다른 지역에서 광범위한 저항은 일어나지 못했다. 그러나 5·18항쟁은 1980년대 민주화운동에 커다란 영향을 미쳤다. 목숨을 걸고 저항했던 광주 시민들의 모습과 이를 탄압했던 군사정권의 폭력성과 잔인성은 그 후로도 오래 기억될 수밖에 없었다. 그리고 민주화를 염원하던 사람들은 비참하게 죽어간 광주 사람들에게 부채의식을 가질 수밖에 없었다. 1980년대 한국의 민주화운동은 광주를 기억하려는 세력과 이를 은폐, 매장하려는 세력 사이의 갈등이었다고 이야기되기도 한다. 그리고 이러한 기억을 둘러싼 갈등과 투쟁은 현재에도 계속되고 있다.

전두환 정권의 출범과 인권침해

5·18항쟁의 진압 직후 전두환과 신군부는 마침내 본격적인 권력 장악을 위해 나섰다. 1980년 5월 31일 대통령령에 의해 국가보위비상대책위원회(국보위)가 설치되고 전두환이 위원장에 임명되었다. '국보위'는 형식적으로는 '대통령을 보좌하고 국가를 보위하기 위한 국책사항을 심의'하기 위한 기구라고 했지만 실질적으로 전두환과 신군부 세력이 권력을 장악하는 발판이 되었던 기구였다. 국보위 설치 후

국보위를 설치한 전두환 1980년 5월 31일, 5·18광주민주항쟁을 진압한 직후 전두환은 국가보위비상대
책위원회를 설치해 권력을 장악했다.

전두환과 신군부 세력은 5·16쿠데타 직후와 마찬가지로 권력 장악을 위해 한편으로 강압적인 통치를 위해 사회 각 분야에 대한 통제력을 강화하고, 또 한편으로는 민심을 사기 위한 일련의 조치를 진행했다.

국보위는 1980년 7월 공직자 '정화' 사업을 발표하고 고위 공직자를 포함한 공무원 5,000여 명을 숙청했다. 이러한 조치는 군사정권 시절 만연했던 공직자의 부패를 처벌한다는 점에서 민심 수습에 기여했지만 한편으로는 공직사회가 철저하게 신군부 세력에 의해 장악되는 과정이기도 했다. 아울러 같은 달 과외 금지와 대입 본고사 폐지, 졸업정원제 실시 등이 발표됐다.

전두환과 신군부 세력은 이른바 '정의사회 구현'이라는 구호를 앞세워 여전히 계엄령이 내려져 있는 상황에서 '개혁'을 명목으로 사회 각 분야를 장악하기 시작했다. 1980년 6월 김종필, 이후락, 박종규 등 박정희 군사정권의 실세들에 대한 '권력형 부정축재' 수사가 발표되었고, 7월 4일에는 김대중 등 내란음모사건 수사 발표가 있었으며, 11월에는 정치인 800명의 정치활동을 금지시키는 조치를 내렸다. 신군부가 쿠데타와 광주에서의 학살을 통해 집권하는 데 있어서 언론 통제는 필수적이었다. 언론인 숙정을 명목으로 기자 715명이 해직되었으며, 《창작과비평》 등 172개 정기간행물의 등록이 취소되었다. 또한 1980년 말에서 1981년 초까지 이른바 '언론통폐합' 조치를 단행해 일부 방송사와 신문사를 통폐합시키는 조치에 나섰다. 언론통폐합 조치로 신군부가 언론사 자체의 생사여탈권을 쥐고 있는 상태에서 언론은 권력에 의해 철저하게 장악당하지 않을 수 없었다. 이무렵 KBS, MBC 두 공중파 방송의 저녁 9시 뉴스는 매일 "전두환 대통령은 ⋯⋯" 식의 대통령 동정 보도로 시작되었다. 또한 정권은 이른바 '보도지침'을 신문사에 전달하여 대단히 사소한 부분까지 언론 보도를 통제하고 간섭했다. 그러나 언론통폐합 조치로 살아남은 언론사들은 오히려 이 조치를 통해 사세를 확장하고, 언론시장에 대한 장악력을 확대할 수 있었다.

전두환과 신군부는 권력을 장악하는 과정에서 많은 인권침해를 자행했는데, 대표적인 사례가 바로 삼청교육대 강제동원이었다. 1980년 신군부가 장악한 계엄사령부는 계엄포고령 제13호를 바탕으로 '불량배 일제 검거'에 들어갔다. 후일 국방부가 발표한 것만 하더라도 총 6만 700여 명이 연행되었고, 이 중에 4만 명 가까이 되는 사람들은 한 달 동안 이른바 '삼청교육대'로 알려진 군부대에서 '순화교육'을 받았다. 구타와 가혹행위가 난무한 이 과정은 당시 언론을 통해 불량배들이 참회하고 새로운 인생을 살기 위한 '교육'으로 포장되었다. 아무리 불량배라 할지라도 민주국가에서 정식 재판 절차도 없이 사람들이 일제히 구금되고 징벌적인 '순화교육'을 받는 것은 상식 밖의 일이다. 더욱이 삼청교육대로 연행된 사람들 중에는 불량배와는 거리가 먼 사람들이 많았다. 1970년대 민주노조 활동을 했던 노동운동가도 연행되었고, '계'를 결성하는 등의 활동을 했던 여성들도 '경제악 사범'이라 해서 연행되었다.

삼청교육대로 연행된 사람들 중 1만 명 가량은 '순화교육'을 마치고 난 이후에도 군부대에서 수개월 동안 근로봉사를 해야 했고, 이 중 7천여 명에게는 아무런 재판 절차도 없이 2년 동안 보호감호 처분을 내리기도 했다. 이 과정에서 사망한 사람의 수는 국방부의 발표에 따

삼청교육대 삼청교육대에서 '순화교육'을 받고 있는 시민들.

르더라도 50명이나 되었다. 5·16쿠데타 때에도 불량배 및 병역 기피자로 지목된 사람들을 끌고 가서 강제 노동을 시킨 경우가 있었지만 삼청교육대는 피해자의 숫자 및 구금 기간 모두에서 훨씬 규모가 컸다. 신군부는 '불량배'를 소탕한다는 명목으로 민심을 사면서도 엄청난 폭력을 보여줌으로써 전사회적으로 공포 분위기를 조성하고, 사람들로 하여금 폭력적인 정권에 순응하고 침묵하도록 만들었다.

이와 같은 공포 분위기 속에서 1980년 8월 최규하 대통령이 사임하고, 전두환이 유신헌법 절차에 따라 통일주체국민회의에서 대통령으로 추대되었다. 이로써 12·12쿠데타 이후 신군부가 추진했던 권력 장악 음모는 10여 개월 만에 마무리되었다. 그러나 이미 유신체제에 대한 반감이 시민들 사이에 광범위하게 자리 잡고 있는 상황에서 유신헌법을 계속 유지하는 것은 불가능했다. 전두환과 신군부 세력은 권력 장악 후 통일주체국민회의를 해산하고 '국가보위입법회의'를 만들었다. 국가보위입법회의는 이미 해산된 국회를 대체하는 입법기관으로 '노동법'을 개악하고, 언론에 족쇄를 채우기 위한 언론기본법을 제정했다. 그리고 7년 단임제와 선거인단에 의한 대통령 간접선거를 골자로 하는 개헌안을 확정했다. 1981년 1월 24일 10·26 이후 계속되었던 계엄령이 해제되고, 같은 해 2월 25일 새로운 헌법에 따라 간접선거로 전두환이 대통령에 당선되었다.

전두환과 신군부의 권력 장악은 형식적인 절차면에서 합법성을 확보하고, 정권 장악을 위한 분위기를 조성하기 위해 12·12쿠데타 이후 1년이 넘는 기간 동안 여러 단계와 절차를 거쳐 진행되었다. 이들의 권력 장악은 1979년 12·12쿠데타에서 시작되어 5·18항쟁의 유혈진압, 삼청교육대 등 유혈 사태와 대대적인 인권침해 과정 속에서 진행되었다. 또한 유신헌법이 철폐되고 새로운 헌법이 만들어지기는 했지만 대통령을 간접 선거하는 등 억압적인 정치체제는 지속되었다. 이에 박정희의 사망 이후 싹텄던 유신체제 철폐와 민주화의 열망은 일시 좌절될 수밖에 없었다.

전두환 정권기 한국 사회

한·미·일 동맹체제의 강화 및 남북관계

전두환과 신군부 세력이 광주에서 대규모 유혈 사태를 일으키고 권력을 장악하는 과정에서 미국은 예상과는 달리 이를 방관하거나 동조하는 태도를 보였다. 당시 카터 미국 대통령은 인권외교를 표방하고, 동맹국의 인권 문제에 대해서도 미국이 관여하고 비판해야 한다고 주장했었다. 그러나 집권 말기 카터 행정부의 정책은 동맹국들에게 민주주의보다는 안보를 강조하는 방향으로 나아갔다. 5·18항쟁 과정에서 민주화운동 세력들은 미국이 사태에 개입해 전두환과 신군부 세력을 견제해 줄 것으로 기대했다. 그러나 당시 미국 정부는 한미연합사령관 위컴John A. Wickham의 작전통제 하에 있던 20사단이 항쟁을 진압하기 위해 광주로 이동하는 것을 사실상 승인해 주었다. 당시 미국 관리들은 대부분 5·18항쟁을 민주주의를 위한 시민항쟁이라기보다

미문화원 점거 농성 1985년 5월 23일, 미국문화
원 도서관을 점거하고 농성 중인 학생들.

는 한국의 안보를 위협하는 소요사태로 보았고, 한국의 민주 발전보다는 안보를 강조했다. 특히 위컴 한미연합사령관은 언론 인터뷰 과정에서 광주에서 유혈 사태가 발생했는데 한국인들이 전두환 정권을 인정하고 수용할 것 같으냐는 기자의 질문에 "한국인들은 들쥐lemmings와 같아서 강력한 지도자가 나타나면 뒤에 줄을 선다"라고 답변하기도 했다.

1970년대까지 대부분의 민주화운동 세력들은 미국이 독재정권을 견제해 주기를 기대하는 경향이 강했지만, 5·18광주민주항쟁을 계기로 상황은 급속히 달라졌다. 광주항쟁 이후 민주화운동 진영에서는 이른바 '반미감정'이라 불리는 미국의 대한對韓 정책에 대한 비판적 인식이 크게 확산되었다. 1982년에는 부산 미문화원 방화 사건 등이 발생했고, 1985년 5월에는 서울시내 대학생 70여 명이 미국문화원을 점거하고 광주항쟁 유혈 진압에 대한 미국의 책임 인정과 사과를 요구하기도 했다.

미국이 박정희 대통령 사망 이후 한국의 민주화보다는 안보를 강조했던 것은 신냉전이라는 당시의 국제 정세와도 밀접한 관련이 있다. 1980년대 초반은, 국제적으로는 1970년대 전반 조성된 데탕트 국면이 쇠퇴하고 신냉전이 대두하던 시점이었다. 1979년대 말 이란 혁명과 더불어 니카라과에서 혁명이 발생하여 친미정권이 붕괴하고 소련군이 아프가니스탄을 침공하는 사태가 발생하자 미국의 정책은 군사력을 강화하고, 나아가 반공 군사동맹을 공고히 하는 방향으로 갔다. 특히 1981년 1월 취임한 미국 대통령 레이건Ronald W. Reagan(1911~2004)은 공화당의 강경파 인사로 보수 반공적인 성향이 강했다. 레이건은 소련을 공공연하게 '악의 제국'이라 규정하고, 미국의 군사력과 반공 군사동맹을 한층 강화하는 정책을 본격적으로 펼쳤다. 이 무렵 일본에서는 나카소네中曾根 康弘 수상이 등장했고, 한국에서는 전두환 정권이 등장했다. 모두 보수 반공인사였고, 이는 국제적인 신냉전 분위기 속에서 1980년대 초반 한·미·일 반공 군사동맹의 강화로 이어졌다.

레이건 미 대통령은 카터 행정부 시기 추진되었던 주한미군 감축 및 철군 계획의 백지화를 분명히 선언했다. 또한 반공 군사동맹의 강화를 위해 한국에 전술핵무기를 배치하고, 팀스피리트 훈련을 강화했다. 한국군과 미군의 합동훈련인 팀스피리트는 박정희 정권 때부터 시작되었지만 보통 10일 내지 15일 정도 일정의 훈련이었다. 그러나 전두환 정권 등장 이후 훈련 기간이 연장되고, 따라서 참여하는 병력도 많아졌다. 전술핵무기를 한반도에 배치한 미국은 한편으로 박정희 정권이 추진하던 남한의 핵개발 기도를 철저히 봉쇄하고자 했다. 전두환 정권은 미국의 요청에 따라 핵개발 관련 부서를 폐지했다.

레이건 대통령은 "제3세계의 어떤 독재라도 반미 내지 공산독재보다는 낫다"라는 시각을 갖고 있는 사람이었다. 놀랍게도 그는 1981년 1월 광주에서의 학살로 세계 여론에 지탄을 받던 전두환 대통령을 자신의 취임 이후 공식적으로 워싱턴을 방문하는 최초의 국가원수로 초청했다. 이 일은 한국에서 반미감정을 악화시키는 계기로 작용했다.

일본의 나카소네 수상도 동북아 반공동맹의 강화를 위해 전두환 정권을 적극 지원했다. 일본 정부는 안보경제협력이라는 명목으로 한국에 40억 달러의 차관을 제공해 주었다. 한·미·일 삼각 반공 군사동맹

전두환과 레이건 부부 레이건 당시 미 대통령은 취임 이후 첫 외국 정상으로 전두환을 맞는다.

의 강화는 기본적으로 일본의 재무장화를 재촉하는 것이었고, 이는 일본 군국주의의 부활을 우려하도록 만들었다. 1982년 일본의 교과서들이 과거 군국주의 일본의 침략 만행을 축소하거나 미화하는 방향으로 서술해 한국과 마찰을 일으키기도 했다.

전두환 정권기의 남북관계

남북관계는 1973년 남북대화가 중단된 이래 정체 상태를 면치 못했다. 1980년대 초 전두환 정권이 등장하고 신냉전이 시작되면서 한반도의 긴장은 더욱 고조되었다. 1983년 9월 대한항공 여객기가 사할린 부근에서 항로를 이탈해 소련 영공으로 진입하자 소련 공군기가 이를 격추시켜 탑승자 269명이 사망하는 사건이 발생했다. 이 사건은 국제적으로 신냉전이 더욱 격화되는 계기가 되었다. 그리고 그 다음 달인 10월 전두환 대통령의 미얀마 방문 중 북한군 특수요원이 아웅산 묘소에 폭탄을 설치, 폭파시켜 서석준 부총리 등 17명의 고위 관리가 사망하는 사건이 발생했다. 이 사건으로 남북관계는 더욱 냉각될 수밖에 없었다.

거듭되는 사건과 신냉전 및 남북관계의 악화 속에서 1983년에는 분단의 상처를 확인해 주는 중요한 또 하나의 사건이 발생했다. 1983년 6월 KBS방송국은 한국전쟁 특집 방송으로 텔레비전 공중파 방송을 통해 이산가족을 찾아주는 프로그램을 기획했다. 방송의 위력은 놀라웠다. 같은 남한 땅에 살고 있지만 전쟁 때 헤어져 생사 여부조차 모르던 사람들이 방송을 통해 소식을 듣고 연달아 재회했다. 이에 정규 프로그램 방송이 중단되고, 이산가족 재회를 위한 방송이 6개월 동안이

KBS이산가족찾기 생방송 KBS본관 벽에 헤어진 가족의 인적사항을 붙이고 있는 이산가족들. 1983년 6월 30일부터 138일간 계속된 이 방송을 통해 1만 189명의 이산가족이 헤어진 가족과 상봉했다.

나 이어졌다. KBS 방송국 앞에는 가족을 찾기 위해 간단한 인적사항을 적은 각종 게시물을 든 사람들로 넘쳐나 전 세계의 이목을 끌었다.

경색된 남북관계는 1984년 9월 남한에 대규모 수해가 나자 북한 적십자사가 수재민을 구호하기 위한 물자 원조를 제안하고, 남한 정부가 대담하게 이를 수용하는 조치를 취하면서 해빙의 실마리를 찾았다. 이를 계기로 1973년부터 중단되었던 남북적십자 본회담이 1985년 5월 서울에서 재개되었다. 양측은 각기 이산가족 고향방문단 50명과 예술공연단 50명, 기자 및 지원 요원을 상호 교환하기로 합의했다. 그리고 1985년 9월 20일 서울과 평양에서 이산가족의 상봉 및 예술단 교환 공연이 성사되었다. 수많은 이산가족 중 극히 일부인 100명 정도의 규모이긴 했지만, 이산가족의 상봉이 분단 이후 처음으로 이루어졌다.

이처럼 1985년에는 남북관계에 일시적인 해빙기가 조성되었다. 적십자 본회담이 진행되는 한편 남북경제회담, 남북국회회담 예비접촉, 국제올림픽위원회가 중재한 88올림픽 단일팀 결성을 위한 남북 체육회담이 스위스 로잔에서 진행되는 등 1985년 한 해에만 무려 13차례의 남북대화가 성사되었다. 특히 남북경제회담은 차관급 인사들이 참석한 최초의 남북 두 정부 당국자 간의 공식회담이었다는 점에서 의미가 있었다.

1985년에 갑자기 남북관계에 해빙기가 찾아온 까닭은 1985년 소련에서 고르바초프Mikhail Sergeevich Gorbachev가 집권하고, 미국의 레이건 행정부가 집권 2기로 접어들면서 국제적으로도 긴장 완화와 협력을 모색하는 분위기가 조성되었기 때문이다. 한편 이 무렵 중국은 본격적으로 경제 개방에 나섰고, 북한도 1984년 9월 합영법合營法을 제정하기도 했다. 그러나 1985년의 남북대화 국면은 1986년 1월 20일 북측이 팀스피리트 훈련 강행을 이유로 회담 중단을 선언함으로써 더 이상 이어지지 못했다. 한반도에서는 군사적 문제가 빈번하게 남북 화해와 협력의 걸림돌로 작용했던 것이다.

산업 구조조정과 재벌경제, 대중소비문화의 발전

1980년에는 2차 석유파동과 국내 정치 불안이 겹쳐 한국 경제는 4.8 퍼센트 마이너스 성장을 했다. 한국전쟁 이후 가장 낮은 성장률이었다. 전두환 정권은 경제 위기를 해소하기 위해 같은 산업에 중복 투자한 기업들을 정부가 직권으로 조정해서 통합하는 조치를 취했다. 1980년 중화학공업 투자 조정에서 시작된 이러한 조치는 1984년 해운 및 해외 건설 분야 합리화 조치와 1985년 부실기업 정리 조치로 이어졌다.

이와 같은 정부 주도의 산업 구조조정은 일단 경제적 파국을 방지하는 데는 효과를 보았지만 정경유착을 강화하는 문제점을 낳았다. 국가권력이 전권을 쥐고 기업을 강제로 통폐합시키면서 살아남은 기업은 각종 특혜를 받았다. 일단 경쟁업체를 흡수하거나 도태시킬 수 있어 독점을 강화했고, 통폐합 조치 이후 각종 세제와 금융상의 특혜를 받았다. 이 과정에서 국가권력과 기업 간에 정치헌금과 특혜 부여로 이어지는 정경유착이 강화될 수밖에 없었다. 후일 전두환, 노태우 두 전직 대통령이 5·18특별법 제정으로 재판을 받게 되었을 때 대법원은 전두환 대통령이 기업으로 받은 비자금 총액을 9,500억 원에 이르는 수준으로 추정했다. 정권이 엄청난 권한을 휘두르며 기업을 통폐합하는 과정에서 기업들은 생존과 특혜를 위해 막대한 액수의 정치헌금을 낼 수밖에 없었다.

일부 기업에게 특혜를 주고, 나머지 기업은 통폐합시키는 정부 주도의 산업 구조조정 과정에서 소수 재벌기업은 더욱 강하게 시장을 장악했다. 한국 10대 재벌의 자산 규모는 1979년에서 1987년까지 6배 이상 증가했다. 1965년 현재 10대 재벌기업 가운데 1975년까지 10개 재벌기업으로 살아남은 기업은 3개밖에 되지 않았다. 그러나 1975년 10대 재벌기업 가운데 1985년까지 10대 기업으로 살아남은 수는 7개나 되었다. 한국의 재벌기업은 국가권력이 부여하는 특혜 속에서 본격적으로 한국 경제를 장악하고 안정화되었다.

전두환 정권이 추진한 산업 구조조정 정책은 재벌기업을 특정 산업 부문으로 전문화하는 등 한국 경제의 본격적인 구조조정이나 체질개선으로 이어지지는 못했다. 재벌기업들은 상호 연관성이 없는 산업 분야에 문어발식으로 확장해 나가면서 합리적인 경영보다는 규모를 키우는 데 집중했다. 이와 같은 무분별한 사업 확장 과정에서 외국에서 빌려 온 차관이 쌓여 갔기 때문에 국가적인 차원에서 외채 문제가 발생했다. 1979년 말 203억 달러였던 총외채는 1985년 말 무려 486억 달러로 증가했다. 그러나 때마침 1986년부터 시작된 '3저 호황' 덕택에 외채 문제는 일단 해결되었다.

구조적으로 많은 문제점을 갖고 있었지만 한국 경제는 1981년부터는 성장 기조로 돌아섰고, 1985년까지 완만하게 성장률을 회복해 가고 있었다. 1960년대부터 계속된 경제 성장으로 1985년 한국의 1인당

프로야구 개막전 1982년 3월 27일, 잠실야구장에서 열린 프로야구 개막전에서 시구하는 전두환.

국풍81 1981년 5월 28일부터 6월 1일까지 전두환 정권이 민족문화의 계승과 대학생들의 국학에 대한 관심 고취를 내세워 추진한 관제적 성격의 문화축제. 한국신문협회가 주최하고 KBS와 MBC가 참여한 이 행사에서는 가요제 등 각종 문화행사를 통해 축제 분위기를 조성했다.

국민소득은 1,500달러를 넘어섰다. 경제 성장과 산업화가 지속되면서 대중 소비, 유흥 문화도 크게 번성했다. 1980년 12월 컬러텔레비전 방송이 시작되면서 상품 광고가 한 단계 비약하는 등 대중 소비, 유흥 문화는 1980년대 들어 성장하는 데 더욱 가속도가 붙었다. 해외여행도 1981년 여권법 시행규칙이 개정되면서 보다 자유롭게 되었다. 포니 등 중저가 승용차의 보급이 본격적으로 이루어지면서 자가용 소유가 중산층 사이에 광범위하게 자리 잡기 시작한 시기도 이 무렵이었다.

전두환 정권은 박정희 정권과는 달리 유혈 사태를 발생시키면서 권력을 장악했기 때문에 민심 수습을 위해 대중 소비, 유흥 문화를 장려하고, 이를 통해 사람들을 탈정치화시키는 정책을 적극적으로 추진했다. 대표적으로 1981년 5월 여의도광장에서 열린 '국풍81' 행사를 들 수 있다. 이 행사는 한국신문협회가 주최하고 KBS와 MBC가 참여했는데, 가요제 등 각종 문화행사를 개최하여 축제 분위기를 조성했다. 그러나 5·18광주민주항쟁 이후 5월은 한국 사회에서 광주의 비극을 기억할 수밖에 없는 달이었다. 당시 대학생들이 '국풍81' 행사장에서 시위를 벌여 소동이 일어나기도 했다. 한편 1982년부터 프로야구가 시작되어 한국에서 본격적인 프로스포츠 시대가 개막되었다. 이후 1986년 아시안게임과 1988년 올림픽을 준비하면서 각종 스포츠 행사가 잇달아 개최되었다.

민주화운동의 성장

전두환 정권은 집권 과정부터 무자비한 폭력과 철저한 탄압으로 저항세력의 활동을 잠재우려 했다. 보안사령부, 국가안전기획부(구 중앙정보부), 경찰 등 공안기관이 상호경쟁하며 물샐 틈 없는 감시망과 억압적 분위기를 조성했다. 또한 전국 대부분의 대학에는 사복경찰을 상주시켜 학생들을 철저히 감시했다. 사복경찰들과 그들이 심어 놓은 정보 요원(프락치)들은 강의실과 학교 곳곳을 배회하며 학생들의 동태를 감시했다. 사복경찰들은 대학 안에서 벌어지는 10명, 20명 규모의 시위도 초기 단계에서부터 철저히 탄압했다. 나아가 의무 군 복무제도를 정권을 유지하기 위한 수단으로 이용해 민주화운동을 하는 학생들을 강제로 징집했다. 강제 징집은 학교 당국, 병무청, 경찰 및 공안기관의 긴밀한 협조 속에서 진행되었다. 1980년 말부터 1981년에 검거된 이른바 '무림'계 학생들을 필두로 1981년 11월부터 1983년 말까지 447명의 학생들을 강제 징집했다. 나아가 전두환 정권은 강제 징집된 학생들과 군대에 온 민주화운동을 했던 일부 학생들에게 이른바 '녹화 사업'을 실시했다. 특별 정훈교육이라는 명목으로 사상교육을 실시함과 동시에 학생운동에 대한 정보를 수집하고, 심지어 특별휴가를 주어 학교에 보내 정보 수집 활동을 하도록 강요했다. 이 과정에서 민주화운동을 하다가 군대에 간 학생들이 의문사를 당하는 사건이 발생하기도 했다.

전두환 정권의 철저한 탄압 속에서 대규모 시위나 조직활동은 불가능했지만 학생들의 저항은 계속되었다. 이 무렵의 학생운동은 정권의 철저한 탄압에 맞서 비밀 소그룹 활동을 중심으로 이루어졌다. 당시 학생운동은 단순히 학생들을 조직하고 민주화운동에 동원하는 차원이 아니라, 기층 민중세력과의 연대를 보다 강조했고 이전 시기에 비해 훨씬 급진화되는 경향을 보였다. 종속이론, 마르크스-레닌주의 등 급진적 이념이 학생들의 관심을 끌었다. 부산 미문화원 방화 사건, 강원대학교 성조기 소각 사건에서도 나타나듯 반미주의도 급속하게 부각되었다.

이 시기 학생운동의 기본 단위가 된 비밀 소그룹들은 규모는 매우 작았지만 학내에 점점이 퍼져 있었으며, 자연스럽게 형성된 느슨한 연계망을 갖고 있었다. 이러한 소그룹 활동 과정에서 민중운동으로의 투신을 강조하는 세력과 학생운동의 고유한 역할을 강조하는 세력 사이의 의미 있는 논쟁도 전개되었다. 철저한 탄압으로 대규모 시위는 불가능했지만 주로 학내에서 전개되는 학생들의 소규모 저항은 계속되었다. 광주민주항쟁 1주년인 1981년 5월에는 통틀어 100회에 가까운 학생 시위가 전국 각지의 대학에서 산발적으로 진행되었다.

전두환 정권 출범 과정에 야당으로 민주한국당(민한당)이 만들어졌지만 군사정권에 비판적이었던 대부분의 야당 정치인들은 정치활동이 철저히 금지되어 있는 상태였다. 이러한 상태에서 민한당은 전두환 정권이 명목적으로 허용하는 형식적 의회와 정당체제에 충성스러운 반대세력 정도로 명맥을 유지했다. 1983년 5월 前 야당 당수 김영삼은 정권의 정치활동 금지에 맞서 23일간 단식투쟁을 벌였다. 이는 정치에서 배제된 야당세력이 다시 활동을 모색할 수 있는 계기가 되었다.

1983년 12월 전두환 정권은 철저한 강압과 탄압 일변도 정책에서 약간 숨통을 터주는 학원 유화 조치를 취했다. 대학 내에 상주했던 경찰병력이 철수했고, 민주화운동으로 제적된 학생들 일부에 대한 복학이 이루어졌다. 전두환 정권이 유화 조치를 취한 것은 폭정으로 국제여론도 악화되었고, 정권의 안정적 유지와 재창출을 위해 극단적인 강압을 장기간 지속할 수 없었기 때문이었다.

1984년 신학기부터 경찰 상주 병력이 대학가에서 철수하자 학생들은 정권이 강요한 학도호국단 조직을 폐지하고 자치학생회를 부활시켰다. 유화조치가 취해졌다고는 하나 전두환 정권이 학원에 대폭적인 자유를 준 것은 결코 아니었다. 사복경찰을 비롯한 공안기관의 요인들과 정보원들은 계속 학원을 감시했고, 민주화운동을 하다가 검거된 학생들은 여전히 강제 징집되었다. 자치학생회가 학생들의 투표를 통해 결성되었지만, 결성과 동시에 선출된 간부들에게 검거령이 내려졌다. 이러한 탄압에 학생들은 시험 거부 등을 전개하며 저항했다. 정권은 경찰 병력을 시시때때로 학내에 투입했고, 검거된 학생들에 대한 고문과 구타를 관행처럼 이어 갔다. 이 과정에 학생들은 더욱 자극받았고, 학생운동은 더 많은 호응을 얻어 대중화되는 양상이 뚜렷해졌다.

한편 1984년 5월 김영삼 등 야당 정치인들은 민주화추진협의회를 결성했고, 1985년 1월 신한민주당(신민당)이라는 야당을 결성했다. 신민당은 애초 전두환 정권에 의해 정치활동이 규제되었던 야당 정치인

2·12총선 1985년 제12대 총선 유세 당시 6만여 명이 모여든 서울 종로―중구 합동연설회장.

을 중심으로 결성되었다. 전두환 정권에 의해 내란음모죄로 사형이 선고되었다가 후에 무기징역형으로 감형되어 미국 망명길에 올랐던 김대중도 1985년 2월 귀국했다. 김대중은 가택연금 상태였지만 그를 추종하는 정치인들은 신민당에 참여해 활동했다.

1985년 2월 12일에 열린 총선거는 전두환 정권기 한국 정치 및 민주화운동에서 중요한 전환점이 되었다. 이 선거에서 창당한 지 한 달도 되지 못한 '선명鮮明 야당' 신민당이 지역구 50석, 전국구 9석을 차지하며 제1야당이 되는 기적과 같은 일이 벌어졌다. 반면 전두환 정권에 협조적이었던 민한당은 지역구 26석과 전국구 9석을 얻는 데 그쳤고, 이후 곧 사라져 버렸다. 2·12총선은 그동안 철저한 강압 속에서 감추어져 왔지만 전두환 정권에 대한 불만이 얼마나 심각했는지를 보여준 선거였다.

노동운동의 성장

노동운동의 경우, '서울의 봄' 당시 잠시 분출되었지만 전두환 정권이 등장하면서 다시 엄청난 탄압을 받게 되었다. 전두환 정권은 집권 과정에서 노동관계법을 개악했고, 노조 간부들을 대거 해고했다. 1970년대 민주노조들은 해산되었다. 해고된 노동조합 간부들과 노동운동가들은 블랙리스트에 올라 다른 공장에도 취업을 하지 못했다.

노동운동 세력들은 한편으로는 해고자 복직투쟁을 전개하면서, 1970년대 민주노조의 한계를 극복하기 위한 운동을 전개했다. 1970년대 노동운동은 각 사업장 단위로 분산되어, 그 이상의 연계망을 구축하지 못한 것이 큰 한계였다. 1984년 한국노동자복지협의회가 창립되었는데 이 조직은 사업장 단위로 분산되어 있던 노동운동을 통합하려는 시도로 주목받았다. 또한 단순한 임금 인상이나 근로조건 개선을 위한 투쟁만이 아니라 노동자들의 정치의식화 및 노동법 개정운동 등 제도개선운동을 적극적으로 펼치기도 했다.

1985년 7월 구로지역 노동자 연대 파업은 1980년대 노동운동에 중요한 전환점이 되었다. 구로 지역에 있던 대우어패럴 노조위원장이 구속되자 인근 지역의 공장 노동자들이 여기에 항의해 연대 파업을 전개했다. 이는 노동운동이 사업장 단위의 고립 분산성을 벗어나 연대를 모색하고, 사회정치적 투쟁을 전개했다는 점에서 주목을 받았다. 구로 연대 파업을 계기로 '서울노동운동연합' 등 진보적인 이념을 바탕으로 노동자들의 연대와 정치투쟁을 모색하는 단체들도 결성되었다.

1980년대 노동운동이 한 단계 발전하는 데 학생운동 출신들의 노동현장 투신도 중요한 기여를 했다. 5·18광주민주항쟁 이후 학생운동이 급진화되고, 기층 민중세력과의 연대를 모색하면서 많은 학생들이 노동운동에 헌신하기 위해 학력을 속이고 공장에 위장취업했다. 대학생들이 노동운동을 위해 대거 공장으로 투신하는 사례는 전 세계 노동운동 역사에서도 극히 이례적인 일이었다. 이는 1970년대 후반부터 일부 나타나기는 했지만 5·18광주민주항쟁 이후 그 숫자가 급증했다. 한편 대학가에서 벌어진 학생운동도 노동관계법 개정, 최저임금제 실시 등을 중요 이슈로 부각시켰다. 구로 연대 파업 과정에서도 일부 학생들은 이를 지원하기 위해 파업장으로 잠입하다가 검거되기도 했다. 1986년 6월에는 구로 연대 파업 공장에 위장취업한 여대생이 부천경찰서에 검거되었다가 형사로부터 성폭행을 당하는 사건이 발생해 사람들을 분노하게 만들기도 했다.

학생운동과 재야 민주화운동의 분출

2·12총선 이후 학생운동도 본격적으로 분출되었다. 민정당사 점거 농성, 미문화원 농성 사건 등 굵직한 학생운동 사건들이 연달아 전개 되었다. 학내외에서 학생들의 시위가 거의 연일 발생했다. 특히 5·18 광주민주항쟁이 일어났던 5월의 대학가는 최루탄 연기로 뒤덮였다. 이 과정에서 전국적인 총학생회 연대조직인 '전국학생총연맹'(전학련) 과 그 산하의 투쟁조직으로 '민족통일, 민주쟁취, 민중해방을 위한 투쟁위원회'(삼민투) 등이 결성되어 학생운동을 보다 통합적이고 조직적 으로 전개하기 위한 시도도 이루어졌다.

1986년부터 학생운동은 광범위한 대중적 기반을 구축해 가는 모습 이 뚜렷해졌다. 각 대학 학과 내에 공개적인 학회들이 만들어지고, 종 래의 비밀 소그룹 활동에서 벗어나 운동을 좀 더 대중화하려는 시도 가 이루어졌다. 학생들의 급진주의는 더욱 강화되고 심화되는 양상을 보였다. 일반 학생들 사이에서 주로 큰 반응을 불러일으킨 쟁점은 군 사독재정권 타도 등 정치적 민주화 문제였지만, 당시 학생운동 지도 세력은 단순한 정치적 민주화에 그치는 것이 아니라 사회의 근본적인 변혁을 추구하는 운동을 지향했다. 이와 같은 변혁을 위해 한국 사회 의 근본적인 체제 모순을 분석하는 사회구성체 논쟁이 대학가를 휩쓸 었다. 이 과정에서 계급 문제를 강조하는 반제반파쇼민족민주투쟁위 원회(민민투, PD)와 민족 문제를 강조하는 반미자주화반파쇼민주화투쟁위원회(자민투, NL) 계열의 분립이 나타났다. 한편 이들이 주도하는 사회구성체 논쟁은 급진적인 이념을 현실에 너무 교조적으로 적용하는 경향이 있다는 비판을 받았다. 또한 학생운동에서 양 계열의 분립은 자기소모적인 분파 투쟁을 가속화시켰다는 비판도 있었다. 그러나 이러한 과정을 통해 한국 사회의 제반 문제점에 대한 관심과 보다 체계적인 분석이 시도되었으며, 학생운동은 분화된 양 그룹이 서로 경쟁하면서 더욱 고양되는 측면이 있었다. 양 그룹은 한국 사회의 기본 성격 분석과 투쟁 방략에서 차이를 보이기는 했지만 기층 민중세력과의 연대를 추구하고, 미국에 대한 종속적인 태도에 비판적이며, 재벌 중심의 경제체제를 변혁하고, 군사독재정권을 타도해야 한다는 데에는 의견이 일치했다.

일반 사회인들이 주도하는 재야 민주화운동 세력들도 결집을 시작했다. 1970년대 대학에서 학생운동을 하다가 사회로 진출한 사람들을 중심으로 1983년 민주화운동청년연합(민청련)이 결성되었다. 민청련은 학생운동 및 민중운동과 연대하면서 각종 재야 민주화운동 단체를 통합하기 위한 운동을 전개했다. 그리고 1985년 6월에는 대다수의 재야 민주화운동 단체를 결집한 민주통일민중운동연합(민통련)이 결성되었다. 이 단체의 명칭에서 나타나는 것처럼 당시 민주화운동의 이념은 보편적으로 외세에 의한 종속을 타파하는 저항적 민족주의, 독재정권을 타도하는 민주주의, 소외된 계층의 권익을 옹호하는 민중주의가 결합된 형태로 나타났다.

1980년대 민주화운동은 1970년대 민주화운동의 연장선상에 있었지만 여러 가지 면에서 차이가 있다. 1980년대 민주화운동은 이전보다 급진화되었고 조직화되어갔다. 1980년대에도 민주화운동은 그 구심점이 되는 정당이나 통일적인 조직체를 갖지는 못했다. 이념적인 측면에서도 각 부문 운동과 정파에 따라 커다란 차이가 있었다. 그러나 1970년대의 민주화운동이 소수의 자각된 선각자의 운동이었다면, 1980년대의 민주화운동은 보다 대중화되었다. 비록 운동을 이끌어 나가는 구심체가 되는 조직과 이념이 확실하게 자리 잡지는 못했지만, 나름대로 횡적·종적으로 연결되어 정체성을 공유하는 하나의 '권圈'을 형성하는 단계로까지 나아갔다. 이에 '운동권'이라는 용어가 1980년대 이후 광범위하게 사용되었다.

대통령 직선제 개헌운동

1980년대 민주화운동 과정에서 가장 현실적인 정치적 쟁점은 대통령 선거 문제였다. 당시 헌법은 임기 7년의 대통령 단임제와 선거인단에 의한 간접선거제도를 규정하고 있었다. 대통령 간접선거는 실질적으로 여당 후보의 집권을 보장하는 제도였다. 따라서 야당과 민주화운동 세력은 헌법을 개정해 유신체제의 수립 이후 중단된 대통령 직선제를 부활시킬 것을 요구했다.

1986년 2월 야당인 신민당은 직선제 개헌을 위한 1,000만 인 서명운동을 시작했고, 민주화운동 세력과 연대하여 장외 정치활동에 나섰다. 3월부터 개헌추진위원회 서울지부 결성대회를 시발로 전국 주요 대도시에서 개헌추진위원회 지부 결성식을 추진하며 대중 동원을 통해 군사정권을 압박해 갔다.

학생운동, 노동운동, 재야 민주화운동 세력들은 야당과 연대해 개헌운동을 했지만, 야당 정치인들과는 달리 개헌추진운동을 단순한 정치적 민주화뿐만 아니라 민중운동, 반외세 민족자주운동과 연결시켜 근본적인 사회 개혁으로 나아가려고 했다. 1986년 5월 3일 인천에서 개최된 개헌추진위원회 경기지부 결성식은 개헌운동을 바라보는 이러한 입장 차이를 드러내는 계기가 되었다. 여기에는 야당 인사, 재야 민주화운동가, 학생, 노동자 등 5,000여 명이 참여했다. 이 과정에서 학생과 노동자들을 중심으로 경찰에 대항하는 격렬한 투석전 및 화염병 시위가 벌어졌고, '군부독재 타도', '반제반미' 등의 구호가 터져 나왔다.

당시 야당 인사들은 정치적 민주화운동이 급진적 사회개혁운동으로 비화되는 것을 원하지 않고 있었다. 야당은 집회를 포기했고, '5·3 인천사태'를 계기로 집권세력과의 타협을 통해 개헌을 추진하는 방향으로 갔다. 전두환 대통령은 1986년 1월 차기 대통령은 기존 헌법 하에서 일단 선출하고 개헌 논의는 1988년 올림픽 이후로 미룬다고 선언했지만 반발이 거세지자 입장을 바꾸었다. 이에 1986년 6월 국회에서 헌법개정특별위원회가 만들어지고, 여야의 타협과 협상을 바탕으로 한 개헌 논의가 시작되었다.

이 과정에서 야당은 정권 교체를 위해 대통령 직선제를 주장했고, 여당은 군사정권의 기득권을 유지하기 위해 내각책임제를 주장했다. 근본적인 의견 대립 때문에 협상은 결렬되고, 1986년 9월 야당인 신민당은 헌법개정특별위원회 불참을 선언했다. 이 무렵 일부 신민당 핵심 간부들이 여당이 주장하는 내각책임제 개헌을 주장했지만 대부분의 야당 인사들은 이러한 간부들의 행태에 심각하게 반발했다. 김영삼, 김대중 두 야당 지도자 및 대부분의 신민당 국회의원들은 신민당을 탈당하고 1987년 5월 통일민주당을 결성했다. 이렇게 해서 정치권 내의 타협을 통한 개헌은 실패했고, 결국 개헌 문제를 둘러싼 전두환 정권과 야당 및 민주화운동 세력의 격돌은 불가피해지고 말았다.

6월 민주항쟁

1987년 1월 14일 서울대학교 언어학과 학생 박종철은 치안본부 남영동 대공분실에 연행되어 수배 중인 선배의 소재를 추궁받았다. 박종철은 물고문을 받다가 결국 사망했다. 강민창 치안본부장은 20대의 젊은이가 "책상을 탁하고 치니 '억'하고 죽었다"고 발표했다. 그러나 시체를 부검했던 의사의 소신 있는 의견 표명으로 박종철이 물고문에 의해 숨진 것이 확인되었고, 경찰은 경관 2명을 구속하는 선에서 사건을 마무리하려고 했다. 그러나 천주교정의구현전국사제단은 경찰 간부들이 이 사건을 축소·조작했음을 추가로 폭로했고, 결국 이들도 모두 구속되었다. 박종철 고문치사 사건은 그동안 국가 공안기관이 민주화운동을 탄압하는 과정에서 광범위하게 자행했던 가혹한 고문의 실체를 국민들에게 새삼 확인시켜 주는 사건이었다. 사람들은 분노했다. 각종 추모집회를 비롯해 진상 규명과 관련자 처벌을 촉구하는 집회와 시위가 이어졌으며, 이는 결국 6월 민주항쟁으로 연결되었다.

1987년 4월 13일 전두환은 대통령 야당과 개헌안에 대한 합의가 이루어지지 않았으니 현행 헌법을 고수할 것이고, 모든 개헌 논의를 중단하겠다고 선언했다. 타협의 여지조차도 완전히 봉쇄하는 '4·13호헌조치'는 사람들의 분노를 불러일으켰다. 대학교수, 종교인, 변호사,

박종철 추모식 1987년 1월 20일, 서울대학교에서 열린 박종철 추모식.

영화인, 교사 등 각계각층에서 4·13호헌조치에 반대하는 성명서를 발표했다. 직선제 개헌운동은 다시 탄력을 받았고, 야당과 민주화운동 세력의 연대도 재가동되었다.

1987년 5월 27일 서울 향린교회에서 통일민주당, 종교단체, 민통련 등 재야 민주화운동 단체들이 연대한 '민주헌법쟁취국민운동본부'(이하 국본)가 출범했다. 국본은 비록 느슨한 연맹체이기는 했지만 실질적으로 군사독재정권의 타도와 민주화를 추구하는, 보다 구체적으로는 개헌을 통해 직선제를 쟁취하려는 모든 정치·사회세력을 망라하는 조직이었다.

1987년 6월 9일 연세대생 이한열이 교문 앞에서 시위를 벌이다가 최루탄 파편에 급소를 맞아 의식불명 상태에 빠지는 사건이 발생했다. 시민들은 거듭되는 학생들의 희생에 분노했다. 이런 와중에서도 여당인 민정당은 1987년 6월 10일 기존 헌법 하에서 간접선거로 대통령을 선출하기 위해 전당대회를 열고 12·12군사쿠데타의 최대 공헌자이자 권력 2인자였던 노태우를 차기 대통령 후보로 추대했다. 이날 국본은 서울을 비롯한 전국 22개 도시에서 박종철군 고문살인 조작·은폐 규탄 및 호헌철폐 시민대회를 개최했다. 경찰의 삼엄한 경비 속에서 전국 각지에서 총 24만 명의 군중이 집회 및 시위를 벌였다. 시위 과정에서 지나가는 차량들은 경적을 울려주기도 했다. 국본은 다양한 민주화운동 세력의 연대와 시민의 호응을 얻기 위해 쟁점과 요구 사항을 대통령 직선제 개헌으로 맞춰 갔다. 급진적인 학생운동 세력 중 일부는 이러한 방침에 반발하여 "혁명으로 제헌의회"라는 구호를 외치면서 호헌철폐 투쟁이 곧바로 근본적인 사회 개혁으로 이어져

이한열 추모식 1987년 7월 9일, 이한열 추모식이 열린 서울시청 앞 모습.

야 한다고 주장했다. 그러나 대부분의 학생운동 세력들은 대통령 직선제 개헌에 초점을 맞추고 "독재타도, 호헌철폐"라는 구호를 외쳤다.

경찰은 집회와 시위를 철저히 사전에 봉쇄하려 했고, 6월 10일 집회 이후 국본 간부 13명을 구속하는 등 전국에서 220명을 구속했다. 이와 같은 탄압에 맞서 서울 집회에 참여했던 학생과 시민 600여 명은 명동성당으로 들어가 농성을 시작했다. 경찰은 명동성당을 봉쇄했지만, 학생들은 이들을 구출하기 위해 기말시험 기간임에도 불구하고 연일 가두로 진출하여 시위를 벌였다. 1980년대 초반까지 계속되는 학생 시위에 좀처럼 참가할 기미를 보이지 않았던 시민들도 이때는 다른 반응을 보였다. '넥타이 부대'라고 불렸던 사무직 노동자들이 시위에 합세했으며, 연도의 주민들도 일부 합세하거나 최소한 박수를 보내주며 동조 의사를 표시했다. 당시 민주화운동 세력도 운동권만의 시위가 아니라 일반 시민의 참여를 유도하기 위해 노력했다. 따라서 시위도 주로 퇴근 시간 무렵부터 시작했다. 당시 노동자들을 광범위하게 정치투쟁에 동원할 만한 조직체는 없었지만 일부 소그룹 단위나 그 연합 형태로 노동자들의 민주항쟁 참여도 이루어졌다. 특히 인천, 성남, 수원, 사상 등 공단 지역을 끼고 있는 도시에서 노동자들의 참여가 두드러졌다.

6월 10일 전국적으로 시작된 시위는 계속 확산되었다. 6월 18일에는 국본 주최로 전국 주요 도시에서 최루탄 추방대회가 전개되었다. 이 시위는 19일에도 이어졌는데 특히 부산 지역의 시위 규모가 컸다. 전두환 정권은 이에 맞서 군 투입을 고려했지만 내부 반발과 미국의 반대로 실행에 옮기지는 못했다. 당시 미국 정부는 5·18민주항쟁 때

넥타이 부대 1987년 6월 12일, 서울 명동에서 6월항쟁 시위에 참여했다가 최루탄을 피해 달아나는 넥타이 부대.

6월항쟁 당시 부산 1987년 6월 26일, 부산 지역에서 "최루탄을 쏘지 말라"라고 외치는 청년의 모습.

와는 달리 군 투입에 명확히 반대 의사를 피력했다. 6월 21일 게스틴 시거 미동아시아태평양담당 차관보는 한국 시위 사태에 군이 개입하는 것은 적절하지 않다고 공표했고, 23일에는 급히 한국을 방문하여 정치 지도자들 간의 타협을 촉구했다.

시거의 방한 직후인 6월 24일 전두환과 야당 당수 김영삼의 영수회담이 있었고, 25일에는 김대중의 가택연금이 해제되었다. 6월 29일 전국적으로 시위가 계속되는 가운데 민정당 대표위원이자 차기 대통령 후보로 추대된 노태우는 대통령 직선제 개헌과 김대중 사면 복권 등 민주화 조치를 약속하는 선언을 했다. 이로써 대통령 직선제 개헌이 이루어질 수 있었다. 6·29선언으로 야당은 더 이상 저항할 필요가 없어졌다. 반면 학생운동권 등 급진적 민주화운동 세력들은 항쟁이 단순히 대통령 직선제 쟁취와 초보적 민주화에 머무르는 것에 대해 불만을 가질 수밖에 없었다. 그러나 이미 직선제 쟁취로 대중의 항쟁 열기가 현저히 식어 버린 상태에서 더 이상의 행동을 추동하지는 못했다. 6월 민주항쟁이 6·29선언과 대통령 직선제 개헌으로 귀결되는 과정은 한국의 민주화가 혁명이 아니라 타협적이고 점진적인 방향으로 가는 전환점이 되었다.

1980년대 후반은 전 세계적으로 민주화 열풍이 불고 있었다. 아시아와 라틴아메리카의 독재정권이 연쇄적으로 붕괴되고, 동구의 사회주의 정권도 붕괴되었다. 당시 전 세계적인 민주화 흐름은 자연발생적인 대중시위와, 지배세력과 저항세력의 타협과 점진적 민주화라는 특징을 갖고 있었다. 한국의 6월 민주항쟁은 이러한 흐름 속에 있는 것이었으며, 실질적으로 이를 선도하는 역할을 했다.

1987년 노동자 대투쟁

6·29선언으로 정국이 민주화로 방향을 잡으면서 노동운동은 유례없는 폭발성을 보이며 분출했다. 당시 노동운동의 주된 요구는 진정한 자율성을 가지고 노동자 대중의 이해관계를 대변하는 민주노조를 결성하고, 군사정권 하에서 억압받았던 노동자의 권리를 되찾는 것이었다. 1987년 7월 울산 현대그룹 계열 사업장에서 민주노조가 대거 결성된 것을 필두로 8월 하순부터 10월 초까지 민주노조를 결성하고, 임금인상, 근무조건 개선들을 요구하는 노동쟁의가 전국 각지를 휩쓸었다. 1970년대의 노동운동과는 달리 이때의 노동운동은 대규모 중화학공업 사업장의 남성 노동자들이 주도했다.

6·29선언 이후 10월 4일까지 발생한 노동쟁의는 총 3,255건이었고, 여기에 참여한 노동자는 121만 8,000명이었다. 1977년부터 1986년까지 10년동안 발생한 노동쟁의의 발생건수와 참가자 수는 1,638건, 22만 8,000명 정도였다. 10년 동안 발생한 쟁의보다 약 두 배가 많은 쟁의가 3개월 동안 폭발적으로 분출되었던 것이다. 1987년 6월 30일 한국노총 산하에는 2,449개의 단위 노조와 조합원 90만 6,000여 명이 있었다. 1987년 노동자 대투쟁이 지나고 난 1987년 12월에는 단위 노조가 3,532개로 증가했고, 조합원 수도 117만 5,000명으로 성장했다.

노동자들은 고도 산업화의 과정에서 가장 많은 기여를 했지만 군사독재정권 하에서 제대로 보상받지 못했다. 1980년과 1981년에는 노동자의 실질임금이 감소했고, 그 후 1985년까지도 임금상승률이 노동생산성 상승률에 미치지 못했다. 노동시간은 소폭이기는 하지만 오히려 더 늘어났다. 따라서 노동자들은 민주화의 길목에서 목소리를

1988년 전국노동자대회 **1988년 전국노동자대회** 당시 모습.

낼 수밖에 없었다. 7~8월 노동자 대투쟁은 그동안 군사정권에 억눌려 왔던 노동자들이 자신의 권익을 확보하기 위해 벌인 투쟁으로 민주화운동의 흐름과 기본적으로 일맥상통하는 것이었다. 그러나 이때의 노동운동은 기본적으로 노동조합 결성, 임금 인상 및 근로조건 개선 등을 위해 전개되었다. 당시는 한국의 민주화가 어떤 방향으로 갈 것인지를 결정짓는 분기점이었지만 노동운동은 아직 조직적으로 이 문제에 대한 관심을 적극적으로 피력하지는 못했다.

노태우 정권과 북방 정책

지역 대결 정치구도의 심화와 보수대연합

6월 민주항쟁으로 헌법은 대통령 직선제와 5년 단임제를 골자로 하는 내용으로 개정되었다. 대통령 선거 국면에서 야당세력은 분열되었다. 김영삼, 김대중 두 야당 지도자 사이에 후보 단일화 논의가 있었지만 합의점을 찾지 못했다. 마침내 1987년 10월 김대중은 대통령 출마 의사를 공식화하면서 통일민주당을 탈당해 평화민주당을 창당했다. 대통령 선거 결과 여당 후보 노태우는 전체 투표 수 중에서 36.6퍼센트를 득표했고, 야당 후보인 김영삼은 28퍼센트, 김대중은 27.1퍼센트, 김종필은 8.1퍼센트의 득표율을 기록했다. 이로써 노태우는 3분의 1밖에 되지 않는 표를 획득했음에도 불구하고 대통령에 당선되

단일화 결렬 1987년 11월 김대중과 김영삼 간의 대선후보 단일화는 결렬되었다.

전두환과 노태우 1987년 6월 10일, 민정당 전당대회에서 노태우 민정당 대통령 후보의 손을 맞잡고 있는 전두환.

었다.

제13대 대통령 선거에서도 특정 지역 주민들이 특정 후보를 지지하는 지역주의 정치 구도가 나타났지만 1988년 4월 26일 치러진 제13대 총선에서는 지역 분할 정치 구도가 더욱 심화되었다. 민정당은 대구 및 경상북도 지역과 강원도 지역을 석권했고, 김대중이 이끄는 평화민주당은 전라도 지역에서 몰표를 받았으며, 김영삼의 통일민주당은 경남, 부산 지역을 장악했고, 김종필의 신민주공화당은 충청도 지역에서 선전했다. 13대 총선은 사상 유례가 없는 지역 구도 정치 행태를 보여주었고, 이러한 경향은 그후 오래 지속되었다.

1972년 유신체제 수립 이후 전두환 정권에 이르기까지 국회의원 선거제는 한 선거구에서 두 명의 의원을 선출하는 대선거구제였다. 조직력과 자금력이 월등하게 우세한 여당 후보는 아주 예외적인 경우가 아니라면 최소한 2등을 확보했다. 따라서 이 제도는 여당의 과반수 의석을 보장해 주는 제도였다. 그러나 6월 민주항쟁 이후에 치러진 13대 총선에서는 소선거구 제도가 부활했다. 민정당은 대통령 선거 때와 비슷한 수준인 34퍼센트의 득표율을 획득하는 데 그쳤고, 따라서 과반수 의석 확보에 실패했다. 대한민국 의정사상 처음으로 여소야대 국회가 만들어졌던 것이다.

1988년 서울올림픽이 끝난 후 여소야대 국회에서 5공비리 청문회가 열렸다. 여기서 전두환 정권 때 자행된 일해재단 비리를 비롯한 비자금 조성 문제, 5·18광주민주항쟁, 언론통폐합 문제에 대한 진상 규명이 시도되었다. 과거 정권의 비리가 폭로되고, 이것이 텔레비전으로 생중계되는 상황에서 전직 대통령 전두환은 백담사로 은둔했다.

이처럼 정국의 주도권이 야당 쪽으로 가자 노태우 정권은 이를 뒤집을 수 있는 묘책으로 이른바 '보수대연합'을 추진했다. 1990년 1월 민정당 총재인 노태우 대통령과 통일민주당 총재인 김영삼, 공화당 총재인 김종필은 3당 합당선언을 발표했다. 이어 다음 달인 2월 9일, 3당을 통합한 민주자유당(민자당)이 새로운 여당으로 등장하면서 여소야대 국면은 역전되었다.

3당 합당은 지역주의 정치 구도를 극복하기보다는 호남 소외를 가속화해 영호남 갈등을 더욱 심화시켰다. 3당 합당으로 여소야대 국회가 역전되기는 했지만 민자당이 일본의 자민당처럼 확고한 정치적 우위를 확보한 정당으로 자리 잡은 것도 아니었다. 1992년 3월에 치러진 14대 총선에서 민자당은 48.5퍼센트의 득표율을 얻는 데 그쳐, 무소속을 영입해 간신히 과반수를 넘겼다. 이 선거에서 김대중이 이끄는 전통 야당인 민주당이 31.6퍼센트를 득표하며 선전했고, 창당된지 2개월 밖에 안 된 현대그룹 총수 정주영이 이끄는 국민당이 10.5퍼센트를 득표하여 제3당의 지위를 차지했다.

한편 노태우 정권에 들어와서 제한적이나마 지방자치제 선거가 부활되었다. 5·16쿠데타 직후 군사정권이 들어서면서 지방자치제 선거는 헌법에는 명시되어 있었음에도 불구하고 전면 유보되었다. 나아가 유신헌법은 통일이 이루어질 때까지 지방의회의 구성을 유보한다는 조항을 담기도 했다. 6월 민주항쟁 이후 개헌 과정에서 지방자치제 실시는 헌법에 다시 명문화되었고, 1991년 3월과 6월에 기초 지방의회와 광역 지방의회 선거가 실시되었다. 지방자치단체장 선거는 이때에도 역시 유보되었는데 김영삼 정부에 가서야 마침내 실행되었다.

3당 합당 1990년 1월 22일, 민정당 총재였던 노태우 당
시 대통령, 김영삼 민주당 총재, 김종필 공화당 총재가 3
당 합당을 발표하고 있다.

민주화의 진통과 1991년 5월 민주항쟁

민주화운동 세력은 대통령 직선제가 되면 정권 교체가 자동적으로 이루어질 것이라고 낙관했지만, 야권의 분열로 여당인 민정당의 집권이 계속되었다. 노태우 정권은 권력 핵심 실세들이 군 장교 집단으로 채워진다는 측면에서 군사정권의 연장이었다. 전두환 정권기에 권력을 쥐고 있던 집단은 계속 그 지위를 유지했고, 민주화운동을 탄압하던 국가안전기획부, 보안사령부, 경찰 등의 공안기관도 큰 변화 없이 건재했다.

6월 민주항쟁은 민주화운동 세력의 집권으로 연결되지는 못했지만 그렇다고 그 힘이 완전히 사라진 것은 아니었다. 대통령 직선제를 비롯한 기본적인 민주적 제도와 절차가 복구된 상황에서 민주화운동 세력들은 민주주의의 실질적인 내용을 채우고, 보다 진전되고 빠른 개혁을 달성하기 위해 계속 투쟁했다. 반면 노태우 정권은 3당 합당으로 정계 개편을 하고 반공 이데올로기로 공안정국을 조성하는 등 민주화운동을 봉쇄하고 구 지배 집단의 기득권을 유지하려고 했다. 이 때문에 노태우 정권 내내 한국 사회는 군사정권기의 기득권을 유지하려는 노태우 정권 및 보수세력과 보다 급격한 변화를 추구하는 민주화운동 세력 사이의 팽팽한 긴장이 계속되었다.

민주화운동 세력들은 6월항쟁의 성과를 계승해 보다 통일적인 조직을 만드는 작업을 진행했다. 6·29선언 직후인 1987년 8월 19일 전국 대학 총학생회의 연대 조직인 전국대학생대표자협의회(전대협)가 결성되었다. 1989년 1월에는 260여 개의 진보적 정치·사회단체를 망라한 민중운동의 결집체로서 전국민족민주운동연합(전민련)이 발족했다. 7~8월 노동자 대투쟁 이후에도 민주노조의 설립이 계속되고, 1987년 11월에는 노동법이 노조 설립의 절차를 간소화하는 등 보다 민주적인 방향으로 개정되었다. 각 사업장에서 민주노조의 설립이 비약적으로 증가하면서 1990년 1월 22일에는 한국노총의 보수적 정책에 반대하는 새로운 민주노조의 결집체인 전국노동자협의회(전노협)가 결성되었다. 노태우 정권은 복수노조의 설립을 불허했기 때문에 이 조직을 인정하지 않았다. 전노협은 합법화 투쟁을 전개하는 한편 1990년 6월 결성된 진보정당인 민중당에 참여하기로 결정하는 등 정치투쟁도 모색했다.

당시 민주화운동 세력은 6월 민주항쟁 이후 진전된 민주화의 성과가 단지 정치적 영역과 제도 및 절차의 개선에 머무는 것이 아니라 민중의 생존권 및 통일 등 보다 광범위한 영역에서 근본적인 변화를 추구하는 방향으로 발전해 가는 것을 지향했다. 이러한 상황에서 4월혁명 직후와 마찬가지로 통일운동이 비약적으로 활성화되었다.

민주화운동에 중요한 역할을 했던 학생운동권은 6월 민주항쟁 1주년을 맞아 1988년 6월 10일 남북청년학생회담을 개최하기로 하고, 국토순례대행진에 들어갔다. 정부는 이러한 통일운동을 용공시하며 철저하게 탄압했다. 정부의 탄압으로 결국 학생회담은 무산되었지만 통일운동은 계속되었다. 당시 통일운동은 정부가 남북교류 및 접촉을 독점하는 것에 대해 반발했다. 이에 따라 1989년 3월 문익환 목사가 정부의 허락 없이 방북했고, 6월에는 전대협이 평양에서 개최될 제13차 세계청년학생축전에 임수경을 대표로 파견했다.

노태우 정권은 이른바 공안정국을 조성해 통일운동을 탄압하고, 진보적 정치·사회세력의 활동을 통제하려고 했다. 문익환 목사의 방북을 계기로 노태우 정권은 1989년 3월 검찰, 안기부, 보안사령부로 구성된 공안합동수사본부를 결성하고, 반공 이데올로기 공세를 펼쳤다. 또한 현대중공업 파업 사태에 강경하게 대처해 공권력을 투입하는 등 노동운동에 대한 통제도 강화했다. 1990년 1월 3당 합당으로 정계가 개편되자 민주화운동 세력에 대한 정권의 공세는 더욱 살벌해졌다. 이 과정에서 많은 희생자들이 속출했다. 1989년 5월 조선대학교《민주조선》편집장이었던 이철규가 의문의 변사체로 발견되는 등 의문사 사건이 잇달아 발생했다. 1990년 11월 현재 구속되어 있는 정치범의 수도 1,295명이나 되었다.

1991년 4월에는 명지대생 강경대가 학교 앞에서 시위 도중 경찰의 과잉 진압으로 사망하는 사건이 발생했다. 이 사건으로 학생운동 세력을 비롯한 전체 민주화운동 세력들은 공안정국과 보수대연합 구도를 깨기 위해 5월부터 대대적인 가두시위를 전개했다. 당시에는 학생운동 및 민주화운동 단체들이 자리를 잡은 시점이었기 때문에 운동권의 시위 동원력 자체는 6월 민주항쟁과 다름이 없었다. 그러나 많은 사람들이 동원되었음에도 불구하고, 시위의 열기는 예전과 같이 못했고 일반 시민들의 호응도 거의 없었다. 또한 1991년 5월 항쟁의 과정에서는 보다 획기적인 민주화 조치를 촉구하는 분신, 투신자살 사건이 속출했다. 이는 6월 민주항쟁 이후에도 획기적인 변화 없이 정권이 탄압이 지속되는 상황에서 민주화운동 세력이 느꼈던 초조함을 반영하는 것이었다. 이러한 사태의 와중에 전민련 사회부장 김기설이 노태우 정권을 비판하는 유서를 남긴 후 자살하고, 검찰은 이 유서가 전민련 총무부장 강기훈에 의해 대필되었다고 발표하면서 그를 구속, 기소하는 사건이 벌어졌다. 강기훈은 3년 동안 감옥에 가서 큰 고초를 겪어야 했다. 이 사건을 두고 기나긴 진실 공방이 이어졌고, 재심을 거쳐 2015년 5월 대법원은 마침내 최종적으로 강기훈의 "자살방조" 혐의에 대해 무죄를 확정하는 판결을 내렸다.

1991년 5월의 항쟁은 결국 실패로 돌아갔다. 그런데 이때는 소련의 붕괴 및 사회주의권 몰락이 이루어졌던 시기이기도 했다. 사회주의권의 몰락은 진보적 사회운동 세력에게 커다란 충격으로 다가올 수밖에 없었다. 1991년 5월의 국면은 민주화의 폭과 속도를 두고 기득권 세력과 저항세력이 일대 경합하는 갈등의 장이었다. 이 항쟁의 실패는 이후 한국의 민주화가 근본적이며 급진적인 변혁의 방향이 아니라 점진적이고 타협적인 방향으로 귀착되는 계기로 작용했다.

탈냉전기 남북관계와 북방 정책

6월 민주항쟁 이후 통일운동이 분출하고, 1980년대 후반부터 국제적으로 탈냉전의 기운이 감돌면서 남북관계에도 진전이 찾아왔다. 노태우 정권은 1988년 7월 7일 남북의 경제 및 인사 교류를 확대시키고 해외동포들이 자유롭게 남북을 왕래하게 하며 북한이 미국 및 일본과 관계를 개선하는 데 협조할 용의가 있다는 특별선언(7·7선언)을 발표했다. 7·7선언은 종래의 북한 고립화 정책을 탈피한 것으로 나름 전향적인 대북 정책이라 할 수 있었다. 1989년 11월 베를린 장벽이 붕괴되고 탈냉전 분위기가 확산되면서 남북 당국자 간의 협상도 진전되었다. 1990년 9월부터 남북 양측의 총리를 수석대표로 하는 남북고위급회담이 개최되고 마침내 1991년 12월 〈남북기본합의서〉가 채택, 서명되었다. 〈남북기본합의서〉는 남북한 관계의 기본 틀을 합의한 문서로 남북관계를 서로 다른 국가 사이의 관계가 아닌 통일을 향해 가는 과정에 있는 '잠정적 특수관계'로 규정하고, 7·4공동성명에서 천명된 바 있는 통일 3원칙을 재확인했다. 또한 〈남북기본합의서〉는 남북한 사이에 공고한 평화 상태가 조성되기 전까지 정전협정을 준수할 것을 명시하고, 남북 간 경제·사회·문화교류를 전면적이고 장기적으로 수행할 수 있는 제반 조치를 합의해 명문화했다. 그리고 1992년 2월에는 〈남북기본합의서〉와 한반도비핵화공동선언이 공식 발효되었다.

탈냉전의 과정에서 남과 북은 획기적인 관계 개선을 가져올 수 있는 의미 있는 합의를 했지만 이 무렵부터 북한 핵개발 의혹이 본격적으로 제기되면서 남북관계는 다시 냉각되었다. 미국과 남한이 팀스피리트 훈련의 재개를 결정하자 북한은 이를 이유로 남북대화를 중단해 버렸다. 그리고 1993년부터 북한 핵 문제를 둘러싸고 위기 국면이 조성되었다.

노태우 정권은 탈냉전이라는 국제 정세의 변동 속에서 공산권 국가와 외교관계를 구축하는 이른바 '북방 정책'을 적극적으로 추진했고, 괄목할 만한 성과를 보았다. 1989년 2월 공산권 국가로는 처음으로 헝가리와 정식국교를 수립했고, 1990년까지 폴란드, 체코, 루마니아 등 동구권 국가를 비롯해 몽골 등과 국교관계를 수립했다. 공산권 강대국인 소련과 중국과의 관계에도 진전이 있었다. 1990년 6월 샌프란시스코에서 노태우 대통령과 고르바초프 소련 공산당 서기장이 정상회담을 했고, 9월에 소련과 정식 수교를 했다. 이 과정에서 노태우 정

최초의 한·소 정상회담 1990년 6월 4일, 노태우는 고르바초프 소련 대통령과 샌프란시스코에서 한국
역사상 최초의 한·소 정상회담을 가졌다.

권은 소련에 30억 달러에 달하는 거액의 차관 제공을 약속했으며, 소련이 붕괴할 때까지 14억 7,000만 달러가량의 차관이 실제로 제공되었다. 이어서 1992년 8월에는 중화인민공화국과도 국교 수립이 이루어졌다.

반면 북한과 서방 국가와의 관계는 제대로 개선되지 못했다. 북일 관계는 자민당의 실력자 가네마루 신金丸伸의 방북 이후 개선되는 조짐이 있었지만 성과를 낳지는 못했다. 1988년 12월부터 북한과 미국은 베이징에서 수차례 참사관급 접촉을 했지만 북미관계는 어떠한 개선도 보지 못했고, 북한 핵 문제가 대두되면서 양국 관계는 위기 국면으로 치달았다. 노태우 정권의 북방외교는 이와 같은 사정으로 말미암아 남한의 외교적 역량을 확대하는 데에는 크게 기여했지만, 한반도 평화와 통일의 환경을 조성하는 데에는 실패했다. 북한은 남한과는 달리 서방 국가와의 외교관계에 진척이 없고, 과거 공산주의 동맹국과의 관계는 소원해져서 국제적으로 더욱 고립되어 갔다.

3저 호황과 개방경제

한국 경제는 저유가, 저금리, 저달러라는 3저 현상 속에서 1986년부터 유례없는 호황을 맞이했다. 1986년 국제 유가가 전해에 비해 절반 수준으로 떨어져 수입 에너지에 의존할 수밖에 없는 한국 경제에 호재가 되었고, 국제 금리도 낮아 자본 조달이 용이해졌다. 더욱이 미국 달러화에 비해 일본 엔화 가치가 급속히 상승했지만 한국의 원화는 상대적으로 적게 올랐다. 이는 한국 기업의 수출경쟁력을 크게 높여 1985년 9월부터 국제수지가 장기간 흑자로 이어졌다. 3저 호황은

1986년부터 1988년까지 이어졌다. 3저 호황의 정점이었던 1988년에는 국제수지 흑자가 142억 달러에 달했고, 그동안 누적되었던 외채 문제는 일거에 해결되었다.

그러나 일시적으로 조성된 호조건이 항상 지속될 수는 없었다. 한국의 무역수지가 흑자로 돌아선 1986년부터 미국 정부는 본격적으로 한국에 수입개방 압력을 가하기 시작했다. 1989년 미국 정부는 종합무역법 〈슈퍼301조〉를 동원해 한국을 우선협상 대상국으로 지정하여 농산물, 지적 재산권, 서비스 등 거의 모든 산업에 수입자유화를 강요하기도 했다. 농수산물 개방 압력에서부터 시작된 수입 개방 압력은 지적 재산권, 통신시장, 금융시장 개방으로 이어졌다. 관세율은 1985년 21.3퍼센트에서 1989년 12.7퍼센트로 하락했다. 이로 말미암아 1990년부터 한국 경제는 다시 적자 기조로 돌아섰다.

이 무렵 세계 경제는 개방화, 국제화를 추구하는 방향으로 갔기 때문에 수입 개방 압력은 불가피한 측면이 있었다. 그러나 경제개방이 내적인 경쟁력을 갖추어가면서 점진적으로 진행되기보다는 내부의 질적인 재편 없이 갑작스럽게 진행된 것이 문제였다. 재벌기업들은 3저 호황기에 창출된 부를 바탕으로 경영을 합리화하고 기술을 개발하는 데 이용하기보다는 기업의 규모를 키우는 데 주력했다. 노태우 대통령이 재임 기간 축적한 엄청난 비자금에서도 나타나듯 정경유착의 폐단도 계속되었다. 더욱이 3저 호황기 한국에서는 부동산 투기가 극성을 부렸다. 재벌기업들도 규모의 경제를 추구하고, 단기적인 이윤을 확대하기 위해 부동산 투기에 뛰어들었다.

부동산 투기는 전반적인 물가 상승 및 생산 비용의 상승을 가져왔고, 서민생활을 파탄시키며 빈부 격차를 확대하는 심각한 문제점을 드러냈다. 노태우 정권은 1990년 5월 부동산 종합대책을 발표하여 재벌들의 부동산 매입을 1년간 중지시키고, 비업무용 부동산을 강제매각하도록 했다. 노태우 정권은 부동산 투기를 막기 위해 토지공개념 도입을 골자로 하는 법안 시행을 공포했지만 결국 흐지부지되었다. 또한 투명한 경제질서를 위해 금융실명제를 실시하려는 논의도 있었지만 재벌과 정치권의 반대로 무산되었다.

한국 경제는 1960년대 이래 자본과 노동 등 생산요소의 집중적인 투입에 의존하는 경제 성장을 해 왔지만 이러한 방식은 1987년을 기점으로 이미 한계를 보이고 있었다. 안정적인 경제 성장을 이어나가기 위해서는 경영과 생산의 질적 개선과 이를 위한 경제 개혁 및 구조조정이 필요했고 3저 호황은 이를 시작할 수 있는 중요한 기회였지만, 결국 그 기회를 놓쳐 버렸던 것이다.

−홍석률

1992년 30년간의 군부통치를 끝내고 문민정부가 출범했다. 김영삼 정권은 공직자 재산공개, 지방자치제 실시, 금융실명제 실시, 군 개혁과 교육·사법 개혁 등 개혁적 성과를 적지 않게 남겼다. 김영삼 정부는 의욕적인 출발과는 달리 결말은 참담했다. 1997년 말에 발생한 IMF 외환위기는 '한국전쟁 이래 최대의 국난'으로서 국민과 나라에 엄청난 충격과 고통을 안겨 주었다. 이후 김대중, 노무현 정권을 거치면서 민주화 과정은 순항할 것으로 예상됐지만, 이명박, 박근혜 보수정권 기간 후퇴를 거듭했다. 김대중 정부의 출범은 50년 만의 수평적 정권 교체라는 점에서 그 역사적 의미가 컸지만 김종필의 자민련과의 연합으로 한계를 지니고 있었다. 김대중 정권은 '햇볕정책'을 통해 북한과의 신뢰 형성에 성공했고, 그를 바탕으로 2000년 6월 남북정상회담을 성사시켰다. 남북정상회담과 6·15공동선언으로 남북관계는 새로운 단계로 진입할 수 있게 되었다.

노무현 정부는 초기 '검란檢亂'과 대북송금 특검 등의 문제를 탈권위주의적인 방식으로 해결하며 민주주의를 한 단계 진전시켰으나 정치적 주도권 상실과 지지기반 약화는 보수세력에 의한 정권 교체로 이어졌다. 대선에서 압승을 거둔 이명박 정부는 초기부터 소통부재와 밀어붙이기 정책으로 국민의 반감을 사게 되었고, 급기야 광우병 소고기 수입 파동으로 대규모 촛불저항에 직면하기도 했다. 국정원의 대선 개입 등 이명박 정부의 지원과 영남패권주의에 힘입어 정권을 장악한 박근혜 정부 또한 이명박 정부의 연장선에서 민주주의를 후퇴시켰다. 극우 보수세력은 김대중·노무현 정부 10년의 집권 기간을 '잃어버린 10년'이라고 주장하며 이명박·박근혜 보수정권을 탄생시켰지만, 진정으로 '잃어버린 10년'은 이명박·박근혜 정권 집권 기간이 되었다. 결국 2016년 10월부터 본격화된 촛불항쟁으로 박근혜 대통령은 탄핵됐고, 새로운 민주주의 발전의 기회가 찾아왔다.

민간정부의
수립과 개혁

김영삼 정부의 출범과
남북관계의 경색, 그리고 금융위기

3당 합당

노태우 대통령, 김영삼 민주당 총재, 김종필 공화당 총재는 1990년 1월 22일 청와대에서 긴급 회담을 갖고 민정·민주·공화 3당을 주축으로 신당 창당을 선언했다. 세 사람은 통합 신당의 성격과 당 운영 방식, 창당 방법 및 창당 일정 등에도 합의하고 당명은 민주자유당으로 명명했다. 이들은 신당이 민주·자유·통일을 이념으로 온건 중도 노선을 표방할 것이라고 밝혔다.

민정·민주·공화 3당 총재의 합당 합의는 13대 국회 출범 이후 여권을 중심으로 꾸준히 제기되어 오던 정계 개편을 통한 '보수대연합 결성'을 공식적으로 천명한 것이어서 정치권뿐 아니라 사회 전체에 큰 파문을 일으켰다.

3당 합당은 이념이나 정책적 공조 때문에 이루어진 것이 아니라 정치적인 이해관계에 기반한 이른바 '야합'이라는 평가를 받았다. 우선 3당 합당은 각 당 내에서의 합의를 통해 합당을 선언한 것이 아니라 당 총재들의 밀실 회합으로 이루어졌다. 또한 3당 합당은 여당인 민주정의당이 1988년 총선거에서 과반수를 확보하지 못했기 때문에 합당을 통해 국회에서 주도권을 유지하기 위해 이루어진 것인 만큼, 정치 노선과 목표에서의 노선 일치와 상관없이 정권을 재창출하겠다는 보수 정치 세력의 의도가 짙게 깔려 있었다.

기존의 한국 정치 구도에 큰 변화를 야기했다는 점에서 3당 합당은 한국 정치사에서 중요한 의미를 갖는다. 일본의 자민당처럼 한국에서도 보수적인 정치 세력이 지속적으로 정권을 창출할 수 있도록 하나의 정당으로 연합한 것이다. 이러한 연합은 다른 한편으로 보수 정치 세력에 대한 대안으로서 진보적인 정치 세력이 출현할 수 있는 풍토를 제공하기도 했다.

한국전쟁 이후 한국의 정치 무대에서 '진보' 세력은 사라졌다. 반공 이데올로기가 강하게 나타나면서 이전에 중도 노선을 걷던 정치인들은 '혁신 세력'으로 규정되었고 친공 세력으로 매도되었다. 이에 따라 한국의 정치 무대에서는 보수적인 정치 세력만이 활동할 수 있었다. 3당 합당은 이 같은 상황에 변화를 가져왔다. 3당 합당에 참여하지 않은 평화민주당의 성격이 정치적으로 '진보'로 규정되기 어려웠지만, 거대한 규모의 '보수' 정당이 출현한 만큼 진보적인 정당이 필요하게 되었다. 보수 여당의 반대편에 진보적인 야당이 위치하게 되었고, 야당의 진보성이 충분하지 않다고 느끼는 세력들은 직접 진보정당을 조직했다. 이로 인해 1990년 이전에 민중당, 한겨레당 등 실패했던 진보정당 결성을 위한 시도가 다시 시작되었고, 2004년 총선에서 처음으로 국회에 의석을 얻어 본격적인 활동을 시작했다.

다른 한편으로 보수정당의 출현 과정에서 호남 지역이 소외되는 상황이 나타났다. 보수 3당이 뭉치면서 김대중을 중심으로 한 평화민주당은 호남을 근거로 하는 제1야당이 되었지만, 이러한 평화민주당의 고립으로 호남 지역에서는 위기의식이 커져 갔다. 이는 이후 호남 지역이 보수적인 정치 세력의 반대 세력으로 자리 잡는 중요한 계기가 되었다.

1992년 대통령 선거

1992년 12월 18일에 실시된 제14대 대통령 선거는 군인 출신이 배제된 가운데 민간인 정치 지도자 간의 대결로 치러졌다. 5·16군사쿠데타 이후 30년 만의 일이었다. 대선은 민자당 후보 김영삼과 민주당 후보 김대중의 양자 대결 구도를 기본으로 진행되었다. 여기에 국민당의 정주영 후보와 신정당의 박찬종 후보가 가세했다. 김영삼 후보는 과거 야당 시절의 명망에다 여당의 프리미엄으로 가장 폭넓은 조직 기반과 풍부한 자금력을 확보하고 있었다.

김영삼은 민자당 탄생 이후 내각제 각서 파동, 박철언과의 권력투쟁, 노태우 대통령과의 끊임없는 마찰, 민정·민주·공화의 계파 싸움 등으로 여러 차례 위기를 맞았지만, 특유의 돌파력과 대세론으로 극복하고 1992년 5월 19일 전당대회에서 민자당의 대통령 후보로 선출되었다. 그러나 이 과정에서 불공정 경선이라는 비판 끝에 이종찬계가 탈당해 새한당을 거쳐 정주영의 국민당에 합세했고, 박태준 최고위원과 박철언도 탈당했다.

김대중 후보는 민주적인 정권 교체를 바라는 많은 국민과 민주 세력, 그리고 3당 합당을 거부한 정통 야당의 대표로서 대통령 선거에 출마했다. 그는 3당 합당 이후 평화민주당을 이끌며 거대 여당과의 투쟁을 계속하면서 재야 세력을 흡수한 뒤 1991년 4월 신민주연합 정당을 창당했다.

그리고 1991년 9월에는 신민주연합 정당과 속칭 '꼬마 민주당'이 통합되었다. 꼬마 민주당은 김영삼의 3당 합당에 반대하면서 통일민주당에 그대로 남아 있던 정치인들을 지칭하는 것이었다. 김대중은 이들의 지지를 받으며 1992년 민주당의 대선 후보로 선출되었다. 김대중 후보는 야당과 재야 민주 세력을 대표하던 전국연합의 지원을 받는 야당 단일후보였다.

김대중은 역대 군부정권의 심각한 지역분열 공작과 용공음해 때문에 지지기반의 확대에 심각한 장애를 받고 있었으며 자금면에서도 여당과는 비교할 수 없는 불리한 조건에 놓여 있었다. 게다가 중립내각이라고는 했지만 관권 개입과 금권 살포가 사실상 방치되고 있었다. 한 가지 희망은 정주영 후보의 등장이었다. 정주영의 지지기반이 김영삼의 지지기반과 겹쳤기 때문에 그의 지지도가 올라갈수록 김영삼의 지지율이 하락하는 양상이 나타난 것이다.

선거 결과 김영삼 후보가 투표자의 41.4퍼센트인 997만여 표를 받아 김대중 후보(804만여 표 33.4퍼센트), 정주영 후보(388만여 표, 16.1퍼센트), 박찬종 후보(151만여 표, 6.3퍼센트) 등을 제치고 당선되었다. 김영삼 후보와 김대중 후보 간의 표 차이는 194만여 표로 예상보다 간격이 많이 벌어졌다.

1992년 대선에서도 승패를 가른 가장 중요한 요인은 지역감정이었다. 정주영 후보와 박찬종 후보가 영남권의 표를 어느 정도 획득했는데도, 김영삼 후보는 부산에서 72.6퍼센트, 경남에서 71.5퍼센트, 대구에서 58.9퍼센트, 경북에서 63.6퍼센트를 얻었고, 김대중 후보 또한 광주에서 95.1퍼센트, 전남에서 91.1퍼센트, 전북에서 88퍼센트를 얻었다. 그러나 영호남 전체를 합쳐 보면 김영삼 후보가 김대중 후보보다 130여만 표나 지지를 많이 받았다. 영남 출신 인구가 호남 출신 인구보다 많았기 때문이다. 1990년 실시한 한국 인구주택조사 결과에 따르면 영남권의 총 인구수는 971만여 명인 데 반해 호남권의 총 인구수는 영남권의 60퍼센트도 되지 않는 574만여 명에 불과했다(부산 379만 8,000명, 경남 368만 명, 경북 286만 6,000명, 대구 222만 9,000 명, 전북 207만 명, 광주 114만 5,000명, 전남 252만 3,000명). 민자당과 집권 세력은 여러 가지 방법으로 영호남의 지역감정을 자극해 큰 효과를 보았다. 선거 하루 전날에 있었던 '초원복국집 사건'은 대표적인 사례다. 부산의 한 음식점에 정부의 고위직 인사들이 모여서 김영삼 후보가 떨어질 수도 있다고 염려하는 회의를 했는데, 이 회의가 도청되어 회의 내용이 공개된 것이었다. 회의 내용이 공개되자 위기론이 확산되었고, 영남권의 지역표가 김영삼 후보의 당선을 위해 결집되는 효과를 가져왔다.

또한 선거에서 국민들의 보수적인 경향 역시 확연하게 나타났다. 사회주의의 붕괴에 따른 이념적 보수화 경향, 그리고 경제불황과 이로 인한 기업의 도산, 물가 상승으로 인한 가계의 압박 등으로 중산층의 안정희구 심리가 강화되었고 그것은 투표에 그대로 반영되었다. 이러한 현상은 전통적인 여촌야도 현상의 약화와 대도시 아파트 지역에서의 여당 지지표 확산으로 나타났다.

대통령에 당선된 김영삼 **제14대 대통령 선거 당선이 확정된 후 상도동 집 앞에서 주민들의 축하를 받고 있는 김영삼. 1992년 12월 18일.** ⓒ 연합뉴스

14대 대선의 특징 가운데 또 한 가지 중요한 사실은 선거 기간 동안 보수 언론의 사회적 영향력이 더 커졌다는 점이다. 보수언론의 여당 편들기는 다른 어느 때보다도 두드러졌다. 1971년 대선에서 박정희가 김대중을 누를 수 있었던 가장 큰 힘이 중앙정보부의 공작과 지역 감정 조장이었다면 1987년 대선에서 노태우가 승리할 수 있었던 가장 큰 요인은 야권 분열이었다. 반면 1992년 김영삼의 승리의 일등공신은 지역감정과 보수언론이었다.

언론의 김영삼 지원은 다양한 방법으로 진행되었지만 그 핵심은 두 가지였다. 하나는 김영삼의 부각과 '김대중 죽이기'였고 또 하나는 '정주영 죽이기'였다. 전자는 교묘한 방법으로 이루어졌고 후자는 노골적으로 진행되었다. 보수언론, 특히 일부 신문들은 대선을 김영삼과 김대중의 양자구도로 몰아가면서 정주영을 무시하거나 비판하는 데 많은 힘을 쏟았다. 정주영의 표가 적을수록 김영삼의 표가 올라가기 때문이다. 김영삼과 김대중에 대해 양비론적 태도를 취하는 듯하면서도 색깔론 시비 등으로 중산층의 보수적 안정희구 심리를 자극하는 방식은 김대중에 대한 비판을 목표로 한 것이었다.

14대 대선에서는 선거 형식에서도 많은 변화의 조짐이 보였다. 여전히 직접적인 선거 유세는 가장 중요한 선거운동 방식이었지만 각종 여론 조사와 광고, TV유세 등이 가능해짐으로써 매스미디어 선거의 양상이 나타났다. 후보자 간의 텔레비전 토론은 김영삼 후보의 반대와 방송국의 방조로 무산되었지만 선거 방식의 변화는 새로운 유세 방식의 출현을 예고하는 전조가 되었다.

많은 문제점에도 불구하고 김영삼 후보의 당선은 그 자체로 역사적

의의를 갖는 사건이었다. 과거에 비해 상대적으로 선거가 공명하게 치러졌으며 선거 결과 30년 만에 민간인 출신의 정치인이 대통령에 당선되었다. 그리고 1993년 2월 25일 김영삼이 14대 대통령에 취임함으로써 정식으로 문민정부가 출범한다.

금융실명제

금융실명제는 금융기관과 거래할 때 가명이나 차명이 아닌 본인의 명의, 즉 실명으로 거래해야 하는 제도를 말한다. 한국의 금융실명제는 〈금융실명거래 및 비밀보장에 관한 긴급명령〉에 의거, 1993년 8월 12일 이후 모든 금융거래에 도입되었다. 법률의 제정 없이 긴급재정경제명령(제16호)의 형식을 취했다.

일반적으로 금융실명제는 금융거래의 정상화를 기해 경제정의를 실현하고 국민경제의 건전한 발전을 도모하며 금융거래에 투명성을 부과하는 것을 목적으로 한다. 한국에서 기존부터 금융실명제의 필요성이 계속 제기된 데에는 후자의 목적이 더욱 강했다. '검은 돈'이라는 정경유착이 매우 강했기 때문이다.

금융실명제는 1982년 '장영자 이철희 사건'이라는 대형 금융사고가 발생했을 때 처음으로 논의되었다. 그리고 1983년 '7·3조치'로 금융실명제의 실시 방법이 공식적으로 거론된 이후 많은 논의와 시행착오의 과정을 밟아왔다. 이러한 금융실명제 논의는 1979년 이후 지속된 안정화 정책과 금융자유화 정책의 일환이었음에도 불구하고, 재계의 강한 반발에 의해 실시가 계속 유보되었다.

그러나 1993년에 이르러서는 더 이상 금융실명제를 미룰 수가 없었다. 무엇보다도 금융 자유화를 실행해 나가는 과정에서 투명성이 보장되지 않을 경우 관치 금융이나 특혜 금융이 계속될 수 있었다. 또한 타인의 명의로 예금이 가능할 경우 예금에 대한 세금 징수가 불가능해지며, 정치자금으로 유출되는 돈에 대한 추적이 불가능할 수밖에 없었다. 따라서 금융실명제는 한국의 경제 구조뿐만 아니라 정치의 관행을 바꾸기 위한 가장 기본적인 조치였다고 할 수 있다.

금융실명제의 실시로 인해 1994년까지 금융기관의 실명확인율은 90퍼센트를 상회했다. 그러나 급격한 실명 전환이 가져올 수 있는 불안정을 감안해 일정한 유예기간을 두었기 때문에 차명예금의 실명전환은 예상보다 저조한 3.5조 원에 그쳤다. 따라서 법적인 금융실명제만으로는 진정한 실명화를 유도할 수 없다는 부정적인 평가가 나오기도 했다.

그럼에도 불구하고 제도적으로 금융기관을 경유하는 모든 금융거래에서 실명의 사용을 의무화한 조치가 자금 이동이나 출처에 대한 조사를 가능하도록 하여 각종 음성적 거래를 위축시키는 데 기여한 것은 틀림없다. 금융거래자 본인의 실명을 사용하도록 강제한 조치의 효과는 시간이 경과함에 따라 더욱 커졌다.

이를 통해 금융소득 종합과세가 도입됨으로써 국민들의 실질 소득에 대한 과세가 가능해졌다. 처음에는 종합과세 실시가 유보되었지만, 1997년 금융위기로 인해 다시 실시되었다. 또한 정치권으로 유입되었던 불법 정치자금을 포함해 불법적인 금융 거래에 대해 추적할 수 있는 데이터를 확보할 수 있게 되었다. 전두환, 노태우 두 전직 대통령과 5, 6 공화국의 실세였던 거물 정치인들에 대한 불법자금 추적

이 가능했던 것도 금융실명제 덕분이었다. 또한 금융실명제로 인해
이후 이루어진 인사청문회에서 고위 공직자들의 재산 공개가 투명해
질 수 있는 기반이 마련되었으며, 2005년 이후 삼성전자와 현대자동
차 등 재벌들의 비자금 사건에 대한 조사도 가능하게 되었다.

이에 따라 상장되지 않은 주식을 저평가해 상속하는 것과 같은 또
다른 양상의 불법적인 자산 보유 및 상속이 나타나기도 했지만, 금융
실명제는 금융 제도가 개선되는 데 중요한 밑바탕이 되었다.

핵위기와 제네바합의

김영삼 정부의 출범으로 남북관계가 전향적으로 발전할 것이라는
기대가 점점 커졌다. 민주화운동을 했던 김영삼이 대통령이 되었기
때문에 이전의 독재정권들이 안보 이데올로기를 위해 실시했던 대북
정책과는 다른 내용의 대북 정책이 실시될 것이라고 보았기 때문이
다. 또한 노태우 정부 시기 이루어진 북방 정책과 〈남북기본합의서〉
는 이러한 기대를 뒷받침했다. 정부가 고령의 비전향 장기수인 이인
모를 조건 없이 북으로 송환하겠다고 발표하면서 국민들의 이러한 기
대는 더욱 커졌다.

그러나 국민들의 기대는 북한 핵문제가 터져 나오면서 틀어지기 시
작했다. 김영삼 정부가 출범한 지 한 달도 채 안 된 1993년 3월 12일,
북한은 핵확산금지조약NPT을 탈퇴하겠다고 선언했다. 1990년을 전
후해 사회주의권의 몰락, 북한 내 자연재해 등으로 인해 경제후퇴를
경험한 북한으로서는 '핵' 문제를 통해 국제관계에서의 고립을 극복
하고자 했다. 즉, 소련 공산당의 몰락과 중국의 개방으로 중·소관계

가 소원해지면서 북한은 스스로 핵을 개발하고자 하는 의지가 강했던 것으로 보인다. 결과적으로 북한의 NPT 탈퇴 선언은 한반도를 갑자기 얼어붙게 했다. 특히 미국은 북한의 선언에 대해 극도로 부정적인 반응을 보였다.

1985년 NPT에 처음 가입한 북한은 미국이 한반도에 핵무기를 배치한 것에 대한 항의의 표시로 핵안전협정을 체결하지 않았다. 그러나 1991년 9월 부시 미국 대통령이 해외전술핵 폐기선언과 그해 12월 노태우 대통령의 "한반도에는 핵무기가 없다"는 선언을 계기로 남북은 비핵화공동선언에 합의했다. 이와 함께 1992년에는 팀스피리트 훈련이 중지되는 등 남북 간에 화해의 분위기가 조성되었다. 북한은 1992년 1월 국제원자력기구IAEA와 핵안정협정을 체결했다. 그리고 5월부터 다음해 2월까지 6차례에 걸쳐 IAEA의 임시사찰도 받았다.

그런데 IAEA는 북한이 제출한 16개 시설 외에 2개의 핵시설로 의심되는 지역에 대해서도 사찰 받을 것을 요구하면서 문제가 발생하기 시작했다. IAEA는 미국 중앙정보국CIA으로부터 첩보위성이 촬영한 사진을 넘겨받아 영변의 두 개 시설이 핵폐기물 저장장소로 의심된다면서 사찰을 요구하고 나선 것이다.

이렇게 되자 북한은 IAEA가 미국의 사주를 받은 단체라고 강력히 비난하면서 강경하게 나왔다. 북한은 미국이 북한 '목조르기'에 들어갔으며, 핵문제가 불거진 것은 다분히 미국 내의 국방성과 CIA 등 강경파들이 위성첩보 사진을 넘겨주는 등의 방법으로 IAEA를 부추겼기 때문이라고 주장했다. 이에 대한 미국의 대응도 강경했다. 미국은 IAEA의 핵사찰을 강제하기 위해 군사적 압박을 가하려 했다. 이런 상황에서 북한은 최후 수단으로 NPT 탈퇴라는 승부수를 던졌다.

이때부터 한반도에는 긴장이 급격히 고조되었고 북한 핵문제를 둘러싼 상황은 약 1년 반 동안 반전에 반전을 거듭했다. 초기에는 북한의 핵시설을 파괴해야 한다는 강경론이 강하게 나타났다. 미국에서는 국방성과 중앙정보국이, 한국에서는 안기부와 국방부가 이러한 분위기를 주도했다. 미국과 한국 내의 강경파는 군사적 수단을 동원해서라도 북한을 굴복시켜야 한다고 주장했다. 여기에 보수언론이 가세하면서 북한에 대한 전격적인 군사적 제재가 실현되는 방향으로 가는 듯했다.

미국은 한국 정부에 통보하지도 않은 채 1994년 여름 북한의 핵시설에 대한 폭격을 준비했다. 같은 해 6월 미국의 대북한 전략은 핵시설에 대한 폭격 직전의 상황까지 치달았다. 그러나 북한 핵문제는 카터 전 미국 대통령이 방북하면서 극적인 전기가 마련되었다. 대통령에서 물러난 뒤 카터재단을 운영하면서 세계 곳곳의 분쟁 지역을 다니며 평화적인 해결을 위해 노력하던 카터는 김일성 북한 주석의 초청을 받아 1994년 6월 15일부터 17일까지 북한을 방문했다.

서울을 거쳐 평양을 방문한 카터는 김일성과의 만남에서 몇 가지 중요한 합의에 도달했다. 김일성은 만일 미국이 북미고위급회담을 열고 흑연감속로를 대신할 수 있는 경수로의 건설을 지원하며 북한에 대한 핵공격 위협을 제거한다는 보장을 한다면 북한은 핵개발계획을 동결하겠다고 밝힌 것이다. 이 합의사항은 곧바로 미국에 전달되었고 미국에서는 논란 끝에 엘 고어Albert Arnold Gore Jr.부통령의 제안에 따라 이를 받아들이기로 했다.

그 후 제네바에서 강석주 북한 외교부 제1부부장과 로버트 갈루치 Robert Gallucci 미 국무부 차관보를 각각 수석대표로 하는 고위급회담이 재개되어 10월 21일 북한과 미국은 제네바합의에 도달했다. 제네바합의의 핵심 내용은 북한이 핵개발을 포기하는 대신에 미국이 북한의 체제를 보장한다는 것이었다. 북한의 핵동결과 NPT 복귀, 미국의 대북 경수로 지원, 경수로가 완공되기 전까지의 중유의 공급, 그리고 북한과 미국의 외교적 접촉과 관계 개선이 그 내용이었다. 이로써 북한 핵문제를 둘러싼 한반도의 전쟁 위기 상황은 해소되었다.

그러나 남북관계는 점점 더 악화되었다. 카터의 중재로 남북정상회담이 열리기로 합의되었지만, 김일성의 급작스러운 사망으로 인해 정상회담은 무위로 돌아갔다. 그 대신 김일성의 죽음에 정부가 조문을 가야 할 필요성이 있다는 점을 제기했던 국회의원들에 대한 매카시즘적인 매도가 시작되었다. 국회와 언론이 주도한 이른바 '조문 파동'은 이후 5년여 동안 남북관계가 얼어붙는 데 결정적인 역할을 했다. 남한에서는 한국전쟁을 일으킨 북한의 지도자를 조문한다는 것이 있을 수 없는 일이라는 입장이었고, 북한에서는 자신들의 최고 지도자를 우롱하는 처사라는 입장이었다.

이후 북한 문제는 남한을 제외한 채 미국이 주도했다. 1999년 북한의 핵문제가 다시 제기되었던 금창리 사건, 2000년 올브라이트Albright Madelenine 미 국무장관의 방북 등은 모두 미국의 주도 하에 이루어진 북한 문제의 해결 방안이었다. 경수로 문제 역시 남한은 경비만을 지원할 뿐 어떠한 주도권도 잡지 못했다. 이러한 일련의 과정은 남북관계의 미묘함과 특수성을 잘 보여 주는 것이었다.

금융위기

1997년 11월 21일 밤 10시. 임창렬 경제부총리는 국제통화기금IMF에 200억 달러의 구제금융을 신청하겠다고 발표했다. 11월 19일 강경식 경제부총리가 경질되고 신임 경제부총리에 임명된 지 3일 만의 일이었다. 임창렬 경제부총리는 공식적인 발표에 이어 곧바로 워싱턴에 있는 캉드쉬Michel Comdessus IMF 총재에게 전화를 걸어 구제금융을 공식 요청했다.

이후 1997년 11월 23일 휴버트 나이스Hubert Neiss 국장이 이끄는 국제통화기금 실무단이 내한해 한국 정부와 긴급자금 지원을 협상했다. 협상은 12월 3일에 마무리되었고 협상이 끝난 뒤 2주일 후 공식적으로 자금 지원이 개시되었다. 협상을 실질적으로 주도한 것은 미국이었다. 휴버트 나이스 국장과는 별도로 내한한 데이비드 립턴David Lipton 미 재무차관은 IMF협상의 배후에서 모든 문제에 개입했다.

협상이 타결된 뒤 내한한 캉드쉬 총재는 예정에 없던 청와대를 방문했다. 12월 중순의 대통령 선거를 앞두고 대통령 후보들에게 협약을 이행하겠다는 각서를 받아야겠다는 이유에서였다. 한국의 입장으로서는 굴욕적이었지만 어쩔 수 없었다. 여당의 이회창 후보가 합의문을 이행하겠다고 서명했으며 야당 측의 김대중 후보와 이인제 후보도 이를 다짐했다.

협상 조건의 주된 내용은 부실금융기관의 정리, 긴축재정과 고금리 정책, 기업 구조조정의 촉진 등이었다. 금융 안정화를 위해 당분간 통화량 증가와 신규투자를 억제하고, 정부의 경제 개입을 최소화하겠다는 것이었다. 이를 통해 1960년대 이후 계속되어 온 한국형 경제 성장

모델의 한 축이 막을 내리게 되었다. 즉 정부에 의한 금융 개입과 이를 통한 재벌에 대한 금융 특혜와 정경유착 등의 현상이 일정한 제한을 받게 되었다.

한국이 IMF와 국제부흥개발은행(세계은행IBRD), 아시아개발은행ADB, 그리고 미국, 일본 등 선진 13개국으로부터 지원받기로 한 구제금융 총액은 580억 달러로 사상 최대 규모였다. 이 가운데 1차로 24일까지 IMF로부터 90억 달러, 세계은행에서 30억 달러, ADB에서 20억 달러 등 모두 140억 달러를 지원받았다. 그러나 이렇게 긴급 구제금융이 결정되었는데도 외환위기는 사그라지지 않았다.

12월 6일 한라그룹에 이어 중견기업들이 문을 닫기 시작했고, 동서증권이 부도를 냈으며, 신세기투신이 업무 정지되었다. 이미 12월 1일 종합주가지수 400선이 무너지면서 주식시장은 걷잡을 수 없는 혼란에 빠져들었으며 금리는 25퍼센트대로 폭등했다. 환율도 계속 올라갔다. 환율변동폭 제한을 없애자 1달러당 900원대였던 환율은 1,700원대로 껑충 뛰어올랐다.

이렇게 외환위기가 계속되면서 외환보유고는 완전히 고갈되었다. 한국은행은 11월 이후 국내 금융기관에 모두 233억 6,000만 달러를 긴급 지원했고 그로 인해 11월 230억 달러 수준이던 외환보유고가 12월에는 30억 달러까지 떨어졌다. 대외채무 지급불능 상태가 다가오고 있었다.

이러한 상황에서 12월 25일 2차 협상이 완료되었다. 외국인의 종목당 주식투자 한도를 연말까지 확대하고 채권시장을 완전 개방하며 수입선 다변화를 1999년 6월 말까지 조기 폐지한다는 조건이었다. 그

대신 IMF는 20억 달러를 예정보다 앞당겨 12월 30일 제공하고 1998년 1월 중에 IMF 40억 달러, 세계은행 20억 달러, ADB 10억 달러를 조기 제공받기로 했다.

2차 협상으로도 외환위기는 가시지 않았다. 12월 말의 부도위기는 모면했지만 1998년 1월에 다시 위기가 닥쳐왔고 결국 JP모건이나 일본계 은행 등 국제적인 사금융과의 협상을 통해 국내 금융기관의 단기 채무를 중장기로 전환하는 협상을 마무리 지은 후에야 겨우 외환위기가 진정되었다.

1997년 12월 30일 한국 정부는 대외채무 규모를 총 1,569억 달러라고 발표했다. 한국의 대외채무를 둘러싸고 국제금융계에서 계속적인 불신을 보이자 IMF와 공동으로 집계해 이와 같이 발표한 것이었다. 그러나 일반적으로 통용되는 대외채무 집계는 세계은행에서 사용하는 방식을 따르는데, 이 방식에 따르면 한국의 대외채무액은 1,161억 달러였다. 이런 불신은 한국이 자초한 것이었다.

외환위기를 가져온 근본 원인은 단기적으로는 대기업의 방만한 운영과 금융권의 경쟁력 상실이었다. 김영삼 정부는 자유화 정책을 본격적으로 시행하면서 한국 경제의 문을 세계로 활짝 열었다. 박정희 방식의 경제 성장이 일정한 보호무역을 동반했다면, 1990년대 이후 WTO의 등장은 더 이상 무역에서의 보호주의적 정책을 어렵게 만들었다. 이에 따라 재벌과 대기업들이 해외에 진출할 수 있는 길이 넓어지면서 경제 성장이 가속화되었지만, 다른 한편으로 외국의 은행으로부터 책임질 수 없는 규모의 외화를 차입하면서 재벌과 대기업의 부실화도 가속화되었다.

재벌과 대기업의 부실화는 경쟁력을 갖추지 못하고 있었던 금융권에 큰 타격이 되었다. 1960년대 이래로 정부에 의해 통제되고 있었던 금융권은 기업의 능력과 관계없이 정부의 정책에 따라 대출을 실행했고, 이러한 관행은 금융의 지배력이 정부의 통제로부터 벗어나 자유화 정책이 실행되었던 1990년대에도 계속되었다. 따라서 재벌과 대기업은 특별한 보증 없이도 은행으로부터의 대출이 가능했다. 이러한 상황에서 재벌과 대기업의 부실화로 차입금의 상환이 불가능해지게 되었고, 이는 재벌, 대기업과 금융권의 연쇄부도로 이어졌다. 결국 재벌 중심으로 운영되던 한국 경제는 전체적으로 부도 위기에 직면하게 되었다.

장기적으로 볼 때 외환위기는 한국의 경제 성장 과정에서 나타났던 과도한 정부의 개입이 도달한 종착역이었다. 이미 1969년과 1980년 두 차례에 걸친 외환위기를 경험했지만, 한국 정부는 이러한 위기에 적극적으로 대응하기보다는 정부의 공적 자금을 풀어서 위기를 미봉하는 데 급급했다. 이러한 과정을 통해 정부에 좌지우지되고 있던 한국의 금융 구조는 점점 더 취약해졌고, 금융위기를 극복할 수 있는 자체 역량을 갖추지 못하게 되었다. 대외무역 의존도가 높았던 재벌 역시 취약한 금융에 기대고 있었기 때문에 금융 못지않게 외부의 위기로부터 취약했다.

이렇게 금융 구조와 기업 구조가 취약한 상황에서 김영삼 정부 시기 은행을 자유화했기 때문에 자체 경쟁력을 갖지 못했던 금융과 재벌은 대외적인 위기에 의해 쉽게 흔들릴 수밖에 없었다. 홍콩 반환과 함께 인도네시아, 태국, 말레이시아에서 시작된 금융위기가 중국, 타

이완, 일본에는 국가 부도와 같은 심각한 위기로 비화되지는 않았음에도 한국이 큰 영향을 받은 까닭은 취약한 금융과 재벌 때문이었던 것이다. 그리고 이로 인한 피해는 국민들에게 고스란히 돌아갔다.

첫 평화적 정권 교체와 남북정상회담

'국민의 정부' 탄생

1997년 12월 18일 제15대 대통령 선거가 실시되었다. 12월 18일의 대통령 선거는 금융위기 직후에 실시되었던 점에서도 주목을 받았지만, 대통령 선거에서 세 번 떨어졌던 경험을 가진 김대중 후보의 네 번째 도전으로도 세인의 관심을 끌었다. 나아가 김대중 후보는 한국 현대사를 통해 자신과 정치적으로 적대적 관계에 있었던 김종필과 연합(DJP연합)하면서 후보에 출마했기 때문에 그 결과에 많은 사람들이 관심을 기울였다.

선거 결과 김대중 후보가 전체 유효표의 40.3퍼센트인 1,032만 표를 획득해 38.7퍼센트인 993만 표를 받은 이회창 후보와 19.2퍼센트인 492만 표를 획득한 이인제 후보를 제치고 대통령에 당선되었다. 표의 분포를 보면 DJP연합에도 불구하고 이인제 후보가 이회창 후보의 표를 분열시키지 않았다면 김대중 후보가 당선될 수 없었던 상황이었다. 이러한 선거 결과는 대한민국 정부 수립 이후 쿠데타가 아닌 정상적인 선거를 통해 여야 간의 정권 교체를 이룬 최초의 사례였다. 호남 출신의 대통령이 탄생한 것 역시 처음이었다.

그러나 대통령 선거의 양상은 이전의 선거와 마찬가지로 극심한 지역주의 현상을 보여주었다. 김대중 후보는 16개 시·도 가운데 광주(97.3퍼센트), 전남(94.6퍼센트), 전북(92.3퍼센트)과 서울(44.9퍼센트), 인천(38.5퍼센트), 경기(39.3퍼센트), 대전(45.0퍼센트), 충남(48.3퍼센트), 충북(37.4퍼센트), 제주(40.6퍼센트) 등 국토의 서쪽 10개 시·도에서 승리한 반면, 이회창 후보는 대구(72.7퍼센트), 경북(61.9퍼센트), 부산(53.3퍼센트), 울산(51.4퍼센트), 경남(55.1퍼센트), 강원(43.2퍼센트) 등 동쪽 6개 시·도에서 각각 1위를 기록해 동서 지역 간 지지도 편차가 확연히 드러났다. 이러한 지역주의 현상은 1992년 선거를 통해 잠재해 있던 호남 지역의 위기감을 보여주는 것이기도 했다.

김대중 후보는 호남의 압도적인 지지와 함께 김종필 후보와의 연합을 통한 충청도에서의 지지를 바탕으로 승리했던 반면, 이회창 후보는 영남과 강원에서 우세를 보였다. 많은 국민들이 평화적인 정권 교체 과정에서 '망국적인' 지역 구도가 허물어지기를 원했지만, 1970년대 초부터 시작된 지역 구도는 오히려 더 강화되는 현상까지 보였다.

김대중은 대통령에 당선된 뒤에 정부의 명칭을 '국민의 정부'로 정하고 화합과 통합을 그 모토로 내세웠다. 그러나 국민의 정부는 출범과 동시에 정치적인 문제에 부딪힐 수밖에 없었다. 특히 김종필을 국무총리에 임명하면서 자유민주연합(이하 자민련)과 동거 정부를 구성하는 데 따른 여러 가지 문제가 나타나기 시작했다. 진보적인 정치노선의 김대중과 보수를 대표하는 김종필이 정치 노선에서 커다란 차이

김종필, 박태준 등과 함께 지지자들에게 손을 흔들고 있는 김대중 **김대중 제16대 대통령 후보는 자신과**
정치적 적대관계에 있었던 김종필과 연합해 대통령에 당선되었다. 네 번째 도전이었다. ⓒ 연합뉴스

를 노정하고 있었기 때문이었다.

여기에 더해 김대중 대통령과 김종필 총리가 연합하면서 합의했던 내각제로의 이행 문제는 더 심각한 갈등의 씨앗이 되었다. 김대중 대통령은 1999년 말까지 내각제 개헌을 매듭짓겠다고 합의했지만, 내각제에 반대하는 야당과 국민정서를 넘어설 수 없었다. 결국 김대중 정부는 자민련과의 연합으로 인해 개혁 방향을 상실했고, 공조관계가 파탄나지 않도록 노력하는 데 치중했다. 따라서 처음에 공약으로 내세웠던 공직 사정과 사회 개혁은 철저하게 시행되지 못했다.

결국 정권 창출을 위한 정략적 과정에서 탄생한 DJP연합은 대북 정책과 관련된 이견이 해소되지 않아 실패로 끝나고 말았다. 임동원 통일부장관의 해임안에 대해 김대중 정부는 강력하게 반대했지만, 자민련은 국회에서 찬성을 표시했기 때문이다. 이후 김대중 대통령과 김종필 총재는 서로 다른 길을 선택하게 되었고, 김종필은 참여정부가 출범한 이후 2004년 총선에서의 낙선, 그리고 정치자금 문제로 인해 정계은퇴를 선언했다.

한편 국민의 정부는 국민들의 민주화를 향한 희망을 안고 출발했지만 여러 가지 문제점을 노정했다. DJP연합과 함께 보수적인 가신그룹으로 인해 국민들이 희망하고 있었던 민주적인 개혁은 이루어지지 않았다. 또한 과거의 정치관행을 그대로 유지했기 때문에 김영삼 전 대통령의 아들인 김현철이 구속되었던 것과 마찬가지로 김대중 대통령의 세 아들 역시 모두 구속되었다. 한국 사회의 고질적인 병폐였던 정치권력에 의한 부패구조를 끊어 내지 못한 것이다.

경제적으로 국민의 정부는 IMF 위기를 빠른 시간 내에 극복했다.

이것은 금융위기를 겪은 다른 아시아 국가에서는 볼 수 없는 큰 성과라고 할 수 있다. 그럼에도 불구하고 정치권과 관료, 그리고 재벌 간의 유착은 사라지지 않았다. 대우그룹이 파산했으며, 정부의 측면 지원 하에서 무리하게 대북사업을 추진하던 현대 역시 재무 구조가 악화되었다. IMF 극복 과정에서 재벌기업의 구조조정을 위해 진행된 빅딜Big deal 역시 시장 구조를 무시한 채 진행되었기 때문에 하이닉스 반도체의 부도와 같은 사태가 발생하게 되었다. 또한 2003년 참여정부가 수립된 이후 김대중 대통령의 이른바 가신家臣 그룹들이 대부분 정치자금 문제로 검찰의 수사를 받았다.

무엇보다도 가장 큰 문제는 교육과 부동산 시장에서 발생했다. 국민의 정부는 교육 개혁을 위해 많은 정책을 실행했지만, 정책의 잦은 변동은 오히려 국민들에게 더 큰 혼란을 주었다. 또한 경기 부양을 위해 부동산 시장의 활성화를 통제하지 않았기 때문에 국민의 정부 시기에 부동산 가격은 천정부지로 치솟았다. 교육 문제와 맞물려 나타난 대치동 땅값 파동은 국민의 정부가 실패한 정책을 상징적으로 보여주는 현상이었다.

당시 야당이었던 한나라당은 이러한 국민의 정부의 실책을 강하게 비판했다. 그러나 이들의 비판 역시 한국 사회의 병폐를 개선하기에는 부족했다. 한나라당은 민주공화당과 민주정의당, 민주자유당의 맥을 잇는 정당으로, 유신시대부터 40여 년간 여당으로 존재했다고 할 수 있다. 따라서 이들은 한국 사회의 변화와 개혁을 위해 야당의 입장에서 정부를 비판했다기보다는 정부 비판을 통해 기득권 세력의 입장을 대변하는 데 급급했다. 결과적으로 이러한 야당의 태도는 2002년의 대통령 선거에서 또 한 번의 패배를 맛볼 수밖에 없는 상황을 만들어 냈다.

　전체적으로 볼 때 김대중 정부의 정책에는 공과 과가 있었다. IMF 위기를 조기에 극복하고 그동안 정체되어 있던 호남 지역 개발을 본격화했다는 점은 큰 공이었다. 그럼에도 불구하고 보수 언론들은 김대중 정부의 정책적 실패를 부각했고, 이를 통해 정부의 개혁이 철저하게 시행되지 못하도록 했다. 이는 1990년 이후 정치구도가 보수와 진보의 대결로 바뀌면서 나타난 결과이기도 했다. 독재의 잔재를 청산해야 하는 작업이 '진보'로, 독재의 잔재와 기득권을 유지하려고 하는 노력은 '보수'로 규정되었다. 따라서 독재의 잔재 청산이 보수의 정치적 프로젝트로 합리화되었고, 이는 민주화가 되었음에도 불구하고 실질적인 민주적 개혁이 실행될 수 없었던 중요한 배경이 되었다.

남북정상회담

　2000년 4월 10일 오전 10시 박재규 통일부장관과 박지원 문화관광부장관은 기자회견을 갖고 "김대중 대통령이 김정일 국방위원장의 초청으로 오는 6월 12일부터 14일간 평양을 방문, 남북정상회담을 갖기로 했다"고 공식 발표했다. 북한에서도 같은 시각에 이례적으로 '특별 중대 방송'을 통해 정상회담 합의 사실을 보도, 이를 뒷받침했다. 이로써 분단 55년, 한국전쟁 발발 반세기 만에 처음으로 남북정상회담이 개최되었다.

　남북정상회담이 성사된 가장 중요한 배경은 국민의 정부 출범 이후 꾸준히 추진해 온 대북 화해·협력 정책이었다. '햇볕정책'으로 통칭

평양 순안공항에서 손을 마주 잡은 남북 정상 이틀 후인
2000년 6월 15일, 김대중 대통령과 김정일 국방위원장은
남북공동선언에 서명했다. ⓒ 연합뉴스

되는 이러한 대북 정책은 남북 간의 적대적인 분위기를 완화하는 데 결정적인 역할을 했다. 그리고 이와 함께 현대가 주도했던 북한 투자 사업, 그리고 금강산관광의 실행 등은 1994년 북핵 문제와 조문 파동으로 인해 조성되었던 남북관계의 긴장을 푸는 데 중요한 열쇠가 되었다. 특히 1998년에 있었던 정주영 현대그룹 회장의 소떼를 동원한 방북은 남북관계의 긴장 해소에 획기적인 역할을 했으며, 같은 해 역사적인 금강산관광이 시작되었다.

이러한 과정을 거쳐 2000년 6월 13일 김대중 대통령이 마침내 북한의 순안공항에 도착했다. 분단 55년 만에 평양에 도착한 김대중 대통령은 공항에서 김정일 국방위원장의 영접을 받았으며 백화원 영빈관으로 가서 기념사진을 촬영한 후 오전 11시 45분부터 12시 12분까지 상견례를 겸한 첫 정상회담을 가졌다.

그리고 6월 14일 확대회담을 거쳐, 6월 15일 남북공동성명이 발표되었다. 6·15공동선언으로 통칭되는 남북 정상의 공동 선언문은 다음과 같다.

조국의 평화적 통일을 염원하는 온 겨레의 숭고한 뜻에 따라 대한민국 김대중 대통령과 조선민주주의인민공화국 김정일 국방위원장은 2000년 6월 13일부터 15일까지 평양에서 역사적인 상봉을 했으며 정상회담을 가졌다.

남북 정상들은 분단 역사상 처음으로 열린 이번 상봉과 회담이 서로 이해를 증진시키고 남북관계를 발전시키며 평화통일을 실현하는 데 중대한 의의를 가진다고 평가하고 다음과 같이 선언한다.

1. 남과 북은 나라의 통일문제를 그 주인인 우리 민족끼리 서로 힘을 합쳐 자주적으로 해결해 나가기로 했다.

2. 남과 북은 나라의 통일을 위한 남측의 연합 제안과 북측의 낮은 단계의 연방제안이 서로 공통성이 있다고 인정하고 앞으로 이 방향에서 통일을 지향시켜 나가기로 했다.

3. 남과 북은 올해 8·15에 즈음하여 흩어진 가족, 친척 방문단을 교환하며 비전향 장기수 문제를 해결하는 등 인도적 문제를 조속히 풀어 나가기로 했다.

4. 남과 북은 경제협력을 통하여 민족경제를 균형적으로 발전시키고 사회, 문화, 체육, 보건, 환경 등 제반 분야의 협력과 교류를 활성화하여 서로의 신뢰를 다져 나가기로 했다.

5. 남과 북은 이상과 같은 합의 사항을 조속히 실천에 옮기기 위하여 빠른 시일 안에 당국 사이의 대화를 개최하기로 했다.

김대중 대통령은 김정일 국방위원장이 서울을 방문하도록 정중히 초청했으며 김정일 국방위원장은 앞으로 적절한 시기에 서울을 방문하기로 했다.

2000년 6월 15일

대한민국 대통령 김대중

조선민주주의인민공화국 국방위원장 김정일

6·15공동선언은 남과 북이 그동안 해결하지 못했던 문제들을 정치적으로 일거에 해결하는 계기를 마련했다는 사실뿐만 아니라 앞으로의 통일방안에서 합의점을 찾았다는 데에서 중요한 의미를 갖는다.

또한 공동선언문에는 자주적·평화적·인도적으로 남북 간의 문제를 해결한다는 원칙과 함께 빠른 시일 내에 당국자 회담을 개최한다고 명시해, 남북관계의 진전에 중요한 역할을 했다.

이후 남과 북에서는 6·15공동선언을 기념하는 행사를 정기적으로 갖게 되었으며, 공동선언문에서 밝히고 있는 교류뿐만 아니라 이산가족 만남을 위한 행사, 그리고 비전향 장기수 송환 등의 문제가 진전됨으로써 민족사에서 거대한 족적을 남기게 되었다. 또한 남북 간의 교류 사업이 이루어짐에 따라 서울과 평양을 잇는 경의선이 연결되었고, 개성 지역에 남한이 투자하는 공단이 들어서는 등 남북관계는 더욱 진전되었다.

그러나 6·15남북정상회담이 남긴 상처도 적지 않았다. 무엇보다도 정상회담이 개최되는 과정이 투명하지 않다는 의혹이 제기되어 2003년 참여정부가 발족한 직후에 특별검사제를 통한 대북사업 조사가 이루어졌다. 정상회담 개최를 발표한 시점이 2000년 4월의 총선을 앞둔 시기였다는 것도 전 민족적으로 중요한 문제가 정치적으로 이용되었다는 오해를 받았으며, 정상회담 과정에서 북한에 전달한 돈이 불법적으로 조성되었다는 점 또한 문제가 되었다. 이러한 문제들로 인해 현대아산의 정몽헌 회장이 투신자살을 했고, 정상회담 성사에 관여했던 인사들이 구속, 수감되었다가 무죄로 풀려나는 해프닝이 발생하기도 했다. 대북송금 특검으로 알려져 있는 이 사건은 이후 노무현 정부의 대북 정책에 걸림돌이 되기도 했다.

동북아 관계의 변화

일본의 대중문화는 한국에서 수입이 금기시되었음에도 불구하고 이미 1980년대 후반부터 젊은 세대들 사이에서 인기를 얻고 있었다. 국민의 정부는 1998년 일본 대중문화의 수입을 개방하는 조치를 내렸다. 영화, 비디오, 만화를 일차적으로 개방하고 가요, 음반, 애니메이션, 게임, 방송 등은 단계적으로 개방하기로 했다. 그 결과 1998년 12월, 1945년 이후 처음으로 〈하나비〉, 〈카게무샤〉 등 두 편의 영화가 국내에 첫 선을 보였다. 1999년에 수입된 〈러브레터〉는 서울에서 70만 관객을 동원하기도 했다. 일본 대중문화 수입 문제는 김대중 대통령의 방일을 계기로 전환기를 맞았다.

한국의 문화도 일본에 수출되기 시작했다. 한국의 대중가요, 특히 김연자와 조용필로 대표되는 트로트 가요들이 일본의 중장년층에서 인기를 얻었으며, 한국 영화 〈쉬리〉가 일본에서 많은 주목을 받았다. 2000년을 전후한 한국 문화의 일본 진출은 이후 2003년과 2004년 한국 드라마 〈겨울연가〉 선풍, 그리고 가수 보아의 성공으로 이어졌다. 한국과 일본 상호 간의 문화교류는 한일관계 개선의 계기가 되었고, 2004년 김포와 하네다 사이에 셔틀 노선을 개설하는 데 중요한 기폭제가 되었다.

이러한 한국과 일본 사이의 문화교류는 양국 사람들의 상호 인식에 큰 변화를 가져왔다. 한국인들의 일본에 대한 반감을 점차 가라앉혔고, 일본인들의 한국인들에 대한 무관심이 변화하기 시작했다. 김대중 정부 시기 있었던 한일 정상 간의 '신협력 시대 선언'은 한일관계의 새로운 전개를 여는 중요한 계기를 마련하는 것이었다.

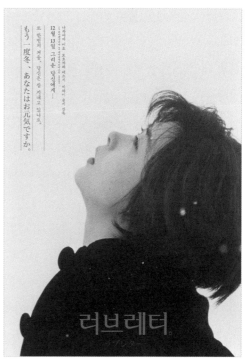

〈겨울연가〉와 〈러브레터〉 국민의 정부의 일본 대중문화 수입 개방 조치는 한국과 일본 상호 간의 문화교류가 활성화되는 계기로 작용했다.

그러나 한국과 일본의 관계는 2001년에 빚어진 역사 교과서 문제로 인해 악화되었다. 일본의 후소샤扶桑社에서 출판한 역사교과서에서 일본의 태평양 전쟁 책임 문제를 삭제함으로써 역사를 왜곡하는 사태가 발생했던 것이다. 이미 1982년과 1990년 두 차례에 걸친 교과서 파동이 있었지만, 2001년의 교과서 파동은 이전보다 더 심각한 갈등을 초래했다. 특히 주목되는 점은 이전과 달리 비정부기구인 시민단체와 지방자치단체에서 교과서 파동에 대해 대응하기 시작했다는 것이다.

한편 한국과 중국의 관계는 남북관계 개선에 따라 한층 더 발전했다. 1992년 수교를 맺은 이후 한국은 중국과의 경제 교역을 늘려갔고, 2002년에는 한국의 대중국 교역이 미국과의 교역량을 초과했다. 중국이 한국의 제1무역대상국이 된 것이다. 이에 따라 미국과 일본 일변도의 대외경제 관계도 일대 전환점을 맞게 되었다. 그러나 이로 인해 중국에 대한 경계가 필요하다는 사회적 여론도 발생하기 시작했다.

또한 중국에서는 일본보다도 먼저 한국의 문화가 선풍적인 인기를 끌기 시작했다. 한국의 대중가요, 영화, 드라마는 중국에서 선진적인 문화의 상징이 되었다. '한류'로 통칭되는 한국의 문화는 중국 젊은이들 사이에서 넓게 확산되었고, 이로 인해 중국 학생들의 한국 유학이 폭발적으로 증가했다.

이와 함께 한국 학생들의 중국 유학도 점차 늘어났다. 그동안 한국 학생들의 유학은 주로 미국을 비롯한 영어권 국가에 치중되어 있었으나, 1990년대 후반 이후 중국으로 유학하는 학생들이 늘어났다. 이것은 중국의 국력이 커졌기 때문이지만, 다른 한편으로는 상대적으로 싼 유학비용 때문이기도 했다. 1997년 3,000여 명의 학생들이 중국에 유학하고 있었는데, 2003년에는 1만여 명을 넘어섰고, 2007년에는 어학연수생을 포함하여 10만 명 정도에 이르렀으며, 대부분 베이징에 집중되었다.

이렇게 문화와 교육 부분에서 가까워졌지만, 한일관계와 마찬가지로 역사와 영토 문제 등으로 한국과 중국은 적지 않은 마찰을 겪고 있다. 한·중 수교 이후 많은 한국인들이 옌벤을 중심으로 한 중국의 동북 지역을 방문했으며, 그 지역이 과거에는 한국의 영토였음을 공공연히 주장하는 행동이 나타나기 시작했다.

또한 중국의 동북 지역에 거주하는 조선족들이 돈을 벌기 위해 한국에 오기 시작했다. 조선족의 한국 진출은 한국과 중국 사회에서 동시에 새로운 사회 현상이 되었다. 한국에서 일하는 조선족들을 만나는 것은 이제 보편적인 일이 되었고, 조선족이 제공하는 값싼 노동력은 한국 경제의 인플레이션을 막는 중요한 요인이 되었다. 또한 이들의 송금은 중국 내 조선족들의 경제 문제 해결에도 도움이 되었다.

그러나 조선족의 장기 체류가 한국과 중국 내에서 새로운 사회 문제를 일으키기도 했다. 장기 체류는 불법 체류를 동반하기 때문에 이들의 노동 조건 및 체류 조건과 관련된 사회 문제가 야기되고 있으며, 일부 불법 조직들이 조선족의 체류 지역에서 나타나고 있다. 또한 한국 정부에서 이들을 포함한 재외동포법이 제정되면서 중국 정부가 조선족 문제에 대해 민감하게 반응하기도 했다. 중국은 조선족을 소수민족의 하나로 보고 한족에게는 금지되어 있는 한 명 이상의 출산을 가능하도록 하는 우대 정책을 취하면서 동북 지역의 안정을 추구했지만, 새로운 경제적 이권과 한국의 재외동포법으로 인해 이 지역에서 사회적 불안정이 일어날 가능성이 있었기 때문이다.

아울러 한중관계는 역사 문제로 인해 긴장이 고조되었다. 중국의 베이징 사회과학원은 2002년부터 이른바 '동북공정'이라는 작업을 통해 동북 지역의 역사를 중국의 소수민족의 역사로 편입하는 작업을 진행했는데, 그 중 하나가 고구려사였다. 이미 1,000년이 넘게 고구려사를 고대로부터의 중요한 전통으로 간주하고 있는 한국인들에게는 동북공정의 주장이 역사적 정체성을 해칠 수도 있는 것이기 때문에 한국 사회에서 중국의 동북공정에 대한 비판이 광범위하게 일어났다.

이렇게 한국과 일본, 그리고 중국 사이에는 한편으로는 문화적·경제적인 요인으로 인한 관계 개선이 이루어지고 있지만, 다른 한편으로는 역사 문제를 둘러싼 부정적인 요소들이 지속되고 있다. 이러한 현상은 19세기 이래 침략과 갈등, 그리고 학살과 침탈이 계속되면서 동북아시아 국가들이 기본적으로 강한 민족주의적인 경향을 가지게 되었기 때문에 나타나는 것이다. 동북아시아 국가들의 민족주의는 폐쇄적이며 배타적인 성향을 갖고 있기 때문에 다른 동북아시아 국가들과의 관계 개선에 많은 걸림돌이 되었다. 그럼에도 불구하고 동북아시아에서 지역적인 협력을 강화해야 한다는 움직임이 점차 설득력을 얻었다. 무엇보다도 지역적 협력체의 건설이 세계적인 추세인 점을 감안한다면, 동북아시아에서 새로운 형태의 지역공동체의 건설이나 공동의 화폐 발행, 자유무역협정FTA의 체결이 필요하다는 주장이 대두되었다.

이를 위해 한국과 중국, 일본의 정부는 FTA 체결을 위한 논의를 전개했으며, 이미 FTA가 형성되어 있는 동남아시아 지역 아세안ASEAN과의 연계 역시 추진되었다. 그 결과 중국과는 2015년 FTA가 체결되었다.

시민단체와 지식인들 역시 아시아 연대라는 모토 하에 매년 국제회의를 개최했으며, 이를 통해 시민 수준에서의 연대 가능성을 타진했다.

시민운동의 발전과 신세대의 등장

1990년대 초까지 한국 사회에서는 민주화운동이 사회운동을 대표했다. 그러나 1990년을 전후해 동구 사회주의권과 소련이 몰락하면서 사회주의 이념을 모토로 했던 민주화운동 세력들이 급격하게 몰락했고, 시민운동이 새롭게 부상했다. 1987년 6월항쟁의 영향을 받아 1989년 결성된 경제정의실천시민연합(경실련)은 1990년대 후반 본격적으로 사회적인 영향력을 가진 단체로 부상했다.

경실련은 토지공개념의 도입과 함께 금융실명제, 세제개혁운동 등을 전개해 문민정부와 국민의 정부의 개혁을 뒷받침했다. 또한 외국인 노동자 문제를 비롯한 사회 문제에 대해서도 적극적으로 참여했다.

경실련에 비해 늦게 출발했지만, 최근 사회적으로 가장 큰 영향력을 가지고 있는 시민단체는 참여연대다. 참여연대는 권력 감시 시민운동과 참신하고 정치적이지 않은 공동체 설립, 나아가 사법 및 행정 감시 등에 관한 전문적 개혁운동의 필요성이 제기되면서 시민들이 연대해 1994년 9월 10일 결성한 단체다. 결성 당시의 명칭은 '참여민주사회와 인권을 위한 시민연대'였으나 두 차례 변경을 거쳐 참여연대로 확정되었다.

참여연대의 활동 방향은 크게 시민참여·시민연대·시민감시·시민대안 등 네 가지였다. 참여연대는 활동경비 전액을 8,000여 회원의 회비·재정사업 등 시민의 회비로 마련해 시민단체로서의 독립성을 갖추었다. 그리고 점차 활동 영역을 확장해 현재 사법감시센터, 의정감시센터, 맑은사회만들기본부, 작은권리찾기운동본부, 경제민주화위원회, 시민과학센터, 사회복지특별위원회, 납세자운동본부 등 8개의 활동센터와 참여사회아카데미, (사)참여사회연구소, 아파트공동체연구소, 월간《참여사회》, 포럼 참여사회 등 5개의 부설기관으로 구성되어 있다.

이외에도 환경, 복지, 소비자 보호 등과 관련된 시민단체들이 활발하게 활동하고 있다. 특히 환경 문제는 경제 성장 드라이브만을 추진해 왔던 한국 사회에서 새롭게 눈을 뜬 분야로서 미래의 한국을 위한 중요한 문제제기다. 환경운동연합은 이 같은 환경 문제에 관심을 가지는 대표적인 시민단체. 2000년대 이후 외국인 노동자가 급증하면서 이들을 위한 비정부기구NGO 단체들이 새롭게 등장한 것도 주목된다.

이와는 달리 NGO에 대해 국가적 차원의 지원이 이루어지면서, 너무나 많은 단체들이 우후죽순처럼 만들어지는 것은 NGO 시대의 부작용이다. 현재 존재하는 수많은 NGO 단체들 모두가 과연 실질적인 활동을 하면서 정부의 지원을 받고 있는 것인지는 분명치 않다. 또한 일부 단체들은 과거 권위주의 정부의 지원을 받았던 단체들이었기 때문에 실제로 NGO의 성격을 갖추고 있는지 여부 또한 의문시되고 었다.

이러한 부작용에도 불구하고, 현재 한국에서의 비정부기구 시민단체 활동은 어느 선진국 못지않게 높은 수준과 영향력을 가지고 있다. 이러한 현상은 1970년대부터 축적되어 온 민주화운동의 역량이 1990년대 이후 시민운동으로 전환하면서 나타났다. 대체로 1970년대와 1980년대 민주화운동에 참여했던 세력들이 시민운동의 실무를 맡았다. 이들 중 일부가 정치에 참여하면서 시민단체의 정치화를 비판하는 여론도 있었지만, 2016년의 촛불집회에서 시민단체는 핵심적 역할을 했다.

1990년대 이후 한국 사회의 변화는 이와 같이 한편에서는 민주주의의 확대와 활발한 시민단체의 활동으로 나타났지만, 다른 한편에서는 새로운 문화가 나타나는 계기가 되었다. 특히 새로운 문화는 IT산업의 확장에 따른 인터넷 문화의 광범위한 보급에 의해 추동되었다. 정부는 IT산업의 발전을 위해 인터넷의 대중적인 보급을 적극적으로 지원했고, 그 결과 가구 인터넷 보급률이 전 세계에서 가장 높은 국가가 되었다(2010년 81.6퍼센트. 통계청).

인터넷 사용의 증가는 정치, 사회, 경제 등 사회의 모든 면에서 중요한 변화를 가져왔다. 정치 분야의 경우 선거유세가 중심에 위치했던 정치문화에서 인터넷을 통해 정보를 주고받는 새로운 시스템이 정착되기 시작했다. 이로 인해 선거철마다 나타나는 선거유세의 풍경은 사라지게 되었다. 사회적으로도 인터넷 중독자들이 늘어가게 되었고, 인터넷 게임은 젊은 세대들의 중심 문화로 자리 잡게 되었다. 특히 인터넷 게임을 바탕으로 성장한 PC방은 한국적인 현상으로, 한국식 노래방과 함께 새로운 한국의 수출산업이 되었다. 최근에는 스마트폰이 확산되면서 스마트폰 중독이 심각한 사회적 문제로 대두되고 있다.

인터넷상의 경제활동 또한 증가했다. 주로 유통경제에 집중되었고, 인터넷 유통의 등장은 전통적인 유통산업의 쇠퇴로 이어졌다. 예컨대 인터넷을 이용한 쇼핑몰 시장이 폭팔적으로 성장해서 대형마트와 함께 유통시장을 양분했으며 컴퓨터를 통해 장을 보는 것은 여상한 일이 되었다. 또한 인터넷 포털을 소유하고 있는 기업들은 한국 사회의 중요한 대기업으로 성장했다. 네이버와 다음이 그 대표적인 예다.

이러한 인터넷 사용의 증가는 국민들에게 알 권리를 확대한다는 측면에서 긍정적인 역할을 하고 있지만, 다른 한편으로는 사이버상에서 국민들의 사생활이나 권리를 침해한다는 비판도 제기되고 있다. 특히 실명을 밝히지 않은 상태에서 이루어지는 무책임한 비난을 통해 개인의 기본 권리를 침해하는 사례가 많이 나타나고 있다.

이러한 새로운 사회 환경 속에서 이전의 한국인들이 가지고 있던 전통적인 사고와는 다른 사고를 가진 세대들이 출현했다. 이른바 N세대라고 일컬어지는 새로운 세대들은 공동체 문화보다는 개인주의적인 문화에 더 친숙하다. 이러한 새로운 세대와 구세대 사이에는 386세대라고 하는 또 다른 세대가 존재했다. 명명되었을 당시 나이는 30대, 학번은 80년대 학번, 1960년대 출생 등을 특징으로 하는 386세대는 반독재민주화운동을 통해 이전 세대와는 다른 생각과 경험을 가지고 있었다. 이들은 2000년 이후의 새로운 정치문화를 선도했다.

촛불시위와 반미의식

1990년대 이후에 나타난 한국 사회의 변화 중 하나는 반미의식이 공개적으로 표출되기 시작했다는 점이다. 1980년대에도 반미 시위와 반미의식이 나타나긴 했지만, 대중적으로 확산되지는 않았다. 그러나 1991년에 발생한 윤금이 살해 사건과 2002년 두 여중생이 미군 장갑차에 치여 사망한 사건은 반미 정서를 국민적으로 확산하는 데 중요한 역할을 했다.

두 여중생 사망 사건이 발생한 직후 주한미군 측에서는 훈련 중 발생한 사고로 이 사건을 그다지 중요하게 다루지 않는 듯한 인상을 주었다. 이에 많은 시민들이 이 사건에 대한 미군 및 미국 정부의 대응에 항의하면서 사망한 여중생들을 추모하는 시위를 전개했다. 이후 주한미군사령관이 공식적으로 사건에 대해 유감을 표시했지만, 추모의 열기는 가라앉지 않았다. 이때부터 촛불을 이용한 시위가 한국 사회에서 본격화하기 시작했다. 촛불시위는 여중생 사망 사건과 관련된 시위에서뿐만 아니라 2004년 대통령 탄핵에 반대하는 시위, 2016년 박근혜 대통령 퇴진과 '최순실 게이트' 의혹에 대한 진상 규명을 요구하는 집회에서도 나타났다.

여중생 사망 사건은 주한미군의 주둔군 지위에 대한 조약SOFA의 개정이 필요하다는 여론을 조성했다. SOFA에 따르면 한국에 주둔하고 있는 미군이 범죄를 저지를 경우 미군의 요청이 있을 때 범인을 미군 측에 인도한다고 규정되어 있다. 특히 미군의 범죄가 공무를 실행하는 가운데 발생할 경우 한국 측은 형사처벌을 위한 권리를 행사하지 못했다. 따라서 SOFA의 내용을 수정해야 한다는 여론이 확산되었다.

비록 촛불시위가 SOFA의 수정에까지 이르지는 못했지만, 결과적으로 2002년 대통령 선거에서 민주당의 노무현 후보가 대통령에 당선되는 데 결정적인 기여를 했다. 상대적으로 진보적인 노무현 후보가 미국과의 관계에서 대등한 관계를 만들어 낼 것으로 기대했기 때문에 한미관계에 대해 비판적인 여론이 노무현 후보의 손을 들어 주었던 것이다.

촛불시위의 대중화는 2002년 월드컵에서 나타난 한국 축구팀에 대한 전 국민적 응원으로부터 많은 영향을 받았다. 많은 시민들이 거리 응원처럼 시위에 자발적으로 참여하기 시작했던 것이다. 2004년 탄핵 사태는 촛불시위가 정치적인 시위가 아니라 하나의 문화적 축제로 자리매김하는 전환점이 되기도 했다.

이러한 과정을 통해 반미의식이 확산되었지만, 다른 한편에서는 보수적인 인사들에 의해 한미동맹에 기반한 반공의식을 고수하기 위한 움직임이 적극적으로 나타나기 시작했다. 이로 인해 국가적인 각종 기념행사들이 진보 진영과 보수 진영에서 이원적으로 진행되었고, 보수적인 인사들이 주도하는 집회에 태극기와 성조기가 함께 나타나기 시작했다.

그러나 반미적인 정서가 확산되었음에도 불구하고, 미국에 대한 한국인들의 근본적인 인식은 크게 변화하지 않았다. 많은 학생이 미국으로 유학을 떠났으며, 아메리칸 드림으로 일컬어지는 미국에 대한 긍정적인 인식 또한 계속되었다.

이러한 인식은 한국군의 이라크 파병 및 주한미군의 배치 변화에 대한 한국인들의 태도에서 잘 나타났다. 한국군의 이라크 파병이 명분을 찾기 어려웠음에도 불구하고 한미동맹의 지속을 위해 불가피하다는 인식, 그리고 주한미군 배치의 변화가 한반도의 안보에 악영향을 미칠 것이라는 대다수의 여론은 바로 한국인들의 미국에 대한 태도가 변화하지 않았다는 사실을 보여주는 것이었다.

물론 남북관계가 개선됨에 따라 안보를 이유로 종속적이었던 미국과의 관계가 대등한 관계로 재설정되어야 한다는 주장이 늘어나고 있다. 또한 미국과의 일방적인 관계만을 추진할 것이 아니라 중국, 일

이라크파병 반대 촛불시위 2004년 6월 26일, 일본 도쿄 신주쿠에서 열린 한일공동 한국군 이라크 파병 반대 촛불시위.

본, 러시아와의 관계를 보다 증진해 한국의 외교노선을 다변화해야
한다는 목소리도 나오고 있다.

좌측 신호등 켜고
우회전한 정권

'참여정부' 탄생

2002년 제16대 대통령 선거는 극적인 상황을 만들어 냈다. 드라마
는 당시 여당이었던 민주당의 대통령 후보 경선 과정에서 시작되었
다. 이인제 후보가 대통령 후보로 선출될 것이라는 예상을 뒤엎고, 노
무현 후보가 민주당의 대통령 후보로 결정되었다. 노무현 후보는
1988년 국회 청문회에서 혜성과 같이 등장해 주목을 받았지만 경선
에 나온 타 후보들에 비하면 무명에 가까웠다.

노무현 후보는 '노사모'(노무현을 사랑하는 모임)의 열광적인 지지, 대
학을 졸업하지 못했던 그의 학력을 보며 서민들이 느낀 친근감, 민변
(민주사회를 위한 변호사 모임)에서의 활동, 그리고 진보와 변화를 원했
던 사회적 여론에 힘입어 민주당의 대통령 후보가 되기는 했지만, 지
지율을 끌어올리는 것이 쉽지 않았다. 선거전은 한나라당의 이회창
후보가 앞서고 민주당의 노무현 후보와 무소속의 정몽준 후보가 뒤를
쫓는 형국이 되었다.

그런데 선거를 한 달여 앞둔 상황에서 노무현 후보와 정몽준 후보

가 단일화를 선언하면서 극적인 반전이 시작되었다. 여론조사 결과 단일후보는 노무현 후보로 결정되었다. 이후 노무현 후보는 이회창 후보의 지지율을 앞서기 시작했으며, 선거 하루 전 정몽준 후보가 단일화 결정의 철회를 선언했음에도 불구하고 대통령에 당선되었다.

노무현 후보의 당선은 당시 한국 사회의 몇 가지 중요한 여론을 반영하고 있었다. 첫째로 변화를 원하는 여론은 1997년 김대중 후보를 대통령으로 선택했지만, '국민의 정부'에 의한 개혁은 변화를 요구하는 시민들의 열망에 부응하지 못했다. 시민들은 새로운 그룹이 한국 사회에 활력소가 되어주기를 원했다. 시민들은 경제뿐만 아니라 한국 사회의 근간을 바꾸는 사회·정치적인 변화를 원하고 있었던 것이다. 이런 측면에서 보면 한나라당이 국민의 정부 시기 야당이었음에도 불구하고, 시민들에게는 변화를 만들어 낼 수 있는 대안 세력이라는 인상을 주지는 못했던 것을 알 수 있다. 반면에 노무현 후보는 여당 출신임에도 불구하고, 기존 정치인들과는 다른 참신한 인물이라는 인식을 주었다.

둘째로 시민들은 국제관계에 있어서도 변화를 원하고 있었다. 이 점은 2002년의 여중생 사망 사건을 계기로 하여 한미관계의 변화를 요구했던 시민들의 요구에서도 잘 드러났다. 또한 강경한 대북 정책을 견지하던 미국의 부시 행정부에 대한 비판적 인식이 확산되고 있었던 점 역시 한미관계에 대한 새로운 정립의 필요성을 요구하는 중요한 요인이 되었다.

개혁, 절반의 성공

참여정부는 대중적인 인기 속에서 출범했지만, 행정부와 입법부를 운영하는 것이 쉽지 않았다. 행정부와 입법부 내에서 노무현 대통령을 지지하는 세력이 거의 없었기 때문이었다. 특히 참여정부는 이전과는 달리 모든 분야에서 나이나 경력보다는 능력을 우선시하는 새로운 인사 시스템을 만들고자 했는데, 이러한 정책은 기존 한국 사회를 이끌어 왔던 세력들로부터 반발을 불러 일으켰다.

참여정부는 이러한 반발에 대해 타협보다는 정면으로 대응하는 방법을 취했다. 가장 상징적인 사건은 비검찰 출신의 여성 변호사인 강금실을 법무부장관에 임명한 것과 대통령과 그의 지지자들이 민주당에서 탈당해 '열린우리당'을 만든 것이었다. 노무현 대통령은 검찰 조직의 개혁을 천명하면서 강금실 장관을 임명했고, 이에 대한 검찰 내부의 반발로 인해 '평검사와의 대화'에 참여해 대통령과 평검사 사이의 토론이 생중계를 통해 전국에 반영되기도 했다. 그러나 노 대통령의 검찰 개혁은 성공하지 못했다. 강금실 장관은 검찰 개혁을 마무리하지 못한 상태에서 장관직을 떠나야 했고, 개혁을 계속하기 위해 진보적 정치인이었던 천정배 열린우리당 의원을 법무부장관으로 임명했지만 그 또한 검찰 내부 기존 세력들의 반발로 인해 검찰 조직의 변화를 이끌어내지 못했다. 특히 천정배 장관 시기에는 한국의 민주화 이전 독재정부에 반대하는 활동을 했던 재외동포 교수가 입국했을 때 북한 정부와의 연루 혐의로 구속했던 사건, 그리고 북한을 방문했던 한국인 교수가 김일성이 탄생한 곳으로 알려진 곳을 방문했을 때 방명록에 사인을 했던 사건에 법무부장관이 개입한 것에 대해 보수 언론이 심각하게 반발하는 현상이 발생했다.

열린우리당의 창당은 더 심각한 상황을 야기했다. 2004년 총선거를 앞두고 노무현 대통령은 여당인 열린우리당을 적극 지지하겠다고 선언했다. 한나라당과 민주당에서는 노무현 대통령의 발언이 선거법을 위반한 것이라고 규정하고, 국회에서 대통령에 대한 탄핵 소추안을 발의했다. 이 탄핵안은 2004년 3월 12일 국회를 통과했다. 대한민국 헌정 사상 처음으로 대통령이 국회에 의해 탄핵된 것이다. 이로써 노무현 대통령은 대통령으로서의 직무가 정지되었고, 고건 국무총리가 대통령 직무를 대행하는 상황이 전개되었다.

당시 노무현 대통령을 지지했던 시민들이 국회의 탄핵 결정에 대해 강력하게 반발하면서 상황은 더 복잡해졌다. 시민들은 서울 광화문 일대에서 연일 촛불시위를 벌였고, 대중 매체들은 노무현 대통령의 탄핵에 반대하는 여론이 70퍼센트에 달한다는 여론조사 결과를 발표했다. 결국 2004년 5월 14일 헌법재판소에서 탄핵심판을 기각함으로써 노무현 대통령은 대통령직에 복귀했다. 이 사건으로 인해 총선거에서 열린우리당은 국회에서 과반수를 넘는 의원들이 당선되어 다수당이 되는 데 성공했다. 그러나 노무현 대통령은 국회와 정치적 합의를 이끌어내지 못했다는 점 때문에 정치적인 타격을 입게 되었다.

이후 노무현 대통령은 다수당이었던 열린우리당의 힘을 이용해 개혁적인 입법을 추진했다. 대표적인 사례로 과거사위원회의 설립과 국가보안법의 개정 및 폐지를 위한 노력을 들 수 있다. 먼저 열린우리당은 국회에서 협의를 거쳐 친일진상규명위원회, 친일재산환수위원회, 진실화해위원회 등을 조직했다. 이러한 움직임은 국민의 정부 시기

국회에서 노무현 탄핵 저지 농성 중인 열린우리당 의원들 2004년 3월 9일 한나라당과 민주당 소속 의원 159명은 노무현 당시 대통령에 대한 탄핵 소추안을 국회에 제출했다.

있었던 국무총리 직속 '4·3진상규명위원회'의 맥을 잇는 것이었다. 1945년 해방 이후 제대로 처리되지 못했던 '친일파' 문제의 진실을 밝히고, 군사정권 시기에 있었던 이른바 '의문사' 사건들의 진실을 밝히겠다는 취지였다.

그러나 국가보안법 문제는 보수 정치세력의 반발에 의해 결국 해결하지 못했다. 또한 과거사위원회는 시민사회가 중요성을 공감하고 있었음에도 불구하고, 보수언론과 야당은 과거사위원회의 활동이 진보세력의 정치적 목적이 있는 것으로 비난했고, 노무현 대통령이 임기를 마감하면서 더 이상 활동을 진행하지 못한 채 문을 닫았다. 과거사위원회와 관련된 규정을 만들면서 야당의 주장으로 조사 권한을 제한했던 것도 활동이 제대로 이루어질 수 없었던 중요한 요인 중 하나였다.

이러한 개혁의 한계에도 불구하고 정부 문서 보관과 관련된 규정을 만든 것은 한국의 정치·사회에 커다란 변화를 가져왔다. 정부의 각 기관에 문서 보관을 위한 전문가들이 파견되고, 30년이 지난 한국 정부 문서는 모두 공개했다. 과거 문서가 제대로 보관되어 있지 않아 책임 소재를 밝히지 못했던 관행과 공무원이 퇴직하면서 자신이 보관하고 있던 공문서를 가지고 나옴으로써 사문서화하던 관례를 없애기 위한 것이었다.

이러한 새로운 규정의 적용 과정에서 1951년부터 1965년까지 계속된 한일 국교 정상화를 위한 한일회담 문서들이 모두 공개되었다. 이를 통해 그동안 밝혀지지 않았던 한일회담의 내용이 밝혀져 학술적으로도 한일관계에서 논란이 되었던 문제들을 해명하는 데 중요한 계기가 되었다.

대외관계의 혼선

참여정부의 수립은 대미관계에 변화를 가져올 것으로 예측되었다. 노무현 대통령이 대통령 후보 시절 '미국을 한 번도 간 적이 없다'고 했던 발언과 그의 정치적 성향을 고려할 때 과거와는 달리 미국과 대등한 관계를 추구할 것으로 예상되었기 때문이었다.

그러나 참여정부의 대미 정책은 시민사회의 요구를 만족시켜 주지 못했다. 노무현 대통령이 처음으로 미국을 방문했을 때 '미국이 한국전쟁 때 도와주지 않았다면 자신은 정치범 수용소에 있었을 것'이라고 했던 발언과 함께 한국군의 이라크 전쟁 파병은 더 많은 논란을 가져왔다. 시민사회는 이라크 전쟁이 정의로운 전쟁이 아니라고 반대했지만, 참여정부는 2003년 10월 두 차례의 여론조사를 거쳐 이라크 파병을 결정했던 것이다. 정부의 이러한 결정에 대해 참여정부를 지지했던 진보세력이 반대하고, 야당과 보수세력이 찬성하는 역설적인 상황이 발생했다.

또 다른 문제는 한미 간의 FTA 추진 과정에서 발생했다. 진보세력들은 한미FTA에 반대했다. 한미FTA가 한국의 취약한 산업 분야, 특히 농·축산업과 서비스업 분야에 큰 타격을 줄 것으로 예상되었기 때문이다. 그러나 참여정부는 시민사회의 반대에도 불구하고 한미FTA에 대한 합의를 만들어 냈다. 한미FTA 합의는 노무현 대통령을 대통령으로 선출하고 참여정부를 지지했던 진보세력이 참여정부로부터 등을 돌리게 만든 결정적 요인이 되었다.

물론 참여정부의 이러한 정책이 처음부터 미국과의 타협만을 목표로 한 것은 아니었다. 초기 참여정부는 미국보다는 일본, 중국과의 관계를 강화하는 방향으로 대외 정책의 중심을 설정했다. 한중일 정부는 삼국 사이에 정기 국제항로가 아닌 셔틀 항로를 개설했으며, 이러한 셔틀 항로의 개설은 삼국 정상 간의 만남을 '셔틀 외교'로 명명하는 계기가 되기도 했다.

또한 참여정부는 '균형자론'을 내세움으로써 이전의 미국, 일본 일변도의 정책에 변화를 주고자 했다. 중국과 일본 사이에서 중재자 또는 균형자의 역할을 하겠다는 것이 '균형자론'의 핵심적인 내용이었다. 동북아시아에서 평화를 이끌어내기 위해 중국과 일본 사이의 갈등을 막고, 북한과의 관계에서 주도권을 잡겠다는 전략이었다. ASEAN(동남아시아국가연합)+3(한중일)에 대한 적극적 접근 역시 외교의 다변화를 위한 노력의 일환이었다.

그러나 참여정부의 동북아시아 중심 전략은 제대로 진행되지 못했다. 가장 큰 문제는 북한과의 관계가 원만하게 진행되지 못하는 가운데 2006년 북한이 핵실험을 감행했다는 점이다. 북한의 핵실험은 부시 행정부의 대북 정책에 일정한 변화를 가져왔지만, 한국 사회 내에서는 햇볕정책이 결국 북한으로 하여금 핵을 개발할 수 있는 돈과 시간을 준 것이라는 비판을 불러왔다.

또한 균형자론은 중국과 일본의 지지를 받지 못했다. 중국과 일본 모두 한국의 중재자로서의 역할에 그다지 동조하지 않는 입장이었다. 중재자라기보다는 한중일 사이에서 벌어지는 갈등의 당사자라는 입장이었던 것으로 보인다. 즉 독도를 비롯한 영토 문제, 일본 교과서 문제, 그리고 동북공정 문제에 있어 한국은 중재자가 아니라 이해 당사자였던 것이다.

당시 고이즈미小泉純一郎 일본 총리와 일본 정부의 지극히 국수적인 태도 역시 참여정부의 동북아 중심 외교 정책을 어렵게 만드는 요인이었다. 자민당 출신 일본 고위 관료들의 야스쿠니 신사 방문, 그리고 계속되는 후쇼샤 교과서의 역사 왜곡 등은 한일관계뿐만 아니라 중일관계의 개선에 있어서도 지속적으로 걸림돌이 되었다. FTA 문제 역시 한일 간의 FTA가 2003년부터 일찌감치 추진되었지만, 독도 및 역사교과서를 둘러싼 문제가 계속되면서 쉽게 추진될 수 없었다.

결과적으로 참여정부의 동북아 정책 실패는 참여정부의 대외 정책을 대미관계 중심으로 진행되도록 했다. 그리고 이라크 파병 및 FTA를 중심으로 한 대미 정책은 결과적으로 진보세력들이 참여정부로부터 등을 돌리는 결과를 가져왔다. 초기 정책에 대한 진보세력의 비판과 그로 인한 지지세력의 이탈은 2005년 이후 노무현 대통령의 국정지지율이 10퍼센트대에 머문 가장 중요한 요인이 되었다.

남북관계의 또 다른 전환

2007년 대통령 선거를 앞둔 시점에서 10월 남북정상회담이 이루어졌다. 남북 정상은 10월 4일 공동선언을 발표했다. 공동선언의 주요내용은 아래와 같다.

2항 남과 북은 상호 내부 문제에 간섭하지 않는다. 남북관계의 발전을 위해 법률적 제도적 장치를 정비해 나간다.

3항 군사적 적대관계를 종식시키기 위해 대화와 협상을 통해 분쟁 문제를 해결한다. 남과 북은 불가침의 의무를 확고히 준수한다. 서해에서의

우발적 충돌방지를 위해 공동 어로수역을 지정하고 이 지역을 평화수
역으로 만들기 위한 방안과 각종 협력사업에 대한 군사적 보장조치 문
제 등 군사적 신뢰구축조치를 협의하기 위해 남측 국방부장관과 북측
인민무력부 부장 간 회담을 개최한다.

4항 정전체제를 종식시키고 항구적인 평화체제를 구축하기 위하여 3자 또
는 4자 정상들이 한반도 지역에서 만나 종전을 선언하는 문제를 추진
한다. 9·19공동성명과 2·13합의를 이행하도록 공동노력한다.

5항 해주 지역과 주변 해역을 포괄하는 '서해평화협력특별지대'를 설치하
고 공동 어로구역과 평화수역 설정, 경제특구 건설과 해주항 활용, 민
간선박의 해주직항로 통과, 한강하구 공동 이용 등을 적극 추진해 나
가기로 한다. 개성 신의주 철도와 개성 평양 고속도로를 공동으로 이
용하기 위해 개보수 문제를 협의 추진해 나가기로 한다.

6항 백두산 직항로를 개설하여 백두산 관광을 실시한다. 2008년 북경올림
픽 경기에 남북응원단이 경의선 열차를 이용하여 참가한다.

7항 국제문제에 공동보조를 맞추기 위해 남북 총리회담을 개최한다.

10·4공동선언은 1999년 이후 남북 간 군사적 충돌이 지속적으로
일어났던 서해 지역을 공동 어로구역으로 설정하고, 평화지대를 설치
한다는 방안을 비롯해 획기적인 내용을 담고 있었다. 1999년과 2002
년 두 차례에 걸친 서해상에서의 군사적 충돌은 정전협정에서 바다
위의 군사분계선을 설정하지 않았기 때문에 발생한 사건이었다. 북한
은 1999년 기존의 유엔사령관이 선언한 서해상의 군사분계선에 반대
하고 나름의 분계선을 설정했다. 서해상에서 인명피해가 발생할 정도

군사분계선을 넘는 노무현 대통령 부부
10·4남북공동선언을 위해 군사분계선을
넘는 노무현 대통령 부부. ⓒ 민중의소리

의 남북 간 군사적 충돌은 한반도의 안보위기를 조성했다. 따라서 10·4공동선언의 2항은 한반도에서의 안보위기를 막을 수 있는 획기적인 조항이었다.

여기에 더해 4항은 1994년 이후 작동하지 않고 있는 정전체제를 대체할 수 있는 새로운 협정의 필요성을 규정함으로써 평화협정 체결을 추진할 가능성을 열어 놓았다. 1953년 정전협정이 체결된 이후 정전체제 하의 군사정전위원회는 한반도에서의 안보 문제를 논의하는 최고위 기구였다. 그러나 군사정전위원회는 1994년 이후 실질적으로 무력화된 상태였기 때문에 정전체제만으로는 한반도에서의 평화와 안정을 보장할 수 없었다. 북한은 이미 1970년대부터 평화협정 체결을 주장해 왔지만, 미국과의 체결을 주장했었기 때문에 실효성을 갖기 어려웠다. 그러나 10·4공동선언에서는 남북한과 미국, 중국이 이 문제를 함께 해결할 수 있는 길을 열었다. 이는 그간 북핵 문제 해결을 위해 개최되었던 6자회담과는 별도의 기구 구성을 합의했다는 점에서 또 다른 의미를 갖고 있었다.

경제적으로도 10·4공동선언은 6·15공동선언보다 훨씬 구체적인 합의 내용을 담고 있었다. 개성공단 주변 지역을 경제협력구역으로 확대하고 남북을 관통하는 교통망의 건설을 합의했다. 무엇보다 개성에서 신의주까지 철도 개보수 문제와 백두산 관광 문제를 다룬 것은 남북 간의 경제적 연결을 개성 인근 지역에서 북한 전역으로 확대할 수 있는 가능성을 열어 놓은 것이었다.

이처럼 구체적인 현안을 다루고 있었음에도 10·4합의에는 결정적인 한계가 있었다. 이 합의가 남쪽에서 충분한 논의를 거쳐 공감대를 형성하지 못한 상황에서 이루어졌을 뿐만 아니라 북한 핵문제가 해결되지 않은 상황이었기 때문에 국제적으로도 이에 대한 문제를 제기할 수 있는 가능성을 남겨두고 있었다는 것이다. 결국 국제적으로 지지를 받지 못하는 상황에서 10·4합의는 2008년 이명박 정부 출범 이후에는 남측 정부의 대북 강경 정책에 의해 거의 무효화되었다. 이명박 정부는 북한이 핵을 폐기하고 전면적인 개방을 실행하지 않는 한 북한과의 우호적인 관계를 유지할 수 없다고 선언했다. 아울러 금강산 관광 과정에서 남측 여행객이 북한 경비병의 총격에 의해 사망한 사건은 남북 간의 관계를 더욱 악화시켰다.

그럼에도 10·4합의는 남북 정상에 의해 이루어진 것이기에 남북 관계가 개선되는 시점에서 얼마든지 다시 복원될 수 있는 기반을 만들었다는 점에서 중요한 의의를 가진다.

또 한 번의 정권 교체, 보수의 화려한 복귀

2008년의 정권 교체와 이명박 정부의 등장

2007년 대통령 선거의 쟁점은 '경제'였다. 참여정부 시기 한국 경제지표는 전반적으로 개선되는 양상을 보였지만, 두 가지 점에서 대중적 지지를 이끌어내는 데 실패했다. 하나는 안정적 일자리 창출의 실패였다. 참여정부 시기 실업률은 크게 줄어들지 않았고, 늘어나는 일

자리는 정규직이 아닌 비정규직이 대부분이었다. 비정규직의 확대는 사회적 불안감을 증폭시켰다.

여기에 더해 국민의 정부 시기부터 급속히 상승했던 집값은 참여정부 시기에도 지속적으로 상승했다. 더 많은 아파트 건축으로 공급을 늘려 집값을 잡고자 했지만, 공급의 확대로만 해결할 수 있는 문제가 아니었다. 부동산은 교육과 관련된 문제이기도 하면서 동시에 심리적인 문제이기도 했다. 서울 강북 지역의 재개발을 통한 뉴타운 개발과 서울 근교 지역 아파트 증축은 강남이라는 특수 지역에 대한 특수한 수요를 해결할 수 없었다.

공급을 통한 부동산 정책이 실패하자, 참여정부는 세제 개편을 통해 부동산 가격을 안정시키고자 했다. '종부세'(종합부동산세)의 신설은 그 대표적인 예였다. 종부세는 집값을 해결하는 데 일시적인 효과를 가져왔지만, 근본적인 문제를 해결하지는 못했다. 이 같은 점 때문에 참여정부의 경제 정책은 실패했다는 인식을 주었으며, 진보적인 정권이 정책적 측면에서 미숙하다는 인식이 확산되었다.

진보적인 정부에 대한 사회 전반의 이러한 부정적 인식은 1997년 이전까지 한국 사회의 정치권력을 장악하고 있었던 보수세력이 다시 정권을 잡을 수 있는 기회를 제공했다. 한국 보수세력을 정치적으로 대변하고 있는 한나라당과 보수 성향의 신문들은 국민의 정부와 참여정부 10년 기간을 '잃어버린 10년'으로 명명하면서 '10년간의 후퇴'를 다시 바로잡아야 한다고 주장했다. '잃어버린 10년'은 1990년대 일본의 경제 침체를 상징적으로 보여 주는 관용어였는데, 이를 진보적 정부 10년 동안 한국 사회가 경제적으로 후퇴했었다는 것을 우회적으로

이명박 대통령 취임 이명박 대통령이 2008년 2월 25일 국회에서 열린 제17대 대통령 취임식에서 선서하고 있다. ⓒ 연합뉴스

강조하기 위해 가져다 쓴 것이다.

결과적으로 2007년의 대통령 선거는 보수적 정치세력이 우세한 위치에서 진행되었다. 여당에서도 정동영 후보와 손학규 후보 사이의 경선이 진행되었지만, 세간의 관심은 한나라당 내 이명박 후보와 박근혜 후보 사이의 경선에 모아졌다. 비리 의혹이 제기되기도 했지만, 서울시장 시기 청계천 복원 등의 추진력으로 시민들에게 강한 인상을 주었던 이명박 후보가 결국 한나라당의 대통령 후보로 선출되었고, 대통령 선거에서도 정동영 후보에 압도적으로 승리했다. 10년 만에 한나라당으로의 정권 교체가 다시 이루어진 것이다.

이명박 정부로의 정권 교체는 여러 가지 측면에서 중요한 의미를 갖고 있었다. 무엇보다도 한국 사회의 민주주의적 시스템이 어느 정도 자리 잡았다는 것을 보여 주었다. 또한 국민의 직접 투표를 통해 여야의 정권 교체가 언제든지 이루어질 수 있다는 것을 증명했다. 이제 어떤 정부가 들어서더라도 국민의 여론을 무시할 수 없는 상황을 만들어 낸 것이다.

둘째로 민주화를 이룩한 한국 사회가 이제 경제적·사회적으로 보다 안정된 시스템을 만들어 내는 데 더 많은 관심을 기울이게 되었다. 진보적 정권의 불안정한 상황은 경험의 부족에서 비롯된 것이라는 사회적 분위기가 팽배했던 것이다. 이로 인해 2007년 대선은 정치적 경쟁에 대한 사회적 무관심이 늘어나서 2002년의 대통령 선거에 비해 투표율이 떨어지는 결과를 가져왔다.

집권 초기의 위기와 사회적 분열의 가속화

2008년 이명박 정부가 출범한 직후 미국산 쇠고기 수입과 관련된 한미 간의 밀실 합의는 또 한 번 전국적 차원에서의 촛불시위를 불러일으켰다. 미국산 쇠고기 수입 문제는 이미 2006년 한미FTA 합의 과정에서 논란이 되었던 이슈였다. 한국뿐만 아니라 미국의 광우병 문제는 이미 세계적으로 논란이 되고 있었다. 이명박 정부는 미국의 요구를 대거 수용했고, 이러한 협의 과정이 밀실에서 이루어졌음이 알려지면서 촛불시위가 촉발되었다.

미국산 쇠고기 수입에 항의하는 촛불시위는 이전 시위와는 다른 양상을 보였다. 시위가 대학생이 아닌 중고등학생들에 의해 촉발되었으며, 먹거리에 민감한 가정주부들 역시 시위에 적극적으로 참여했다. 시위는 자발적으로 이루어졌고, 인터넷과 핸드폰을 통해 광범위하게 확산되었다.

미국산 쇠고기 수입을 둘러싼 촛불시위는 이명박 대통령의 대국민 사과를 이끌어 냈다. 아울러 여론의 악화로 인해 각료들 일부가 조기 사퇴하기까지 했다. 청문회 과정에서 불법 행위가 드러나 사퇴한 각료 후보들도 있었고, 당시 농림부장관은 미국산 쇠고기 수입 문제로 인해 장관직에서 물러나야만 했다.

2008년 초기의 상황은 이명박 정부에게 불리하게 돌아가고 있었다. 그러나 이명박 정부는 스스로의 정책을 강력하게 밀어붙이기 시작했다. 2008년 초 총선에서 집권여당인 한나라당이 압도적으로 승리했는데 특히 이것이 이명박 정부의 정책 추진에 큰 힘이 되었다. 국회가 더 이상 행정부를 견제할 수 없게 된 것이다. 이명박 정부는 명실상부하게 행정부와 입법부를 장악했다. 대통령 선거에서 이명박 대통령이 낮은 투표율에도 불구하고 50퍼센트를 넘는 득표를 했다는 사실 역시 정부의 정책을 강력하게 밀어붙일 수 있는 동력이 되었다.

이명박 정부는 사회적으로는 세종시 무효화 정책과 4대강 사업을 추진했다. 세종시 사업은 서울에 집중되어 있는 정부의 일부 기관을 충청도로 옮기는 것을 골자로 하는 정책이었는데, 이명박 정부와 한나라당은 정부기관의 분산으로 인한 비효율성 등을 이유로 들어 반대했다. 그러나 2010년 지방선거에서 충청도민들이 야당 후보들을 지방자치단체장으로 선출함으로써 세종시 계획은 원안 그대로 추진될 수 있었다.

세종시 계획을 무산시키려던 노력은 실패했지만, 4대강 사업은 지속적으로 추진했다. 이명박 대통령의 대선 공약이었던 운하 사업이 국민적 반대로 실행되지 못했지만, 한강과 마찬가지로 주요 강을 정비함으로써 자연재해를 막고 국토를 개발하겠다는 4대강 사업은 2008년 말 이후 적극적으로 추진되었다. 시민단체와 환경단체들의 반대에도 불구하고, 이명박 정부는 보수세력의 높은 결집력과 지지를 바탕으로 4대강 사업을 강행했다.

또한 과거 정권의 비리에 대한 강도 높은 조사를 통해 야당을 압박했다. 특히 전 대통령의 가족과 관련된 비리를 조사하는 과정에서 노무현 전 대통령이 2009년 자살하는 사건이 발생했다. 김대중 대통령 역시 동년 노환으로 서거했다. 두 전직 대통령의 장례 과정에서 진보세력의 광범위한 집결이 이루어지면서 진보와 보수 간의 사회적 대립이 고조되었고, 남북갈등보다 남남갈등이 더 심각하다는 평가마저 나왔다.

한편 이명박 정부에 대한 보수세력들의 지지가 높은 가운데, 이명박 정부는 과거 참여정부가 추진했던 햇볕정책을 전면 부인하면서 북한에 대한 '비핵개방 3000' 정책을 내놓았다. 북한이 핵프로그램을 폐기하고 전면적으로 개방할 경우 1인당 GDP를 3,000달러에 이를 수 있도록 원조하겠다는 것이다. 그러나 북한은 6·15공동선언과 10·4공동선언의 성실한 이행을 주장하면서 남한의 제의를 거부했다. 오히려 2009년 노무현 전 대통령의 장례 기간에 두 번째로 핵실험을 감행했다.

2009년 초부터 북한은 정전협정의 전면 무효를 주장하기 시작했다. 급기야 2010년에는 백령도 부근에서 천안함 사건이 발생하고, 연평도에 대한 북한의 포격으로 남한의 군인과 민간인이 사망하는 사건이 일어났다. 남북대화 복원과 남북정상회담 개최를 위한 남북 간 접촉이 비공개로 여러 차례 진행됐지만 이명박 정부 내내 남북관계는 단절과 갈등이 지속되었다.

구호에 그친 '중도실용'과 '공생발전'

이명박 정부는 출범 이후 지속적으로 친서민·중도실용 노선을 표방하며, 대기업도 사회적 책임을 느껴야 한다며 공정사회, 동반성장을 강조했다.

그러나 이명박 정부는 집권 초기부터 경제를 재벌 대기업 중심으로 끌고 갔다. '비즈니스 프렌들리'는 이명박 정부 5년을 관통하는 상징적인 구호다. 이 구호는 기업의 출자총액제한제 폐지, 법인세 감세,

● 광복절 경축사에 비친 이명박 대통령의 국정기조 변화

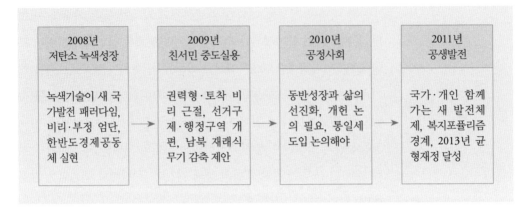

2008년 저탄소 녹색성장	2009년 친서민 중도실용	2010년 공정사회	2011년 공생발전
녹색기술이 새 국가발전 패러다임, 비리·부정 엄단, 한반도경제공동체 실현	권력형·토착 비리 근절, 선거구제·행정구역 개편, 남북 재래식 무기 감축 제안	동반성장과 삶의 선진화, 개헌 논의 필요, 통일세 도입 논의해야	국가·개인 함께 가는 새 발전체제, 복지포퓰리즘 경계, 2013년 균형재정 달성

수출기업에게 유리한 고환율 체제 유지 등의 구체적 정책으로 나타났다. 이러한 정책은 중소자영업자가 몰락하고 비정규직이 증가하는 등 심각한 노동시장의 왜곡을 가져와 분배의 양극화를 심화시켰다. 특히 가계의 실질소득은 연평균 0.8퍼센트 증가한 반면, 소비자 물가는 연평균 3.6퍼센트, 아파트 전세가격은 연평균 7.6퍼센트 증가하여 가계 실질소득은 줄어드는 결과를 가져와 중산층 비율은 점점 줄어들고, 빈곤층 비율은 늘어났다. 상황이 이런데도 이명박 정부는 "역대 최고의 복지예산 편성", "맞춤형 복지" 등의 업적을 선전하면서, 이와는 반대로 기초생활보장예산을 삭감(2009년 대비 2010년 8.5퍼센트 삭감)하고 생계급여대상자를 축소하는 등의 반反복지적 정책을 지속했다.

　정치적으로 보면 이명박 정부가 펼친 국정운영의 기본적 방향은 헌정체제의 시계바늘을 거꾸로 돌린 시기였다. 이명박 정부는 정부 수립 이후 강압과 저항으로 얼룩진 헌정체제의 불안정성을 제거하고 민

주주의의 기초 위에서 상대적으로 안정적 타협에 도달한 1987년 체제를 부정하고, 대한민국을 다시 독재의 유산 아래에서 특권과 기득권을 누린 세력의 국가로 되돌리는 결과를 가져왔다. 정치, 경제, 사회 모든 측면에서 1987년 체제가 이룩한 성과물이 파괴되었다.

그 결과 한국의 민주주의와 인권은 급속하고 광범위한 후퇴를 거듭했다. 이명박 정부는 국가권력을 철저히 개인의 사유물처럼 다뤘다. 검찰, 경찰을 앞세워 공안통치를 부활시켰을 뿐만 아니라, 국정원, 기무사, 총리실 등을 앞세워 불법적 민간인 사찰을 하기도 했다. 이명박 정부 시기에 국제사회에서 한국의 민주주의 지수는 형편없이 강등되었다. 국제인권감시단체인 프리덤하우스는 2011년 한국을 기존의 언론자유국free 지위에서 부분적 언론자유국partly free으로 강등시켰다. 2011년 언론자유지수는 전 세계 196개국 가운데 홍콩과 함께 공동 70위를 기록했다.

박근혜 대통령 탄핵과 문재인 정부 출범

이명박 정부는 실정으로 일관했지만 또다시 보수정권의 재창출이 이루어졌다. 2011년 새누리당의 박근혜 후보와 민주당의 문재인 후보의 양자대결로 치러진 18대 대선에서 박근혜가 당선된 것이다. 그러나 취임 후 1년 뒤인 2014년 4월 16일, 박근혜의 몰락을 예고하는 사건이 벌어졌다. 세월호 참사였다. 세월호 참사 당일 대통령의 대응은 비정상적이었다. 대통령은 사고가 심각하다는 것도 알지 못한 채 사건이 발생한 후 7시간이 경과할 때까지 집무실에 출근하지 않고 관저에 머물렀다. '대통령의 7시간'은 의문투성이였고, 대통령과 모든 관료들은 사건의 해결에 무성의한 태도를 보였다. 정부는 위기관리에서 철저하게 무능했다. 그 사이 304명을 태운 세월호가 바다 속으로 가라앉았다. '대통령의 7시간'에 대한 어설픈 해명은 의혹만 증폭시켰고, 결국 박근혜의 발목을 잡았다.

그로부터 2년 뒤 최순실 국정농단 의혹이 폭로됐다. 그해 10월 29일, 2만 명(주최 측 추산) 규모로 시작된 시민들의 촛불집회는 2차 20만 명, 3차 100만 명, 4차 96만 명, 5차 190만 명, 6차 232만 명 등으로 급증했다. '국정농단 규탄'에 초점을 맞췄던 구호는 '박 대통령 하야', '박 대통령 즉각 퇴진', '박 대통령 탄핵' 등으로 바뀌어 갔다. 특히 6차 집회에 모인 232만 명은 해방 후 사상 최대 규모였다.

2016년 10월 2만 명에서 시작했던 촛불집회 참가자는 2017년 3월 10일 20차 집회까지 누적 기준으로 1,600만 명을 돌파했다. 특히 이 촛불집회는 장기간 이어진 대규모 집회임에도 단 한 건의 폭력 사태도 일어나지 않는 등 유례없는 비폭력·평화집회로 대한민국 민주주의의 새로운 역사를 썼다. 또한 2016년 12월 9일 국회가 대통령 탄핵소추안을 가결하는 데 원동력이 되었다.

2016년 12월 국회 본회의에서 무기명 비밀투표로 진행된 대통령 탄핵 소추안 표결은 재적 의원 300명 가운데 최경환 새누리당 의원을 제외한 299명이 참여해 찬성 234표, 반대 56표, 기권 2표, 무효 7표로 탄핵안 가결 요건인 재적 의원 3분의 2를 훌쩍 넘으며 통과됐다.

그리고 헌법재판소는 2017년 3월 10일 오전 11시 21분 대통령 탄핵심판 선고에서 "피청구인 대통령 박근혜를 파면한다"는 주문을 확정했다. 대한민국 헌정사 최초의 현직 대통령 파면이었다. 박근혜 대통령 취임부터 파면까지 재직일은 1,475일이었다.

'세월호 참사'의 진실을 밝히려는 힘과 '촛불집회'의 역동성이 박근혜를 무너뜨린 촛불항쟁의 두 축이었다.

박근혜 탄핵 후 5월 9일에 치러진 대통령 선거에서 더불어민주당 후보 문재인이 제19대 대통령으로 당선되었다. 새로운 민주주의 여정이 시작된 것이다.

—박태균

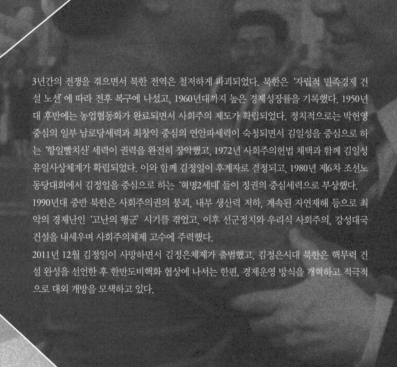

3년간의 전쟁을 겪으면서 북한 전역은 철저하게 파괴되었다. 북한은 '자립적 민족경제 건설 노선'에 따라 전후 복구에 나섰고, 1960년대까지 높은 경제성장률을 기록했다. 1950년대 후반에는 농업협동화가 완료되면서 사회주의 제도가 확립되었다. 정치적으로는 박헌영 중심의 일부 남로당세력과 최창익 중심의 연안파세력이 숙청되면서 김일성을 중심으로 하는 '항일빨치산'세력이 권력을 완전히 장악했고, 1972년 사회주의헌법 채택과 함께 김일성 유일사상체계가 확립되었다. 이와 함께 김정일이 후계자로 결정되고, 1980년 제6차 조선노동당대회에서 김정일을 중심으로 하는 '혁명2세대'들이 정권의 중심세력으로 부상했다.

1990년대 중반 북한은 사회주의권의 붕괴, 내부 생산력 저하, 계속된 자연재해 등으로 최악의 경제난인 '고난의 행군' 시기를 겪었고, 이후 선군정치와 우리식 사회주의, 강성대국 건설을 내세우며 사회주의체제 고수에 주력했다.

2011년 12월 김정일이 사망하면서 김정은체제가 출범했고, 김정은시대 북한은 핵무력 건설 완성을 선언한 후 한반도비핵화 협상에 나서는 한편, 경제운영 방식을 개혁하고 적극적으로 대외 개방을 모색하고 있다.

전후 북한 사회의 변화와
김정은체제의 등장

한국전쟁 이후 정치갈등과 사회주의 이행

1950년대 전후 복구건설과 사회주의 확립

전후 복구건설 노선 논쟁　　　　한국전쟁 기간 미국의 대량폭격으로 북한지역은 철저하게 파괴되었다. 전쟁이 끝난 후 미국은 "북한은 앞으로 100년이 걸려도 다시 일어나지 못한다"라고 호언했을 정도였다. 1953년 북한의 국민소득은 1949년에 비해 30퍼센트나 감소했다. 공업생산물은 58퍼센트, 농업생산물은 24퍼센트가 감소했다. 대다수 농민은 가축과 농업용구를 상실했고, 빈농의 수는 두 배로 증가했다. 물질적 피해 외에 200만 명에 달하는 월남자와 300만 명에 달하는 전쟁 사상자가 발생해 인적 피해도 매우 컸다. 따라서 일본의 식민지 정책과 분단으로 인한 경제적 낙후성이 채 극복되기도 전에 대량파괴를 당한 북한은 사회주의 건설을 추진하는 데 상당한 제약을 안게 되었다.

전쟁이 끝난 후 북한으로서는 파괴된 경제를 복구하고 인민경제를 안정시키는 것이 무엇보다도 시급한 과제였다. 북한은 전쟁 기간에 중공업이 다른 부분에 비해 가장 큰 손실을 입었기 때문에 경제의 불균형을 제거하고 경제발전의 균형성을 보장하기 위해서는 중공업 건

전후 평양 시가지

한국전쟁 당시 함흥

초토화된 북한 폭격의 흔적이 완연하다. 한국전쟁 기간 중 북한 지역에 투하된 폭탄의 양은 미군이 태평양전쟁을 통틀어 투하한 양보다 많았다. "조선은 앞으로 100년이 걸려도 다시 일어서지 못한다"는 전망이 나올 정도로 큰 피해를 입었다.

전후 복구되는 평양

전후 복구에 투입되는 군인들

설이 우선적으로 필요했다. 또한 전후 파괴된 인민생활을 향상시킬 경공업과 농업의 급속한 발전도 중요한 과제로 등장했다.

　그러나 이 같은 과제는 동시 수행이 어려운 것이었고, 우선순위를 어디에 둘 것인가를 두고 북한 내부에서의 논쟁은 불가피했다. 전쟁으로 인한 대규모 파괴와 제한된 복구자원은 자원의 효율적 배분이라는 문제를 제기했던 것이다. 더구나 스탈린 사후 소련에서는 말렌코프Georgy Maksimilianovich Malenkov(1902~1988)의 신노선이 등장해 인민생활을 중시하는 경공업과 농업 및 중공업의 균형발전론이 제시되어 동유럽 사회주의 국가의 경제 정책에 영향을 미치고 있었다. 이러한 소련의 경제 노선은 북한에도 영향을 미쳐, 노동당 내에도 연안파와 소련파를 중심으로 전통적인 중공업 중시 노선에 대해 반대하는 세력이 형성되었다.

　내각 수상 김일성 등 항일빨치산세력은 장기적인 관점에서 경제발전에 중요한 중공업 분야를 중심으로 복구사업을 진행할 것을 주장했다. 전쟁을 거치면서 극심하게 파괴된 중공업을 다시 발전시키는 것만이 경제발전의 토대를 구축하고 중공업 생산과 소비재 생산 사이의 불균형을 시정할 수 있다는 주장이었다. 즉 기계공업의 발전 없이는 농업의 기계화도 불가능하다는 전제 아래 김일성은 중공업의 발전만이 궁극적으로 소비재 생산을 보장할 수 있다고 주장한 것이다.

　반면 연안파와 소련파들은 경제의 파괴와 인민생활의 피폐화를 강조하면서 인민생활의 안정에 중점을 두어야 한다고 반론을 폈다. 내각 부수상 최창익 등 연안파는 전쟁으로 인민생활이 최악의 상황인데 "기계에서 밥이 나오는가, 옷이 나오는가?"라며 중공업 우선론에 반대했다. 중공업은 당분간 사회주의 국가에 의존하고, 해외원조를 대부분 경공업과 농업 분야를 발전시키는 데 투자해야 한다는 주장이었다.

　결국 전후 복구 노선을 둘러싼 논쟁은 원조의 대부분을 중공업에 집중하는 한편 국내자금의 많은 부분을 경공업에 투자하는 것으로 타협이 이루어졌다. 중공업에 대한 강조를 기본으로 하여 농업과 경공업의 발전을 병행하는 노선이었다. 이에 따라 1953년 8월에 열린 노동당중앙위원회 6차 전원회의에서는 전후 경제복구를 위한 당의 기본 노선으로 "중공업의 우선적 장성을 보장하면서 동시에 전쟁으로 인하여 영락된 인민생활을 향상시키기 위한 경공업과 농업을 급속히 복구발전"시킨다는 방침으로 결론이 났다. 이 노선은 피폐한 인민경제생활을 복구하기 위해 단기적으로 경공업과 농업 부문에 대규모 투자를 해야 하는 사회경제적 상황에서 장기적으로 자립경제 건설 구상 아래 중공업의 우선적 발전을 강조한 정책이었다. 이러한 전후 복구 건설 노선은 1950년대를 경과하면서 북한 경제체제의 핵심이라 할 수 있는 자립적 민족경제 형성의 토대를 마련하는 데 기여했다.

전후복구 3개년계획과 제1차 5개년 경제계획 실시　　'중공업 우선의 경공업, 농업의 동시발전 노선'에 따라 북한은 전후복구 건설사업에서 3개의 기본단계를 설정해 추진했다. 1단계는 전반적으로 반년 내지 1년 동안에 인민경제 복구건설을 위한 준비사업과 정리사업을 진행하는 준비단계로 설정됐고, 2단계는 각 부문에서 전쟁 전 수준을 회복하는 것을 목표로 인민경제복구발전 3개년계획(1954~1956)을 수행하는 것으로 설정되었다. 3단계에는 공업화의 기초를 축성하기 위한

중공업 중시 노선 농공업전람관에서 참관객들이 제강소 모형을 보고 있다. 그 뒷벽에는 "철과 기계는 공업의 왕이다"라는 문구 아래 금속 부분 노동영웅의 사진들이 걸려 있다. 당시 북한의 중공업 중시 노선을 상징적으로 보여 준다.

5개년계획(1957~1961)의 작성과 실현을 목표로 제시했다.

이러한 목표에 따라 북한은 단기간에 준비단계를 완료하고, 1954년부터 전후복구 3개년계획을 실시했다. 2단계인 전후복구 3개년계획의 기본 과제는 전쟁 전 경제 수준의 단순한 원상복구가 아니라 "경제의 식민지적 편파성을 없애며 앞으로 나라를 공업화시키기 위한 기초를 쌓은 방향에서 될수록 새 기술에 토대하여 공장·기업소를 복구 재건·확장하고 새 기업소들도 많이 건설하는 것"이었다.

그러나 이를 위한 막대한 자금이 문제였다. 소련을 비롯한 사회주의 국가의 원조도 점차 줄어드는 상황이었다. 북한은 이 문제를 주민들의 자발적인 동원운동을 통해 해결하고자 했다. 북한은 1954년 3월 조선노동당 중앙위원회 전원회의에서 주민들에 대한 정치사업을 강조하면서 대중적 증산경쟁운동을 조직하고, 이 운동을 집단적 기술혁신운동과 결합시키기 위해 노력하기로 결정했다. 북한은 또한 근로인민에 대한 생산성 고취를 위해 1954년 2월에는 월평균 임금의 25퍼센트에 해당하는 가급금(성과급)을 지급했다.

대단히 비현실적인 것으로 보였던 이 계획은 4개월이나 앞당겨 목표를 달성하는 뜻밖의 성과를 거두었다. 북한은 1957년 2월 3개년계획의 총화(결산)보고를 통해 목표를 초과 달성했다고 발표했다. 구체적으로 보면 계획기간에 공업총생산은 1953년에 비해 2.8배, 1949년에 비해 1.8배 성장했고, 알곡생산량도 1953년에 비해 24퍼센트, 1949년에 비해 8퍼센트 증가한 287만 톤에 달했다. 인민생활에서도 1953년에 비해 2.1배, 전쟁 전인 1949년에 비해 46퍼센트나 성장했다.

특히 3개년계획 기간 동안 사회주의적 요소가 대폭 강화되었다. 이

기간에 국영 및 협동단체 공업이 공업총생산액에서 차지하는 비중은 1956년에 98퍼센트로 성장했고, 농업총생산액에서도 사회주의적 부문이 73.9퍼센트를 차지하게 되었다. 즉 3개년계획은 생산력의 발전뿐만 아니라 동시에 사회주의적 요소를 강화시킴으로써 사회주의 이행을 촉진하는 결과로 나타났다.

북한은 '전후복구 3개년계획'의 실행으로 경제복구의 과제를 수행한 데 이어 1957년부터 1961년에 걸쳐 '제1차 5개년계획'을 수립해 추진했다. 이 계획의 기본 과제는 "사회주의 경제의 기초를 더욱 튼튼히 하며 인민들의 의식주 문제를 기본적으로 해결한다"는 것이었다. 이 계획은 '사회주의 공업화의 기초를 축성하고 농업의 사회주의적 집단화를 실현'함으로써 사회주의의 기초건설을 지향하고 있었다.

그러나 제1차 5개년계획을 실시하는 동안 북한 내외의 정세는 우호적이지 않았다. 비록 3개년계획이 완수되었다 하더라도 전쟁의 상흔에서 완전 회복된 상태가 아니었고, 더욱이 사회주의권의 경제원조가 급속히 줄어들었다. 1956년 3억 루블의 현금과 1억 2,000만 루블의 물품을 제공했던 소련은 1957년에 1억 7,000만 루블밖에 제공하지 않았으며, 같은 기간 동안 중국은 1억 500만 달러를 제공했다. 이것은 1954~1956년에 사회주의 국가들이 총 12억 5천만 달러 이상의 원조(유상·무상 포함)를 제공한 것에 비하면 대폭 축소된 규모였다.

이런 상황을 반영하여 1956년 12월에 열린 조선노동당 중앙위원회 전원회의는 '최대한의 증산과 절약'을 제1차 5개년계획기의 핵심 구호로 채택했다. 특히 천리마운동으로 대표되는 사회주의 경쟁운동이 성공적으로 전개됨으로써 제1차 5개년계획의 과제는 공업 부문의 경우 계획 기간을 2년 반이나 앞당겨 달성되었다. 부문별 완수 내용을 살펴보면, 계획기간 중 공업생산은 3.5배로 늘었고, 연평균 성장률은 45퍼센트에 달했다. 1960년 공업총생산액은 1959년 대비 115퍼센트로 해방 전 1944년 대비 7.6배였다. 뿐만 아니라 강계, 희천, 구성, 혜산 등지에 새로운 공업중심지가 형성되었으며, 인민의 소비재 수요증대에 따라 대규모 중앙공업과 중소 규모의 지방공업 시설이 대대적으로 건설되었다. 그 결과 산업별, 지역별 불균형이 일정 정도 극복되는 산업 재배치가 이루어졌다.

또한 농업 부문에서도 계획기간 중 전체 생산이 1.5배로 늘고, 연평균 성장률이 11퍼센트에 달했다. 나아가 계획기간 중 농업협동화가 완료되고 협동농장의 '리' 단위 통합이 이루어짐에 따라 협동농장의 경제적 비중이 크게 높아졌다. 김일성은 예정보다 1년 이상 앞당겨 달성한 5개년계획의 성과를 평가하면서 "사회주의 기초건설의 역사적 과제가 성공적으로 실현되고, 자립적 민족경제의 굳건한 토대를 갖는 사회주의적 공업·농업국으로 되었다"고 선언했다.

농업의 협동화와 개인상공업의 국유화　　전후 경제복구 추진과 함께 북한은 생산관계의 사회주의적 개조를 추진했다. 1946년 이미 주요 기업의 국유화를 단행한 북한에게 사회주의 개조를 위해 남은 과제는 토지소유의 협동화와 개인상공업의 국유화였다. 특히 전쟁으로 농토가 황폐화되고 노동력과 농기구가 부족해지면서 전체 농가의 40퍼센트가 영세농가로 몰락함에 따라 소농경제가 갖는 생산력의 한계가 뚜렷해졌다. 또한 전후복구 건설 방침에 따라 공업의 급속한 복구발전이 이뤄진 반면 농업 생산은 상대적으로 침체되면서 공업과 농업 간의 불균형을 해결해야 할 필요성이 대두되었다.

전쟁이 끝난 직후 노동당 중앙위원회 6차 전원회의에서는 농촌에서 '생산관계를 사회주의적으로 개조'한다는 방침을 제시했다. 이에 따라 북한은 1953년부터 시범적으로 한 개 군당 몇 개씩 농업협동조합을 조직했고, 1954년 6월까지 한 개 군당 다섯 개씩에 해당하는 1,090개의 농민협동조합을 조직했다.

그러나 1954년 농업 생산이 계획만큼 이뤄지지 않자 다시 내부 논쟁이 발생했다. 박창옥, 박의완 등 소련파들은 소련의 예를 들며 "사회주의적 공업화가 실행되지 않고서는 생산의 사회주의적 개조가 불가능하다"며 "현대적 농기계 없이는 협동화할 수 없다"고 주장했다. 농업의 후진성을 극복하고 생산력의 발전을 가져오기 위해서는 농업 분야에 농기계 및 트랙터, 공업제품 등을 제때에 공급해 줘야 가능하다는 것이다.

이에 반해 김일성 등 주류파는 농업생산이 침체된 원인을 개인농을 중심으로 한 농촌의 구조적인 문제로 파악했다. 당연히 해결방안도 농촌의 협동화를 더욱 빠르게 실시해야 한다고 주장했다. 특히 김일성은 반대파들이 제기한 농업협동화의 전제가 되는 기계화를 이룩하기 위해서도 사회주의가 요구하는 높은 생산력 수준을 보장하기 위한 방법으로 중공업 발전을 더욱 강조했다. 즉 농업협동화를 위한 기술적 수준에 도달할 때까지 기다릴 것이 아니라 먼저 생산관계를 사회주의적으로 개조하여 기술혁명을 이룰 수 있는 조건을 마련하자는 것이었다.

농업협동조합 창립 북한은 1953년 당중앙위원회 6차 전원회의에서 농촌의 생산관계를 사회주의적으로 개조한다는 방침을 수립하고 농업협동조합 조직에 박차를 가한다. 이 같은 농업협동화는 1953~1954년 사이의 경험적 단계, 1954~1956년 동안의 대중화 단계, 1957~1958년 8월까지의 개조 단계를 거쳐 완성되었다.

일단 이 논쟁은 1954년 11월 조선노동당 중앙위원회 전원회의에서 농업협동화운동을 대중적으로 추진하기로 결정하면서 일단락되었다.

농업협동화는 세 단계를 거쳐 완성되었다. 제1단계는 1953~1954년 사이에 진행되었던 경험적 단계다. 이때는 주로 농업협동화를 적극적으로 지지하는 빈농과 선진적인 농민을 중심으로 각 군에 몇 개씩 농업협동조합을 시범적으로 결성했다. 이를 통해 협동조합 운영의 경험을 쌓고 실물교육을 통해 협동화의 우월성을 실제로 보여줌으로써 협동화사업을 추진했다. 그 결과 1953년 조합 수 806개, 농가 총수의 1.2퍼센트, 총경지면적의 0.6퍼센트에 불과하던 것이 1954년 말에는 조합 수 1만여 개, 농가 총수의 31.8퍼센트, 총경지면적의 30.9퍼센트가 협동조합에 들어왔다.

제2단계는 대중화 단계로서 1954년 11월 당 중앙위원회 전원회의 이후 본격적으로 추진되었다. 이 단계에서는 당의 집중적인 지도와 중농의 가입으로 협동화가 급속하게 진행되었다. 전후복구 3개년계획이 끝난 1956년 말에는 농가 총수의 80.9퍼센트, 총경지면적의 77.9퍼센트을 포괄한 1만 5,000여 개의 협동조합이 조직되었다.

제3단계는 1957~1958년 8월까지 진행되었다. 1956년까지 평안남도에서는 70~80퍼센트가 협동화되었으나 산간지대인 자강도에서는 55.8퍼센트, 상업적 농업의 비중이 높았던 평양시 주변에서는 44.6퍼센트, 신해방지구인 개성에서는 42.3퍼센트 밖에 협동화가 진행되지 않았다. 이러한 불균형을 해소하기 위해 북한은 산간지대나 도시 주변에 중점을 두고 농업협동화운동과 개인상공업의 사회주의적 개조를 동시에 추진했다. 그 결과 1958년 8월까지 개인상공업의 사회주의

● 농업집단화의 전국적 추세

시기	조합 수	농호수 비율	경지면적 비율(%)
53년 7월	174	0.2	0.2
53년 12월	806	1.2	0.6
54년 봄영농기	1,091	2.0	1.7
54년 10월	4,200	10.9	10.7
54년 12월	10,098	31.8	30.9
55년 봄영농기	11,535	44.7	44.9
55년 12월	12,132	49.0	48.6
56년 2월	14,651	65.6	62.1
56년 6월	14,777	70.5	66.4
56년 12월	15,825	80.9	77.9
57년 3월	15,893	85.5	84.0
57년 12월	16,032	95.6	93.7
58년 3월		98.6	99.1
58년 8월	13,309	100.0	100.0

* 출처: 김한주, 《조선민주주의인민공화국에서 농업협동화운동의 승리》,
  조선노동당출판사(평양), 1959, 42쪽.

적 개조와 더불어 농업협동화가 완성되었다.

북한의 농업협동화는 농민들에게 새로운 소유 형태를 강요했을 때 생기는 부작용을 고려하여 자원성自願性의 원칙을 내세웠다. 북한은 먼저 토지, 가축 및 기타 생산수단의 소유방법과 생산물의 분배방법을 크게 세 가지 형태로 나누었다. 제1형태는 생산수단을 개인소유로 하고 작업을 공동으로 하는 노력협조반의 형태였고, 제2형태는 토지를 병합하여 공동 경영하고 출자한 토지의 양과 노동의 크기에 따라 분배하는 반¾사회주의적 형태였으며, 제3형태는 투하된 노동량만으로 분배가 이루어지는 완전한 사회주의적 형태였다. 북한은 이렇게 세 가지 형태를 제시하고 농민 자신들이 자신의 의사와 이익에 따라 그중 하나를 선택하도록 했다.

북한은 농업협동화가 완성되자 바로 협동조합의 재편에 착수했다. 먼저 기존의 자연부락 단위 협동조합을 리 단위로 통합했다. 그 결과 협동조합 수는 1만 3,309개에서 3,843개로 줄어들었으며, 이에 따라 조합당 농가 수는 80호에서 300호로 늘었고 조합당 경지면적도 130정보에서 500정보로 늘었다. 북한은 1959년 1월 전국농업협동조합대회를 개최해 그간의 농업협동화사업을 결산하고 1958년 11월에 마련된 새로운 〈농업협동조합 기준규약〉을 채택했다.

한편, 농촌의 협동화와 함께 추진한 개인상공업의 사회주의적 개조는 1947년 9월에 최초로 생산합작사라는 형태로 출발했다. 생산협동조합은 1947년 당시 28개 정도였으나 1949년에는 567개로 확대되었고 조합원도 77배로 증가했다. 이와 더불어 수산협동조합도 결성되었다. 그러나 이 시기의 협동화는 노동과 출자에 따른 분배로 여전히 경험적 단계에 머물러 있었다. 더욱이 농촌의 대부분은 여전히 소농경영의 상태로 남아 있었기 때문에 사회주의 개조가 본격화되기는 어려웠다.

개인상공업의 사회주의 개조는 농업협동화의 제2단계인 대중화 단계에 들어와서 전면적으로 시작되었다. 특히 농업의 협동화로 개인상공업의 물적 토대가 약화되고 정권 차원에서 조직적으로 추진함으로써 급속하게 진행되었다.

1955년부터 본격화된 개조의 결과 1956년에는 개인 수공업의 국유

● 공업 총생산액의 경제형태별 구성

(단위: 퍼센트)

시기	1946	1949	1956	1959	1960	1963
사회주의경제형태	72.4	90.7	98.0	100.0	100.0	100.0
(국영)	(72.4)	(85.5)	(89.9)	(89.5)	(89.7)	(91.2)
(협동경영)	(–)	(5.2)	(8.1)	(10.5)	(10.3)	(8.8)
소상품 경제형태	4.4	1.5	0.7	–	–	–
자본주의 경제형태	23.2	7.8	1.3	–	–	–

* 출처:《조선중앙년감》, 1964, 171쪽.

화가 완료되었다. 반면 자본주의적 상공업과 개인상업의 개조는 지체되었다. 수공업에 비해 상업 분야의 개조가 늦어진 것은 자금회전이 빠른 상업 분야에 대한 투자가 더 많았기 때문이었다.

그러나 1956년 제3차 노동당대회에서 자본주의적 상공업의 개조방침이 수립되고 상업에서 사회주의적 부문의 역할을 높이는 방향으로 노동당 정책이 제시됨에 따라 1957년부터 다시 본격적으로 추진되었다. 그 결과 자본주의적 상공업과 개인상업의 개조 작업은 농업협동화와 유사한 시기에 완료되었다.

1950년대 정치 갈등과 사회주의 대중운동

소련파와 남로당계의 약화　　1948년 정권이 수립되고 1949년 남조선노동당과 북조선노동당의 합당으로 조선노동당이 결성됐을 때 북한의 당과 내각 구성은 계파별 안배를 유지하고 있었다. 그러나 한국전쟁을 거치면서 이러한 세력균형은 무너졌고, 각 계파 간의 노선 갈등과 대립이 표면화하기 시작했다.

　1949년 조선노동당이 결성되면서 당 위원장에는 김일성, 부위원장에 박헌영, 허가이가 선출되었다. 또한 당무 전반을 통괄하는 당 비서직이 신설되어 제1비서 허가이, 제2비서 이승엽, 제3비서 김삼룡이 선출되었다. 당무를 집행하는 비서직이 신설되면서 당위원장의 권한은 분산되었고, 당의 최고기관인 정치위원회도 집단지도체제로 운영되었다. 개편된 당 정치위원회는 김일성, 박헌영, 김책, 박일우, 허가이, 이승엽, 김삼룡, 김두봉, 허헌 등 9명으로 구성되었다. 정치위원회는 북로당 대 남로당이 5대 4의 비율이고, 중앙위원은 북로당 3분의 2, 남로당 3분의 1의 비율이었다. 그러나 1950년대 들어 김일성은 '당의 통일과 단결'을 내세워 당내 다양한 세력을 하나씩 포섭하거나 제거해 나가면서 이러한 세력균형은 깨지기 시작했다.

　한국전쟁이 교착 상태로 들어간 1951년 6월 이후 북한은 당과 지방정권의 강화를 통한 후방 강화작업을 추진했다. 김일성은 그해 11월 당 중앙위원회 4차 전원회의에서 "근로농민이 입당하면 당이 소자산계급화된다면서 당의 문턱을 교조적으로 높게 고집한" 관문주의와 관료주의적 사업 태도를 비판했다. 비판의 표적은 일반 노동자·농민들에게는 당의 문턱을 높이고 남로당 계열에는 심사도 없이 입당시킨 허가이였다. 허가이는 4차 전원회의에서 비판을 받고 내각 부총리로 자리를 옮겼지만 다시 비판을 받으면서 1953년 자살했다. 관문주의 비판을 통해서 조선노동당은 급속하게 양적으로 성장하여 1년 만에 1백만 당원을 거느리게 되었다.

　소련파 세력을 약화시킨 김일성은 1952년 12월에 열린 조선노동당

제5차 전원회의에서 다시 종파주의의 극복, 교조주의와 형식주의 사업 작풍 퇴치 등을 내세우며 당의 조직 사상적 강화를 강조하고 나섰다. 이 회의에서 박헌영·이승엽을 중심으로 하는 과거 남조선노동당 출신 지도부가 종파주의·지방주의적 경향으로 비판을 받았고, 김열 등 소련파도 관료주의적 경향으로 비판을 받았다. 결국 다음해 3월 남로당의 박헌영, 이승엽 세력은 '반혁명음모와 미제의 간첩활동 혐의'로 체포되었고, 1953년 8월 최고재판소에서는 이승엽, 조일명 등 남로당 출신 고위간부 10명에게 사형을 언도했다. 박헌영만은 3년 후인 1956년에 사형당했다. 북한은 박헌영 계열을 숙청함으로써 해방 전까지 우리나라 혁명운동에 큰 해독을 끼쳐 온 '화요파 종파분자'들이 청산되어 당대열이 더욱 튼튼히 꾸려지게 되었다고 주장했다.

사상에서의 '주체' 선언과 '8월 전원회의 사건'　　한국전쟁이 끝난 후 김일성은 '형태는 조선사람인데 머리는 소련이나 중국에 가 있는 사람'들을 비판하면서 주체를 강조하고 나섰다. 그러나 주체 확립 문제는 소련파와 연안파 등의 당내 반발을 거친 후에야 본격적으로 추진될 수밖에 없었다.

특히 전후 복구 노선과 농업협동화 추진 시기를 둘러싸고 김일성 계열과 소련파·연안파는 계속 갈등을 빚었다. 이러한 상황에서 김일성은 1955년 12월 당선전·선동 일꾼들 앞에서 〈사상사업에서 교조주의와 형식주의를 퇴치하고 주체를 확립할 데 대하여〉라는 제목의 연설을 했다.

우리 당사업에서 주체는 무엇인가? 우리는 무엇을 하고 있는가? 우리는 어떤 나라의 혁명도 아닌 바로 조선혁명을 하고 있는 것이다. 이 조선혁명이야 말로 우리 당 사상사업의 주체다. 그러므로 모든 사상사업을 반드시 조선혁명의 리익에 복종시켜야 한다. 우리가 쏘련 공산당의 력사를 연구하는 것이나, 중국혁명의 력사를 연구하는 것이나, 맑스-레닌주의의 일반 원리를 연구하는 것은 다 우리혁명을 옳게 수행하기 위해서 하는 것이다. …… 쏘련에서 나온 사람은 쏘련식으로, 중국에서 나온 사람은 중국식으로 하자고 했다.

이 연설에서 김일성은 그동안 소련과 중국을 의식해 사용하지 않았던 '주체' 용어를 처음으로 사용하며 조선식 사회주의 건설, 교조주의·형식주의 퇴치와 주체 확립을 강조했다.

사회주의 건설 노선을 두고 발생한 조선노동당 내의 의견 대립은 1956년에 들어와 소련 공산당의 노선 변화와 연결되면서 심각하게 증폭될 조짐을 보이기 시작했다. 1956년 2월 소련 공산당 제20차 당대회에서 권력을 장악한 흐루쇼프는 스탈린을 격하하고 평화공존 노선을 제시하면서 이를 다른 사회주의 국가에도 수용하도록 강요했다.

그러나 1956년 4월에 열린 조선노동당 제3차 당대회에서 김일성은 사회주의권 내에서 대두된 새로운 노선을 '현대수정주의'라고 규정하고, 그것을 제국주의와 무원칙하게 타협하는 것이며 마르크스-레닌주의 원칙을 거부하는 것으로 비판했다. 또 소련의 노선을 수용하려는 노동당 내의 세력과 사회주의 건설 노선을 둘러싼 당내 이견에 경고를 보냈다. 노동당 제3차당대회에서 새로 선출된 당중앙위원회에는 김일성 계열이 안정적 다수파를 차지했고, 김일성의 이러한 노선은 별 어려움 없이 관철되었다.

그러나 제3차 당대회 이후 김일성이 경제 건설에 따른 대외협력을 위해 정부대표단을 이끌고 소련과 동구 방문길에 오른 사이에 연안파가 일부 소련파와 연합해 반격에 나섰다. 김일성이 평양을 비운 사이 연안파의 최창익, 소련파의 박창옥 등은 반김일성파를 결집해 소련 공산당 제20차 당대회의 결정을 명분으로 당 정책을 비판하는 논문을 발표하고 당내 민주주의를 요구했다. 이러한 상황에서 8월 30일 김일성의 소련 및 동구 방문의 귀국 보고를 듣기 위한 당중앙위원회 전원회의가 소집되었다. 이날 회의에서 연안파는 김일성의 정치 노선과 경제 정책을 비난하면서 김일성의 리더십에 도전했다. 이른바 '8월 종파사건'이 발생한 것이다. 그러나 사회주의 개혁의 성공적 진행, 전후 복구건설의 성공과 당의 조직적 강화 등을 기반으로 한 김일성의 지위는 확고했다. 오히려 반대파들은 당내 민주주의를 어겼다는 이유로 비판받았다. 그리고 8월 전원회의에서는 김일성 비판 연설을 한 후 중국으로 망명한 윤공흠, 서휘, 리필규 등을 출당하고, 최창익, 박창옥을 당 중앙위원에서 제명했다.

그러나 '8월 종파사건'의 파문은 여기서 그치지 않았다. 김일성 비판에 나섰던 윤공흠과 서휘 등이 중국으로 망명해 중국의 개입을 요청했던 것이다. 당시 모스크바 주재 북한대사였던 리상조는 9월 3일 흐루쇼프 앞으로 서한을 보내 조선노동당 문제에 개입해 줄 것을 요청했다.

서한을 전달받은 소련과 중국 공산당은 조선노동당의 당내 정세에 대해 토의한 후 당시 제8차 중국 공산당대회에 참석하고 있던 소련 부수상 미코얀Anastas Ivanovich Mikoyan(1895~1978)과 중국 국방부장 펑더화이彭德懷(1898~1974)를 평양에 파견했다. 평양을 방문한 두 사람은 김일성을 해임시키려 했으나 당내 사정이 여의치 않자 당 중앙위원회 9월 전원회의를 소집해 윤공흠 등의 출당·철직 처분을 철회시키고 돌아갔다. 김일성 정권에게 최대 위기의 순간이었다.

그러나 김일성은 1956년 말부터 '중앙당 집중지도사업'이라는 명목으로 지방당 조직에 대한 사상 강화 작업을 통해 '아래로부터 반종파 투쟁'을 전개했다. 하부 당원을 통해 중앙의 반대파들을 비판하도록 한 것이다. 이 과정을 통해 김두봉, 최창익, 박창옥 등 대다수 연안파와 소련파들이 노동당에서 제거되었다. 또한 북한은 중국의 영향력 차단을 위해 중국군의 철수를 서둘렀다. 그 결과 1958년 10월에 중국군의 철군이 완료되었다.

북한은 이러한 작업 끝에 1958년 3월 제1차 당대표자대회를 소집하여 종파청산을 공식적으로 선언하고 그간의 '반종파투쟁'을 마무리 지었다. 이로써 김일성은 단일지도체제의 기반을 확고하게 마련했다. 특히 1961년 9월에 개최된 제4차 노동당대회는 김일성 중심의 단일지도체제 완성을 알리는 대회였다. 이 대회를 통해 당 중앙위원회의 80퍼센트가 김일성 직계 세력과 전문 관료들로 채워졌다. 북한은 이 대회를 "사회주의 기초건설의 완성을 총화한 승리자의 대회, 력사적으로 내려오던 온갖 종파오물들을 쓸어버리고 전당이 위대한 수령님의 두리(둘레)에 굳게 뭉친 불패의 위력을 시위한 단결의 대회"였다고 평가했다.

8월 전원회의 사건은 표면적으로 보면 사회주의 건설 노선을 둘러싼 갈등으로부터 비롯되었지만 본질적으로 유일지도체제냐 집단지도체제냐 하는 당 운영체제 문제와 당의 뿌리 문제, 즉 혁명전통을 어디에 둘 것인가 하는 문제가 깔려 있었다. 1950년대 후반 북한의 '반종파투쟁'은 이후 김일성 중심의 유일지도체계의 확립과 주체사상을 바탕으로 한 당의 유일사상화를 가능케 하는 밑거름이 되었다.

천리마운동　　조선노동당은 1956년 '8월 전원회의 사건'이라는 거대한 정치적 갈등을 겪은 후 당내 갈등을 해결하는 근본방안으로 '혁명적 군중 노선'을 강조하기 시작했다. 또한 북한은 1차 5개년계획의 성공적 추진을 위해서도 광범위한 대중의 사상 교양과 정치 참여를 이끌어 낼 필요성이 있었다.

이를 위해 조선노동당은 1956년 12월 당 중앙위원회 전원회의를 열고 5개년계획의 첫 해인 1957년의 인민경제계획 과제들과 사회주의 경제건설을 성공적으로 수행하기 위한 구체적 방도들을 토의했다. 여기서 김일성은 "당 일꾼들이 군중 속에 깊이 들어가 대중의 창발성을 최대한 발동시켜 사회주의 경제건설을 기한 내에 완수하자"고 제안했다. 그러면서 '천리마를 탄 기세로 달리자'라는 구호를 제시했다.

당시 북한은 여러 가지 면에서 5개년계획을 수행하기 위한 조건이 여의치 않았다. 우선 1950년대 말부터 사회주의 국가들의 경제원조가 줄어들어 경제건설의 재원조달에 어려움이 많았다. 대표적으로 1957년 국가 총수입의 12.2퍼센트에 이르던 외국의 원조가 1958년에는 4.5퍼센트로 급격히 줄어들었고, 그 후에도 계속 감소했다.

천리마운동 "동무는 천리마를 탔느가?"라는 문구가 선명한 천리마운동 포스터.

천리마운동 현지지도 강선제강소에서 천리마 작업반장과 담화를 나누는 김일성.

내부적으로도 3개년계획이 초과 달성되기는 했으나 기간산업의 일부는 여전히 전쟁 전 수준에 도달하지 못했고, 소비재 증산을 통한 인민생활의 향상이라는 난제가 버티고 있었다. 이런 대내외적 조건에서 사회주의 제도 확립과 사회주의 공업화의 기초 마련이라는 두 마리 토끼를 다 잡기 위해 인민 대중의 힘을 조직적으로 동원하기로 결정한 것이다.

전원회의의 결정에 따라 당·정의 지도간부들이 전국 각지의 주요 공장과 농촌에 직접 파견되었다. 김일성도 직접 강선제강소에 현지지도를 나갔다. 강선제강소를 방문한 김일성은 나라가 어려운 상황이니만큼 노동자들이 혁명적 열의를 발휘해야 한다는 점을 강조했다. 강선제강소 노동자들은 김일성의 호소를 받아들여 생산능력이 6만 톤밖에 안 되는 상황에서 목표량을 9만 톤으로 상향 조정하고 생산경쟁운동을 일으켰다. 그 결과 그해 12만 톤의 강재를 생산했다. 이런 노력에 힘입어 1957년에는 전체 생산능력이 19만 톤 정도였던 강재 생산을 27만 톤까지 끌어올렸고, 생산혁신운동을 꾸준히 전개한 결과 1968년에는 원래 생산능력의 8배에 달하는 45만 톤을 생산하기에 이르렀다. 북한은 강선제강소의 성과를 곧 전국적으로 선전하며 확산시켰다. 이렇게 시작된 천리마운동은 1958년 9월 사회주의 건설의 총노선으로 채택되었다.

제1차 5개년계획의 난관을 돌파하기 위한 천리마운동은 그 후 전국 각지로 퍼져 나갔으며, 5개년계획 기간을 앞당기는 원동력이 되었다. 천리마운동은 대중의 생산의욕을 고취시켜 사회주의의 기초를 확립하려는 노력경쟁운동으로 시작되었다. 그러나 이 운동은 단순히 노력경쟁에 그치지 않고, 광범한 사상적 개조를 통하여 공산주의적 인간형을 창조하는 것으로 확대되었다.

북한은 천리마운동을 전개하면서 대중들에게 도덕적 자극을 활용했다. 목표를 초과 달성한 사람에게는 천리마기수, 성과를 낸 집단이나 조직에는 천리마작업반이라는 명칭을 부여했으며, 뛰어난 성과를 낸 사람들에게는 영웅 칭호를 수여했다. 천리마운동이 시작된 1957년부터 1959년 9월 말까지 66명의 공화국 노력영웅이 탄생했으며, 2만 4,000여 명이 각종 훈장과 메달을 받았다.

결과적으로 초기 천리마운동은 정치적으로 1956년 '8월 전원회의 사건'으로 폭발된 노동당 내 갈등과 대립을 대중동원을 통해 해소해 김일성 중심의 유일체제 기반을 마련하고, 경제적으로 1차 5개년계획을 성공적으로 수행하는 역할을 했다.

1960~70년대 사회주의 건설과 유일사상체제 확립

사회주의경제관리체계 완성

경제·국방 건설 병진 노선　　1960년 남한에서 일어난 4월혁명은 북한을 고무시켰지만 1년 뒤의 5·16군사쿠데타는 그들에게 실망을 넘어 위협으로 다가왔다. 남한에 민간정권 대신 강력한 반공군사정권이 등장하자 북한은 소련 및 중국과의 관계 개선에 힘을 쏟았다. 대표단을 이끌고 모스크바를 방문한 김일성은 1961년 7월 6일 "체약 일방에 대한 무력침공이 감행되는 경우에 원조와 지지를 호상제공"하는 것을 골자로 한 〈조·소 우호협조 및 호상원조에 관한 조약〉을 체결했고, 7월 11일에는 베이징을 방문해 유사한 내용의 조약을 중국과 맺었다.

한편 1960년대 초반의 국제정세는 전반적으로 북한에 불리하게 전개되고 있었다. 1962년 쿠바 사태와 당시 '흐루쇼프'가 보인 타협적 태도, 중소분쟁, 베트남전의 확대, 중국-인도 국경분쟁, 일본 군국주의의 부활 등은 북한의 위기의식을 불러왔다. 더욱이 북한이 소련을 '현대수정주의'로 비판하자 소련은 북한에 대한 원조를 중단했다. 북한은 그동안 추구해 온 '사상에서의 주체', '정치에서의 자주', '경제에서의 자립'과 더불어 '국방에서의 자위'를 달성해야 할 심각한 시점에 도달했다고 판단했다. 이것은 경제 건설에 매진해 온 북한에 중대한 정책전환을 요구하는 것이었다.

1962년 12월 조선노동당 중앙위원회 4기 5차 전원회의는 '경제 건설과 국방 건설의 병진' 방침을 채택했다. 또한 국방에서의 자위 원칙을 실현하기 위해 '전군 간부화·전군 현대화·전민 무장화·전국 요새화'라는 '4대 군사노선'을 채택했다. 이 노선은 군사기술 부문에만 치중하는 것이 아니라 "인민군대와 전 인민을 정치사상적으로 튼튼히 무장시키는 기초 위에서 모든 군인들을 한 등급 이상의 직무를 수행할 수 있도록 만들고, 인민군대를 현대적 무기로 무장시켜 강력한 전 인민적 방위체계를 확립"한다는 방침이었다.

북한은 경제·국방 건설 병진 노선을 채택한 후 많은 인적·물적 자원을 국방 부문에 돌려야 했고, 이것은 북한의 경제발전과 주민생활

조선노동당 제4차 당대회에서 연설하는 김일성 김일성은 1961년 열린 조
선노동당 제4차 당대회에서 사회주의의 전면적인 건설과 경제 발전을 위해
제1차 7개년계획을 제시했다. 그러나 경제·국방 건설 병진 노선의 채택으
로 인해 국방 예산이 증가했고, 이 같은 산업 부문 간 및 생산과 소비의 불
균형은 결국 제1차 7개년계획의 3년 연장으로 귀결되었다.

향상에 많은 지장을 주지 않을 수 없었다. 1967년부터 국가 예산의 30 퍼센트 이상을 점하게 된 국방비 부담으로 북한의 경제 성장은 정체되었고, 산업 간 불균형이 나타났다.

북한은 제1차 7개년계획을 통해 1961~1967년 기간 중에 공업 생산을 3.2배(생산수단 3.2배, 소비재 3.1배), 농업 생산을 2.4배(알곡생산량 연 6백만 톤), 국민소득은 2.7배 증대시킨다는 목표를 세웠다. 또한 무료교육과 무상치료 등의 과제를 완수함으로써 "사회주의 공업국가로서의 모습을 갖춘다"는 계획도 수립했다. 그러나 북한은 계획보다 3년이나 늦은 1970년에야 제1차 7개년계획의 목표가 달성되었다고 선언했다. 계획 기간 중 연평균 증가율은 목표치 18퍼센트에는 못 미쳤지만 연 12.85퍼센트의 성장률을 기록했다.

북한은 스스로 사회주의 공농업국에서 사회주의 공업국이라는 새로운 역사적 단계로 이행했다고 자평했지만, 군수산업에 대한 과도한 투자는 소비재 생산을 계획대로 달성하지 못하는 등 산업 부문 간 불균형을 구조화하는 요인으로 작용하게 된다.

청산리정신, 청산리방법　　농업협동화를 달성한 북한은 1958년부터 토지의 합리적 이용, 노동조직의 개선, 기술혁신 및 농업의 다각적 경영을 위한 리里 단위로의 농업협동조합 합병 등을 추진했다. 이에 따라 리를 하나의 생산단위로 하여 계획 작성과 노동력 배치를 했고, 계획화의 수준을 높이기 위해 대중적 심의 및 민주집중제를 강화했다. 또 각 작업반 총화에서는 작업의 종류에 따라 '능률평가그룹'을 선출하여 작업량을 평가했고, 사회주의적 분배 원칙을 관철하기 위해 '물질적 관심의 원칙'과 '사회주의 경쟁'을 결합한 작업반 우대제를 도입했다. 또한 대규모의 계획적 농촌관리를 위해 군농업협동조합경영위원회를 구성했다.

이 과정에서 현안으로 등장한 것이 사회주의적 변화에 맞는 농업관리 방식을 수립하는 문제였다. 김일성은 1959년 12월 노동당 중앙위원회 전원회의에서 생산관계의 사회주의적 개조가 완성된 새 환경에 맞게 사업 체계와 사업 방법을 개선하도록 지시를 내리고, 다음해 2월 평안남도 강서군 청산리협동농장을 직접 현지 지도하면서 새로운 농업관리 방식으로 청산리정신, 청산리방법을 제시했다. 청산리정신, 청산리방법은 당위원회의 집체적 지도 강화, 정치사상사업 우선에 의한 교양사업의 강화, 군중 노선의 관철, 계획화 수준의 향상과 사회주의적 분배의 올바른 적용 등으로 요약된다.

북한은 청산리사상에 대해 "주체사상과 우리 당의 전통적인 혁명적 군중 노선을 사회주의 건설의 새로운 현실에 맞게 구체화하고 발전시킨 대중령도에 관한 공산주의적 지도사상, 지도방법"이라고 규정했다. 청산리정신이 사상적 측면을 강조한 것이라면 청산리방법은 구체적 실천 방법에 초점을 맞춘 것이었다.

북한은 청산리정신의 기본 내용으로 나라의 모든 살림살이와 인민의 생활에 대해 완전히 책임지는 원칙에서 당적·국가적 지도를 실현하는 것, 사회의 모든 성원들을 교양·개조하여 당의 주위에 묶어 세워 공산주의 사회까지 이끌어 나가는 원칙에서 당적·국가적 지도를 실현하는 것, 혁명과 건설에 대한 지도에서 모든 사업을 인민대중 자신의 사업으로 확고히 전환시키는 원칙을 견지하는 것 등을 들었다.

청산협동조합 현지지도

청산리정신과 청산리방법 청산리정신, 청산리방법은 김일성이 1959년 12월 노동당 전원회의에서 생산관계의 사회주의적 개조가 완성된 새 환경에 맞게 사업체계와 사업 방법을 개선하도록 지시를 내리고, 이듬해인 1960년 2월 평안남도 강서군 청산협동조합을 직접 현지지도하면서 일반화되었다.

청산협동조합

그리고 청산리방법의 내용에 대해서는 상급기관이 하급기관을 도와 주고 윗사람이 아랫사람을 도와서 서로 합심하여 당의 노선과 정책을 관철해 나가는 것, 늘 현지에 내려가 실정을 깊이 알아 보고 문제 해결의 옳은 방도를 세우는 것, 모든 사업에서 정치사업, 사람과의 사업을 앞세우고 대중의 자각적 열성과 창발성을 동원하여 혁명과업을 수행하도록 하는 것, 일반적 지도와 개별적 지도를 옳게 결합하는 것, 사업에서 선후를 가려 중심고리에 힘을 집중하여 문제를 풀어 나가는 것, 모든 사업을 계획화해 힘 있게 밀고 나가는 것 등을 들고 있다.

청산리정신·청산리방법은 농업 분야에서 출발됐으나 이후 모든 북한경제 분야의 기본적 지도 방법으로 자리 잡았다.

대안의 사업체계　　농업관리 방식으로 청산리정신과 청산리방법을 도입한 북한은 이어 공업관리 방식의 수립에 나섰다. 북한은 생산관계의 사회주의적 개조, 생산력의 발전 및 근로자 대중의 향상된 정치의식에 따라 공업관리 방식을 새롭게 정립할 필요가 있었다. 특히 사회주의 제도 수립 이후 공장이 종합화·대규모화되는 변화가 일어났고, 대부분의 공작기계를 공장 내에서 자급하는 정책을 추구했기 때문에 하나의 공장이 여러 개의 직장과 수천 명의 노동자로 구성되어 있었다. 그러나 이런 변화에도 인민경제에 대한 지도 체계와 지도 방법은 이에 맞게 개편되지 못했으며 간부들의 능력과 수준도 새로운 변화를 따라가지 못하고 있었다.

이 같은 상황에서 노동당 중앙위원회는 1961년 11월 전원회의를 열고 경제지도 관리운영을 근본적으로 개선하기 위한 과제를 제시했

대안전기공장 1961년 김일성은 대안전기공장에서 기업소의 관리체계를 구체화한 '대안의 사업체계'를 제시했다. '대안의 사업체계'는 대중의 창조력과 혁명적 열의를 발휘시키려는 취지에서 제시된 지침으로, 근로대중의 생산과 경제관리 적극 참여, 분권과 자주권 권리, 계획의 일원화와 구체화를 지향했다.

다. 다음달인 12월 6월 김일성은 열흘간 평안남도 강서군에 있는 대안전기공장(후에 대안중기계공장으로 개칭)을 방문 현지지도하고 기업소의 관리체계를 구체화시킨 공장관리지침을 마련했다. 북한은 이를 '대안의 사업체계'라고 한다.

김일성의 현지지도 이전까지 대안전기공장은 공장지배인을 중심으로 한 단독책임관리제였다. 북한은 지배인 단독관리제에 기초한 공업관리체계는 기업을 관리운영하는 권한이 지배인에게 집중되어 있기 때문에 근로자들을 기업관리에 참여시키는 형태나 내용면에서 많은 제약을 갖고 있었다고 평가했다. 뿐만 아니라 생산과 관리의 주인인 근로대중의 집체적 지혜와 창발성에 근거해서 경제를 관리운영한다는 사회주의 경제관리의 본질에서도 어긋났다고 봤다.

이러한 문제점들을 극복하기 위해 도입한 '대안의 사업체계'는 몇 가지 특징을 갖고 있다.

첫째, 대안의 사업체계는 공장기업을 관리·운영하는 데서 해당 당위원회의 집체적 지도체계가 세워졌다. 공장 당위원회가 최고 지도기관으로서 그 기업을 집체적으로 관리운영하고 기업활동의 결과에 대해 전적으로 책임지는 것이다. 그렇게 함으로써 "노동계급의 정치적 지도와 군중 노선을 관철할 수 있으며, 당의 정치적 지도와 국가의 경제·기술적 지도를 결합시켜 통일적인 집체적 지도"가 가능하다는 것이다.

둘째, 대안의 사업체계는 통일적이고 종합적인 생산지도체계를 세웠다. 기사장을 중심으로 계획부, 생산지도부, 공무동력부 등 생산지도에 관계된 일체의 부서를 단일한 지도체계로 결합시켜 '공장참모

● 1960~80년대 경제계획의 목표와 실적

구분	기본과업	주요목표	실적
제1차 7개년계획[1] (1961~70)	• 중공업 발전 • 경공업·농업의 동시적 발전 • 전국적 기술혁신 • 문화혁명과 국민생활의 향상 • 국방·경제 병진	• 국민소득: 2.7배 • 공업총생산: 3.2배 • 곡물수확고: 600~ 700만 톤	• 공업총생산: 3.3배 • 기계·금속공업 성장률: 18.4% • 노동생산성 성장률: 147.5% * 계획기간: 3년 연장
6개년계획[2] (1971~76)	• 사회주의 물적·기술적 토대 견고화 • 산업설비 근대화 • 기술혁명 촉진 • 노동자를 힘든 노동에서 해방	• 국민소득: 1.8배 • 공업총생산: 2.2배 • 곡물수확고: 700~ 750만 톤	• 국민소득: 1.7~1.8배 • 공업총생산: 2.5배 • 기계·금속공업 성장률: 19.1% • 노동생산성 성장률: 155% • 곡물수확고: 800만 톤 * 1976~77 완충기 설정
제2차 7개년계획[3] (1978~84)	• 인민경제의 주체화· 현대화·과학화 • 생산원가 인하 • 절약운동 강화 • 수송의 근대화 • 주민생활 향상 • 독립채산제 강화 • 대외무역 증대	• 국민소득: 1.9배 • 공업총생산: 2.2배 • 곡물수확고:1,000만 톤 • 80년대 10대전망목표와 4대자연개조사업 추진	• 공업총생산: 2.2배 • 전력생산 성장률: 178% • 철강생산 성장률: 185% • 공작기계 생산 성장률: 167% • 곡물 수확고: 1,000만 톤 • 시멘트·합성수지·직물생산 목표달성 • 철도 60% 전철화 * 1985~1986 완충기 설정
제3차 7개년계획[4] (1987~93)	• 인민경제 주체화· 현대화·과학화 • 기술혁신 • 대외무역 및 경제협력 증대	• 국민소득: 1.7배 • 공업총생산: 1.9배 • 농업총생산: 1.4배	• 공업생산: 1.5배 • 전력: 1.3배 • 석탄: 1.4배 • 유색금속광물: 1.6배 • 강철: 1.3배 • 화학비료: 1.5배 • 지방공업: 1.7배 • 주택건설: 100여만 세대 * 1994~96 완충기 설정

*출처: 1. 제4차 당대회 보고(1961. 9. 1).
　　　2. 제5차 당대회 결정서(1970. 11. 12).
　　　3. 최고인민회의 제6기 1차 회의(1977. 12. 5).
　　　4. 최고인민회의 제8기 2차 회의(1987. 4. 12) 및 제6기 21차 당중앙위원회 전원회의(1993. 12. 8).

부'를 구성한 것이다. 북한은 이를 "생산에 대한 기술적 지도를 강화하며 생산을 종합적으로 지도하기 위한 것"이며, "현대기술을 바탕으로 한 대규모 생산을 조직지도하는 데서 반드시 필요한 것"이었다고 설명했다.

셋째, 대안체계는 정치사업을 앞세움으로써 대중의 자발성과 창발성을 유도하고 지배인 중심의 행정체계가 갖고 있는 관료주의적 병폐를 극복하는 데 초점을 맞췄다. 특히 대안의 사업체계에서도 당의 정치적 지도와 국가의 행정·기술적 지도가 독자성과 자립성을 갖고 진행되지만, 이전과 달리 일방적으로 진행되는 것이 아니라 근로자들을 생산활동에 적극적으로 참여시킬 수 있는 정치사업과 간부들의 모범이 강조되었다.

공업관리에서의 예산관리와 분배는 독립채산제를 기본 원칙으로 삼았다. 그에 따라 각 기업소·공장은 자체적으로 재생산기금과 노동자임금을 확보하며, 이후에 남은 수익 중에서 50퍼센트는 세금의 형태로 국가에 귀속하도록 되었다. 그리고 나머지 50퍼센트 중에서 30퍼센트는 기술 도입과 확대재생산 등을 위해, 30퍼센트는 문화, 복지사업 등 노동자의 생활 개선을 위해 사용하고, 나머지 40퍼센트는 노동자에게 상금과 보조비로 지출되는 분배체제가 완성되었다.

중소분쟁과 자주 노선의 등장

중소분쟁과 북한의 대응　　1960년대에 사회주의 진영의 두 강대국 소련과 중국이 격렬하게 대립하면서 북한의 대외 노선에도 변화를 맞게 되었다. 소련과 중국 간 갈등은 1956년 2월 소련공산당 20차 대회가 중요한 계기로 작용했다. 소련공산당은 20차 대회를 통해서 스탈린 개인숭배를 비판하며, 제국주의와의 전쟁불가피론을 폐기하고 평화공존을 통한 사회주의 건설을 주장했다.

1960년에 들어와 중·소 간의 갈등은 점차 표면화되기 시작했다. 중국은 소련의 평화공존 노선에 대해 수정주의라고 비판했고, 소련은 이에 대해 교조주의라고 반박했다. 이 논쟁은 이후 평화공존 문제뿐만 아니라 점차 스탈린 개인숭배 비판, 프롤레타리아 독재 문제 등 거의 모든 사회주의 이론과 실천영역으로 확산되었다.

중·소 갈등 초기에 북한은 간접적으로 소련의 입장을 비판했으나 1960년대에 들어서면서 분명하게 중국공산당의 입장을 지지하기 시작했다. 다만 대외적으로 김일성은 1961년 6, 7월에 소련과 중국을 방문하여 각각 〈우호협조 및 호상원조에 관한 조약〉을 체결하는 등 실리외교 중심의 중립적인 입장을 취했다. 이때까지만 해도 북한은 사회주의 국가 간의 '완전평등과 상호존중'이라는 원칙에 입각한 사회주의 진영의 통일과 단결을 강조했다.

그러나 북한은 두 가지 사건을 계기로 소련을 공개적으로 비판하기 시작했다. 첫째는 1962년에 발생한 쿠바 사태였다. 1962년 10월에 소련이 핵탄두 장착이 가능한 중거리 미사일을 쿠바에 배치하자 미국이 강력히 대응하면서 쿠바 사태가 발생했다. 이 사건은 결국 미국이 쿠바를 침략하지 않는다는 조건 아래 소련이 미사일을 철수시킴으로써 일단락되었다. 그러나 북한은 이 사건을 해결하는 소련의 태도를 투항주의적인 것으로 보고 평양에서 대규모 반미시위를 조직하는 등 미국과 소련의 합의를 인정하지 않는 태도를 취했다. 쿠바 사태를 겪으면서 북한은 미국과의 갈등이 발생했을 때 소련이 북한을 포기할 수도 있다는 우려를 한 것이다.

둘째는 소련이 사회주의 국가 간의 경제협력기구인 코메콘COMECON을 강화하여 사회주의적 국제분업을 실현한다는 계획을 제시하며, 북한에 압력을 강화한 것이다. 김일성은 "사회주의국가라 할지라도 경제적 자립이 보장되어야 나라의 정치적 독립도 공고히 할 수 있으며 발전된 현대적 국가를 건설할 수 있다"면서 이를 즉각 거부했다. 북한의 1950년대부터 추진한 자립적 민족경제 건설 노선은 "경제를 사회주의 조선의 민족적·국가적 이해에 입각하여 건설한다"는 것으로 소련의 사회주의적 국제분업론과는 병행될 수 없었다.

북한은 1963년 10월 28일 《노동신문》에 〈사회주의 진영을 옹호하자〉라는 장문의 논문을 게재해 소련에 대해 비판하기 시작했다. 북한은 소련이라고 지칭하지는 않았지만 "그들은 '우리의 5개년계획은 환상'이라느니, '기계제작 공업을 건설할 필요가 없다'느니, '농기계가 없이 어떻게 농촌경리를 협동화할 수 있겠는가' 하는 등 남의 실정도 모르면서 여러 가지 시비를 했다"며 소련을 겨냥했다.

북한의 대소 비판은 1964년 평양에서 개최된 제2회 아시아 경제세미나가 채택한 〈자립갱생에 의한 자립적 민족경제 건설에 대하여〉라는 '평양선언'을 둘러싼 공방에서 절정에 달했다. '평양선언'에서 북한은 자립적 민족경제 건설의 정당성을 강조했다.

정치적 독립의 달성은 민족해방혁명의 궁극적 승리를 위한 제1보에 불과하다. 자립적 민족경제의 건설은 민족해방혁명의 완수를 위한 하나의 연속적인 혁명적 과제이다. 자립경제의 건설은 이들 나라가 이미 쟁취한 정치적 독립을 더욱 확고히 하는 것이다. …… 자립적 민족경제의 건설을 반대하는 것은 결국 경제적으로 뒤떨어진 나라를 파행적인 식민지 경제의 낡은 틀내에 머무르게 하여 독립국의 자주적 발전과 번영의 길을 막는 것이다.

그러자 1964년 8월 18일자 《프라우다》는 〈누구의 이익을 위함인가〉라는 기사를 통해 평양경제토론회를 비판했다. 중국과 그의 추종세력들이 소련 및 기타 사회주의 국가와의 협조가 신생독립국의 자주성을 상실케 하는 것이라는 잘못된 사상을 전파하고 있다는 내용이었다. 이에 대해 《노동신문》은 9월 4일자 신문에서 《프라우다》지의 기사를 전제한 뒤 〈왜 평양경제토론회의 성과를 헐뜯으려 하는가〉라는 격렬한 반박문을 게재했다. 이를 통해 북한은 "자력갱생과 자립적 민족경제 건설이 나라들 간의 경제적 협조에 모순된다고 집요하게 떠드는 사람들은 사실상 예속적이며 불평등한 경제협조를 옹호하고 있는 것"이라며 소련의 사회주의적 국제분업론을 대국주의적·종속적이라고 비판했다.

1964년 10월에 소련공산당의 최고지도자 흐루쇼프가 실각하면서 북한과 소련관계는 복원되기 시작했다. 북한은 소련과의 관계 복원에 때맞춰 국제공산주의운동의 분열을 바라보는 입장에도 약간의 변화를 주었다. 이전까지는 소련의 수정주의 노선과 '분열책동' 비판 등에 초점을 맞춘 데 반해 1964년 말부터는 국제공산주의운동의 단결을 강조하고 수정주의와 함께 중국의 교조주의를 비판하기 시작한 것이다.

1966년 8월 12일자 《노동신문》은 〈자주성을 옹호하자〉라는 논설을 통해 "교조주의에 반대하고 주체성을 확립하기 위한 자주 노선을 선언"하고, 중국을 "교조주의이며 제국주의와 입으로 싸우는 자"라고 공격했다. 그리고 같은 해 9월 15일 《노동신문》이 중국의 문화대혁명을 좌파기회주의로 비판하는 사설을 게재함으로써 북한과 중국의 갈등은 표면화되었다.

1967년에 들어서면서 북한과 중국의 관계는 더욱 악화되었다. 중국의 홍위병들은 대자보를 통하여 김일성과 그의 측근에 대해 격렬한 비난을 퍼부었다. 예를 들면 '김일성은 수정주의자이며 흐루쇼프의 추종자' 또는 '김일성이 물질적 쾌락에 빠진 채 지난날의 혁명적 열기를 잃어가고 있다'라는 내용이었다. 북한은 홍위병의 비판에 곧바로 해명서를 발표했고, 나아가 전사회적으로 내외의 적에 대처하기 위한 국방력 강화를 강조했다.

북한과 중국의 갈등은 중국에서 문화대혁명이 마무리된 시점인 1970년 4월 저우언라이周恩來(1898~1976) 총리의 평양 방문으로 개선되었다. 특히 1970년대 초반부터 시작된 미국과 중국의 화해 무드는 남북한 관계에도 상당한 변화를 가져다 주었다. 이에 따라 1970년대 북한은 자주 노선에 근거하여 소련, 중국과 협조적인 관계를 유지했다.

주체사상의 체계화　　북한은 중소분쟁, 소련 및 중국과 갈등을 겪으면서 독자적인 지도사상으로 주체사상을 강조하기 시작했다. 김일성은 1965년 4월 14일 인도네시아의 알리 아르함 사회과학원에서 진행된 〈조선민주주의인민공화국에서의 사회주의 건설과 남조선 혁명에 대하여〉란 강의에서 "사상에서의 주체, 정치에서의 자주, 경제에서의 자립, 국방에서의 자위, 이것이 우리 당이 일관되게 견지하고 있는 입장"이라고 표방했다. 1955년 '주체'의 개념을 처음 사용한 후 10년 만에 주체사상이라는 개념이 공식연설에서 다시 등장한 것이다. 이로부터 북한은 마르크스—레닌주의 이데올로기에서 '발전'이라는 개념을 도입하기 시작했고, 마르크스—레닌주의를 북한의 현실에 창조적으로 적용하는 수준을 넘어섰다.

1970년대에 접어들면서 주체사상의 체계화 작업은 더욱 본격화되었다. 북한은 1970년 11월 조선노동당 제5차 당대회에서 주체사상을 당의 유일사상이라고 천명했다. 그리고 김일성은 1972년 1월 10일 일본《요미우리신문》기자들이 제기한 질문에 대한 대답에서 주체사상의 역사성을 강조했다.

우리는 주체를 세우는가 못 세우는가 하는 것은 혁명과 건설에서 운명을 좌우하는 관건적 문제로 보고 오늘에 이르는 전 기간에 걸쳐 사대주의와 교조주의를 반대하고 주체를 튼튼히 세우기 위하여 완강한 투쟁을 벌려왔습니다. 이 력사적인 투쟁을 통하여 우리는 오랫동안 민족자주의식과 창조적 지혜를 좀먹고 있던 사대주의사상의 멍에로부터 우리 인민의 완전한 정신적 해방을 이룩했으며 우리나라는 혁명과 건설의 모든 분야에서 주체사상이 철저히 구현되게 되었습니다.

특히 1972년 철학적 원리가 언급되기 시작하면서 '주체적 입장'은 철학적 원리에 기초한 사상으로 발전하게 되었다. 1972년 9월 17일 〈우리 당의 주체사상과 공화국정부의 대내외 정책의 몇 가지 문제에

● 주체사상의 형성과 수령체계 및 후계체계

내용	시기	배경과 의의
사상에서의 주체	당선전선동대회 (1955. 12. 28)	스탈린 사망과 개인숭배 비판
경제에서의 자립	당 중앙위 제3기 12월 전원회의 (1956. 12. 11)	대외원조의 감소
군사에서의 자위	당 중앙위 4기 5차 전원회의 (1962. 12. 10)	중소분쟁의 심화, 4대 군사노선 천명
외교에서의 자주	제2차 당대표자회의 (1966. 10. 5)	중소분쟁의 확대, 비동맹운동의 발전 〈현정세와 우리당의 과업〉(김일성)
유일사상체제의 확립	당중앙위 4기 15차 전원회의 (1967. 5)	수령의 혁명사상=주체사상=주체사상 일 색화 방침 혁명가계와 혁명전통 강조·반당반혁명 세력 제기
수령체계의 권력의 제기	당중앙위 5기 7차 전원회의 (1972. 12)	사회주의헌법의 제정·국가주석제 채택
유일지도체계 확립	당 중앙위 5기 8차 전원회의 (1974. 2)	김정일 정치위원 선출·후계자 결정
온 사회의 김일성주의화 유일사상체계 10대원칙	'김일성주의화' (1974. 2. 19: 김정일) '유일사상체계' (1974. 4. 14: 김정일)	당의 유일사상체계와 유일지도체계 확립 유일사상체계 10대원칙 관철
주체사상 국가지도이념 공식화	조선노동당 제6차 당대회 (1980. 10. 10)	주체사상 국가지도이념 채택·후계자 공 식 결정
온 사회의 주체사상화	조선노동당 제6차 당대회 (1980. 10. 10)	사회주의 건설 총노선 주체사상의 국가지도이념 채택
주체사상의 국가지도이념공식화	조선노동당 제6차 당대회 (1980. 10. 10)	후계자 공식 대내외 천명
사상·기술·문화의 3대혁명+ 인민정권 강화	조선노동당 제6차 당대회 (1980. 10. 10) '과업'(1982년 4: 김일성) '기치'(1983년 5: 김정 일) '완전승리'(1986. 12: 김일성)	조선노동당의 전략 노선, 1980년대 당정 치 노선 혁명적 군중 노선 관철 〈주체사상에 대하여〉(김정일) "사회주의 완전승리 테제"
주체사상의 체계화와 영도체계론의 정립	전국주체사상토론회(1982. 3) 주체 총서(전10권) 발간	《위대한 주체사상 총서》

후계 승계 완성	'역사적 경험' (1986. 5: 김일성)	후계 승계 완성 천명
혁명적 수령관	'교양' (1986. 7: 김정일)	혁명적 수령관 체계화
수령·당·대중의 사회 정치적 생명체	'교양' (1986. 7: 김정일) '혁명관' (1987. 10: 김정일)	수령론과 후계론 정립
주체의 혁명관 (수령관+조직관+군중관+도덕관)	'혁명관' (1987. 10: 김정일)	수령론과 후계론 체계화

* 출처: '김일성주의화': 〈온 사회를 김일성주의화하기 위한 당사상사업의 당면한 과업에 대하여〉(김정일, 1974. 2. 19)
  '유일사상체계': 〈전당과 온 사회에 유일사상체계를 더욱 튼튼히 세우자〉(김정일, 1974. 4. 14)
  '과업': 〈온 사회를 주체사상화하기 위한 인민정권의 과업〉(김일성, 1982. 4)
  '완전승리': 〈사회주의의 완전한 승리를 위하여〉(김일성, 1986. 12)
  '기치': 〈맑스·레닌주의와 주체사상의 기치를 높이 들고 나아가자〉(김정일, 1983. 5)
  '역사적 경험': 〈조선노동당건설의 역사적 경험〉(김일성, 1986. 5)
  '교양': 〈주체사상교양에서 제기되는 몇 가지 문제에 대하여〉(김정일, 1986. 7)
  '혁명관': 〈주체의 혁명관을 튼튼히 세울 데 대하여〉(김정일, 1987. 10)

대하여〉라는 담화에서 김일성은 "주체사상이란 한마디로 말하여 혁명과 건설의 주인은 인민대중이며 혁명과 건설을 추동하는 힘도 인민대중에게 있다는 사상입니다. 다시 말하면 자기 운명의 주인은 자기 자신이며 자기 운명을 개척하는 힘도 자기 자신에게 있다는 사상"이라며 주체사상의 개념을 명확히 했다.

그리고 1972년 12월에 채택된 사회주의헌법 제4조에 "조선민주주의인민공화국은 맑스-레닌주의를 우리나라의 현실에 창조적으로 적용한 조선노동당의 주체사상을 자기 활동의 지도적 지침으로 삼는다"라는 내용을 넣었다. 이로써 주체사상을 핵심으로 하는 김일성의 혁명사상은 마르크스-레닌주의에 대한 계승성보다는 독창성이 강조된 '김일성주의'로 변화되었다. 김일성주의는 1980년대에 이르러 주체사상이 김정일에 의해 철학적 원리와 사회역사 원리, 지도적 원칙의 기본체계를 갖춘 사상, 이론, 방법의 전일적 체계로 주장되면서 광의의 주체사상으로 확장되었다.

수령제 정치체제의 확립

박금철·이효순 사건　　북한에서 1950년대가 김일성을 중심으로 한 '단일지도체계'가 뿌리를 내린 시기라면 1960년대는 유일사상체제와 수령의 유일적 영도체제가 완성되는 시기였다. '8월 전원회의 사건'을 거치면서 북한은 당적 사상체계, 즉 '노동당의 사상체계는 무엇인가'라는 문제에 대해 정리해 나갔다. 1950년대 중반부터 제기된 주체 확립과 함께 당적 지도체계에 대한 문제가 제기된 것이다. 이것은 노동당의 당적 체계는 곧 김일성의 사상이고, 노동당의 유일한 혁명전통은 항일빨치산 투쟁이라는 것으로 귀결되었다. 이 과정에서 김일성 중심의 유일사상체계와 영도체계에 반대하거나 적극적이지 않았던 '조선민족해방동맹계'(갑산계)의 박금철·이효순 등이 제거되었다.

당 중앙위원회 정치위원회 상무위원이면서 비서국 비서로 상당한 실권을 쥐고 있었던 박금철은 봉건주의와 가족주의 사상 유포 혐의로 비판을 받았다. 그는 당 간부들에게 봉건서적인 《목민심서》를 필독문헌으로 읽게 했고, 검덕광산을 현장 지도하면서 수상이 직접 내린 지시를 무시하고 노동자들에게 "적당히 하라"고 지시해 광석을 계획의 절반밖에 생산하지 못하게 했다고 비판받았다. 또 당 역사연구소로 하여금 자신이 항일활동을 하던 함경남도 갑산에 생가를 꾸리게 했으며, 《일편단심》이라는 연극 역시 박금철 부인의 수절을 형상화했다고 비

박금철 김일성의 지지기반이었던 조국광복회 출신으로 유일사상체계를 위배했다는 이유로 숙청되었다. 사진은 1937년 혜산 사건으로 일제 경찰에게 체포된 모습.

판되었다. 그 밖에도 당 비서 김도만을 비롯해 고혁, 이송운, 허학송 등이 맡고 있던 사상, 문화 분야가 집중적으로 비판받았다. 결국 이들은 1967년 당 중앙위원회 제4기 15차 전원회의 후 모두 숙청되었다.

김일성은 1967년 노동당 중앙위원회 제4기 제15차 전원회의를 계기로 하여 당의 '유일사상체계'를 세우는 문제를 제기했다. 당내에 다른 어떤 사상도 인정하는 않고 '김일성의 혁명사상'만을 유일사상으로 강조한 것이다. 이 시기는 국내적으로 보면 김일성에 반대할 수 있는 세력이 사실상 모두 제거된 상황이었으며, 국제적으로 보면 소련과 중국에 대해 자주 노선을 표방한 시점이었다.

갑산계 숙청 사건을 통해 김일성 유일사상체계를 세우는 작업은 더욱 가속화되었다. 갑산계 숙청 후 제16차 전원회의에서는 당의 유일사상체계를 확립하기 위한 10대강령이 발표되어 전 당원이 10대강령으로 생활하도록 요구받았다. 이와 함께 김일성의 이름 앞에는 "절세의 애국자이시며 천재적 전략가이시며 온 인류의 태양이시며 국제공산주의운동의 탁월한 영도자시며 인민의 자애로운 어버이 수령……"과 같은 긴 수식어가 붙기 시작하면서, 김일성을 절대화하는 개인숭배 작업이 가속화되었다.

1968년부터 '조선노동당 력사연구실'을 '김일성동지 혁명력사연구실'로 개편했고, 김일성의 석고상을 제작해 모든 학습현장에 설치했으며 김일성 관련 혁명기념비를 전국 도처에 건립했다. 이와 함께 김일성의 부인 김정숙과 아버지 김형직, 어머니 강반석 등 일가 전체를 숭배하는 작업도 시작되었다. 1969년 1월에는 김창봉 민족보위상, 허봉학 대남사업총국장 등 일부 빨치산 출신 장성들이 유일사상체계에

● 북한 지배엘리트의 역사적 변천

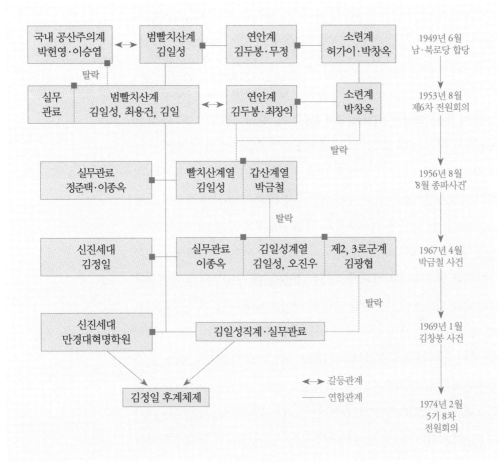

* 출처: 정영철,《김정일 체제 형성의 사회정치적 기원》, 2001, 65쪽 수정 재인용.

위배됐다는 이유로 숙청되었다.

이로써 북한 사회에는 김일성 유일사상체계가 수립되었고, 나아가 '위대한 수령'이 모든 것을 이끄는 '수령제 국가'로 탈바꿈되기 시작했다.

제5차 노동당대회와 유일사상체계 확립　　북한 사회는 1967년을 분기점으로 하여 김일성 유일사상체계가 작동하는 사회로 변화했다. 북한에서는 당의 유일사상체계에 대해서 "전당과 전체 인민이 자기 수령의 혁명사상으로 튼튼히 무장하고 수령의 두리에 굳게 뭉치며 수령의 유일적 영도 밑에 혁명투쟁과 건설사업을 수행해 나가도록 하는 사업체계"라고 정의하고 있다.

이러한 당의 유일사상체계 확립은 1950년대 후반부터 본격적으로 주장되기 시작했다. 당시에는 "당적 사상체계의 확립"이라는 개념으로 제기되었다. 이는 당내에서 반종파투쟁을 종결짓는 당대표자회 (1958년 3월)에서 처음으로 제시되었다. 김일성을 중심으로 하는 당 중앙위원회를 절대 지지하고 당 정책을 무조건 관철한다는 것을 그 내용으로 하고 있었다. 수령보다는 당을 전면에 내세웠던 것이다. 1961년 9월에 개최된 제4차 당대회에서 김일성을 중심으로 한 항일빨치산 세력의 지도체계가 확고히 수립되고 수령의 역할 문제가 크게 강조되면서 당적 사상체계보다는 수령의 혁명사상에 의한 사상체계의 확립이 강조되기 시작했다.

유일사상체계가 당 규약에 명문화된 것은 1970년 11월 2~13일에 열린 제5차 노동당대회였다. 이 대회에서 김일성은 "그동안 반혁명분

● 당 중앙위 정치위원회 정위원 수 및 교체된 정위원 수

	정위원	교체된 정위원	교체율(퍼센트)
제1차 당대회(1946. 8)	43	-	
제2차 당대회(1948. 3)	59	29	49.2
제3차 당대회(1956. 8)	71	42	63
제4차 당대회(1961. 9)	85	56	66
제5차 당대회(1970. 11)	117	85	72.2
제6차 당대회(1980. 10)	145	60	41.4

* 출처: 조선노동당대회 자료집 및 《노동신문》.

자들과의 전 당적, 전 인민적 투쟁이 성공적으로 끝나게 되었다"고 하여 유일사상체계가 공고화되었음을 선언했다. 그리고 당 규약에 "맑스-레닌주의를 우리나라의 현실에 창조적으로 적용한 김일성 동지의 위대한 주체사상을 활동의 지도적 지침으로 한다"고 기술했다. 주체사상을 당의 유일지도사상으로 공식화한 것이다.

또한 "조선로동당은 우리나라 혁명 수행 및 당 건설에서 유일사상체계를 당 안에 세우는 것을 기본 원칙으로 한다"고 규정했으며, 김일성은 "만일 당 안에 당의 유일사상과 어긋나는 딴 사상이 조금이라도 허용되거나 행동상 통일이 보장되지 않는다면 그러한 당은 사실상 당이라고 말할 수 없습니다"라고 강조했다. 노동당 내의 그 어떤 이견이나 분파를 결코 용납하지 않겠다는 것을 명확히 했던 것이다. 이로써 당내의 유일사상체계 확립은 마무리되었다.

조선노동당 제5차 당대회는 11월 13일 당규약의 일부 개정과 당 중앙지도기관 선거를 끝으로 폐막되었다. 제5차 당대회는 당 중앙지도

기관 선거를 통해 117명의 중앙위원회 정위원과 55명의 후보위원을 선출했다. 또한 이들은 같은 날 중앙위원회 제5기 1차 전원회의를 열어 당 지도부를 선출했다. 여기서 당중앙위원회 총비서로 김일성이 선출된 것을 비롯하여 중앙위원회 정치위원으로는 김일성·최용건·김일·박성철·최현·김영주·오진우·김동규·서철·김중린·한익수(이상 정위원)와 현무광·정준택·양형섭·김만금(이상 후보위원)이, 중앙위원회 비서로는 최용건·김일·김영주·오진우·김동규·김중린·한익수·현무광·양형섭이 뽑혔다.

조선노동당 제5차 당대회의 가장 큰 특징은 김일성의 직계 인물들로 중앙위원회가 구성된 것이다. 당 지도부 구성에서 북한 사회 전반에 대한 김일성의 유일영도체계가 확고히 실현될 수 있게 된 것이다. 특히 항일빨치산파 31명 중 26명이 김일성이 활동했던 동북항일연군 제1로군 계열이었고, 이 중 17명이 김일성이 군장으로 있었던 동북항일연군 제2방면군 출신이었다. 정치위원회도 항일빨치산파 9명 중 최용건을 제외한 전원이 제1로군 계열로 채워졌다.

게다가 제5차 당대회에서 김일성의 주체사상이 당의 지도이념으로 공식화됨으로써, 조선노동당은 조직체계, 지도부 구성, 이데올로기에서 김일성을 중심으로 하여 통합된 당으로 전환되었다. 이것은 해방 후 북한 지배엘리트 내에 존재했던 다양한 경력과 성향의 지배엘리트층이 완전히 해체되고, 항일빨치산 중 김일성 직계와 이들에 의해 양성된 전문관료들로 지배엘리트층이 충원됐음을 의미한다.

사회주의헌법 제정과 국가주석제 도입   조선노동당 제5차 당대회를 통해 '사회주의의 완전한 승리를 앞당긴다'는 과제를 설정한 북한은 이를 위해 국가사회 제도를 공고히 해야 할 필요성을 절감하고 새로운 사회주의헌법 제정에 착수했다. 1972년 12월 27일 북한의 최고인민회의 제5기 1차 회의는 1948년 9월 8일에 제정된 인민민주주의헌법 대신에 전문 11장 149조로 구성된 사회주의헌법을 채택했다. 북한은 24년 만에 헌법을 근본적으로 개정하게 된 이유를 구舊헌법이 채택된 후 24년이 지나는 동안 사회주의 혁명과 건설에서 커다란 성과를 이룩하여 "인민의 정치·경제·문화생활에서 획기적인 전변"이 일어나 구헌법의 규범이 현실에 뒤떨어지게 되었기 때문이라고 설명했다. 사회주의 건설의 진전에 따른 성과들을 법제화할 필요가 있었다는 것이다.

특히 '조선민주주의인민공화국 사회주의헌법'으로 불리는 새 헌법은 국가주석직을 신설하여 주석을 정점으로 국가기구들을 새로이 재편했다. 새 헌법에 따르면 주석은 "국가의 수반이며 조선민주주의인민공화국 국가 주권을 대표"(89조)하고, 국가 주권의 최고 지도기관인 중앙인민위원회의 수위(101조)로 중앙인민위원회를 직접 지도하고(91조) 필요에 따라 정무위원회를 소집하여 지도할 권한을 갖도록 했다(92조). 또한 주석은 "조선민주주의인민공화국 전반적 무력의 최고사령관, 국방위원회 위원장이 되며 국가의 일체 무력을 지휘 통솔한다"(93조)라고 규정되었다.

나아가 주석은 최고인민회의 법령, 중앙인민위원회 정령, 최고인민회의 상설회의 결정을 공포하고 명령을 발하며 특사권을 행사할 수 있게 되었다. 국가주석은 최고인민회의에서 선거되며 임기는 4년이었다(90조). 그러나 국가주석을 최고인민회의에서 선출하지만 소환할 수는 없도록 되어 있었다. 국가주석이 절대권력을 쥘 수 있도록 제도화한 것이었다. 새로운 국가권력의 구성 원칙은 '수령의 유일적 영도'와 '민주주의 중앙집권제'로 표현되었다.

결국 북한의 새 헌법은 전체 주민을 주체사상이라는 하나의 이데올로기로 통합하고, 행동의 통일성을 유지하기 위한 국가기구를 뒷받침하는 역할을 했다.

또한 북한이 그동안 추진하거나 정리된 3대혁명(11조), 청산리정신(12조), 천리마운동(13조), 4대 군사노선(14조), 대안의 사업체계(15조) 등이 헌법규범으로 법제화되었다. 이밖에도 구헌법은 생산수단의 소유를 국가 소유, 협동단체, 개인(자연인과 법인) 소유로 규정했던 반면, 새헌법에서는 국가 및 협동단체의 소유로 제한(18조)했고, 개인 소유는 근로자들의 개인적 소비를 위한 소유(22조)에 한해 허용했다. 또한 사회주의헌법은 '하나는 전체를 위하여, 전체는 하나를 위하여'라는 집단주의 원칙에 기초한 공민의 권리와 의무를 규정했다.

6개년 경제계획　　노동당 5차대회에서는 1971년부터 추진될 6개년계획의 기본 과업도 제시되었다. 주요 내용을 살펴보면, 김일성은 6개년계획의 기본 과업을 "사회주의 경제 건설 분야에서 공업화의 성과를 공고·발전시키며 기술혁명을 새로운 높은 단계에로 전진시켜 사회주의의 물질기술적 토대를 더욱 튼튼히 하며 인민경제의 모든 부문에서 근로자들을 힘든 노동에서 해방하는 것"이라고 규정했다.

3대혁명과 관련해서 기술혁명 부문에서는 첫째, 중노동과 경노동의 차이를 없애고 둘째, 농업노동과 공업노동의 차이를 줄이며 셋째,

여성을 가정노동의 무거운 부담에서 해방시키는 3대기술혁명 과업이 제기되었다. 문화혁명 부문에서는 반동적·복고적 문화경향을 반대하는 투쟁과 11년제 의무교육이, 사상혁명 부문에선 온 사회의 혁명화·노동계급화·인텔리화가 과제로 제기되었다. 이밖에도 김일성은 국방력을 더욱 강화하기 위해 당의 4대 군사노선을 계속 견지해 갈 것이며, 인민생활 부문에서는 도시와 농촌의 생활조건과 생활수준의 차이를 없애겠다고 선언했다.

1970년대 후계체제 수립과 수령제 정치치제의 완성

후계자 논의 배경

북한에서 후계 문제는 1967년 5월 당 중앙위원회 제4기 제15차 전원회의가 열리기 전부터 제기되고 있었다. 해방 후 반종파투쟁을 표방하며 다른 세력들을 제거하고 북한 사회를 장악한 항일빨치산 세력들로서는 후계자 문제가 자신들의 정당성을 계속 보장할 중요한 문제였다. 그것은 또한 북한 지도부에게는 혁명의 계승과 관련된 문제였다.

특히 역사적으로 사회주의에서 권력 계승이 전임자에 대한 비판과 정책 변화로 이어져 온 것을 지켜본 북한은 후계자 문제를 고민하지 않을 수 없었다. 후계자 문제를 해결하는 일이 김일성과 항일빨치산 세력의 혁명전통을 계승하는 일일뿐만 아니라 사회주의체제 유지와

도 직결된다고 생각했던 것이다. 북한은 1972년 3월 당의 이론잡지 《근로자》에 실린 글을 통해 "국제공산주의운동의 력사적 경험은 그 당을 창시한 수령에 의해 성취된 혁명전통을 지키지 않고 협잡물을 허용할 때에는 그 당은 이미 본래의 당은 아니고 당이 존재 자체도 유지할 수 없게 된다는 것을 보여 주고 있다"고 강조했다.

소련과 중국의 역사적 경험은 북한의 후계자 문제 해결 방식에 커다란 영향을 주었다. 소련과 중국에서는 그동안 후계자 문제가 해결되지 않은 상태에서 최고지도자가 사망했기 때문에 이데올로기 문제와 정책 노선상의 혼란을 초래했다는 것이다. 스탈린 사후, 흐루쇼프는 스탈린의 후계자로 지명된 말렌코프를 제치고 당의 지도권을 획득했다. 소련은 이후 노선 수정과 당내 분열이 발생하는 등 후계자 문제로 심각한 진통을 겪었다.

소련의 역사적 경험을 지켜본 중국은 문화혁명을 주도한 린뱌오林彪(1907~1971)를 1966년 8월에 열린 제8기 중전회의에서 마오쩌둥毛澤東(1893~1976)의 후계자로 지명했다. 이어서 중국공산당은 1969년 4월에 열린 제9차 전국대표대회를 통해서 중국공산당 장정을 개정해 린뱌오를 "마오쩌둥 동지의 친밀한 전우이자 후계자"로 명문화했다. 이런 명문화는 국제공산주의운동 역사상 처음 있는 일이었다. 그러나 1971년 9월 후계자로 지명되었던 린뱌오가 마오쩌둥을 제거하고 권력을 탈취하려는 사건(9·13사건)이 발생했다. 이 사건 발생 1년 뒤인 1972년 12월 27일 북한은 사회주의헌법을 '제정'하여 국가주석제와 수령의 유일영도체제를 명문화하고, 후계자 확정을 서두르게 되었다.

후계 문제의 중요성은 외부요인 때문만은 아니었다. 노동당 안에서도 1960년대 중반 무렵 권력투쟁이 심각하고 복잡한 양상을 띠었다. 1967년에는 갑산파가 도전세력으로 나서 후계 문제 처리가 더욱 급박해졌다. 갑산파의 도전은 북한지도부에게 다시 한번 후계자 문제를 심각하게 고려하게 한 사건이었다. 어떤 형태로든 당내 혼란을 막기 위해 후계자 선정을 서두를 필요성이 제기됐다. 김일성의 부인인 김성애金聖愛의 정치적 활동도 적잖은 영향을 미쳤다. 1969년 2월 조선민주여성동맹 위원장이 된 김성애는 당조직의 통제에서 벗어나 여성동맹 조직을 통해 월권행위를 일삼았다.

위기감을 느낀 빨치산 원로들은 새로운 대안을 모색하기 시작했다. 김정일 후계 문제는 1971년 4월 하순 당중앙위원회 제5기 2차 전원회의 직후 개최된 당정치위원회 회의에서 논의되었다. 이 자리에서 병환으로 조직비서 역할을 할 수 없게 된 김영주金英柱가 김정일을 노동당 조직·사상비서 자리에 앉히자는 제안을 했다. 김정일을 후계자로 선정하자는 뜻이었다. 김영주의 이 제안은 빨치산파들의 호응을 얻었지만 김일성이 "조금만 더 두고 보자"며 보류 결정을 내렸다.

김정일 후계 문제는 1971년 11월 당중앙위원회 제5기 3차 전원회의에서 다시 논의되었다. 특히 1972년 4월 15일 김일성의 환갑을 계기로 '김정일에게 대를 물려주자'는 논의가 노동당 상층부에서 활발하게 이어졌다.

김정일의 부상과 후계자 확정   1942년 2월 16일 김일성 주석과 김정숙 사이에서 태어난 김정일은 '동북항일연군 교도려'가 있던 하바로프스크에서 유년기를 보냈다. 해방이 되자 김정일은 1945년 11월

김일성 환갑　김일성은 1972년 4월 환갑을 맞아 1세대 원로들과 함께 만경대 고향집을 찾아 기념촬영을 했다. 2세대들도 자리를 함께한 이 자리에서 김일성은 "우리가 처음으로 개척하여 40년간 해 온 혁명사업을 이어 나갈 교대자들"이라며 "우리 혁명의 교대자들은 아무리 세찬 폭풍이 불어와도 흔들리지 않고 우리의 혁명위업을 끝까지 완성해 나가야 한다"고 말했다. 그리고 1년 6개월 뒤 김정일이 후계자로 결정됐다.

말 여성 항일유격대 대원들과 함께 청진으로 입국해 12월 평양에 들어와 김일성과 상봉했다.

1946년 9월 남산인민학교에 입학한 그는 한국전쟁 때는 중국 길림으로 잠시 가 있다가 1952년 만경대혁명유자녀학원(현재 만경대혁명학원)에 잠시 다녔고, 1954년 9월 평양제1중학교에 입학했으며, 1956년 조선민주청년동맹에 가입하면서 본격적으로 '정치학습'을 받기 시작했다. 1959년 졸업반 때는 김일성 수상을 동행해 모스크바를 방문하기도 했다.

북의 '혁명2세대'들이 해외유학을 한 것과 달리 김정일은 김일성종합대학 경제학부 정치경제학과에 입학했다. 그는 대학시절 김 주석의 저작을 1년에 만 페이지씩 읽는 '만 페이지 책읽기 운동'을 발기하는 등 다양한 학내 정치활동을 폈다. 1961년 노동당에 입당한 그는 1세대의 지원을 받아 본격적인 '정치수업'을 받았고, 김 주석의 지방 현지지도에 동행하기 시작했다. 북한은 이때 김정일이 일반지식에 관한 전문적 고등교육을 받았을 뿐만 아니라 자기 아버지의 사상이론을 체계적으로 습득했다고 선전했다.

1964년 대학을 졸업한 그는 노동당 중앙당의 핵심부서인 조직지도부에 들어갔다. 먼저 국가기구를 관장하는 중앙지도과에 근무하면서 당중앙위원회 내부사업 전반을 파악했다. 김정일은 1967년 25세의 젊은 나이로 '박금철·이효순 사건'을 처리하면서 두각을 나타내기 시작했고, 이후 당 선전선동부 과장으로 자리를 옮겨 사상·문화예술 분야를 담당했다. 이때부터 김정일은 영화 제작에 관여하기 시작했고, 1969년 영화 〈피바다〉 제작을 계기로 일기 시작한 혁명영화·혁명가극·혁명연극 등의 혁명적 문예전통의 계승작업을 주도했다.

이렇게 해서 〈피바다〉·〈꽃파는 처녀〉·〈당의 참된 딸〉·〈한 자위단원의 운명〉·〈금강산의 노래〉 등 '5대 혁명가극'이 창조되었으며, 〈성황당〉식 혁명연극이 북한의 연극형식으로 자리 잡았다. 김정일은 이러한 창작지도 경험을 바탕으로 1973년 4월 《영화예술론》을 내놓았다. 김정일은 '5대 혁명가극'과 예술영화를 완성해 1세대의 신임을 얻었다. 특히 주체사상의 체계화와 유일사상체계 확립에 주도적으로 참여했다.

정치생활 초기부터 권력의 중심에서 활동해 온 김정일은 1972년 10월 노동당 중앙위원회 제5기 5차 전원회의에서 당 중앙위원에 피선됐으며 1973년 9월 당중앙위원회 제5기 7차 회의에서 당의 핵심인 조직 및 선전담당비서로 임명된다. 뒤이어 이듬해인 1974년 2월 노동당 중앙위원회 제5기 8차 전원회의에서 '유일한 후계자'로 확정됐다.

후계자 김정일의 최대 당면과제는 유일적 지도체계를 확립하는 일이었다. 유일지도체제란 한마디로 후계자의 지시만을 따르는 지도체계, 보고체계, 사업체계를 구축하는 것을 의미한다. 우선 김정일은 김일성의 혁명사상을 김일성'주의'로 격상시켰다. 그리고 온 사회를 김일성주의로 일색화하기 위해 '당의 유일사상체계 확립'과 '당중앙(김정일)의 유일지도체계 확립'을 위한 실천 방도로 '당의 유일사상체계 확립의 10대 원칙'을 마련하는 데 관심을 집중했다. 이는 김정일이 당의 조직적·사상적 토대를 확립하기 위한 조치이기도 했다.

그는 1973년 9월부터 1974년 중반까지는 노동당에, 1974년 후반부터 1975년 중반까지는 군대 안에, 1975년 후반부터 1976년 중반까지

김정일의 부상 황해제철소 현지지도에 나선 김일성(가운데)과 김정일(왼쪽). 당의 조직적·사상적 토대를 구축하기 위해 여러 조치를 취한 김정일은 점차 당조직과 선전선동 분야를 장악하면서 후계체제를 확립해 갔다.

김정일 후계체제 공식화 북한 김일성 주석(왼쪽)과 김정일 국방위원장(가운데)이 1980년 10월 평양에서 열린 제6차 노동당대회에 참가한 모습. 이 대회에서 김정일은 후계체제를 공식화했다.

는 정권 부문과 대외·대남 부문에 유일지도체제를 수립했다. 또한 그는 '3대혁명소조운동'을 전개해 세대교체를 추진했다. 당·정·군 개편이 완결된 후 소집된 1980년 제6차 당대회는 후계자를 위한 대회였다. 1970년대에 유일지도체제를 완결지은 그는 6차 당대회를 통해 후계체제를 공식화했고, 처음으로 대중에게 모습을 드러냈다.

공식석상에 모습을 드러낸 김정일은 평양시 재건설사업을 주도하는 한편, 1983년 6월 중국을 비공개 방문해 경제특구를 둘러보기도 했다. 1990년대 들어 김정일은 인민군 최고사령관, 국방위원장 등의 직책을 이어받아 이른바 '영도領導의 계승체계'를 구축해 나가기 시작했다. 김일성 주석은 후계자가 제출한 안건과 의제를 추인해 무게를 실어 주는 일을 담당했다.

3대혁명소조운동과 3대혁명붉은기쟁취운동　　　김일성은 1973년 2월 12일 당중앙위원회 정치위원회 확대회의에서 3대혁명소조운동을 발의했다. 세대교체를 통해 후계자 김정일의 권력기반을 강화하겠다는 의도였다. 김정일은 1973년 9월 당 중앙위원회 제5기 제7차 전원회의에서 '3대혁명의 수행 정형 문제'가 토의된 것을 기점으로 3대혁명소조운동을 직접 지도하기 시작했다. 이 운동은 '계속혁명론'과 혁명의 '계승론'을 표방하며 진행되었고, 사실상 혁명의 '세대교체'라는 새로운 흐름을 만들어 갔다. 이러한 흐름은 결과적으로 북한 사회 전반에 걸쳐서 세대교체를 촉진케 하는 계기로 작용했다.

북한은 3대혁명소조운동을 "정치사상적 지도와 과학기술적 지도를 결합시켜 위가 아래를 실속 있게 도와 주며 대중을 3대혁명 수행에로

3대혁명붉은기쟁취운동 3대혁명소조운동은 1973년 2월 12일 당중앙위원회 정치위원회 확대회의에서 김일성의 발의로 시작된 운동이다. 당과 국가기관의 일꾼과 과학자·기술자·청년인텔리로 구성된 3대혁명소조가 직접 현장에서 장기간 사업하면서 사회 전반에 새로운 활력을 불어넣으려는 취지에서 제기되었다. 3대혁명붉은기쟁취운동은 김정일이 1950년대 말에 시작된 천리마작업반운동을 조직화·체계화하는 과정에서 이를 보다 높은 차원의 운동으로 발전시키기 위해 1975년 11월 노동당 중앙위원회 제5기 11차 전원회의에서 발기했다.

적극 발동하는 새로운 형식으로 혁명지도 방법"이라고 규정했다. 또한 3대혁명운동은 "3대혁명소조들의 활동을 통해서 사상·문화·기술의 3대혁명을 다그쳐 나가기 위한 운동"으로 "혁명적 군중로선을 혁명발전의 새로운 요구에 맞게 구현한 현대적인 혁명 지도방법"으로 규정됐다. 이러한 3대혁명소조운동은 당과 국가기관의 일꾼과 과학자·기술자·청년인텔리로 구성된 3대혁명소조가 직접 현지에 내려가 장기간 사업하면서 경제를 비롯한 북한 사회 전반에 새로운 활력을 불어넣겠다는 취지에서 발기된 대중운동이었다.

김정일은 1974년부터 20대 초반의 대학 졸업반 학생들과 김일성초급당학교 학생, 당성이 높은 사무원들로 3대혁명소조를 조직하여 공업과 농업 부문 등 각 행정단위와 공장, 기업소, 교육기관 등에 파견했다. 특히 3대혁명소조를 공업과 농업 부문만이 아니라 건설·운수 등 인민경제 여러 부문에 파견하고 이어서 과학·교육 등의 모든 분야로 확대시켜 1975년에 이르러 3대혁명소조운동을 전국의 모든 부문에 정착시켰다.

김정일은 3대혁명소조운동의 지도체계가 당조직과의 공동작업을 만족스럽게 추진하지 못했다고 파악하고, 1974년 2월 공업과 농업 부문 소조를 별도로 지도하던 체계를 폐지하고 이를 당중앙위원회에 통합시키는 방향으로 지도체계를 개편했다. 이어서 김정일은 1975년 이 운동의 지도체계를 중앙과 도·시·군에 있는 '3대혁명소조 종합실'에서 '3대혁명소조 지휘부'로 개편했다. 현지의 당 조직과 유리되어 있던 3대혁명소조를 당조직과 유기적으로 결합시키기 위해 단행한 조치였다.

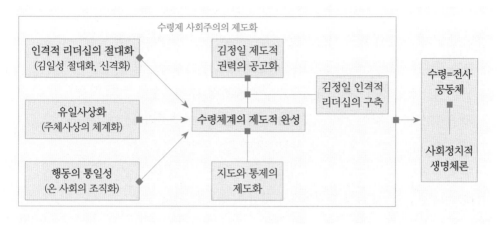

* 출처: 정영철, 〈김정일 체제 형성의 사회정치적 기원: 1967~1982〉(서울대학교대학원 박사학위논문, 2001)에서 재인용.

　　3대혁명소조운동은 사상·문화·기술 분야에서 낙후된 부문을 일소하고 사회주의 건설을 앞당기기 위한 취지로 전개되었다. 특히 당 간부들의 낡은 사상을 개조한다는 명목으로 혁명소조를 파견함으로써 김정일의 영향력과 이미지를 널리 퍼뜨리는 데 기여했다.

　　'3대혁명소조운동'은 1980년대에 들어와 가장 중요한 대중운동으로 자리 잡았다. 1984년 9월 '3대혁명소조원대회'의 보고에 따르면, 3대혁명소조는 공장·기업소·협동농장, 각 기관과 학교 등에 적게는 2~3명, 많을 경우 30~40명 규모로 파견되기 시작하여 북한 전역으로 확대되었다. 1973년부터 11년 동안 파견된 3대혁명소조원의 연인원은 총 10만 8,700여 명에 달했고 1984년 9월 당시에 파견 중인 인원만도 4만 6,600명이었다고 한다. 이들 소조원 중 1만 1,600여 명이 노동당원으로 입당했으며, '영웅' 칭호 1명, '노력영웅' 칭호 23명, '국가훈장 1급' 2,124명을 포함해 총 3만 5,400여 명이 표창을 받았다.

한편 김정일은 50년대 말에 시작된 천리마작업반운동을 조직화·체계화하는 과정에서 이를 보다 높은 차원의 운동으로 발전시켜 나갈 필요성을 제기하며 1975년에 '3대혁명붉은기쟁취운동'을 발기했다. 이 운동은 1975년 11월 노동당 제5기 11차 전원회의에서 결정되어 같은 해 12월 1일 함북 검덕광산 노동자들의 모임을 시발로 북한 전역에 걸쳐 단위직장별로 확대, 실시되었다. 노력경쟁운동으로 사상·기술·문화혁명을 성과적으로 추진한다는 것이 이 운동의 기본 목표였다. 이 운동은 공장–공장, 직장–직장, 작업반–작업반 간의 노력경쟁운동으로 나타났고, 북한 전역에 걸쳐 단위 직장별로 확대·실시되어 김정일시대 북한의 대표적인 군중운동으로 자리 잡았다.

제6차 노동당대회와 수령제체제의 완성　　김정일은 자신의 후계체제를 완성한 후 1980년에 열린 제6차 노동당대회에서 처음 공식석상에 모습을 드러냈다. 이 회의에서는 또한 후계체제를 이끌어 나갈 노동당 지도부의 세대교체가 이뤄졌다. 이에 따라 제5차 당대회에서 당정치국위원 10명중 9명이 혁명1세대 원로였으나 제6차 당대회에서는 19명 중 10명으로 감소됐다. 비서국도 제5차 당대회 때 10명 중 7명이 혁명1세대 원로였으나 6차 당대회 때에는 1세대 원로로는 김일성만 남아 김정일이 원활하게 활동할 수 있는 환경이 조성됐다. 6차 당대회 이후 김정일은 1980년대 초반부터 각 분야에서 거의 전권을 행사하면서 실질적인 통치자로서의 입지를 굳혀 갔다.

김정일 후계자 유일지도체제 수립 1980년 10월에 열린 6차 노동
당대회는 김정일을 위한 당대회였다. 김정일은 이 당대회의 준
비, 진행을 주도했고, 김정일에 대한 충성도를 기준으로 노동당
지도부의 세대교체도 이루어 냈다. 김정일은 이후 김일성 주석으
로부터 권한을 이어받아 '영도의 계승체계'를 구축해 나갔다.

1980년대를 넘어서면 북한 당·정·군의 모든 일은 김정일의 결심에 따라 진행됐고, 국가의 중대사조차 그의 발기로 진행되는 일이 빈번해졌다. 김일성은 단지 김정일이 제출한 안건과 의제를 추인해 거기에 무게를 실어 주는 일을 담당했다. 이것이 김일성이 아무런 권위나 권한을 보유하고 있지 않았다는 의미는 아니다. 후계체계 수립 때까지 김정일은 실무권한과 인사권을 행사했고, 김일성 주석은 통치권한을 갖고 있었다.

특히 북한에서 2인자의 등장으로 권력의 분할이라든가 도전세력의 등장과 같은 문제가 심각하게 벌어지지 않았다는 점에서 일반적인 정치권력의 속성으로 보면 매우 이례적인 일이라고 할 수 있다.

1980년대 초반부터 1988년경까지 이뤄진 사업은 대부분 김정일의 주도로 이루어졌다. 1984년 9월 제정된 합영법合營法의 제정을 비롯해 북한이 이른바 '통이 크고 판이 넓은' 사업으로 자랑하는 서해 갑문을 비롯한 여러 갑문 건설, 인민대학습당 건립 등이 그의 주도로 진행됐다.

1990년대에 들어서 김일성은 북한의 군권도 김정일에게 넘겨주기 시작했다. 김정일은 1990년 5월 최고인민회의 제9기 1차 회의에서 국방위원회 제1부위원장으로 추대됨으로써 국가기관 직책을 처음 맡았고, 이를 통해 군권을 인수받았다. 이어서 1991년 12월 당중앙위원회 제6기 19차 전원회의에서 그는 헌법상 주석인 김일성이 당연직으로 갖고 있던 인민군 최고사령관에 추대되었다. 1992년 4월 인민군 창건 60주년을 앞두고 김정일은 오진우 인민무력부장과 함께 조선민주주의인민공화국 '원수' 칭호를 받았다. 김정일은 김일성광장에서 진행

● 조선노동당 당대회 개최 상황

대회별	개최일자	주요 의제	당원 수[1]	인구 대비	대의원 수
제1차	1946. 8. 28~30 (3일간)	① 북조선노동당과 신민당 합당 문제(김일성) ② 국치일에 대한 보고(오기섭)	약 36만 6천 명	4%	801명
제2차	1948. 3. 27~30 (4일간)	① 당중앙위원회 사업총화 보고(김일성) ② 당규약 수정(주영하) ③ 당중앙지도기관선거(위원 67명, 후보위원 20명)	약 75만 명	8%	노동자 466명 농민 270명 사무원 234명 기타 29명 계: 999명 (9명 불참)
제3차	1956. 4. 23~29 (7일간)	① 당중앙위원회 사업총화 보고(김일성) ② 당중앙검사위원회 사업총화 보고(주영하) ③ 조국의 평화적 통일에 관하여 (평화통일 선언서 채택) ④ 당규약 수정 문제 ⑤ 당중앙지도기관 선거(위원 71명, 후보위원 45명)	1백16만 4천9백45명	10%	노동자 439명 농민 192명 사무원 246명 기타 39명 계: 916명 (2명 불참)
제4차	1961. 9. 11~18 (8일간)	① 당중앙위원회 사업총화 보고(김일성) ② 당중앙검사위원회 보고(김여중) ③ 당규약 수정 문제 ④ 당중앙지도기관 선거(위원 85명, 후보위원 50명)	1백31만 1천5백61명	약 10%	노동자 944명 농민 451명 사무원 191명 기타 71명 계: 1,657명 (3명 불참)
제5차	1970. 11. 2~13 (12일간)	① 당중앙위원회 사업총화 보고(김일성) ② 당중앙검사위원회 사업총화 보고(김국훈) ③ 인민경제발전 6개년계획(김일) ④ 당규약 수정 문제 ⑤ 중앙지도기관 선거(위원 117명, 후보위원 55명)	1백60만 명	11.4%	결의권대표 1,734명 발언권대표 137명 계: 1,111명
제6차	1980. 10. 10~14 (5일간)	① 당중앙위원회 사업총화 보고(김일성) ② 당중앙검사위원회 사업총화 보고 ③ 당규약 수정 문제 ④ 김정일의 후계지위 공식화 및 중앙지도기관 선거 (위원 145명, 후보위원 103명) ⑤ 80년대 10대경제전망목표 제시 ⑥ 비동맹 자주 노선 ⑦ 고려민주련방공화국 창립방안 제안	2백만 명[2]	12.2%	3,220명

* 출처: 국토통일원, 《조선노동당대회자료집(1~4)》, 국토통일원 조사연구실, 1988.
* 주: 1. 후보당원 포함.
   2. 《노동신문》 1979. 12. 13.

된 4·25 60주년 기념 열병식에서 처음이자 마지막으로 공식석상에서 "영웅적 조선인민군에게 영광이 있으라!"라는 짧은 연설을 했다.

이어 1993년 4월 최고인민회의 제9기 5차 회의에서 김정일은 국방위원장에 취임했다. 사실상 모든 권력승계가 완성된 셈이다. 김일성은 1992년 4월 15일 자기 생일잔치 때 외국손님들 앞에서 "팔십평생의 총화는 혁명의 유일한 후계자, 혁명의 계승 문제를 완벽하게 해결한 것"이라고 말할 정도였다.

김정일시대 북한의 노선과 김정은체제의 성립

우리식 사회주의와 북한의 변화

체제위기와 우리식 사회주의　1980년대 말부터 동구권의 붕괴와 소련의 해체로 북한이 위기 상황에 직면하자 김정일과 노동당은 그동안 간헐적인 구호로 내세워 오던 "우리식대로 살자"라는 구호를 전면에 내걸었다.

김정일은 1980년대 후반부터 시작된 소련 및 동유럽 사회주의체제의 대변혁 시기에 '민족의 자주성' 문제를 부각시키는 작업을 추진했다. 그는 이런 과정에서 다른 사회주의 국가와 차별화하는 수단으로 '조선민족제일주의'라는 새로운 담론을 만들어 냈다. '조선민족제일주의'는 북한이 단군왕릉 발굴 등 민족문화유산의 발굴·계승 작업에 힘을 쏟는 근거가 되었다. 이 개념은 더욱 체계화되어 1990년대 들어 '인민대중 중심의 우리식 사회주의'로 이어졌다.

그러나 북한의 1990년대 위기는 이전에는 경험해 본 적이 없을 정도로 치명적이었다. 구조화된 경제난은 체제의 정당성을 위협할 정도에까지 이르렀고 사회주의권의 총체적 붕괴는 사회주의 북한의 생존 자체를 불가능하게 할 만큼의 정치적·경제적·이데올로기적 타격을 주었다.

이와 같은 위기 상황에서 북한은 다시 북한 사회주의의 정당성과 우월성을 인민에게 확인받음으로써 전체인민을 동원하고 조직화하여 위기를 돌파하려고 시도했다. 이러한 과정에서 주체사상이라는 순수 이데올로기를 기반으로 새롭게 제시했다고 하는 '우리식 사회주의론'이 등장했다.

북한에서 '우리식'이라는 용어는 1978년 12월 당중앙위원회 책임간부협의회에서 〈당의 전투력을 높여 사회주의 건설에서 새로운 전환을 일으키자〉라는 김정일의 연설에서 유래한다. 김정일은 이때 '우리식'에 대해 "우리식대로 살아나가자. 바로 이것이 오늘 우리 당이 중요하게 내세우고 있는 전략적 구호입니다"라고 규정했다.

김일성도 1980년 10월 제6차 당대회에서 "혁명과 건설에서 나서는 모든 문제를 자주적 입장과 창조적 입장에서 자기 머리로 사고하고 판단하며 조선혁명의 요구와 우리 인민의 이익에 맞게 우리식대로 풀어나갈 것을 요구"한다면서 "우리는 사람들을 교양하는 사업도 우리식대로 하고 경제와 문화를 건설하는 사업도 우리식대로 하여야 합니다"라고 해서 '우리식'이라는 용어를 사용했다.

단군릉 '민족의 자주성'과 '조선민족제일주의'에 의해 대대적으로 조성된 단군릉. 위는 해방 직후의 단
군릉, 아래는 단군릉 조성이 마무리된 이후의 모습.

그러나 북한에서 '우리식대로', '우리식대로 살아나가자'라는 용어가 본격적으로 사용되기 시작한 때는 소련과 동유럽 사회주의가 시장경제로 본격적으로 전환한 1980년대 말부터였다. 1989년 12월 김정일은 〈조선민족제일주의 정신을 높이 발양시키자〉는 연설에서 '우리식 사회주의'를 공식적으로 내세웠다. 이에 따르면 '우리식 사회주의'는 크게 네 가지 함의를 가지고 있었다.

첫째, 지도사상과 총노선의 측면에서 보면 주체사상을 지도사상으로 하고 있으면서, 사회주의 완전승리를 위한 인민정권의 강화와 사상·기술·문화의 3대 혁명노선을 사회주의 건설의 총노선으로 하고 있다.

둘째, '우리식 사회주의'는 정치체제의 측면에서 보면 수령에 의한 유일적 영도체계와 김정일 후계체제에 기초하고 있다. 이것을 이론적으로 뒷받침하기 위해 김정일은 '사회정치적 생명체론'을 주창했고, 거기에 근거한 북한 사회를 '수령, 당, 대중이 일심된 단결된 사회주의' 사회라고 불렀다.

셋째, '우리식 사회주의'란 정치적으로는 노동당의 일당독재와 중앙집권적 통제, 경제적으로는 사회주의 계획경제 원칙의 고수, 생산수단의 전 인민적 소유로의 전환, 경제관리의 집체적 지도 등을 그 내용으로 하고 있다. 시장경제적 요소나 개인의 사적 소유는 지극히 제한된 측면에서만 용인할 뿐이었다.

넷째, '우리식 사회주의'는 1990년대 사회주의 붕괴에 대응하는 사회주의체제의 옹호·고수를 제일의 과제로 삼고 있다. 따라서 북한의 '우리식 사회주의'는 외형적으로는 공격적인 듯 보이지만 실제로는 매우 수세적이며 방어적인 성격을 띠고 있었다. 1990년대 북한이 맞닥

우리식 사회주의 1980년대 말 동유럽 사회주의 국가들이 붕괴되고 소련이 해체되면서 위기 상황에 직
면하자 북한은 "우리식대로 살자"라는 구호를 전면에 내걸었다. 북한 사회주의의 정당성과 우월성을 인
민에게 확인받고 이를 통해 위기를 돌파할 수 있는 전체인민의 동원을 조직화하고자 한 것이다. 그림은
만수대 창작사의 김홍일이 그린 '우리식 사회주의' 포스터(1998).

뜨린 국내외 정세는 그야말로 '사회주의의 고수인가, 아니면 죽음인
가'라는 매우 절박한 상황이었다.

제한적 경제개방 정책의 추진　　　1980년대를 지나면서 북한의 경제
상황은 거의 모든 부문에서 위기 상황으로 치달았다. 경제성장률은
1990년 이후 8년간 연속 마이너스를 기록했다. 특히 1980년대 후반
부터 만성화된 에너지난, 생필품난, 식량난, 외화난 등은 더욱 극심해
졌다.

북한 경제 침체의 원인은 북한경제에 내재된 구조적인 문제로, 1차
적으로 북한의 자립적 민족경제 노선이 안고 있는 한계를 지적하지
않을 수 없다. 북한은 40여 년 동안 "자립성과 주체성을 본성으로 하
고 생산의 인적 및 물적 요소들을 차례로 보장할 뿐 아니라 민족국가
내부에서 생산소비적 연계가 완결되어 독자적으로 재생산을 실현하
여 나가는" 자립적 민족경제를 추구해 왔다. 그러나 북한은 자립경제
를 완결되게 운용하기에는 내부적으로 적지 않은 약점을 안고 있었
다. 주요 에너지 자원은 전무한 상태였고, 경지면적이 좁아 식량 생산
에 어려움이 많은 등 국내의 자원만으로는 자립경제체제를 구성하기
에 근본적인 한계를 안고 있었다.

기술 수준이 낮고 자본도 부족한 상황에서 경제 건설이 진행되었기
때문에 한계와 약점을 보완할 수 있는 대외경제관계를 충분히 발전시
켜야 했으나 이에 실패했다. 북한은 1950~1960년대 경제 건설을 통
해 자립경제의 기초를 구축하는 데는 성공했으나 약점을 보완할 수
있는 대외경제관계를 구축하지 못했던 것이다. 북한은 사회주의 국가

가 아닌 선진 자본주의 국가들로부터 에너지 원료와 기계설비를 수입할 재원이 없었다. 그런 재원을 마련할 수출산업 기반을 전혀 갖지 못했다. 이를 해결하기 위해 1970년대 초반 서방 자본주의 국가들에서 차관을 도입했으나 1970년대 후반 이후 차관을 제대로 상환하지 못함으로써 오히려 대외채무가 누적되고 국가 신용이 추락했다.

1960년대부터 급격히 늘기 시작한 과중한 군사비 부담도 북한경제 침체의 주요 요인이었다. 북한은 1960년대 국방 자위를 위해 경제·국방 병진 노선을 채택했으며, 국방비에 막대한 예산을 투입했다. 그 때문에 제1차 7개년계획(1961~1967)을 3년간이나 연장해야 했으며, 1967~1971년에는 국가 전체 예산의 30~33퍼센트를 국방비로 지출했다. 북한에서는 전체 국민총생산의 70퍼센트 정도가 국가 예산으로 사용되는 것을 감안하면 국민총생산의 21~22퍼센트가 국방비로 쓰였던 것이다. 1970년대부터 긴장이 조금씩 완화되자 북한은 국방비를 다소 삭감하기 시작했다. 그럼에도 1972~1979년에는 전체 예산의 15~17퍼센트, 1980년대에는 12~15퍼센트가 국방비로 사용되었다. 공식적으로 발표된 수치가 아닌 실제로는 이보다 훨씬 많았을 것이다.

이러한 경제위기에 대응해 북한이 채택한 것이 일정한 대외 개방 노선이었다. 1984년 9월 8일 '조선민주주의인민공화국 합영법'이 제정되면서 북한의 대외 경제관계는 일정한 변화를 맞이했다. '합영법' 제정은 북한의 대외 경제관계가 종래 무역 위주에서 자본이나 기술을 직접 도입하는 방향으로 전환했음을 의미했다. 북한은 1984년 9월 최고인민회의 상설회의 제10호 결정으로 합영법을 공포하여 대외 경제

교류 형태로 단순한 물자교역 형태 외에 합작경영, 기술협력 등 새로운 범주를 포함시키고 외국인 투자유치 정책을 추진해 나갔다.

북한의 대외경제 정책의 전환은 외국인투자 유치가 차관 도입에 비해 외채 부담이 덜하고, 기술 도입도 쉽게 유도할 수 있어 외화 획득이 용이해지기 때문이었다. 또한 중국의 대외 경제개방 정책의 성공으로 북한 또한 외국인투자 유치 정책의 장점에 주목하게 되었고, 합영사업이 시장경제 요소를 도입하지 않고 사회주의 계획경제의 통제 하에서 관리될 수 있다는 점도 전환의 주요 요인이었다.

합영기업이란 북한의 기업과 외국인 투자자가 공동으로 투자하고 공동으로 운영하며 투자 몫에 따라 이윤을 분배하는 기업 형태를 말한다. 북한이 이러한 형태의 합영기업을 허용하는 것은 단순한 전 인민적 소유제 및 협동적 소유 하의 기업 형태 외에 부분적으로나마 자본주의적 형태의 기업도 허용하겠다는 의지를 보인 것이다.

그러나 서방국가로부터의 합영사업 유치는 만족할 만한 성과를 거두지 못했다. 북한의 대외신용도 추락과 무역대금 미결제 문제 등이 걸림돌이 되었다. 따라서 북한은 우호적인 재일조선인총연합회(총련) 산하 기업들과의 합영사업에 역점을 두었다. 총련계 기업들과의 합영사업은 1986년 이른바 김일성 주석의 '2·28교시'에 따라 1992년까지 활발하게 추진되었다. 북한과 총련의 합영기업 수는 100여 개 정도였고, 건당 평균 투자액이 약 100만 달러 정도였다. 그나마 그 기업 중 3분의 2가 주로 1차산업과 경공업, 식당·상점 등 서비스업에 치중되었다.

나진·선봉 자유경제무역지대 설립   북한은 1991년 12월 28일 정무원 결정 74호에 의해 나진·선봉 지역을 중국식의 경제특구인 자유경제무역지대로 지정하고, 나진, 선봉, 청진의 3개항을 자유무역항으로 지정했다. 이를 계기로 북한은 본격적인 외국자본 유치를 위한 법적·제도적 환경을 마련해 갔다.

북한이 자유경제무역지대로 지정한 나진·선봉 지역은 중국 및 러시아와 접경하고 있는 지역이기 때문에 북한에서는 상대적으로 외부와 접촉이 많았던 지역으로 북부 지구 순환 철도와 도로를 통하여 중국과 러시아에 연결되며, 청진항은 중국이나 러시아의 해상 화물을 취급하는 곳이다.

북한의 계획은 이 지역에 새로운 도시를 형성하여 인구를 장기적으로 75만~100만 명으로 확대함으로써 입주하는 제조 및 가공기업에 필요한 인력을 확보해 주고, 항만시설의 대폭적 확장, 철도의 전철화 구간 확대 및 복선화, 기존 도로의 확충과 고속국도의 건설, 통신 시설의 투자 등 필요한 사회간접자본 시설을 구축한다는 것이었다. 따라서 북한은 나진·선봉 지역 개발계획에서 외자 유치를 통한 제조, 가공단지의 조성과 함께 중국이나 러시아의 화물을 취급하는 수송 통로로서의 역할에 초점을 맞추었다.

개발 대상 지역은 북한의 나진, 중국의 훈춘, 러시아의 포시에트를 잇는 소삼각 지역과 북한의 청진, 중국의 옌지, 러시아의 블라디보스토크를 연결하는 대삼각 지역이었다. 계획의 내용은 지역 내에서 해당 국가(북한, 중국, 러시아)와 주변 국가(한국, 일본, 몽골)가 참여해 대규모 개발사업을 시행하는 것으로, 동북아시아의 교통요지인 이 지역에 중개무역 기지 및 종합 수출 가공단지를 건설하는 것이었다.

나진·선봉으로 대표되는 1990년대의 대외개방 정책이 과거와 다른 양상은 외국자본, 특히 자본주의권의 서방자본을 도입하기 위한 매우 적극적인 대외개방이라는 점이었다. 자본주의 국가의 자본을 도입하는 것이 지금 북한의 경제위기에서 부족한 자본과 기술, 자재 및 상품 등을 획득하는 가장 효과적인 방식인 만큼 북한의 1990년대 개방은 경제 활성화를 위한 절박한 입장에서 비롯됐고, 세계체제로의 편입까지도 감수하는 보다 적극적인 외자유치 노선이었다.

무엇보다도 나진·선봉의 개방에는 외국인 투자 유형을 합영기업과 합작기업 및 외국인기업으로 나누어 이 중 외국인기업은 외국자본이 출자를 100퍼센트 할 수 있고 회사의 경영 또한 외국자본 단독으로 할 수 있도록 했다.

그러나 1994년 김일성 주석 사망 후 북한 내부의 정치·사회 불안정, 기초 인프라의 부족, 남한기업 참여 배제 등의 요인으로 2000년 12월 말까지 이 지역에 대한 투자는 6억 5,000만 달러의 계약 체결과 1억 2,000만 달러의 투자 실적에 그쳤다. 그나마도 대부분 호텔, 식당, 운수·상업 등 서비스 부문에 치중되었고, 서방 선진국 자본은 전체 투자에서 10퍼센트도 되지 않았다.

그러나 나진·선봉 경제특구 정책은 북한의 대외 경제개방 정책에 중요한 전환점이 되었다. 특히 외국인 직접투자 유치의 필요성을 현실화하여 직접 실험하고 독자적인 시장경제 단위도 허용했으며, 이를 뒷받침할 수 있는 많은 외국인 투자 관련 법들을 제정케 하여 다른 지역에서의 외국인 투자를 위한 제도적 장치들을 만드는 계기가 되었다.

나진·선봉 자유경제무역지대 북한은 1991년 12월 28일 나진·선봉 지역을 자유경제무역지대로 지정하고 나진, 선봉, 청진 등 3개항을 자유무역항으로 지정했다. 본격적인 외국자본 유치를 위한 법적·제도적 환경을 마련한 것이다. 그러나 김일성 주석 사망 후 북한 내부의 정치·사회적 불안정, 기초 인프라 부족, 남한 기업 참여 배제 등의 요인으로 미미한 투자 유치에 머물렀다.

나진·선봉 자유경제무역지대 설치는 북한이 '제한적 경제개방 정책'으로 전환했다는 것을 의미했다. 제한적이라는 의미는 국내적으로는 사회주의 계획경제를 견지하면서 대외적으로는 세계 시장경제체제와 공존하는 것을 의미한다. 중국처럼 계획경제와 시장경제를 하나의 체제 안에서 병행하는 것이 아니라, 계획경제의 틀을 견지하면서 일부 지역을 계획경제로부터 분리하여 그 지역에 외국인 직접투자를 유치하고 기업 운영체제를 자유로이 선택하도록 함으로써 부족한 자본과 기술을 습득하는 방식이다.

북한 대남 노선의 변화와 고려민주연방공화국 창립방안 제안

3대혁명역량강화론과 지역혁명론　　　　1948년 '조선민주주의인민공화국'이 수립된 이후 1960년대 전반까지 북한은 조국통일과 남한혁명 문제를 동시적 과정으로 파악했다. 구체적으로는 외국군의 철수와 불간섭이 보장된 기초 위에서 행해지는 자유로운 총선거의 방식과 폭력적 방법, 즉 전쟁의 방법이 동시에 구사되었다. 1950년 한국전쟁을 개시하기 직전 북한은 여러 가지 평화통일 제안을 내놓았지만, 전쟁으로 연결됨으로써 결과적으로 한반도 분단체제의 고착화에 결정적 책임을 지게 되었다. 이후부터 북한이 '화전和戰' 양면전술을 통한 사회주의 통일을 지향한다는 점이 분명해졌다.

통일이 되면서 남한에서도 민주주의혁명이 이룩된다고 북한이 본 가장 큰 이유는 남북 간의 사회·경제적 격차가 뚜렷하지 않았기 때문이었다. 적어도 1950년대 중반까지 정치체제의 측면을 제외하고서 남북 간 경제적·사회적·문화적 차이는 크지 않았다.

그러나 북한은 1958년 도시와 농촌에서 생산관계의 협동화를 완수하면서 사회주의 기초 건설을 완성했고, 이는 남북한 간의 사회·경제적 차이가 확연해짐을 의미했다. 북한에서는 사회주의혁명이 완성되고, 남한에서는 자본주의가 성숙하는 등 두 제도의 차이가 명백해졌다. 사상·이데올로기적인 차이는 더욱 뚜렷해졌다. 또한 1960년 4월 민주항쟁을 계기로 북한은 이전과 같은 방식의 통일·혁명의 동시적 진행이 불가능함을 파악했다. 민주항쟁을 통해 남한의 정권이 교체됐지만 통일 문제에는 큰 진전이 없었던 것이다.

남한 혁명과 통일 문제가 동시적으로 진행될 수 없다는 점이 인정된 후, 북한은 통일이란 전 민족이 주체가 되어 전 한반도를 대상 범위로 하는 것이며, 남한혁명은 남조선 민중이 주체가 되고 남한을 대상 범위로 해서 남한 내 '반동통치배'를 혁명 대상으로 한다고 규정했다.

이러한 노선의 연장선상에서 남한 혁명운동의 주체를 따로 조직해야 한다는 과제가 등장했다. 1961년 조선노동당 제4차 당대회에서 김일성은 남조선혁명이 "조선혁명의 한 구성부분이면서도 남조선의 식민지 반봉건적 사회경제 제도와 계급관계에 고유한 모순을 해결해야 할 지역혁명으로서의 상대적 독자성을 가지고 있다"고 밝혔다. 이에 따라 북한은 "공화국 북반부에서 사회주의의 완전한 승리를 보장하여 전국적 범위에서 반제·반봉건적 민주주의적 혁명과업을 수행하는 데 있으며 최종 목적은 공산주의 사회를 건설하는 데 있다"라고 규정했다.

이러한 대남 노선의 변화에 따라 북한은 먼저 혁명기지인 자체 힘을 기르는 데 주력하면서, 남한에서 혁명세력을 강화해야 한다는 방침을 채택했다. 이에 근거해 1964년 2월 25~27일에 열린 당 중앙위원회 제4기 제8차 전원회의에서는 통일 문제를 토의하고, 통일 완수를 위한 '3대혁명역량강화' 방침이 결정되었다. 3대혁명역량이란 "첫째로 공화국 북반부에서 사회주의 건설을 잘하여 북의 혁명기지를 정치·경제·군사적으로 더욱 강화하는 것이며, 둘째로는 남한 인민을 정치적으로 각성시키고 튼튼히 묶어세움으로써 남한 혁명역량을 강화하는 것이며, 셋째로 조선인민과 국제혁명역량과의 단결을 강화하는 것"을 의미했다.

이와 함께 북한은 주체사상에 입각한 '지역혁명론'의 이론적 정립을 완결지었다. 즉 "모든 혁명과 건설의 주인은 그 나라 인민이며 그 나라 인민의 힘에 의해 완수되어야 한다"는 주체사상의 공식에서 볼 때 '남조선혁명'의 주인은 '남조선인민'이 되어야 한다는 것이다. 이런 맥락에서 북한은 1960년대 초반 4월혁명이 좌절된 이후 "남조선인민은 자체적인 혁명의 참모부로서의 마르크스–레닌주의 정당을 가져야 하고 (이는 '통일혁명당'의 창설로 구체화된다), 전략전술도 자체적으로 세우며 투쟁 속에서 자신을 단련"시켜야 하며 "북조선인민은 남조선인민을 지원할 수는 있으나 그들의 투쟁을 대신할 수는 없다"고 주장했다. 이는 민족분단 이후 북한에서는 반제·반봉건민주주의혁명과 사회주의혁명을 거쳐 사회주의의 완전한 승리를 위한 투쟁이라는 혁명과업을 수행하고 있지만, 남한은 과거의 식민지반봉건사회가 온전해 반제반봉건민주주의혁명의 과제가 그대로 존속되고 있다는 것이다.

이것은 북한이 '자체의 고유한 임무와 성격, 동력과 대상'이 존재하는 '남조선혁명'을 하나의 사회혁명으로서의 모든 특성을 갖는 일정한 독자성을 띤 혁명으로 규정하기 시작한 것을 의미했다. 그러나 이

독자성이란 어디까지나 전 '조선혁명' 테두리 안의 상대적 독자성일 뿐이었다. 북한은 '조선혁명'은 북한과 남한이라는 '해방구'와 '미해방구'에서 각각 진행되는 성격이 다른 2개의 지역혁명을 총괄하는 1국가 2지역혁명으로 구성된다고 규정했다.

1970년 11월에 있었던 제5차 노동당대회에서 채택된 규약에서는 "반제·반봉건적 민주주의적 혁명과업"이란 구절이 "민족해방 인민민주주의혁명과업"으로 바뀌었다. 전국적 범위에서의 민족해방 인민민주주의혁명이란 남한의 '민주주의혁명'을 의미한다. 즉 1단계에서 남한사회의 '민주주의혁명'을 완성하고, 2단계로 남과 북의 공산통일을 완성한다는 것이다.

'선혁명 후통일' 노선으로 규정할 수 있는 새로운 노선은 먼저 남한에서 혁명을 통해 미국과 남한의 집권층을 몰아낸 뒤 '자주적 민주정부'가 수립되었을 때 그들과 연합해 통일한다는 정책이라고 할 수 있다.

'선조국통일 후남조선혁명론'으로 변화　　　남북이 세계적인 냉전의 결과로 분단이 된 만큼 남북관계는 세계와 동북아의 탈냉전 분위기에 크게 영향을 받아 왔다. 1960년대 후반 미국과 중국의 정치적 화해가 이뤄지면서 한반도에도 대화의 기운이 조성되었다. 1972년 7·4남북공동성명 발표를 계기로 남과 북은 한편으로는 대화하고, 다른 한편으로 정치·군사적 경쟁을 계속하는 시기를 맞게 되었다.

1970년대 중반부터 북한은 단순한 과도적 연방제가 아닌 통일국가의 형태로 연방제안을 주장하기 시작했다. 그 결정판은 1980년 10월 10일 노동당 제6차대회의 보고에서 김일성 주석이 주장한 '고려민주연방공화국 창립방안'이다. 김일성 주석은 "연방 형식의 통일국가에서는 북과 남의 같은 수의 대표들과 적당한 수의 해외 대표들로 최고민족연방회의를 구성하고 거기에서 연방 상설위원회를 조직하여 북과 남의 지역정부들을 지도하며 연방국가의 전반적인 사업을 관할하도록 하는 것"이 고려민주연방제의 목적이라고 주장했다. 북한은 고려민주연방제 수립의 전제조건으로 남한의 민주화와 민주정권의 수립 등을 내세웠지만 이전과는 달리 연방제의 대상으로 남한 정부 당국을 포함시켰다.

1960~1970년대에 주장된 연방제는 과도기적이며 단순한 형태의 연방으로서 시간·공간적으로도 단순한 짧은 연방을 의미했다. 반면 고려민주연방제는 시간·공간적으로도 보다 긴 전략적 시기가 과도적 단계로 설정된 연방이며 연방 형태에서도 보다 완성된 국가 형태를 염두에 두었다. 이는 기본적으로 분단이 한 세대를 넘으면서 남북 간의 정치·경제·군사·문화적 차이가 심화됐기 때문에 이전과 같이 과도적 연방제로는 그 격차를 메울 수 없다는 대내외 환경의 변화를 반영한 것이었다. 1980년 10월에 열린 제6차 노동당대회에서 여전히 '사회주의 완성'과 전국적인 '민족해방 인민민주주의혁명수행'을 통일의 목표로 설정했지만 현실에서는 '남북공존' 쪽으로 선회하기 시작한 것이다.

1980년대 후반 세계적으로 냉전이 해체되면서 남과 북도 1990년 9월 4일 제1차 남북고위급회담(남북총리회담)을 개최한 이래 1992년 9월까지 서울과 평양을 오가며 총 8차례의 회담을 열었다. 특히 남과 북은 1991년 10월 평양서 열린 제4차 회담에서 〈남북 사이의 화해와 불가

조국통일 3대헌장 기념탑 '조국통일 3대헌장'을 기념해 평양 통일거리에 세운 탑. 6·15남북공동선언을
기념해 너비를 61.5미터로 맞췄다.

침 및 교류협력에 관한 합의서〉(남북기본합의서) 채택에 합의했다. 또한 1991년 12월에는 '한반도 비핵화에 관한 공동선언'이 채택되었다.

1991년 〈남북기본합의서〉 채택으로 남과 북은 본격적으로 대결보다는 남북공존의 길로 들어서게 되고 다양한 분야의 교류가 이뤄지기 시작했다. 변화된 북한의 통일 노선은 1993년 북한이 김영삼 정부 출범에 맞춰 제의한 〈조국통일을 위한 전민족대단결 10대강령〉에서 뚜렷하게 나타났다. 핵심은 남북이 상호존중과 양보의 정신으로 모든 문제를 민족적 견지에서 해결해 전 민족의 폭넓은 단합을 실현하자는 주장이었다.

〈전민족대단결 10대강령〉은 북한의 통일방안이 상정하는 1민족 1국가, 2체제 2정부 형태의 연방제 통일방안의 기본 이념이라고 할 수 있다. 북한은 현재 〈7·4남북공동성명〉, 〈고려민주연방공화국 창립방안〉과 함께 〈10대강령〉을 '조국통일 3대헌장'의 하나로 강조하고 있다.

평화공존을 통한 '연방연합제론'의 등장　　2000년대에 들어와 북한은 변화된 통일 정책과 대남 정책을 구체적 실천으로 보이기 시작했다. 2000년과 2007년 두 차례 남북정상회담이 이를 잘 보여 준다. 2000년 남북정상회담에서 북한은 연방제를 선호한 반면 남한은 국가연합을 제시했다. 회담 초기에 김정일 국방위원장은 북한이 1980년에 내놓은 통일방안인 고려민주연방공화국 창립방안 수용을 고집했다. 이에 대해 김대중 대통령은 "과연 현실적으로 당장 통일을 이룩할 수 있겠는가"라며 북한이 주장하는 고려연방제가 이치에 맞지 않다고 반박했다.

열띤 논쟁 후 김정일 위원장은 "현실적으로 지금 당장 통일한다고 하는 것은 어려운 일인 것 같다"며 낮은 단계의 연방제를 제안했다. 김정일 위원장은 낮은 단계의 연방제의 개념에 대해 다음과 같이 설명했다.

낮은 단계의 연방제라고 하는 것은 정부의 각료급은 각료급대로 협의기구를 만들고, 또 국회는 국회대로 의회 차원에서 협의기구를 만들고, 정상 간에는 지금과 같이 정상 간에 서로 만나서 남북 간의 모든 문제를 서로 협의해서 합의하며, 또 합의한 것을 실천해 나가는 것이 우리가 생각하는 낮은 단계의 연방제입니다. 협의체 구성 과정에서 중앙정부를 하나 마련하는 것이 어떻겠습니까.

이에 대해 김대중 대통령은 "현실적으로 연방정부를 설치하는 것은 불가능하다"며 "김 위원장이 생각하는 낮은 단계의 연방제나 우리가 생각하는 남북연합이 서로 통하는 데가 있으니까 그런 방향으로 노력을 하되 앞으로 같이 이 문제를 협의해 나가자"라고 제안했다.

이러한 주장에 김정일 위원장도 "사실상 외교권과 군사권을 통합한다는 것은 불가능한 일"이라는 점을 인정했다.

이러한 논의의 결과 〈6·15남북공동선언〉의 제2항에 남과 북은 "통일을 위한 남측의 연합제 안과 북측의 낮은 단계의 연방제 안이 서로 공통점이 있다고 인정하고 앞으로 이 방향에서 통일을 지향한다"는 조항이 명기됐다. 남과 북이 처음으로 통일방안에 대해 초보적인 합의를 이끌어 낸 것이다.

북한은 '낮은 단계 연방제'에 대해 김일성 주석이 1989년 3월 평양을 방문한 남한의 문익환 목사에게 언급하고, 1991년 신년사에서 밝힌 이른바 '느슨한 연방제'와 같은 것으로 규정했다. 또한 〈조국통일을 위한 전민족대단결 10대강령〉에서도 이를 천명한 것으로 설명했다. 북한은 낮은 단계 연방제가 "북과 남에 존재하는 두 개 정부가 정치, 군사, 외교권을 비롯한 현재의 기능과 권한을 거의 그대로 가지게 하고 그 위에 민족통일기구를 내오는 방식으로 북남관계의 민족공동의 이익에 맞게 통일적으로 조정해 나가는 것을 기본 내용"으로 하고 있다고 설명했다.

북한은 〈6·15남북공동선언〉이 채택됨으로써 "나라와 민족이 갈라진 이래 북과 남이 처음으로 공동의 통일방도와 목표를 확정하고 통일을 위해 함께 노력할 수 있는 토대를 마련"하게 됐다고 강조하고 있다.

2007년 남북정상회담에서 남북은 〈6·15공동선언〉이 담고 있는 통일 문제의 자주적 해결과 통일방안의 공통성을 강조하고, 남북관계의 확대 발전이 통일로 귀결된다는 공통된 인식을 다시 한번 확인했다.

선군 노선과 강성대국론

권력승계와 헌법 개정   1994년 7월 9일 정오 라디오와 TV 특별방송은 조선노동당 중앙위원회 및 중앙군사위원회, 국방위원회, 중앙인민위원회, 정무원 공동명의로 김일성 주석의 사망을 발표했다.

김일성 주석의 사망은 북한으로서는 너무도 갑작스런 일이었고 큰 충격이었다. 김일성은 사망 직전까지 왕성한 활동을 하고 있었다. 김일성은 6월 평양을 방문한 카터 전 미국 대통령과 두 차례 회담을 가진 것을 비롯해 해외대표단을 접견했으며, 7월에도 요르단 대사의 신임장을 받았다. 7월 6일에는 경제 부문 책임일꾼협의회를 주재하고 북한경제에 대한 부문별 대책을 제시하기도 했다.

이날의 교시는 '7·6유훈교시'로 불리고 있다. 주로 시멘트 생산 증가, 함남·함흥 지역의 화학공업기지를 강화해 화학제품 생산을 늘릴 것, 새로운 형태의 발전 설비를 더 많이 생산할 것 등 북한경제 주요 분야에서 해결해야 할 문제를 종합적으로 지적했으며, 특히 당시 건설 중이던 단군릉 공사를 조기에 완공할 것과 나진·선봉 자유경제무역지대 개발에 역점을 둘 것을 강조했다. 이것은 후에 김일성의 '유훈교시'로 선전되면서 철저한 관철이 강조되었다.

김일성의 사망으로 북한은 김정일체제의 공식적 출범이 기정사실로 되었다. 그러나 50여 년간 북한을 이끌어 온 김일성의 사망은 아무리 김정일 후계체제가 공고하게 구축되었다 하더라도 적지 않은 영향을 미칠 수밖에 없었다.

김일성 사후 김정일은 공식적인 권력승계를 미룬 채 한동안 김일성 주석의 유훈에 의지하는 이른바 '유훈통치'로 일관했다. 북한은 즉각적인 권력승계가 전임자에 대한 예우가 아니라는 것과 전통적 관례인 3년상의 복상服喪 기간이 끝나지 않았기 때문이라고 설명했다. 김일성 사후 당면한 체제위기 극복을 위해 일정기간 시간을 벌면서 김일성의 후광을 최대한 활용하자는 의도가 깔려 있기도 했다. 경제 사정이 급격히 악화되고 국제적인 고립이 심화되면서 체제 붕괴 위기까지 거론되는 상황에서 경제 회생과 체제 안정을 도모하기 위해서는 시간이 필요했기 때문이었다.

1994년 7월 김일성이 사망하면서 북한에서 김일성시대가 끝나고 본격적인 김정일시대가 열렸다. 김정일체제는 한때 경제 사정이 급격

김일성 사망

김정일시대 개막 1994년 7월 9일 김일성 주석 사망이 발표된 4년 2개월 후인 1998년 9월 5일 개최된 제10기 최고인민회의 1차 전원회의에서 북한은 김정일을 국방위원장에 재추대하여 김정일체제를 출범시켰다. 1948년 10월 10일 북한이 창건된 지 50년 만이었다.

김정일 국방위원장 추대

히 악화되고 국제적인 고립이 심화되면서 체제 붕괴 위기까지 거론되는 상황까지 몰렸다. 그러나 김정일은 1997년 10월 노동당 총비서 취임과 1998년 9월 헌법 개정 및 권력 구조 개편을 통해 명실상부한 북한의 최고지도자로 자리 잡았다. 1999년을 기점으로 10년간 마이너스 성장을 하던 경제도 저점을 통과해 회복기에 접어들었다.

북한 사회의 가장 두드러진 변화는 역시 당과 국가의 최고직책인 총비서와 국방위원장에 취임함으로써 권력승계를 공식 마무리하고 명실상부한 김정일시대를 연 것이다. 북한이 1948년 10월 10일 창건된 지 50년 만에 형식적으로나마 권력 교체가 이뤄진 것이다. 1998년 9월 5일 개최된 제10기 최고인민회의 1차 전원회의에서 북한은 국가주석제를 폐지하고, 김정일을 국방위원장에 재추대함으로써 1997년 10월 조선노동당 총비서 취임으로 시작된 수령의 영도권 계승을 마무리 짓고 김정일체제를 출범시켰다.

북한은 또한 김일성이 사망한 지 4년 2개월간의 긴 공백을 끝내고 열린 제10기 최고인민회의 1차 회의에서 '조선민주주의인민공화국 사회주의헌법'을 수정·보충했다. 국가권력 구조(국가기관 체계) 개편과 경제 관련 조항의 변화를 특징으로 하는 헌법 개정을 단행했던 것이다.

사회주의헌법 개정 내용 중에서 가장 눈에 띄는 변화는 국가주석제를 폐지함으로써 국방위원장을 정점으로 하는 새로운 국가체제를 출범시킨 것이었다. 헌법 개정을 통해 국방위원회의 지위와 권한이 확대·강화되었고, 국방위원장이 국가 최고직책으로 격상되었다.

김정일체제의 공식 출범은 '수령의 영도권 계승'의 공식적인 마무리인 동시에 '혁명2세대'(빨치산2세대)의 시대가 본격화된 것을 의미했다. 김정일이 1972년 2월 후계자로 지명된 뒤 24년 만에 세대교체가 완료된 것이다. 김정일은 이종옥, 박성철, 김영주 등 생존하고 있는 혁명1세대들을 새로 신설된 최고인민회의 상임위원회 명예부위원장으로 임명하여 '혁명원로'에 대한 예우를 했다. 특히 김정일은 50~60대의 신진 전문관료들을 대거 내각에 등용하여 세대교체를 했다.

그러나 1974년 2월 김정일이 후계자로 지명된 뒤 유일지도체계 확립 과정에서 인사권을 장악하고 행사해 왔기 때문에 북한의 최고 지도부와 당·군의 핵심간부들은 큰 변화가 없었다.

헌법 개정을 통해 나타난 권력 구조의 특징은 '권력의 집중과 분산의 이중성'이었다. 실제로는 김정일에게 권력이 집중되어 있으면서도 제도상으로는 대외적 국가수반인 최고인민회의 상임위원장, 국내 행정 전반의 최고책임자인 내각총리 등으로 권력을 분립하는 형태를 가미했다. 즉 국방위원회가 "국가 주권의 최고군사지도기관"에서 '전반적 국방관리기관'으로 강화됐고, 최고인민회의 상임위원회가 국가를 대표하는 대외업무를 관장하며 총리가 정부를 대표해 내정을 맡는 형태가 되었다. 물론 노동당이 이를 총체적으로 지도하는 기본 구조는 유지되었다.

이러한 권력 구조는 '1972년 사회주의헌법' 이전 시기에 당 총비서와 내각수상인 김일성이 실질적인 1인자의 권력을 행사하고 형식상 국가수반 역할은 최고인민회의 상임위원장인 김두봉金枓奉과 최용건崔庸健에게 맡겨졌던 형태와 유사하다.

선군사상과 선군정치　　김정일체제 출범 이후 북한의 기본 노선은 정치안정을 도모하면서 경제정상화를 추진하려는 형태로 나타났다. 북한은 '강성대국 건설'이라는 국가목표 아래 '선군정치先軍政治'라는 정치지도 방식을 통해 주민들을 '선군사상先軍思想'으로 무장시킴으로써 지도자에 대한 충성심을 고취시키기 시작했다. 이를 통해 북한식 정치안정을 도모하는 한편, '선군사상'을 주민 노동력 동원을 위한 사상적 원동력으로 활용하여 경제회복운동인 '제2의 천리마대진군'을 전개했다.

여기서 핵심은 '선군사상'에 기초한 '선군정치'이다. '선군사상'의 배경에는 "군대가 곧 인민이고, 국가이며 당이다"라는 김정일의 군 중시사상이 자리 잡고 있다. 북한은 김일성 주석의 군 사상을 '선군혁명사상', 김정일의 군 사상을 '군 중시사상'으로 구분해서 사용했다. 북한은 1995년 1월 1일 김정일의 제214부대 방문을 군 중시사상의 시초라고 주장했다. 북한은 '선군사상'이 "혁명무력의 강화 발전에 선차적 의의를 부여하고 군력에 의거하여 혁명과 건설을 전개해 나가는 혁명사상"을 의미한다고 규정했다.

북한은 1998년 10월 20일 중앙방송 논설에서 선군정치를 김정일 특유의 정치 방식으로 공식화했다. 이듬해인 1999년 6월 16일《노동신문》과《근로자》공동논설은 선군정치를 "군사선행의 원칙에서 혁명과 건설에서 나서는 모든 문제를 해결하고 군대를 혁명의 기둥으로 내세워 사회주의 위업 전반을 밀고 나가는 영도 방식"이라고 주장했다.

이후 북한에서 '선군사상'은 군대뿐만 아니라 군대와 직접적인 관련이 없는 경제 부문에까지 파급되어 북한주민의 사상체계로 자리 잡게 되었다. 김정일시대 '선군정치'와 '선군사상'은 세 가지 중요한 정

천리마동상과 제2의 천리마대진군 '제2의 천리마대진군'은 김정일이 1998년 3월 14일 성진제강연합기업소를 방문했을 때 "다시 한번 천리마 대고조의 선봉에 설 것"을 호소한 데서 시작되었다. 경제강국 건설의 구체적 운동으로 전개된 이 운동은 1999년 11월 '제2의 천리마대진군 선구자대회'를 거치면서 북한의 공식적인 대중운동으로 자리 잡았다.

치·경제적 의미를 내포하고 있다.

첫 번째, '선군정치'와 '선군사상'은 군대를 전면에 내세우고 있는 김정일과 일반 주민 사이를 연결하는 고리로 활용되었다. '선군정치'는 일반 주민들에게 군대와 관련된 사상체계, 다시 말하면 '선군사상'을 고취시킴으로써 주민의 수령에 대한 절대적 충성심을 유도하고 정치적 통합력을 강화하는 수단으로 활용되었다.

두 번째, '선군정치'는 최고사령관(김정일)의 지시에 따라 일부 병력이 협동농장, 발전소 건설, 토목공사 등에 투입되는 현상을 설명하는 북한 특유의 정치·경제·문화적 개념이라고 할 수 있다. 북한은 미국의 경제봉쇄, '군사적 압살책동'에 의해 일찍이 없었던 식량난, 에너지 부족으로 경제 전반이 피해를 입게 되었을 때 군대가 경제 분야를 맡아 '걸린 고리'를 풀어나감으로써 경제 분야 전반에서 활성화하여, 정상회복의 길을 열어 놓은 것을 선군정치 구현의 결과라고 설명했다. 즉 "당 건설도, 경제 건설도 선군사상에 기초해 진행되며 사회생활의 모든 분야에서 선군의 원칙이 관철되게 해야 한다"는 것이 북한의 주장이다.

세 번째, '선군정치'는 김정일의 지도력이 군대와 관련된 분야에만 한정되지 않고 경제 분야에도 닿고 있다는 '경제지도자'의 이미지를 구축하기 위한 수단으로 활용되었다. 예를 들면, '선군정치'를 표방하면서 '제2의 천리마대진군'에 주민 노동력을 동원하고, '현지지도'의 범위가 군대뿐 아니라 경제 부문으로까지 확대되는 현상은 김정일의 '경제지도자' 이미지를 제고하기 위한 수단이었던 것이다.

북한은 이러한 선군정치를 변함없이 고수해 나갈 방침을 밝히고 있다. 김정일이 김일성 주석 사후 몇 해 동안 실시한 선군정치는 일시적 통치 방식이 아닌 북한 당국의 정치 방식으로 확고히 자리 잡았다.

강성대국론을 국가목표로 제시   제3차 7개년계획(1987~93)의 실패로 인해 북한경제는 1990년대 이후부터 연속 마이너스 성장을 기록했다. 특히 1995년 백 년 만에 닥친 '큰물피해'(대홍수)가 북한 전역에 엄청난 피해를 주었다. 1995년 12월 FAO와 WFP(세계식량계획)가 북한의 수해 현황과 식량 문제를 재조사한 결과에 따르면 1995년 북한의 양곡 생산량은 약 400만 톤에 불과했다. 이것은 1995~96년도 중 북한의 최소식량 수요량(591만 톤)보다 대략 191만 톤이 부족하고 적정 수요량(672만 톤)에 비해서는 약 272만 톤이 부족한 수치였다. 1995년 이후 5년간 60만 명 내외의 주민이 굶어죽거나 영양실조로 인한 질병으로 사망했다. 북한이 1995~1997년을 고난의 행군 시기라고 명명할 정도였다.

1990년대 냉전체제의 해체, '고난의 행군'으로 대표되는 경제적 어려움을 겪으면서 공식 출범한 김정일체제는 체제안정을 기본으로 하면서 경제정상화를 추진했다. 북한은 1998년 새로운 국가목표로 '사회주의 강성대국 건설'을 표방했다. 북한은 강성대국 건설을 "사상의 강국을 만드는 것부터 시작하여 군대를 혁명의 기둥으로 튼튼히 세우고 그 위력으로 경제 건설의 눈부신 비약을 일으키는 것이 주체적인 강성대국 건설 방식"이라고 규정했다. 북한은 강성대국의 의미를 "나라는 작아도 사상과 총대가 강하면 세계적인 강대한 나라가 될 수 있다"는 뜻으로 풀이했다.

북한의 식량난 국제적십자사가 제공한 밀가루를 배급받기 위해
줄을 선 북한 인민들. 1995년의 대홍수와 1996년의 홍수, 1997
년의 극심한 가뭄과 1998년의 해일로 북한 전역이 엄청난 피해
를 입으면서 식량 생산이 줄어들자 북한은 국제사회를 비롯하여
한국, 일본, 미국 등에 식량 지원을 요청했다.

강성대국론이 처음 제기된 후 8년이 지난 2006년 김정일 국방위원장은 자신의 이름으로 발표한 '9월5일담화'에서 "우리가 위대한 수령님 탄생 100돌이 되는 2012년에 강성대국의 대문을 열 데 대한 웅대한 목표를 내세웠는데 이 목표를 실현하기 위해서 사회주의 경제 건설에서 새로운 혁명적 전환을 일으켜 나라의 잠재력을 강화하고 인민생활 문제를 결정적으로 해결하여야 합니다"라고 밝혔다. 다음해 11월 평양서 열린 지식인대회에서 북한은 2012년을 '강성대국의 대문을 여는 해'로 설정했다.

1998년 북한이 강성대국 건설을 표방했을 때 현실적인 목표는 북한경제가 최고수준에 달했던 1989년의 경제 수준에 도달하는 것이었다. 북한은 8년여 만에 이 목표가 대체로 달성했다고 판단하고 향후 5년간의 경제 목표를 강성대국의 대문을 여는 해로 설정한 것이다.

북한이 2012년까지 달성하려는 구체적 경제 목표는 우선 물질기술적 토대 측면에서 경제의 자립성과 주체성이 최상의 수준에서 이뤄지고 현대화, 정보화가 세계적 수준에서 실현되는 것이다. 인민생활의 측면에서는 식의주에 대한 생활적 수요를 원만히 충족시키는 것을 목표로 한다. 여기서 목표로 하는 생활수준이란 가까운 장래에 발전된 나라들에서 잘 산다고 하는 도시주민들의 생활수준으로 끌어올린다는 의미였다.

즉 북한이 목표시한으로 설정한 2012년은 경제강국의 완성이라기보다는 기본적으로 경제강국으로 가기 위한 면모를 갖추는 시점이었다. 기본 징표는 의식주에 대한 생활적 수요를 원만히 충족하는 것이었다.

● 북한의 강성대국 건설 구상

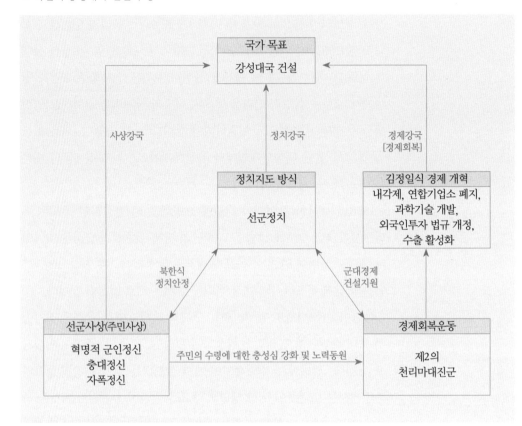

* 출처: 박석삼, 〈전환기의 북한경제〉(한국은행 조사국, 2000)에서 재인용.

　　특히 북한은 강성대국 건설과 관련해 '강성대국의 대문을 여는 단
계'와 '강성대국으로의 면모를 전면적으로 갖추는 단계'를 나누고, 첫
단계에서 두 번째 단계로 비약하기 위해서는 우선 정치적·안보적 차
원에서 미국을 비롯한 서방 나라들과의 관계가 정상화되어야 한다는

점을 강조했다. 1994년 12월 31일 김정일 국방위원장은 노동당 중앙위원회 간부들과 가진 담화에서 "내나라 내 조국을 더욱 부강하게 하자면 과학기술을 빨리 발전시켜야 한다"라면서 "대외사업을 잘하여 혁명에 유리한 환경을 마련하기 위해 미국과의 대화를 잘해야 한다"는 점을 강조한 바 있다. 경제강국의 건설에 주력하고 대외경제관계를 정상화하기 위해서는 북미간 적대관계가 풀려야 한다는 것이다. 실제로 북한은 1990년대 후반부터 '전방위 외교'를 표방하며 서방국가와의 외교관계를 강화하고, 북미관계 정상화에 적극 나섰다.

결국 '강성대국론'의 목적은 '경제정상화'라는 현실적 목표의 달성에 있었다. 이를 위해 북한은 1998년 9월 헌법 개정을 통해 방만하게 운영되던 내각의 경제기관들을 통합, 축소해 경제사업의 효율성을 높이는 방향으로 기구 조정을 단행했다. 1985년 7월 전면 도입된 연합기업소 체제도 대대적인 구조조정 작업이 이루어졌다.

대외무역 활성화를 겨냥한 각종 법규도 속속 제정되었다. 1998년 3월 제정된 '무역법'을 통해 대외무역을 체계화한 데 이어 헌법 개정과정에서도 그동안 국가가 독점해 왔던 대외무역을 일반 사회협동단체에도 허용했다. 또 1999년 4월에는 '인민경제계획법'을 채택하면서 "기관·기업소·단체는 수출계획의 예견된 제품을 먼저 생산해야 한다"고 규정(제32조), 수출의 중요성을 적극 강조했다. 특히 외자유치를 위해 외국인세금법(1993년 1월)·외국인투자법(1994년2월)을 제정한데 이어 외국인기업법·합작법·외국투자은행법·토지임대법·외화관리법·대외경제중재법 등 10여 개 법률을 제정했다.

1999년부터 북한이 정권 수립 후 전례 없는 '전방위 외교'에 나선

제1차 남북정상회담

클린턴 대통령과 조명록 국방위원회 제1부위원장 간 회담

북중정상회담

북러정상회담

북한의 전방위 외교 북한은 제1차 남북정상회담(2000년 6월), 클린턴 대통령과 조명록 국방위원회 제1부위원장 간 회담(2000년 10월), 북중정상회담(2000년
월), 북러정상회담(2000년 7월) 등 '전방위 외교공세'에 나섰다. 이를 통해 '고립된 평양'에서 '빗장을 푼 평양'으로 이미지를 변화시켜 미국의 일방적인 대-
강경책을 완화하는 데 성공했다.

것도 미국의 대북 강경 정책 돌파와 함께 해외투자 유치와 관계가 있었다. 북한은 사회주의 경제권이 붕괴된 이후 경제재건을 위해 대외관계를 적극화할 수밖에 없는 상황이었다.

이에 김정일은 국내안정을 기반으로 대외관계를 적극화함으로써 경제도 살리고 결국은 체제와 정권의 안정성도 더욱 강화한다는 전략을 수립했다. 체제안정이 확고해지면서 조심스럽게 '제한적 개방'을 모색해 원칙과 실리라는 두 마리 토끼를 모두 잡겠다는 의도였다.

특히 북한은 2000년 6월 남북정상회담을 통해 남북관계의 해빙 분위기를 조성했고, 2000년 10월 클린턴William Jefferson Blythe IV 미 대통령과 조명록趙明祿(1928~2010) 국방위원회 제1부위원장 간의 회담을 통해 '조미공동선언'을 이끌어 냈다. 또한 북한은 중국·러시아와의 전통적 우방관계를 복원했고, 1990년대 후반부터 '전방위 외교공세'를 통해 미국·일본·프랑스를 제외한 주요 서방국가들과 외교관계를 정상화했다. 이로써 북한은 '고립된 평양'의 이미지에서 벗어나 '빗장을 푼 평양'이라는 이미지를 얻어 내는 데 성공해 미국의 일방적인 대북 강경책을 완화하는 성과를 얻었다.

2002년 사회주의경제관리개선조치(7·1조치) 단행　1990년대 후반경부터 경제 정책의 다양한 변화를 시도해 오던 북한은 2002년 7월 1일 사회주의경제관리개선조치를 발표했다. 김정일이 경제적 실리주의의 표방하며 2001년 '10·3담화'에서 제시한 방침을 실천에 옮긴 것이다. 김정일은 '10·3담화'에서 다음과 같이 지적했다.

지난시기의 경제관리체계와 경제관리 방법이 그때에는 옳고 좋은 것이었다고 하더라도 오늘에는 맞지 않을 수 있습니다. 경제관리에서 낡고 뒤떨어진 것, 현실에 맞지 않는 것을 계속 그대로 쥐고 있어서는 경제발전시킬 수 없습니다. 우리 일군들은 변화발전하는 요구에 맞게 경제관리에서 고칠 것은 대담하게 고치고 새롭게 창조할 것은 적극적으로 장초하여 사회주의경제관리방법을 우리 식으로 독특하게 개척해 나가야 합니다.

이러한 새로운 방침에 따라 북한은 기업의 경영자율권 확대 및 분권화 조치, 물질적 인센티브제의 도입, 가격 결정에 시장경제적 요소 도입, 배급제 개선, 신경제특구 정책의 추진 등을 추진하기 시작했다. 정치이념의 변화는 전혀 시도하지 않는 가운데 경제관리 및 운용논리에 있어서의 변화만을 도모하기 위한 조치였다.

그러나 2002년 '7·1조치'는 기술적 효율성만을 추구하던 데에서 벗어나, 가격체계, 노동-보수체계의 변화를 추구하고 있다는 점에서 이전과는 완전히 다른 정책 전환이었다.

북한이 7·1조치를 실시한 목적은 크게 네 가지였다. 첫째로, 국가 유통체계의 정상화이다. 1990년대 중반 이후, 북한에서 생산되는 농산품과 공산품의 상당수가 정상적인 국가 유통망을 통해서 분배되는 것이 아니라, 농민시장이나 비계획된 곳으로 흘러가는 현상이 발생했다. 이러한 현상을 방지하고, 국가 유통체계를 정상화하고자 하는 의도가 깔려 있었던 것이다.

둘째로, 사회통합적 측면에서 계층 간 분리 현상을 완화하기 위한 조치였다. 임금의 인상으로 그동안 임금에만 의존하던 모범당원 및

● 북한 경제성장률 추이 (단위: 퍼센트)

연도	1990	1991	1992	1993	1994	1995	1996	1997	1998	1999	2000	2001	2002
성장률	-3.7	-3.5	-6.0	-4.2	-2.1	-4.1	-3.6	-6.3	-1.1	6.2	1.3	3.7	1.2

* 출처: 한국은행,《북한의 GDP추정결과》, 한국은행, 2003.

● 경제조항 개정의 주요 내용

구분		1992년 헌법	1998년 헌법	조항	비고
생산수단 소유의 주체		국가와 협동단체	국가와 사회·협동단체	제20조	'사회단체' 추가
국가의 배타적 소유대상		모든 자연부원, 중요공장과 기업소, 항만, 은행, 교통운수와 체신기관	모든 자연부원, 철도·항공운수, 체신기관과 중요공장, 기업소, 항만, 은행	제21조 (3항)	교통운수를 '철도·항공운수'로 한정
사회·협동단체 소유	개념	'협동경리'에 들어있는 근로자들의 집단적 소유	'해당단체'에 들어있는 근로자들의 집단적 소유	재22조 (1항) (2항)	용어 변경
	대상	토지, 부림짐승, 농기구, 고기배, 건물 등과 중소공장, 기업소	토지, 농기계, 배, 중소공장, 기업소		농기구→농기계 고기배→배 부림짐승, 건물 삭제
개인 소유	주체	근로자	공민	제24조 (1항) (3항)	용어 변경
	객체	협동농장원들의 터밭경리를 비롯한 주민의 개인부업경리에서 나오는 생산물	터밭 경리를 비롯한 개인부업경리에서 나오는 생산물과 그 밖의 합법적인 경리활동을 통하여 얻은 수입		개인 소유의 범위 확대
자립적 민족경제		조국의 '자주적 발전'을 위한 밑천	조국의 '융성번영'을 위한 밑천	제26조 (1항)	용어 변경
농촌기술혁명		농업의 공업화	농업의 공업화·현대화	제28조 (1항)	'현대화' 추가
경제관리운용			독립채산제 실시, 원가·가격·수익성과 같은 경제적 공간 옳게 이용	제33조 (2항)	추가 신설
대외무역 주체		국가	국가 또는 사회·협동단체	제36조 (1항)	'사회·협동단체' 추가
대외경제 강화책		외국법인 또는 개인의 기업합영·합작 장려	특수경제지역에서의 여러 가지 기업 창설·운영 장려	제37조	추가
과학·문화예술활동 자유		저작권과 발명권의 보호	특허권의 보호	제74조 (3항)	추가
거주·여행의 자유			공민의 거주·여행의 자유	제75조	신설

사회주의 기본군중들은 열심히 일한 만큼 벌어서, 필요한 물자를 구입할 수 있게 되었다. 이들은 그동안 농민시장이나 비사회주의적 방법을 통해서 물자를 획득하는 것이 아니라 당과 국가의 공식적인 체계에서 생존을 모색해 왔다. 이들은 북한정권에게 가장 핵심이 되는 계층으로서 이들의 생활을 안정시키지 않고서는 사회통합뿐만 아니라 정권의 정당성에도 심각한 위협이 될 수 있었다.

셋째로, 주민의 노동의욕 고취를 통한 생산성의 증대를 목적으로 한 조치였다. 임금을 인상함으로써 물질적 인센티브를 강화하고, 이에 대한 보상체계를 강화함으로써 일한 만큼 대가를 주는 체계로 전환한 것이다. 과거 북한은 공식적으로는 '평균주의'를 지양하고, 노동의 양과 질에 따른 분배원칙을 유지했지만 사실상 '평균주의'적 임금체계였다. 이러한 임금체계는 노동의욕을 고취하는 데 한계가 있었다. 따라서 7·1조치는 '평균주의'를 배제하고, '놀고먹는 현상'에 대한 불이익을 강화함으로써 노동자들을 자연스럽게 노동현장으로 복귀시키는 효과를 노렸다고 할 수 있다.

넷째로, 시장에 대한 경제적 통제 강화다. 북한에서 농민시장은 원래 10일장으로 개설되어 있었지만 1990년대 고난의 행군 시기를 거치면서 전국적으로 3,000여 개 이상으로 늘었고, 농산물만이 아니라 모든 제품을 사고파는 '종합시장'으로 변질되어 있었다. 북한은 이러한 종합시장을 인정하면서도 계획경제의 통제 안에 두려고 했던 것이다.

그러나 7·1조치는 핵심지지층의 지지를 확보하고 노동의욕을 고취하는 데는 일정한 성과를 얻었지만, 국영상업망을 통한 공급이 따라주지 못하면서 시장 통제와 국가 유통체계의 정상화에는 큰 효과를 얻지 못했다.

화폐교환 단행　　2009년 11월 30일 북한은 전격적으로 화폐교환을 단행했다. 2002년 사회주의경제관리개선조치(7·1조치)를 단행한 후 '계획과 시장의 조화'를 추진했던 북한의 경제 노선에 변화가 생긴 것이다.

2009년 6월에 나온 김정일 국방위원장의 '6·25담화'가 전환점이었다. 이 담화에서 김정일 국방위원장은 "전체 인민이 강성대국 건설을 위한 새로운 대고조에서 자력갱생 간고분투의 정신력을 높이 발휘해야 한다"며 "제 힘이 제일이고 자력갱생이 제일이다"라고 강조했다. 이 담화의 핵심은 북한이 자력갱생 노선을 고수하면서 계획경제를 정상화하겠다는 것이다.

이 담화가 제시된 후 '계획경제의 정상화'를 위한 구체적인 조치들이 모색되기 시작됐다. 화폐개혁이 가장 상징적인 조치였다. 북한은 이미 2005년부터 계획경제를 복원하고, 시장 통제를 강화하는 정책으로 서서히 전환을 모색하고 있었다. 우선 공공배급망을 정상화하기 위해 노력하면서 시장에서 곡물거래를 중단시켰다. 그리고 평성시장 등 주요 도매시장을 폐쇄했다.

화폐교환의 가장 큰 목적은 시중에 과도하게 풀린 통화를 회수하고, 통화팽창을 막기 위한 것이었다. 화폐개혁 직후 북한은 "통화가 팽창되고 인민경제 발전에서 불균형이 생기는 비정상적인 현상이 나타났다"면서 "국가는 이것을 극복하기 위해 여러 가지 조치를 취했다"고 밝혔다. 북한은 통화팽창의 원인으로 국제사회의 봉쇄 정책과

연이은 자연재해 및 사회주의 시장의 붕괴로 공장과 기업소의 생산이 떨어진 상황에서 "국가는 나라의 국방력 강화와 인민적 시책을 변함없이 실시하기 위하여 막대한 자금을 지출하지 않으면 안됐다"고 지적했다. 대외수입이 줄고, 공장의 생산량이 떨어지면서 물자공급이 줄어들고, 재정지출이 늘다보니 통화량이 급증하면서 가격상승이 발생해 화폐개혁을 단행했다는 것이다.

둘째로 화폐교환은 고정월급자의 생활안정을 위해 실시됐다. 북한은 "근로자들의 이익을 옹호하고 그들의 안정된 생활을 보장하기 위하여 화폐교환을 진행하고 있다"라고 설명했다. 북한은 화폐교환을 하면서 옛날 돈과 새 돈의 교환비율은 100대 1로 정해, 현금은 100대 1로 10만원까지 바꿔줬고, 개인들이 은행에 저금한 몫은 10대 1로 계산했다. 화폐교환 이후 새로운 가격은 기존에 비해 2배 정도 올랐다. 그러나 임금이 과거와 같은 액수로 지급되는 만큼 오히려 일반 노동자에게는 유리했고, 이 정도 물가 인상은 충분히 감수할 수 있는 정도였다.

셋째로 화폐교환은 계획경제를 강화하려는 목적에서 실시됐다. 북한은 "자유시장경제로 가는 것이 아니라 사회주의 경제관리 원칙과 질서를 더욱 튼튼히 다져 나갈 것"이라며 "앞으로는 경제활동의 많은 몫이 시장이 아니라 계획적인 공급유통체계에 따라서 유통되게 되며 이렇게 되면 계획경제 관리질서를 더욱 강화할 수 있는 것으로 예견하고 있다"고 밝혔다.

그러나 화폐교환 이후 북한이 식량과 생활용품을 안정적으로 공급하지 못하면서 다시 시장의 식량가격과 환율은 지속적으로 올랐다.

2009년

11월 30일 세대당 교환가능액수 10만 원

12월 3일 각 세대 1명당 5만원 추가 교환

12월 7일 신권 유통 시작

12월 9일 공산품의 시장 거래 금지, 시장 거래 품목들의 가격상한제 실시

12월 11일 국영상점에서만 식량 판매 허용 조치

12월 28일 외화 사용 전면 금지

2010년

1월 1일 장마당 전면 폐쇄

1월 28일 김영일 내각총리, 화폐개혁 문제에 대한 사과 발표

2월 1일 시장 통제와 외화 사용 금지 해제

❶ 1947년 도입된 화폐 중 5원권 전쟁 이전부터 북한 지역에서는 화폐가 따로 쓰였다.

❷ 1959년 천리마운동 당시 도입된 화폐 중 50원권 구권과의 교환 비율은 1 대 100이었다.

❸ 1978년 도입된 화폐 중 100원권

❹ 1992년 도입된 화폐 중 1000원권 물가폭등으로 1998년 500원권에 이어 2002년에 1000원권과 5000원권을 추가발행했다.

❺ 2009년 도입된 화폐 중 5000원권 김일성 초상이 이전의 젊은 얼굴에서 바뀌었다.

시장가격의 상승은 화폐교환 이후 당국의 통제 강화로 시장에 나오는 식량과 공업제품의 양이 급감했기 때문이기도 하다. 북한은 2011년부터 후속조치로 대형 슈퍼마켓과 전문상점을 개설해 물가 상승을 막으려고 시도하고 있다. 시장영역을 계획영역으로 흡수하고, 물자 공급을 확대하기 위한 조치였다. 국영상점망을 통한 물자 공급 부족으로 비싸지만 어쩔 수 없이 시장을 찾을 수밖에 없었던 주민들의 발걸음을 잡겠다는 조치였다. 아직은 시작단계지만 북한의 구상대로 대형종합마트와 전문상점들이 평양의 각 구역을 비롯해 각 도시에 들어설 경우 북한의 상업유통망이 획기적으로 변화하고, 1990년대 이후 폭발적으로 성장한 장마당과 종합시장은 일정한 타격을 받게 될 가능성도 있다. 이러한 북한의 정책이 성공하기 위해서는 상당한 기간이 필요할 것으로 예상된다. 평양의 중심부에서 시작된 '유통혁명'이 평양의 외곽과 주요 도시로 확산되기 위해서는 시간이 필요하기 때문이다.

김정일의 사망과 김정은시대의 개막

후계자 김정은의 등장　　　김정일은 1967년 첫 연설부터 1980년까지 13년의 준비 과정을 마친 후 공식석상에 모습을 드러냈다. 그러나 두 번째 후계자 김정은은 2008년 김정일이 건강 이상으로 쓰러진 후 갑작스럽게 후계자로 내정됐고, 2년 정도 지난 2010년 9월 개최된 당대표자회를 통해 공식석상에 모습을 드러냈다. 그리고 1년 3개월 뒤 김정일이 급서함으로써 최고지도자의 자리에 오르게 되었다.

김정일 유고 이후 북한은 신속하게 김정은 중심의 새로운 영도체제

김정일과 김정은 평양 금수산기념궁전 앞에서 북한 주요 인사들과 앉은 김정일과 김정은. 맨 아랫줄 오른쪽 여덟 번째가 김정은이다. 김정은은 2008년 후계자로 결정된 후 후계자로서 활발하게 활동했다.

를 출범시켰다. 김정일 사후 북한의 신속한 대응과 정책 방향은 이미 2010년 9월 28일 당대표자회의를 통해 김정은 중심의 당과 국가운영이라는 큰 틀이 결정되어 있었다는 것을 시사한다.

김정은체제에 대해 외부에서는 김정은의 권력기반이 약해 권력투쟁이 일어날 것이라든지, 집단주의체제로 갈 것이란 전망을 내놓았다. 심지어 어린 나이로 권력승계 준비가 전혀 안 돼 오래 지속되지 않을 것이라는 예측도 있었다. 김정일의 후광 속에서만 활동했지 단독으로 정책을 결정하고 국정을 운영해 본 경험이 거의 없다는 것이 그 근거다.

1994년 김일성 사망 직후에 나온 김정일체제가 오래가지 못할 것이란 전망과 대단히 유사했다. 그러나 북한은 김정일의 장기간에 걸친 후계체제 구축과 달리 압축적으로 후계체제의 기반을 마련하고 있었다.

우선 김정은은 2008년 후계자로 결정된 후 후계자로서 활발하게 활동한 것이 확인된다. 그는 2009년 4월 김정일의 강원도 원산 지역 현지지도 때 수행했고, 같은 해 함흥 지역 현지지도에도 동행했다. 또한 2009년 4월 5일 김정일과 함께 관제지휘소를 방문해 '광명성 2호 위성'(장거리 로켓) 발사 장면을 참관했다.

가장 주목되는 사실은 2010년 초부터 김정은의 친필서명이 들어간 북한 당국의 공식 문건이 10여 건이나 확인된다는 점이다. 이들 문건 중 대부분은 북한 인민군 총정치국 문건이다. 김정은은 2010년 1월 19일 인민군 총정치국이 작성한 〈백두산 3대 장군의 영도사적을 빛내기 위한 사업에 한생을 바쳐가고 있는 자료와 대책보고〉라는 '제의서'

(문건)에 '동의합니다'라고 서명했다. 문건에서 '동의합니다'라는 표현은 그가 후계자 시절부터 군사 업무에 어떤 방식으로든 관여하고 있었음을 보여 준다. 과거 김정일도 1974년 후계자로 결정된 뒤 각 기관이 김일성에게 올리는 보고를 동시에 받았다. 따라서 적어도 2010년 시점에는 군대 내에 후계자의 '유일지도체계'가 가동되기 시작했다는 사실을 알 수 있다.

둘째로 북한은 1994년 김일성 급서 때와는 달리 유고有故 대응계획을 세워 놓고 있었다. 실제로 2010년 10월 10일 당 창건행사 때는 김정일이 절뚝거리며 입장하는 장면이 생중계 됐다. 적어도 일정 직위의 간부들은 시점만 몰랐을 뿐 김정일의 유고 가능성을 염두에 두고 있었다고 판단할 수 있다. 1994년 김일성의 급서 때보다 충격이 덜했던 또 하나의 이유다.

또한 2009년 2월부터 국방위원회을 시작으로 내각, 노동당 순으로 김정은체제를 예비하는 조직 개편이 사전에 진행됐다. 특히 국방위원회와 내각에 대한 인사를 마무리한 후 북한은 2010년 9월 28일 전격적으로 제3차 노동당대표자회의를 개최했고, 예상을 깨고 김정은 후계자를 공식석상에 내세웠다. 이것은 사실상 김정은 후계체제가 출범했다는 것을 의미한다. 김정일이 첫 당내 연설로부터 13년에 걸쳐 후계체제를 확립한 후 모습을 드러낸 것과 달리 김정은은 2년 만에 압축적으로 후계체제를 수립한 것이다.

2010년 9월 당대표자회를 통해 김정은 중심의 '지도체제'를 확립한 김정일은 '김일성 주석 유훈 관철'을 앞세워 지방 현지지도에 더욱 몰두했다. 당·정·군에 대한 운영을 후계자에게 맡긴 채 지방 현지지도

김정일 사망 김정일은 2009년부터 김일성 주석의 유훈 관철을 위해 중국과 러시아를 여러 차례 방문하고 지방 현지 지도를 수행하면서 건강에 무리가 왔고, 결국 2011년 12월 심근경색으로 사망했다. 12월 28일 영결식을 끝으로 김정일시대는 북한 역사에서 종언을 고했다.

에 몰두했던 것은 김정일이 자신에게 시간이 얼마 남지 않았다는 것을 짐작했다는 의미였다. 후계체제를 속전속결로 마무리지었던 이유이기도 하다.

2010년 9월 당대표자회의 개최 이후 김일성 사망 후 공개적으로 열리지 않던 당 중앙위원회 전원회의, 정치국 회의, 당중앙군사위원회가 정상적으로 개최되기 시작했다. 1990년대 들어 경제난과 안보위기 등으로 '비상체제'에 돌입했던 북한이 20여 년 만에 새로운 후계자의 등장과 함께 '정상체제'로 전환되기 시작한 것이다.

또한 김정일은 2009년부터 김일성 주석의 유훈 관철을 강조하면서 세 차례의 북중정상회담과 한 차례의 북러정상회담을 통해 압록강 하구의 나선경제특구, 두만강 하구의 황금평특구 구상을 구체화하며 추진해 나갔다. 잦은 중국과 러시아 방문, 지방 현지 지도 등은 그의 건강에 무리를 줬고, 2011년 12월 심근경색으로 급서했다. 12월 28일 평양 금수산기념궁전에서 열린 영결식을 끝으로 북한 역사에서 김정일시대는 공식적으로 종언을 고했다.

김정은체제의 출범　　　2012년에 들어와 김정일 국방위원장에 대한 100일간의 추모기간을 거친 뒤 북한은 신속하게 김정은체제로의 권력승계를 마무리했다. 4월 11일 북한은 4차 당대표자회를 개최하고 김정은을 당 제1비서 겸 정치국 상무위원, 당중앙군사위원장으로 추대하고, 이틀 뒤 최고인민회의 12기 5차회의를 열어 김정은 제1비서를 국방위원회 제1위원장으로 선출했다. 김정일은 제4차 당대표자회에서 '영원한 총비서'로 추대된 데 이어 최고인민회의에서는 '영원한

국방위원장'으로 추대됐다. 이보다 앞서 2011년 12월 29일 김정은은 인민군 최고사령관에 추대됐다. 그리고 4월 15일 김정은은 김일성 주석 100회 생일(태양절)을 맞아 김일성광장에서 열린 군 열병식에서 첫 공개연설을 함으로써 '김정은시대'의 공식 개막을 대내외에 선포했다.

김정은은 4월에 열린 제4차 당대표자회를 전후해 점진적인 세대교체와 함께 군부를 확고하게 장악할 수 있도록 인사를 단행했다. 특히 김정은은 김정일의 유훈에 따라 군 출신이 아닌 최용해를 총정치국장에 임명해 군부에 대한 노동당의 통제를 강화했다. 최용해는 노동당의 최고의사결정기구인 정치국 상무위원으로 선출돼 노동당의 의사결정 과정에서도 김정은을 측근에서 보좌하는 역할을 맡았다. 이러한 체계는 김정은시대에 당중앙군사위원회가 실질적으로 김정일시대보다 권위와 위상이 강화돼 군의 노선과 정책을 결정하는 최고기구로 작동될 것이라는 점을 시사했다. 북한이 군부에 대한 노동당의 통제를 구조화하는 데 최우선 순위를 둔 것이다.

안정적으로 권력승계를 마무리한 김정은은 정치적 리더십 확보뿐 아니라 권력엘리트의 재편과 단합을 이끌면서 당·정·군의 핵심 실세들을 신속하게 장악했다. 김정은체제의 안정은 적어도 권력정치 차원에서는 확고부동해졌다.

당대표자회에서 열병식까지 일련의 정치행사는 북한 2세대의 지원 아래 3세대가 권력의 핵심세력으로 부상하고 있음을 상징적으로 보여줬다. 이것은 단순히 세대교체만을 의미하는 것이 아니라 북한의 대내외 노선에 새로운 변화가 시작될 것이라는 점을 시사하기도 했다.

김정은의 후계체제 구축 및 등장 과정은 새로운 지도자에 맞는 새로운 정책 방향 수립과 맞물려 진행됐다. 김정은시대 북한의 기본 정책 방향은 제4차 당대표자회 직후인 4월 15일 김일성광장에서 열린 김일성 주석 탄생 100돌 경축 열병식에 참석한 김정은의 첫 공개연설에서 천명됐다. 첫 대중연설에서 김정은은 김일성 주석과 김정일 국방위원장의 역사적 업적들을 강조한 뒤 "위대한 김일성 동지와 김정일 동지께서 펼쳐 주신 자주의 길, 선군의 길, 사회주의 길을 따라 곧바로 나가는 여기에 우리 혁명의 100년대계의 전략이 있고 종국적 승리가 있다"고 강조했다.

향후 '사회주의의 길'에 대해 김정은은 "일심단결과 불패의 군력에 새 세기 산업혁명을 더하면 그것은 곧 사회주의 강성국가"라며 "우리는 새 세기 산업혁명의 불길, 함남의 불길을 더욱 세차게 지펴올려 경제강국을 전면적으로 건설하는 길에 들어서야 할 것"이라고 당면과제를 제시했다. 김일성시대의 '자주'와 김정일시대의 '선군'의 기치를 계승하면서도 새로운 시대에 맞게 '사회주의 강성국가' 건설을 위해 제한적이나마 '변화'를 시도할 것이라는 점을 예고한 것이다.

김정은은 김일성·김정일시대와 차별화하는 정책 방향으로 '새 세기 산업혁명'을 제시했다. '자주'와 '선군'을 계승하면서도 김정은시대의 핵심어로 '지식경제'를 표방한 것이다. 실제로 김정은시대는 시대의 발전과 환경의 변화, 3~4세대의 등장으로 새로운 사고와 구상을 요구받고 있다. 그런 점에서 휴대전화 보급대수 500만대 돌파로 상징되는 '통신혁명', 대형 슈퍼마켓과 전문상점의 등장으로 상징되는 '유통혁명'은 김정은을 중심으로 하는 북한의 3세대가 변화된 환경과 요구에 부응하려는 새로운 시도다. 더구나 1990년대 후반 북한의 3~4

휴대전화를 사용하는 북한 주민

새로 건설된 해맞이식당의 슈퍼마켓을 방문한 김정은과 리설주

김정은의 새 세기 산업혁명 정책
김정은은 '새 세기 산업혁명' 정
책을 제시하면서 김일성·김정일
시대와 차별화했다. '자주'와 '선
군'을 계승하면서도 '지식경제'를
핵심 정책으로 표방한 것이다.

세대들은 '고난의 행군'이라는 혹독한 경제난을 경험한 만큼 경제부흥에 대한 열망 또한 크다고 할 수 있다.

김정은을 중심으로 하는 북한의 3세대 구상대로 '지식경제강국'을 달성하기 위해서는 한반도 정세가 안정돼야 한다. 김정은도 첫 연설에서 "강성국가 건설과 인민생활 향상을 총적 목표로 내세우고 있는 우리 당과 공화국 정부에 있어서 평화는 더없이 귀중하다"라며 '평화'의 중요성을 강조했다. 다만 그는 "우리에게는 민족의 존엄과 나라의 자주권이 더 귀중하다"라고 발언해 북한의 자주권 보장을 전제로 제시했다.

김정은은 또한 "진정으로 나라의 통일을 원하고 민족의 평화번영을 바라는 사람이라면 누구든지 손잡고 나갈 것이며 조국통일의 역사적 위업을 실현하기 위하여 책임적이고도 인내성 있는 노력을 기울일 것"이라고 발언해 남북대화에 나설 의사를 드러냈다.

개발과 개방의 길　　김정은체제의 등장과 함께 북한 사회는 상당한 변화의 흐름이 나타났다. 김정은은 김일성시대, 김정일시대와의 계승성을 강조하고 있지만 시대적 상황에 맞게 새로운 변화를 추구하고 있다. 김정은은 사회 각 분야의 '근본적 전환'을 위해 '민생 행보'를 강화하면서 노동당의 유일적 영도체계를 강화하고, 간부들의 관료화, 귀족화를 질타하며 세계적 추세에 맞는 사회 변화를 추진해 나갔다. 북한 스스로가 김정은시대는 과거와는 다르다고 밝히기도 했다.

2012년 4월 15일 김정은은 김일성광장에서 열린 김일성 주석 탄생 100돌(태양절)을 기념하는 인민군 열병식에서 20분간에 걸친 첫 공개연설을 통해 김정은시대의 공식 출범을 알리고, 자신의 구상과 노선을 압축적으로 제시했다.

우리 인민이 다시는 허리띠를 조이지 않게 하며 사회주의 부귀영화를 마음껏 누리게 하자는 것이 우리 당의 확고한 결심입니다. …… 일심단결과 불패의 군력에 새 세기 산업혁명을 더하면 그것은 곧 사회주의 강성국가입니다. 우리는 새 세기 산업혁명의 불길, 함남의 불길을 더욱 세차게 지펴 올려 경제강국을 전면적으로 건설하는 길에 들어서야 할 것입니다.

'새 세기 산업혁명'을 통해 '경제강국'을 건설하겠다는 것이 핵심내용이었다. 국가 목표도 '사회주의 완전 승리'(김일성시대)→'사회주의 강성대국'(김정일시대)→'사회주의 강성국가'(김정은시대)로 조정됐다. 지식경제강국, 사회주의 문명국 등 새로운 지향을 드러내는 개념도 등장했다.

무엇보다도 "자기 땅에 발을 붙이고 눈은 세계를 보라!"라는 구호를 앞세워 세계적 추세를 따라잡으려는 움직임이 강하게 나타나고 있다.

정치적 측면에서 보면 비상체제로 운영되던 노동당이 정상화된 것이 눈에 띈다. 2009년부터 2010년에 걸쳐 이뤄진 당, 정, 군에 대한 조직 개편 이후 김정일시대에 들어와 파행적으로 운영되던 당중앙위원회 전원회의, 정치국회의, 당중앙군사위원회가 정상적으로 가동되기 시작한 것이다.

2013년 북한은 '경제 건설과 핵무력 건설 병진 노선'을 공식 채택한 후 경제 건설에 주력하겠다는 뜻을 분명히 했다. 평양뿐만 아니라 지방의 여러 도시에서 다양한 건설사업이 진행되고 있다.

경제적 측면에서는 김정일시대에 완성하지 못한 사회주의 경제관리를 변화된 상황에 맞게 개선하려는 노력과 전국적으로 경제개발구를 지정해 경제특구를 확대하려는 정책이 뿌리를 내리고 있다. 협동농장에서 분조관리제가 강화되고, 새로이 포전담당책임제가 도입돼 식량 생산량이 늘었으며, 분배식량에 대한 시장 판매가 허용되고 국가의 수매가격이 대폭 오르면서 농민들의 현금수입 또한 크게 증대됐다. 기업소와 공장 운영에서도 자율성이 확대돼 지배인들의 기업경영 능력이 어느 때보다도 강조되고 있고, '번 만큼 분배'가 이뤄지면서 수익을 많이 낸 기업들의 근로자 임금이 30~50배 오른 경우도 나타났다.

아직까지는 평양에 한정되고 있지만 각 구역(우리의 구에 해당)마다 슈퍼마켓이 들어서고 있고, 동평양에는 상업거리가 조성되고 있다. 휴대폰 보급이 빠르게 진행돼 500만대를 넘어섰고, 디지털카메라, 컴퓨터, 태블릿PC, 전자사전 등의 전자기기 사용자도 크게 늘었다. 각 대학과 기업소, 협동농장에도 전자도서관과 컴퓨터실이 속속 들어서고 있다.

평양 거리에는 택시가 늘고, 거리를 오가는 주민들의 옷차림과 패션이 하루가 다르게 변화하고 있다. 2012년 북한 당국은 전국의 소학교, 중학교, 대학교 학생들의 교복 공급을 정상화했다.

국제사회의 대북 경제제재와 외부 전문가들의 저평가에도 김정은시대에 들어와 북한 경제는 상승곡선을 그리고 있는 것이 확실해 보인다. 물론 북한 경제는 무역의 증대와 다각화, 대규모 인프라 투자를 위한 외자 유치, 과도한 북중경협의 탈피 등 다양한 과제를 안고 있다. 의욕적으로 추진하고 있는 사회주의 경제관리 개선조치도 아직은 성공적으로 정착됐다고 보기는 어렵다.

36년 만에 노동당 7차대회 개최   북한은 2016년 5월 6일부터 9일까지 나흘간 36년 만에 조선노동당 제7차 당대회를 개최했다. 당대회 기간 동안 북한을 이끄는 조선노동당은 김정은의 개회사와 사업총화 보고, 당대회 사업총화 결정서 채택, 폐회사, '전체 인민군 장병들과 청년들, 인민들에게 보내는 조선노동당 제7차 당대회 호소문' 등을 통해 1980년 제6차 당대회 이후 진행된 사업을 결산하고 향후 추진할 노선과 정책을 제시했다.

우선 김정은은 '온 사회의 김일성-김정일주의화', '조국통일', '세계 자주화' 실현을 3대 과업으로 제시했다. 그중에서도 '온 사회의 김일성·김정일주의화'가 노동당의 최고강령임을 재확인했다. 2012년 4월 6일 김정은은 조선노동당의 지도사상을 김일성-김정일주의로 규정하고, 당의 최고강령은 '온 사회의 김일성-김정일주의화'라고 선포한 바 있다. 이것은 김정일 총비서가 후계자 시절인 1974년 주체사상을 김일성주의로 명명하며 '온 사회의 김일성주의화'를 내세운 것과 유사한 행보였다. 북한에서는 후계자(계승자)가 선대 최고지도자의 사상을 체계화하고 이를 전 사회의 규범으로 확산시키는 것이 가장 먼저 해야 할 과업으로 설정돼 있다. 김정은은 '김일성-김정일주의'를 "주체사상과 그에 의하여 밝혀진 혁명과 건설에 관한 이론과 방법의 전일적인 체계"라고 정의했다. 북한 철학계에서 논란이 된 주체사상과 선군사상의 위상과 관계에 대해 2010년 개정된 당규약에서 처음으로 주체사상이 당의 지도사상이고, 선군정치는 "당의 기본 정치 방식"이라고 규정했는데, 이를 다시 한번 확인한 것이다.

그리고 '온 사회의 김일성·김정일주의화'를 실현하기 위한 기본 투쟁과업으로 '사회주의 강국 건설위업의 완성'을 제시하고, 이를 위한 과제로 인민정권 강화와 사상·기술·문화의 3대혁명을 거론했다.

전반적인 기조에서 6차 당대회에서 제시된 당의 최종 목표와 김정일시대에 내건 강성대국론의 틀에서 크게 벗어나지 않았다. 즉 정치사상강국으로서 '온 사회의 김일성-김정일주의화'를 통한 일심단결의 강화, 군사강국으로서 정치군사적 위력의 강화, 경제강국으로서 과학기술 강국과 문명강국 건설 등을 정책 방향으로 내세웠다.

김정은은 '주체혁명위업 수행의 도약기'에 견지해야 할 전략적 노선으로 '경제 건설과 핵무력 건설 병진 노선'을 제시했다. 2013년 3월 노동당 중앙위원회 전원회의에서 채택한 '경제-핵 병진 노선'을 재확인한 셈이다. 개정된 당규약에도 이를 포함시켰다.

김정은은 '경제-핵 병진 노선'이 "급변하는 정세에 대처하기 위한 일시적인 대응책이 아니라 우리 혁명의 최고 이익으로부터 항구적으로 틀어쥐고 나가야 할 전략적 노선"이라고 강조했다. 이러한 주장은 경제 건설을 위해서는 안보가 튼튼해야 하고, 안보를 위해서는 재래식 무기경쟁이 아니라 비대칭 전력으로서 핵무력을 강화해야 하며, 이를 통해 핵보유국의 지위에서 미국과 협상해 평화협정을 체결해 평화체제를 마련하겠다는 것으로 해석된다.

'경제-핵 병진 노선'에 의거해 김정은은 '경제 강국 건설'과 인민생

조선노동당 제7차 당대회 북한은 2016년 5월 6일부터 9일까지 나흘간 36년 만에 조선노동당 제7차 당대회를 개최했다. 여기에서 김정은은 '온 사회의 김일성-김정일주의화', '조국통일', '세계자주화' 실현을 3대 과업으로 제시했다. 정치사상강국으로서 '온 사회의 김일성-김정일주의화'를 통한 일심단결의 강화, 군사강국으로서 정치군사적 위력의 강화, 경제 강국으로서 과학기술 강국과 문명강국 건설 등을 정책 방향으로 내세웠다.

활 개선을 핵심 과제로 제시했다. 사회주의 강성국가 건설의 3대 지표인 '정치사상 강국', '군사 강국', '경제 강국' 중 "정치·군사 강국의 지위에 당당히 올라섰지만 경제 부문은 아직 응당한 높이에 이르지 못하고 있다"는 인식에서다.

그는 낙후된 경제 현실을 솔직하게 털어놓았다. 그는 "경제 전반을 놓고 볼 때 첨단 수준에 올라선 부문이 있는가 하면 어떤 부문은 한심하게 뒤떨어져 있으며 인민경제 부문들 사이 균형이 제대로 보장되지 않고 선행 부문이 앞서 나가지 못하여 나라의 경제 발전에 지장을 주고 있다"고 평가했다.

따라서 김정은은 '국가경제발전 5개년전략'의 기본 목표도 "인민경제 전반을 활성화하고 경제 부문 사이의 균형을 보장하여 경제를 지속적으로 발전시킬 수 있는 토대를 마련"하는 것으로 설정했고, 5개년전략의 철저한 수행을 강조했다. 그러나 제4, 5차 당대회에서 제시된 6개년 또는 7개년 인민경제계획이나 제6차 당대회에서 나온 '사회주의 경제건설 10대 전망목표'보다 구체적이지 않다. 구체적 목표치보다는 '전략'이라는 이름으로 정책 방향을 제시하는 데 그쳤다.

그리고 경제관리 개선의 핵심인 '사회주의기업책임관리제'의 확립을 강조했다. 김정은은 "공장, 기업소, 협동단체들은 사회주의기업책임관리제의 요구에 맞게 경영전략을 잘 세우고 기업활동을 주동적으로, 창발적으로 하여 생산을 정상화하고 확대발전"시켜 나갈 것을 지시했다. 김정은은 2012년부터 지속적으로 경제관리 방식의 개선을 지시했고, 이에 따라 새로운 기업경영 방식과 협동농장의 포전담당제 도입이 시범적으로 실시됐다.

특히 김정은은 2014년 5월 30일 당·국가·군대기관 책임일꾼(간부)들과 진행한 담화 〈현실발전의 요구에 맞게 우리식경제관리방법을 확립할 데 대하여〉(5·30담화)를 통해 새로운 경제관리 방법으로 '사회주의기업책임관리제'를 제시했다.

한편 김정은은 '국가경제발전 5개년전략' 수행기간에 추진해야 할 방향을 분야별로 제시하면서 전력 문제 해결과 식량 자급자족을 특별히 강조했다. 그는 전력 문제 해결이 5개년전략 수행의 선결조건이며 경제 발전과 인민생활 향상의 중심고리라고 규정하면서 "당에서 제시한 전력 생산 목표를 반드시 점령"할 것을 주문했다. 다만 전력 생산 목표를 수치로 공개하지는 않았다. 여전히 전력 부족이 경제 건설에서 큰 문제로 제기되고 있는 현실을 반영한 것이다.

또한 식량 문제와 관련해서는 식량의 자급자족 실현을 강조하면서 "식량생산을 지속적으로 늘이며 농업을 세계선진 수준에 올려 세울 것"을 요구했다.

대외 경제관계에 대해서는 "대외무역에서 신용을 지키고 일변도를 없애며 가공품 수출과 기술무역, 봉사무역의 비중을 높이는 방향에서 무역구조를 개선"할 것과 "경제개발구들에 유리한 투자 환경과 조건을 보장하여 운영을 활성화하며 관광을 활발히 조직"할 것을 주문하는데 그쳤다. 2013년 경제특구 확대조치가 발표된 후 국제사회의 대북 경제제재가 계속되는 가운데 추가적인 '경제 개방' 조치보다는 기본 방향만 간단하게 제시한 것이다.

김정은은 당대회에서 '전 당을 대표하는 최고 직책'으로 신설된 조선노동당 위원장에 추대됐다. 당과 군에 대한 유일적 영도체계가 일단 확고하게 자리잡은 것으로 평가된다.

북한은 1980년 노동당 6차 당대회 이후 사회주의권의 붕괴, '고난의 행군', 핵실험으로 인한 경제제재 등으로 최악의 기간을 보냈고, 6차 당대회에서 제시된 목표와 정책을 거의 달성하지 못했다. 7차 당대회에서 6차 당대회에서 제시됐던 내용들이 다시 등장한 현상은 이를 반영한 것이다.

헌법 개정과 국가기구 개편　　　7차 당대회를 마친 북한은 6월 29일 최고인민회의 제13기 4차 회의를 열고 헌법 개정을 통해 새롭게 국가기구를 정비했다. 국가기구의 개편에서 가장 두드러진 특징은 국방위원회를 폐지하고 국무위원회를 신설한 것이다. 신설된 국무위원회는 "국가주권의 최고정책적 지도기관"으로 "국방건설사업을 비롯한 국가의 중요 정책을 토의 결정"하게 된다. 국무위원회란 이름은 7차 당대회에서 노동당 중앙위원회 산하에 신설된 정무국과 일치시킨 것으로 보인다. 노동당 정무국이 당적으로 지도하고, 국무위원회가 정책을 집행하는 구도다.

국무위원회 위원장에는 김정은이 추대됐다. 신설된 국무위원장은 "조선민주주의인민공화국의 최고영도자"로서 "전반적 무력의 최고사령관으로 되며 국가의 일체 무력을 지휘통솔"하며 단순히 정무위원회의 사업을 지도하는 것이 아니라 "국가의 전반사업을 지도"하고 국가의 주요 간부를 임명, 해임할 수 있는 권한이 주어졌다.

국무위원회 부위원장에는 황병서 인민군 총정치국장, 최룡해 노동당 중앙위원회 부위원장, 박봉주 내각 총리가 선출됐다.

김정일시대 '국가주권의 최고 군사지도기관이며 전반적 국방관리 기관'이던 국방위원회의 권한과 비교해 볼 때 국방위원회의 경우 "국가의 전반적 무력과 국방건설사업을 지도한다"라고 규정됐으나, 국무위원회는 '국방건설사업을 비롯한 국가의 중요 정책을 토의 결정한다'로 축소해 '국가의 전반적 무력 건설사업'은 당중앙군사위원회로 권한과 임무가 이관됐다.

　김정일시대 선군정치의 상징적 기관이던 국방위원회의 폐지는 김일성시대로의 회귀, '당-국가체제'의 정상화라고 평가할 수 있다.

　국가기구 개편을 통해 4년여의 과도기를 끝내고 당, 정, 군에 김정은의 '유일영도체제'를 확고히 한 북한은 경제활성화와 이를 위한 대외환경 조성에 좀 더 적극적으로 나설 대내적 조건을 마련했다. 그리고 2017년 말 전격적으로 핵무력 건설 완성을 선언하고, '전략국가론'을 내세우며 한반도 비핵화 대화에 나서기 시작했다.

-정창현

이명박–박근혜 정부를 거치면서 남북관계는 '잃어버린 11년'이란 말이 나올 정도로 역주행을 했다. 사실상 남북관계나 '통일담론'은 1980년대 이전으로 후퇴했다. 그러나 2016년 말부터 시작된 촛불항쟁의 거대한 민주화의 파도는 곧바로 평화와 통일 문제의 진전으로 이어졌다. 남과 북은 2018년 4월 27일 1차 남북정상회담을 통해 '한반도 평화와 번영, 통일을 위한 선언'(판문점선언)에 합의했고, 6월 12일 북한과 미국은 역사적인 첫 북미정상회담을 가졌다. 남과 북, 북한과 미국은 새로운 관계를 강조했다. 해방 후 한반도를 남과 북으로 가르고, 70년 넘게 분단을 유지시킨 냉전과 정전체제가 끝나가고 있는 것이다. 한국현대사 대전환의 서막이 올랐다.

세계사적 냉전의 종식과
한국현대사의 대전환

대전환의
시작

한반도에서 냉전이 끝나가고 있다. 남과 북, 북한과 미국이 새로운 관계를 모색하기 시작했다. 분단시대를 마감하고 정전체제를 해체하는 현대사의 대전환이 시작되고 있는 것이다.

대전환의 서막은 2016년 10월 점화된 '촛불항쟁'이었다. 다음 해 2017년 3월 11일 박근혜 대통령이 탄핵되고, 새로운 민주정부가 출범하면서 민주화는 평화와 통일의 영역으로 확산되었다. 과거 1960년대 4·19혁명 시기, 1970~80년대 민주화운동 시기의 역사적 경험에서 알 수 있듯이 선후의 문제는 있었지만 민주화운동은 통일운동으로 이어졌다. 분단체제 혹은 정전체제 하에서 통일 문제 해결 없이 근본적인 민주화는 한계를 가질 수밖에 없기 때문이었다. '촛불항쟁'의 거대한 파도가 곧바로 평화와 통일 문제로 이어진 것은 당연한 흐름이었다.

2000년 남북정상회담 이후 '6·15시대'라는 규정과 함께 2007년 남북정상회담까지 남북관계는 급격한 발전의 길을 걸었고, 남과 북은 '사실상의 통일 과정'에 합의했다. 그러나 그 후 이명박–박근혜 정부를 거치면서 남북관계는 '잃어버린 11년'이라는 말이 나올 정도로 역주행을 했다. '북한붕괴론'이 전면에 등장하면서 사실상 1980년대 이전으로 후퇴했다.

촛불항쟁으로 탄생한 문재인 정부의 등장은 남북관계 발전과 한반도 평화프로세스의 새로운 동력을 제공했다. 문재인 대통령은 2017년 8·15경축사에서 "한반도에서 또다시 전쟁은 안 됩니다"라고 선언했다.

북한도 이에 호응했다. 2017년 말 김정은 국무위원장은 핵무력 건설 완성을 선언하고, "인민을 위한 많은 새로운 사업들을 구상하고 있다"고 밝혔다. 그리고 2018년 신년사에서 대화의 필요성을 강조했다. 북한은 한국전쟁 이후 지금까지 세계에서 가장 오래, 그리고 가장 많이 미국의 핵위협을 받아 왔다. 사회주의권 붕괴 후 안보위협을 느낀 북한은 핵무기 개발에 본격 나서기 시작했다. 이후 북한은 핵개발 포기를 대가로 북미관계 정상화를 요구했고, 미국은 북한의 선비핵화를 요구하며 팽팽히 맞서왔다. 역설적으로 북한이 미국 본토를 타격할 수 있는 핵능력 완성을 선언한 순간 대화와 협상의 돌파구가 열렸다.

미국도 '전략적 인내'라는 대북 무시 정책에서 '최고의 압박과 개입'을 표방하며 협상 정책으로 전환했다. 2017년 11월 북한 대륙간탄도미사일ICBM의 미국 본토 도달 능력이 입증된 이후 미국은 처음으로 북한의 핵능력을 현실적 위협으로 받아들이게 됐다. 북한의 지속적인 '핵 보유' 주장을 무시해 왔던 미국도 진지한 협상에 나설 수밖에 없게 된 것이다. 여기에는 군사주의에 의한 세계 패권 유지라는 2차 세계대전 후 미국의 전통적 대외 정책 노선을 거부하고 미국우선주의를 강조하는 트럼프 정부의 등장도 일조했다.

남과 북, 미국의 이해관계가 맞아떨어지면서 한반도 정세의 대반전

촛불항쟁 촛불항쟁으로 탄생한 문재인 정부는 보수정권 9년 동안 경색되었던 남북관계의 변화를 꾀했다. 확고한 평화 의지를 피력하면서 북한의 변화를 촉구했고, 이는 북한과 미국의 이해관계와 맞아떨어지면서 한반도에 새로운 평화의 물결을 불러왔다. 이런 점에서 보면 촛불항쟁은 새로운 평화의 시발점이자 정세 대반전의 원동력이었다.

이 극적으로 찾아왔다. 더구나 남북의 확고한 평화 의지가 협상의 버팀목이 되면서, 남과 북이 정세의 주도권을 잡았다. 남과 북의 정상이 먼저 한반도에서의 전쟁 가능성을 부정하고, 그 바탕 위에서 미국을 협상에 끌어들인 것이다. 이런 측면에서도 문재인 정부를 탄생시킨 '촛불항쟁'에 참여한 시민들은 민주주의의 회복과 함께 한반도의 평화와 안정을 희구하고 있었던 것이다.

마침내 2018년 4월 27일 북한의 최고지도자가 처음으로 남쪽 땅을 밟았다. 5월 26일에는 한 달 만에 남한의 최고지도자가 북쪽을 방문해 남북 정상의 수시 만남이 성사됐다. 6월 12일에는 싱가포르에서 분단 이후 처음으로 북미정상회담이 성사됐다.

두 차례 남북정상회담과 첫 북미정상회담은 두 가지 측면에서 현대사의 '대전환'을 의미한다. 하나는 남북정상회담을 통해 남북관계가 안정적으로 제도화되고, 남북연합으로 가는 문을 열었다는 점이다. 남과 북이 화해협력→남북연합→통일국가의 3단계로 상정된 민족공동체통일방안의 2단계, 즉 남북연합단계(북의 낮은 단계 연방제)에 진입할 수 있는 기반이 마련된 것이다. 단순히 단절된 남북관계를 복원하는데 그친 것이 아니라 2007년 10·4선언에서 남과 북이 점진적으로 '사실상의 통일'을 추구하기로 합의한 후 11년 만에 이를 구체적으로 이행할 수 있게 된 셈이다.

다른 하나는 세계에서 가장 오랜 북미 간 적대관계가 청산될 수 있는 첫걸음을 내디뎠다는 점이다. 이는 세계사적으로 마지막까지 남아있던 한반도 냉전이 끝난다는 것을 의미한다.

1990년 독일이 통일된 후, 그해 11월 21일 유럽안보협력회의는 파리헌장을 채택하고, "대결과 분열의 시대는 유럽에서 종말을 고하였다"라고 선언했다. 동북아에서도 한국과 소련, 한국과 중국 간 수교가 이루어지고, 남과 북의 유엔 동시 가입이 이뤄지면서 냉전은 해체되기 시작했다. 그러나 냉전의 한 축이었던 북미, 북일관계의 정상화 과정이 지체되면서 동북아의 냉전 해체는 미완성으로 남아 있었다. 그런 점에서 '6·12북미정상회담'은 비동시적으로 진행돼 온 세계사적인 냉전체제를 완전히 끝내고, 65년 만에 종전을 선언하고 정전협정을 대체함으로써 한반도에 항구적인 평화체제를 구축할 수 있는 출발점이 될 것이다.

4·27판문점선언은 첫 북미정상회담으로 가는 징검다리였고, 북미정상회담은 세계사적 대전환을 알리는 신호탄이었다.

'4·27판문점선언'의 역사적 의미

문재인 대통령과 김정은 국무위원장은 판문점선언을 통해 "냉전의 산물인 오랜 분단과 대결을 하루 빨리 종식시키고 민족적 화해와 평화번영의 새로운 시대를 과감하게 열어나가며 남북관계를 보다 적극적으로 개선하고 발전시켜 나가야 한다"고 선언했다.

1991년 남북기본합의서, 2000년의 6·15공동선언, 2007년의 10·4선언 등 남북 간에는 그동안 역사적 의미가 있는 합의가 있었지만 제

판문점선언 남북 간에는 1991년 남북기본합의서, 2000년 6·15공동선언, 2007년의 10·4선언 등 역사적 의미가 있는 합의가 있었지만 여러 이유로 제대로 이행되지 못했다. 문재인 대통령과 김정은 국무위원장은 판문점 선언에서 '합의사안은 반드시 지킨다'는 원칙을 강조하고 이를 보장할 수 있는 다양한 방안에 대해 합의했다. ⓒ 연합뉴스

대로 이행되지 못했다. 북핵 문제, 적대적인 북미관계, 남한의 정권 교체 등 여러 요인이 복합적으로 작용했다.

이러한 과거 경험을 교훈 삼아 남과 북은 '합의사안은 반드시 지킨 다'는 원칙을 강조하고 이를 보장할 수 있는 다양한 방안에 대해 합의 했다. 특히 판문점선언은 명실상부하게 남과 북이 '지속가능한 남북관 계'를 형성하는 기틀을 마련했다. 그동안 발목을 잡았던 한반도 비핵 화, 평화체제 구축 문제가 남북관계 발전과 선순환 구조를 이루며 진 전될 수 있는 환경이 조성됐기 때문이다. 또한 문재인 정부 임기 1년 내에 정상회담이 개최됐고, 트럼프 행정부도 2년 6개월 정도 남아 있 어 합의의 실효성을 높이고 이행할 수 있는 시간적 동력을 확보했다.

판문점선언의 역사적 의미는 남북관계의 개선과 발전, 항구적인 평 화체제의 구축, 한반도 비핵화 등 세 가지 측면에서 규정할 수 있다.

첫째, 판문점선언은 남북관계의 제도화를 통해 새로운 단계의 남북 관계 발전을 규정한 합의다. 2018년 1차 남북정상회담에서 상대적으 로 남측은 '평화'에, 북측은 '통일'에 중심을 뒀다. 그래서 판문점선언 의 정식 명칭은 '한반도의 평화와 번영, 통일을 위한 선언'으로 명명 되었다. 내용적으로 보면 분야별 고위급회담, 국방장관회담 등 군사 당국자회담, 정상 간 핫라인 설치 및 정기적인 정상회담 등 남북관계 정례화를 위한 제도적 틀이 담겨 있다. 다만 남측에서 논란이 될 수도 있는 '통일'이라는 단어보다는 '남북관계의 제도화'라는 표현을 썼을 뿐이다.

판문점선언이 순조롭게 이행된다면 완전한 비핵화를 전제로 한반 도 평화체제가 구축되고, 이를 토대로 '사실상의 통일'이라고 할 수 있는 남북관계의 제도화까지도 전망할 수 있게 된다. 이미 5월 26일 2차 남북정상회담 개최로 수시 정상회담은 가능한 상황이 되었다. 또한 남북 당국 간 협의를 긴밀히 하고 민간교류와 협력을 원만히 보장하기 위해 남북공동연락사무소를 설치하기로 한 것도 남북관계가 진일보할 수 있는 교두보를 마련한 것이라 할 수 있다.

둘째, 판문점선언은 남북 사이의 종전선언이자 평화선언이다. 남북 정상은 판문점선언을 통해 "한반도에 더 이상 전쟁은 없을 것이며, 새로운 평화의 시대가 열렸음을 8천만 우리 겨레와 전 세계에 엄숙히 천명"했다.

이를 위해 남과 북은 한반도의 항구적이며 공고한 평화체제 구축을 위하여 적극 협력해 나가기로 하고, 불가침 합의의 재확인과 엄격한 준수, 군사적 신뢰가 실질적으로 구축되는 데 따라 단계적으로 군축 실현, 종전선언과 정전협정의 평화협정으로 전환 등에 합의했다. 특히 미국 트럼프 행정부도 평화협정으로 가는 과도적인 단계에서 종전선언이 필요하다는 점을 인정했기 때문에 남·북·미, 또는 남·북·미·중 사이에 종전선언이 실현될 수 있는 전망이 열렸다.

셋째, 판문점선언은 처음으로 남북 간에 완전한 한반도 비핵화에 대해 구체적으로 논의하고 합의한 문서이다. 과거 남북관계가 안정적으로 발전하는 데 걸림돌이 된 한반도 비핵화 문제가 남북 주도로 해결의 실마리를 찾은 것이다.

넷째, 판문점선언은 비무장지대를 실질적인 평화지대로 만들어 나가기로 합의했다. 2007년 10·4선언에서는 서해 평화수역 문제만 합의됐지만 판문점선언에서는 서해에만 그치지 않고 비무장지대 전체

를 평화지대로 설정하는 데 합의한 것이다. 'DMZ의 평화지대화', 즉
'비무장지대의 비무장화'는 남북관계의 안정적 발전에 항상 방해요소
로 작용했던 군사적 긴장상태 완화와 전쟁 위험 해소를 위해 필수적
인 사안이다. 이를 위해 남과 북은 일체의 적대행위 중단, 서해 평화수
역 설정과 충돌 방지, 남북 군수뇌부 간 직통전화 개설, 판문점 공동경
비구역JSA의 비무장화, 전초기지GP 철수 등을 추진할 계획이다.

특히 비무장지대의 실질적인 비무장화는 남북 간 철도·도로·항로
연결을 위해서도 대단히 중요한 사안이다. 문재인 정부는 '한반도 신
경제구상'의 틀 속에서 남북 간 경제협력을 추진해 나갈 계획이다. 경
제협력을 통해 평화정착에 기여하고, 이렇게 형성된 평화가 다시 협
력을 촉진하며 선순환하는 '평화경제' 실현에 주력하겠다는 구상이
다. 특히 남북 간 물류교통망의 연결은 경제협력뿐만 아니라 남북 교
류와 인적 왕래의 기초라는 점에서 우선적으로 경의선 및 동해선 철
도와 도로를 연결하는 사업이 추진될 것이다.

첫 북미정상회담, 새로운 관계를 통한 한반도 비핵화의 첫걸음

3월 5일 평양을 방문한 대북특사단에게 김정은 국무위원장은 한반
도 비핵화와 대륙간탄도미사일ICBM, 평화체제 문제 등 한국·미국과
걸려 있는 현안들에 대해 2018년 안에 큰 가닥을 잡겠다는 의지를 표

명했다. 이러한 의사를 전달받은 트럼프 대통령은 전격적으로 북미정상회담을 수락했다. 남과 북이 예상하지 못한 대반전이었다. 이때부터 3개월 정도 의제협상을 마친 북미는 6월 12일 역사적인 첫 정상회담을 가졌다.

북미정상회담을 통해 북한과 미국은 새로운 북미관계를 수립하는 것이 한반도와 세계의 평화, 번영에 이바지할 것이라는 점을 확신하고, 상호신뢰를 구축하는 것이 한반도 비핵화를 증진할 수 있다고 인정했다. 트럼프 대통령은 북의 안전보장을 제공하기로 약속했고, 김정은 위원장은 한반도의 완전한 비핵화를 향한 흔들리지 않는 확고한 약속을 재확인했다. 구체적인 합의사항은 다음과 같다.

1. 미국과 조선민주주의인민공화국은 평화와 번영을 위한 양국 국민의 바람에 맞춰 미국과 조선민주주의인민공화국의 새로운 관계를 수립하기로 약속한다.
2. 양국은 한반도의 지속적이고 안정적인 평화체제를 구축하기 위해 함께 노력한다.
3. 2018년 4월 27일 판문점선언을 재확인하며, 조선민주주의인민공화국은 한반도의 완전한 비핵화를 향해 노력할 것을 약속한다.
4. 미국과 조선민주주의인민공화국은 신원이 이미 확인된 전쟁포로, 전쟁실종자들의 유해를 즉각 송환하는 것을 포함해 전쟁포로, 전쟁실종자들의 유해 수습을 약속한다.

합의사항의 요체는 수십 년의 긴장과 적대행위를 극복하고 새로운

북미정상회담 2018년 6월 12일 미국과 북한은 싱가포르에서 역사적인 북미정상회담을 가졌다. 이 회담에서 트럼프 대통령은 북한의 안전보장을 약속했고, 김정은 위원장은 한반도의 완전한 비핵화를 재확인했다. ⓒ 연합뉴스

북미관계 수립을 통해 안정적인 한반도 평화체제를 구축하고, 한반도의 완전한 비핵화를 달성한다는 것이다. '비핵화가 우선이냐, 평화체제가 우선이냐'라는 기존의 문법을 바꾸는 새로운 해법이었다. 마지막 순간까지 가장 논쟁이 된 것은 미국이 비핵화의 원칙으로 제시한 "완전하고 검증 가능하며 불가역적인 폐기CVID(Complete, Verifiable and Irreversible Dismantlement)"의 명기 여부였다. 그러나 과거 6자회담 때도 북한은 CVID원칙을 받아들일 수 없다는 것을 명확히 했다. 당시 북한은 "CVID는 패전국에만 강요하는 주장으로 우리(북한)의 평화적인 핵계획을 송두리째 말살하는 굴욕적인 것"이라며 "CVID 용어를 사용하지 말아 달라"고 요구한 바 있다.

따라서 '6·12싱가포르공동성명'에 CVID라는 표현이 들어갈 가능성은 처음부터 없었다. 다만 북한은 "완전한 한반도 비핵화에 대해 확고하고 흔들림 없는 공약을 확인"함으로써 사실상 비핵화 이행과 함께 검증까지 수용했다고 평가할 수 있다. 실제로 북미공동성명에서 더 주목할 대목은 북미 정상이 "완전하고 신속한 이행"에 합의한 점이다. 트럼프 행정부의 임기 내에 한반도 비핵화가 의미 있는 수준까지 진전될 수 있는 것이다. 물론 여기에는 북미관계 정상화와 한반도 평화체제 구축이 동시적, 단계적으로 진행되어야 한다는 전제가 붙어있다.

북미공동성명에는 종전선언도 명기되지 않았다. 그러나 트럼프 대통령은 정상회담 직후 종전선언과 평화협정을 언급했고, 평양과 워싱턴에서의 정상회담 개최까지 비중 있게 거론했다. 이에 따라 가까운 시일 안에 남·북·미 또는 남·북·미·중 사이에 종전선언이 발표되고,

북미관계가 평양과 워싱턴에 연락사무소를 개설하는 수준까지 진전될 수 있다. 북미연락사무소 개설은 1994년 10월 발표된 '북미기본합의문'에 "쌍방의 수도에 연락사무소를 개설한다"고 명문화된 적이 있다. 그리고 완전한 한반도 비핵화 시점에 맞춰 평화협정 체결과 연락사무소의 대사관 승격이 모색될 것이다.

평화체제로
가는 길

청일전쟁, 러일전쟁, 한국전쟁 등 근현대사에서 한반도는 동북아전쟁의 진원지였고, 열강의 전쟁터였다. 더구나 1953년의 정전협정이후 65년 동안 전쟁은 종식되지 않았다. 65년의 정전체제는 남과 북의 갈등과 대결로 이어졌고, 민주화와 통일을 가로막는 질곡이었다.

그러나 이제 한반도에 진정한 평화와 통일의 길이 열리고 있다. 남과 북, 북과 미국의 화해는 한반도는 물론 동북아 평화의 초석이다. 남북관계와 북미관계는 서로 떨어질 경우 독자적으로 멀리 갈 수 없고, 남북, 북미 대화가 수레의 두 바퀴처럼 함께 굴러가야 실질적인 한반도의 통일과 평화가 가능하다.

문재인 정부는 우선 종전선언을 하고, 임기 안에 평화협정을 체결해 항구적인 평화체제를 구축한다는 구상을 밝혔다. 김정은 국무위원장을 중심으로 하는 북한도 3~4세대의 새로운 지향을 수용해 '세계적 추세 수용과 실리 추구'를 내세우며 '경제 건설 집중 노선'으로 전환했다. 한반도 비핵화와 북미 간 적대관계 청산을 통해 개발과 개방의 길에 나서겠다는 구상이다. '4·27판문점선언'과 '6·12북미공동성명'은 남북이 이러한 구상을 실현해 가는 과정의 출발점이다.

남북관계의 질곡으로 작용했던 정전체제가 해체되고, 항구적인 평화체제가 수립된다면 남과 북은 남북연합단계에 진입해 '사실상 통일'로 가는 과정에 들어서게 된다. 남북연합제는 기본적으로 남북 양측이 현재대로 독립국가로서의 권한을 그대로 유지하면서 통일을 위한 노력을 점진적으로 해 나가는 방식이다. 남북연합은 연합기구인 정상회담과 각료회의·국회회담을 정기적으로 열어 한반도 평화와 상호협력 등의 문제를 협의하고, 거기서 만장일치로 합의한 일을 실천하는 방식으로 통일을 위한 본격적 출발이 된다. 필요에 따라 일국양제一國兩制 방식의 '남북연방' 단계를 더 거칠 수도 있다.

남북은 2007년 10·4선언을 통해 이 같은 방향에 사실상 합의했고, 11년의 시차를 두고 판문점선언을 통해 남북연합의 문을 열었다. 통일의 최종 형태로 '전 민족적 합의'에 기초한 연방제 방식의 통일을 주장하는 북한도 '낮은 단계의 연방제' 개념을 도입해 사실상 남북연합제와 유사한 단계를 수용했다.

판문점선언을 통해 남과 북은 10·4선언의 전면적 이행에 합의했다. 10·4선언 중 가장 특색 있는 합의는 '서해평화협력특별지대'(이하 서해특별지대) 설치였다. 2007년 남북정상회담에서 노무현 대통령은 한반도 긴장을 촉발하고 있는 두 축인 서해 북방한계선NLL 문제와 DMZ의 평화적 이용 방안에 대해 북측에 제안했다. 10·4선언에는 서해특별지대 설치만 명기됐고, DMZ의 평화적 이용 부분은 합의에 도달하지 못했지만 이번 판문점선언에는 '비무장지대의 평화지대화'까지 담겼다. 따라서 '비무장지대의 평화지대화'는 판문점이 분단의 상징이 아니라 평화의 상징으로 변모해 가듯이 향후 남북관계의 핵심과제이자 새로운 남북관계를 상징하는 사업으로 자리 잡게 될 것이다.

'4·27판문점선언'과 '6·12북미공동성명'으로 시작된 대전환은 한반도의 비핵화와 평화협정, 북미·북일관계의 정상화로 이어질 때 '세계사의 대전환'이라는 표현에 걸맞은 시대의 변화를 가져오고, 20세기 세계사적 냉전의 완전한 종식으로 매듭지어질 수 있다. 또한 한반도의 대전환은 한 순간에 이뤄지는 것이 아니라 한반도 비핵화, 평화체제, 통일이라는 세 개의 프로세스가 상호 유기적으로 결합돼 동시적이고 단계적으로 추진해야 완료할 수 있는 과제이기도 하다. 한반도에서 새로운 역사, 새로운 남북관계의 수레바퀴가 굴러가기 시작한 것이다.

－정창현

참고문헌

● 이승만 정권과 4월혁명

4월혁명 연구소 엮음, 《한국사회변혁운동과 4월혁명 1, 2》, 한길사, 1990.

강인철, 〈한국전쟁과 사회의식 및 문화의 변화〉, 한국정신문화연구원 엮음, 《한국현대
　사의 재인식 7—한국전쟁과 사회구조의 변화》, 백산서당, 1999.

김기진, 《국민보도연맹》, 역사비평사, 2002.

문정인·김세중 엮음, 《1950년대 한국사의 재조명》, 선인, 2004.

민주화운동기념사업회, 《한국민주화운동사 1》, 돌베개, 2008.

백영철 엮음, 《제2공화국과 한국민주주의》, 나남, 1996.

서중석, 《이승만과 제1공화국》, 역사비평사, 2007.

신용옥, 〈1950년대 대충자금 및 미국 대한원조의 경제적 성격〉, 한국민족운동사학회
　엮음, 《만주지역 민족운동과 한국》(한국민족운동사연구31집), 국학자료원, 2002.

이대근, 《해방 후 1950년대의 경제: 공업화의 사적 배경 연구》, 삼성경제연구소, 2002.

이태섭, 〈6·25와 이승만의 민중통제 체제의 실상〉, 《역사비평》 여름호, 1989.

임영태, 《대한민국50년사》 1권, 들녘, 1998.

한국역사연구회 4월민중항쟁연구반, 《4·19와 남북관계》, 민연, 2001.

한승주, 《제2공화국과 한국의 민주주의》, 종로서적, 1983.

홍석률, 《통일문제와 정치·사회적 갈등 1953~1961》, 서울대학교출판부, 2001.

● 박정희 정부 수립과 유신체제

김경일 외, 《박정희시대 한미관계》, 백산서당, 2009.

김인걸 외, 《한국현대사 강의》, 돌베개, 1998.

류철규 외, 《박정희 모델과 신자유주의 사이에서》, 함께읽는책, 2004.

마상윤, 〈안보와 민주주의, 그리고 박정희의 길〉, 《국제정치논총》 43집 4호, 2003.

민주화운동기념사업회, 《한국민주화운동사 1, 2》, 돌베개, 2008·2009.

박원순, 《야만시대의 기록 1, 2, 3》, 역사비평사, 2006.

박태균, 〈1970년, 현대사의 또 다른 분수령〉, 《역사비평》 겨울호, 2010.

_____, 《우방과 제국, 한미관계의 두 신화》, 창비, 2006.

_____, 《원형과 변용: 한국 경제개발계획의 기원》, 서울대학교출판부, 2007.

서중석, 《대한민국 선거이야기》, 역사비평사, 2008.

_____, 《한국현대사 60년》, 역사비평사, 2007.

우승지, 〈남북화해와 한미동맹관계의 이해, 1969~1973〉, 《한국정치외교사논총》, 26집
　1호, 2004.

이완범 외, 《박정희시대 연구》, 백산서당, 2002.

정신문화연구원, 《1960년대 사회변화연구: 1963~1970》, 백산서당, 1999.

_____, 《1960년대의 정치사회변동》, 백산서당, 1999.

조영래, 《전태일평전 개정판》, 돌베개, 2001.

조희연, 《박정희와 개발독재시대》, 역사비평사, 2007.

홍석률, 〈1960년대 한미관계와 박정희 군사정권〉, 《역사와 현실》 56, 2005.

_____, 《1968년 푸에블로 사건과 남한, 북한, 미국의 삼각관계》, 《한국사연구》 113호,
　2001.

● 전두환·노태우 정부와 6월 민주항쟁

6월항쟁을 기록하다 편집위원회, 《6월항쟁을 기록하다》 1–4, 푸른나무, 2007.

권형철 엮음, 《한국변혁운동 논쟁사》, 일송정, 1990.

김영명, 《정치변동의 역할: 한국현대정치사》, 을유문화사, 1992.

김주언, 《한국의 언론통제》, 리북, 2009.

민경우, 《민경우가 쓴 통일운동사 1972–2005》, 통일뉴스, 2006.

민주화운동기념사업회 연구소 엮음, 《한국민주화운동사 2, 3》, 돌베개, 2010.

서중석, 《한국현대사》, 웅진지식하우스, 2005.

심지연, 《남북한 통일방안의 전개와 수렴》, 돌베개, 2001.

오버도퍼, 돈, 뉴스위크한국판뉴스팀 옮김, 《두 개의 코리아》, 중앙일보, 1998.

이삼성, 〈광주학살, 미국, 신군부의 협조와 공모〉, 《역사비평》 가을호, 1996.

임영태, 《대한민국 50년사》 2, 들녘, 1998.

조지훈, 《80년대 후반 청년학생운동》, 형성사, 1989.

조현연, 《한국현대정치의 악몽—국가폭력》, 책세상, 2000.

최영태 외, 《5·18 그리고 역사》, 길, 2008.

학술단체협의회 엮음, 《6월민주항쟁과 한국사회 10년》 1, 2, 당대, 1997.

한국사회연구소 엮음, 《한국경제론:80년대 한국자본주의의 구조》, 백산서당, 1991.

● 민간정부의 수립과 개혁

권석천, 《정의를 부탁해》, 동아시아, 2015.

동아일보 특별취재팀, 《비밀해제—세상에 미처 공개되지 못한 MB정부 5년의 내부 정부보고》, 동아일보사, 2014.

민주정책연구원/싱크탱크네트워크 토론회, 〈이명박 정부 4년 평가와 과제〉, 2012.

민주화를위한교수협의회·전국교수노동조합·한국학술단체협의회, 《독단과 퇴행, 이명박 정부 3년 백서》, 메이데이, 2011.

백학순, 《이명박정부의 대북정책 2008~2012》, 세종연구소, 2013.

유종일 외, 《MB의 비용》, 알마, 2015.

이명박, 《대통령의 시간 2008-2013》, 알에이치코리아, 2015.

이정훈, 《천안함 정치학—이명박 식 보수는 왜 실패했는가》, 글마당, 2012.

이준구, 〈이명박 정부의 경제정책: 747공약에 발목이 잡혀 보낸 5년〉, 《한국경제포럼》 제5권 제4호, 한국경제학회, 2013.

정태인 외, 《리셋 코리아—18대 대통령이 꼭 해야 할 16가지 개혁 과제》, 미래를소유한사람들, 2012.

차병석 외, 《MB노믹스 숨겨진 진실—MB경제가 새 정부에 던지는 메시지》, 한국경제신문사, 2012.

평화통일시민행동·임기홍, 《위기의 남북관계—6·15 공동선언에서 개성공단 폐쇄까지》, 역사인, 2016.

한국행정연구원, 《대한민국 역대 정부 주요 정책과 국정운영 8—이명박정부》, 대영문화사, 2014.

한홍구, 《지금 이 순간의 역사》, 한겨레출판, 2010.

● 전후 북한 사회의 변화와 김정은체제의 등장

강성종, 《북한의 강성대국 건설전략》, 한울, 2004.

강정구, 〈한국전쟁과 북한사회주의 건설〉, 《한국과 국제정치》 6권 2호, 경남대 극동문제연구소, 1990.

고승효, 김한민 옮김, 《북한사회주의 발전연구》, 청사, 1988.

곽승지, 〈북한의 후계자론과 권력승계 과정〉, 《안보연구》 제23호, 동국대 안보연구소, 1993.

김갑식, 《김정일정권의 권력구조》, 한국학술정보, 2005.

김계동 외, 《북한의 체제와 정책—김정은시대의 변화와 지속》, 명인문화사, 2014.

김광동, 〈1960년대의 사회주의 건설과정〉, 《한국사 21—북한의 정치와 사회 1》, 한길사, 1994.

김광용, 〈북한 수령제 정치체제의 구조와 특성에 관한 연구〉, 한양대 정치외교학과 박사학위논문, 1995.

김근식, 〈북한 발전전략의 형성과 변화에 관한 연구〉, 서울대 정치학과 박사학위논문, 1999.

김성보, 《남북한 경제구조의 기원과 전개—북한 농업체제의 형성을 중심으로》, 역사비평사, 2000.

김연철, 〈북한 유일체제의 배경— '사회주의공업화' 의 전개〉, 《역사비평》 23, 역사문제
　　연구소, 1993.

_____, 《북한의 산업화와 경제정책》, 역사비평사, 2001.

김진계 구술, 김응교 기록, 《조국—어느 북조선인민의 수기》, 현장문학사, 1990.

남성욱, 《북한의 IT산업 발전전략과 강성대국 건설》, 한울아카데미, 2002.

민족화해협력범국민협의회 정책위원회, 《김정은 체제 5년, 북한을 진단한다》, 늘품프
　　러스, 2016.

박명규 외, 《북한 김정은 후계체제 구축과정 엘리트 정책 안정성》, 서울대학교통일평
　　화연구원, 2011.

백학순, 《북한 권력의 역사—사상 정체성 구조》, 한울, 2010.

북한연구학회, 《김정은 시대의 경제와 사회-국가와 시장의 새로운 관계》, 한울아카데
　　미, 2014.

_____, 《김정은 시대의 정치와 외교—선군인가, 선경인가》, 한울아카데미, 2014.

서동만 외, 《1950년대 남북한의 선택과 굴절》, 역사비평사, 1998.

서동만, 《북조선사회주의체제성립사 1945~1961》, 선인, 2005.

송영규, 〈북한의 사회주의 이행과정: 1953-1958년까지의 발전노선을 중심으로〉, 고
　　려대 석사학위논문, 1990.

스즈키 마사유키鐸木昌之, 유영구 옮김, 《김정일과 수령제 사회주의》, 중앙일보사, 1994.

유영구, 〈북한의 정치-군사관계의 변천과 군내의 정치조직 운영에 관한 연구〉, 《전략
　　연구》 제4권 제3호, 한국전략문제연구소, 1997.

이대근, 《북한 군부는 왜 쿠데타를 하지 않나》, 한울아카데미, 2003.

이성봉, 〈전후 북한에서의 사회주의 경제건설 노선에 대한 논쟁〉, 《아세아연구》 116,
　　고려대학교 아세아문제연구소, 2004.

이종석, 〈북한의 권력과 역사학: 김일성의 반종파투쟁과 북한 권력구조의 형성—친소
　　파, 남로계, 연안파 '숙청' 에 대한 연구〉, 《역사비평》 6, 역사문제연구소, 1989.

_____, 〈북한의 전후복구건설과 '반종파투쟁'〉, 《한국현대사》 2, 풀빛, 1991.

_____, 《새로 쓴 현대북한의 이해》, 역사비평사, 2000.

_____, 《조선로동당 연구: 지도사상과 구조변화를 중심으로》, 역사비평사, 1995.

_____, 《한반도 평화통일론》, 한울아카데미, 2012.

이태섭, 《김일성리더십연구—수령체계의 성립배경을 중심으로》, 들녘, 2001.

임영태, 《북한 50년사》 1, 들녘, 1999.

_____, 《북한 50년사》 2, 들녘, 1999.

임을출, 《김정은 시대의 북한 경제 – 사금융과 돈주》, 한울아카데미, 2016.

장달중 엮음, 《현대북한학강의》, 사회평론, 2013.

장원석, 〈北韓의 농업협동화 과정과 協同農場 재편을 위한 詩論〉, 《한국협동조합연구》 14, 한국협동조합학회, 1996.

정대화, 〈김정일 권력승계와 북한 정치구조의 변화〉, 《역사비평》 10, 역사문제연구소, 1990.

_____, 〈전후 복구건설과 사회주의제도의 확립〉, 《한국사 21—북한의 정치와 사회 1》, 한길사, 1994.

정영철, 《김정일 리더십 연구》, 선인, 2005.

_____, 《북한의 개혁·개방: 이중전략과 실리사회주의》, 선인, 2004.

정창현, 〈김정일의 성장과정과 후계체제의 확립〉, 《김정일연구》, 통일부, 1999.

_____, 《곁에서 본 김정일》, 김영사, 2000.

_____, 《인물로 본 북한현대사》, 선인, 2012.

_____, 《키워드로 본 김정은시대의 북한》, 선인, 2014.

최　성, 〈1970년대의 북한 사회주의 건설〉, 《한국사 21—북한의 정치와 사회 1》, 한길사, 1994.

현대북한연구회 엮음, 《현대 북한연구의 쟁점 1》, 한울아카데미, 2005.

● 세계사적 냉전의 종식과 한국현대사의 대전환

김예슬, 《촛불혁명—2016 겨울 그리고 2017 봄, 빛으로 쓴 역사》, 느린걸음, 2017.

문정인·홍익표·김치관, 《평화의 규칙—우리는 미래로 가는 첫걸음을 떼었습니다》,

바틀비, 2018.

손호철, 《촛불혁명과 2017년 체제—박정희, 87년, 97년 체제를 넘어서》, 서강대학교
   출판부, 2017.

정창현, 〈2018년 남북·북미정상회담과 남북연합〉, 《역사와현실》 제108호, 2018.

연표

'조선공산당 북부조선분국' 창설 결정

10월 16일	이승만 귀국	

10월 16일　이승만 귀국

11월 5일　조선노동조합전국평의회 결성

11월 23일　김구·대한민국임시정부 1진 귀국

신의주에서 반공봉기 발생

12월 6일　미군정, 모든 적산을 미군정에 귀속

12월 8일　전국농민조합총연맹 조직

12월 16~25일　모스크바3상회의 개최

12월 28일　모스크바3상회의 결과 발표

12월 30일　신탁통치 반대 국민총동원위원회 결성

1946년　 1월 1일　좌익 계열, 민족통일전선 결성 주장

1월 4일　임정 계열, 비상정치회의 소집

1월 25일　미군정, 미곡수집령 공포

2월 8일　북조선임시인민위원회 출범

2월 14일　남조선대한국민대표민주의원 설치

3월 5일　북조선토지개혁에 대한 법령 공포

3월 20일　제1차 미소공동위원회 개최

5월 8일　제1차 미소공동위원회 결렬

5월 25일　좌우합작운동 시작

6월 3일　이승만 정읍발언 발표

6월 30일　존 하지, 합작지지성명 발표

8월 10일　주요산업국유화 법령 공포

9월 23일　부산철도노동자들 전면 파업

9월총파업 시작

10월 1일　대구에서 항쟁 시작, 이후 전민항쟁으로 확대

10월 4일　공산당과 한민당, 합작7원칙 결정

10월 23일　한미공동회담 시작

11월 3일　북조선 도·시·군 인민위원회 위원 선거 실시

	12월 12일	남조선과도입법의원 개원
1947년	2월 5일	안재홍, 민정장관에 임명
	2월 17일	북조선인민회의 조직
	2월 21일	북조선인민위원회 수립
	3월 12일	미국, 트루먼 독트린 발표
	5월 17일	군정청, 남조선과도정부로 개칭
	5월 21일	제2차 미소공동위원회 개최
	5월 24일	여운형, 근로인민당 창당
	7월 10일	제2차 미소공동위원회 결렬
	7월 15일	남조선과도정부, 소규모 적산 불하 계획 발표
	7월 17일	제헌헌법 공포
	7월 19일	여운형 피살
	8월 28일	북조선노동당창립대회 개최
	9월 17일	유엔총회에 한국문제가 정식으로 상정
	10월 20일	민족자주연맹 결성준비위원회 조직
	11월 14일	유엔총회, 남북한총선거 실시 가결
	12월 2일	장덕수 피살
	12월 15일	좌우합작위원회 해소
	12월 17일	입법의원 산업노농위원회 토지개혁법안 심의 완료
	12월 20일	민족자주연맹 결성
	12월 24일	존 하지의 비밀서한 공개
1948년	1월 8일	유엔한국임시위원단 서울 도착
	2월 4일	북조선인민위원회, 민족보위국 설치
	2월 7일	남로당, 2·7구국투쟁 개시
	2월 8일	조선인민군 창설
	2월 10일	김구, 〈삼천만 동포에게 읍고함〉 성명 발표
	2월 26일	유엔 소총회에서 단독선거를 골자로 하는 미국의 결의안 통과
	3월 6일	미군정, 중앙토지행정처 설치

490

	7월 27일	휴전협정 조인, 한국군 불참
1954년	5월 20일	제3대 국회의원 총선거
	11월 27일	초대 대통령의 무제한 중임 개헌안 의결, 사사오입
1956년	5월 5일	민주당 대통령 후보 신익희 사망
	5월 15일	제3대 정부통령 선거 실시
	8월 13일	제2대 지방선거 실시
	11월 10일	조봉암, 진보당 창당
1958년	5월 2일	제4대 국회의원 총선거
	12월 24일	이승만 정부, 국가보안법 개정안 의결
1959년	4월 30일	이승만 정부, 경향신문 폐간
1960년	3월 15일	제4대 정부통령 선거
		이승만 대통령 당선
		마산봉기
	4월 11일	김주열 시신 발견
	4월 19일	대규모 시위 시작
		피의 화요일
	7월 29일	국회의원 총선거 실시
	8월 19일	장면 정부 출범
	10월 18일	신민당 창당
1961년	5월 3일	서울대 민통련, 남북학생회담 제안
	5월 16일	5·16군사쿠데타 발생
	5월 18일	국가재건최고회의 조직
1962년	11월 12일	김종필과 오히라, 대일청구권 문제 합의
	12월 27일	박정희 최고회의 의장 대통령 출마 선언
1963년	2월 26일	민주공화당 창당
	12월 17일	박정희 제5대 대통령 취임
1964년	6월 3일	비상계엄령 선포
	8월 14일	중앙정보부, 제1차 인민혁명당 사건 내용 발표

1965년	6월 22일	한일협정 조인
	7월 2일	국무회의, 1개 전투사단 베트남 파병 의결
1966년	3월 7일	브라운 각서 체결
	3월 20일	국회, 베트남전 전투부대 파병 증원안 의결
1967년	5월 3일	제6대 대통령 선거 실시
	6월 8일	제7대 국회의원 총선거 실시
1968년	1월 21일	북한 무장공비 청와대 습격 사건
	1월 23일	미국의 정보함 푸에블로호 북한에 나포
	5월 29일	주민등록법 개정
	12월 5일	국민교육헌장 선포
1969년	7월 25일	닉슨 미대통령, 닉슨 독트린 발표
	9월 14일	3선개헌 변칙 통과
1970년	4월 22일	박정희, 새마을가꾸기운동 제창
	11월 13일	전태일, 분신
1971년	3월 27일	미 제7사단 철수
	12월 6일	박정희, 국가비상사태 선포
1972년	7월 4일	7·4남북공동성명 발표
	10월 17일	유신헌법 선포(12월 27일 공포·시행)
1973년	3월 10일	개정 경범죄처벌법 발효
	6월 23일	박정희 정부, 6·23선언 발표
	8월 8일	김대중, 도쿄 시내에서 피랍
1974년	4월 3일	민청학련 사건
		긴급조치 4호 선포
	8월 15일	지하철 1호선 개통
		육영수 여사 피격 사망
	12월 26일	《동아일보》3면 백지상태로 발행
1975년	4월 9일	인혁당 사건 관련자 9명에게 사형 구형
	5월 13일	긴급조치 9호 발효

1987년	4월 13일	4·13호헌조치
	6월 10일	박종철 고문살인 조작·은폐 규탄 및
		호헌철폐 국민대회, 민중항쟁 시작
	6월 29일	노태우, 6·29선언 발표
	12월 16일	제13대 대통령 선거. 노태우 민정당후보 당선
1988년	7월 7일	노태우, 대북한정책 특별선언 발표
	9월 17일	88서울올림픽 개최
	11월 21일	국회문공위원회, 청문회 시작
1989년	2월 1일	헝가리와 공산권 국가로는 처음으로 수교
	3월 26일	문익환 목사, 방북
	6월 30일	임수경 전대협 대표, 방북
1990년	1월 22일	노태우·김영삼·김종필 3당합당 선언, 민주자유당 탄생
	9월 30일	소련과 수교
1991년	9월 17일	남북한 유엔 동시가입
	12월 13일	남북기본합의서 채택
1992년	2월 19일	한반도비핵화공동선언 공식 발효
	8월 24일	중국과 수교
1992년	1월 30일	북한, 국제원자력기구 핵안전협정에 서명
	12월 18일	제14대 대통령 선거, 김영삼 민자당 후보 당선
1993년	3월 12일	북한, NPT 탈퇴 선언
	3월 19일	비전향 장기수 이인모 노인 송환
	8월 12일	금융실명제 실시
1994년	6월 15일	카터 미 전대통령, 방북
	9월 10일	참여연대 결성
	10월 21일	성수대교 붕괴
1995년	6월 27일	지방자체단체장 선거 실시
	6월 29일	삼풍백화점 붕괴
1996년	9월 18일	강릉 앞바다에 북한 잠수정 침투 사건

	11월 13일	옛 조선총독부 건물 철거
1997년	11월 21일	임창렬 경제부총리, 국제통화기금에 구제금융신청 발표
	12월 18일	제15대 대통령 선거, 김대중 국민회의 후보 당선
1998년	4월 17일	일본 대중문화 개방 발표
	6월 16일	정주영 현대그룹 명예회장, 소 500마리와 함께 방북
	10월 8일	21세기 새로운 한일 파트너십 공동선언(김대중-오부치 공동선언) 발표
	11월 18일	금강산관광 시작
2000년	6월 15일	남북공동성명 발표
2001년	4월 3일	일본, 새일본역사교과서 검정 통과
	9월 11일	미국, 9·11참사 발생
2002년	6월 13일	효선·미순 사망 사건 발생, 촛불시위로 확대
	12월 19일	제16대 대통령 선거, 노무현 민주당 후보 당선
2003년	2월 25일	노무현 대통령 취임(참여정부 출범)
2004년	4월 15일	국회의원 총선에서 열린우리당 압승
	5월 14일	헌법재판소, 대통령 탄핵안 기각
2005년	2월 10일	북한, 핵무기 보유 선언
	9월 19일	6자회담에서 9·19공동성명 채택
2006년	10월 9일	북한 1차 핵실험 실시
2007년	4월 2일	한·미FTA 타결
	10월 3~5일	2차 남북정상회담 개최. 10·4선언 발표
2008년	2월 25일	이명박 대통령 취임
	5월 2일	광우병 쇠고기 촛불시위 시작
	6월 19일	이명박 대통령 쇠고기 파문 관련 사과 담화문 발표
	7월 11일	금강산관광객 박왕자 씨 피살 사건 발생
2009년	1월 20일	용산 참사 사건 발생
	5월 23일	노무현 전 대통령 서거
	8월 18일	김대중 전 대통령 서거
2010년	3월 26일	천안함 사건 발생

	11월 23일	북한의 연평도 포격 도발
2011년	12월 19일	김정일 국방위원장 사망
2012년	2월 29일	북미고위급회담 결과(2·29 합의) 동시 발표
	4월 11일	김정은, 노동당 제1비서 취임
2013년	2월 25일	박근혜 대통령 취임
	3월 31일	북한 노동당 전원회의 개최해 '경제 핵무력 병진 노선' 채택
2014년	1월 6일	박근혜 대통령 '통일은 대박' 기자회견
		설 계기 이산가족 상봉 제안
	2월 20~25일	남북 이산가족 상봉 행사 진행
	4월 16일	세월호 침몰 사건 발생
2015년	3월 3일	'부정청탁·금품수수 금지법' (일명 김영란법) 국회 통과
	8월 25일	남북 고위당국자 접촉 타결.
		북한 준전시상태 해제, 남한 대북확성기 방송 중단
	10월 12일	교육부, 국정 한국사 교과서 발행 계획 공식 발표
2016년	2월 10일	박근혜 정부, 개성공단 전면중단 발표
	5월 6~9일	북한, 조선노동당 7차대회 개최하고 김정은을
		당 위원장으로 추대
	10월 29일	박근혜 퇴진 1차 시민촛불 집회 개최
2017년	3월 10일	헌법재판소, 박근혜 탄핵심판 선고
	5월 9일	제19대 대통령 선거에서 문재인 후보 당선
2018년	4월 9일	이명박 전 대통령 구속
	4월 27일	3차 남북정상회담 판문점에서 개최
	5월 26일	4차 남북정상회담 판문점에서 개최
	6월 12일	싱가포르에서 첫 북미정상회담 개최

찾아보기

한국현대사 2 – 경제성장과 민주주의, 그리고 통일의 과제

⊙ 2018년 9월 12일 초판 1쇄 발행
⊙ 2023년 9월 11일 초판 7쇄 발행
⊙ 글쓴이   홍석률·박태균·정창현
⊙ 발행인   박혜숙
⊙ 펴낸곳 도서출판 푸른역사
　　우) 03044 서울시 종로구 자하문로8길 13
　　전화: 02)720-8921(편집부) 02)720-8920(영업부)
　　팩스: 02)720-9887
　　전자우편: 2013history@naver.com
　　등록: 1997년 2월 14일 제13-483호

ISBN   979-11-5612-120-6 94900
(세트)   979-11-5612-043-8 94900

· 잘못 만들어진 책은 교환해드립니다.